"云文化"适合教育探索实践丛书

张进兵　师致汕　主编

地域文化与创新教育的融合

——首都师范大学附属云岗中学品牌特色建设探索

张进兵　师致汕 ◎ 主编

科学技术文献出版社
SCIENTIFIC AND TECHNICAL DOCUMENTATION PRESS

·北京·

图书在版编目（CIP）数据

地域文化与创新教育的融合：首都师范大学附属云岗中学品牌特色建设探索 / 张进兵，师致汕主编 . —北京：科学技术文献出版社，2023.12

（"云文化"适合教育探索实践丛书 / 张进兵，师致汕主编）

ISBN 978–7–5235–0436–9

Ⅰ.①地… Ⅱ.①张… ②师… Ⅲ.①中学—学校管理—研究—北京 Ⅳ.① G637

中国国家版本馆 CIP 数据核字（2023）第 125710 号

地域文化与创新教育的融合
——首都师范大学附属云岗中学品牌特色建设探索

| 策划编辑：张 丹 | 责任编辑：赵 斌 | 责任校对：张永霞 | 责任出版：张志平 |

出 版 者	科学技术文献出版社
地　　址	北京市复兴路15号　邮编 100038
编 务 部	（010）58882938，58882087（传真）
发 行 部	（010）58882868，58882870（传真）
邮 购 部	（010）58882873
官方网址	www.stdp.com.cn
发 行 者	科学技术文献出版社发行　全国各地新华书店经销
印 刷 者	北京地大彩印有限公司
版　　次	2023 年 12 月第 1 版　2023 年 12 月第 1 次印刷
开　　本	787×1092　1/16
字　　数	537千
印　　张	24.5
书　　号	ISBN 978–7–5235–0436–9
定　　价	98.00元

版权所有　违法必究

购买本社图书，凡字迹不清、缺页、倒页、脱页者，本社发行部负责调换

《地域文化与创新教育的融合
——首都师范大学附属云岗中学品牌特色建设探索》
编委会

主　编　张进兵　师致汕
副主编　王秀菊　杨琳玲　张冬梅　吕　慧
编　委　龚大伟　杨　流　宋海玲　于书颖
　　　　胡京蕊　支文瑞　于培培　张　倪

序

  我们正处于一个知识、科技、创新的新时代，不仅要懂科学、会学习，更要敢于创新，具有科技创新精神和创新能力。首都师范大学附属云岗中学坚持科研引航、文化立校、特色兴校，建校64年来，秉承着军事、航天传统特色，以"国际视野下的军事航天科技教育"为主题，创建了军事航天科技教育特色学校。

  找准定位，诠释科技教育。科技是科学技术的简称，包含着科学和技术两个概念，两者相互渗透、相辅相成，有着密不可分的联系。科技教育不仅是教授学生科学知识，更应把培养学生科学方法、科学精神和科学素养贯穿学校教育全过程。学校结合地域特色、军事航天社区发展实际，结合学生家庭从事军事航天工作实际，挖掘出本地区科技特色资源，在专家引领下开展了一系列军事航天科技教育活动，开发科技教育特色课程，实施学校军事航天科技特色项目，逐步创建学校特色品牌。

  扎实实践，践行科技教育。学校结合航天精神及时代特点，为满足学生德、智、体、美、劳多元发展需求，挖掘"一主"的以国际视野下军事航天教育为核心的特色建设资源，细化"多元"的教师培养策略、课程体系、活动实施途径，提供技术支持路径，提出"求真启智协同创新"科技特色课程目标，梳理"航天、军事、农业"三位一体的科技特色，构建"云知·云创"能力提升课程体系。创新教与学的方式，推行各学科教学中的军事航天国防科技教育渗透，有机渗透、多方迁移，在潜移默化中提升学生的军事航天国防科技素养。构建"国际视野下的军事航天科技教育"特色课程，促进学生全面而有个性发展。

  项目推进，创建特色品牌。学校依托军事、航天科研院所的优质资源，找准定位，改变过去以体育、艺术或科技等项目特长打造特色教育的模式，形成"国际视野下的军事航天科技教育"特色品牌。开展多种形式的科普活动和社会实践活动,加大校园科技嘉年华主题活动的力度,提高参加市区各类科技大赛的质量,探索基于人工智能的教育教学方式,构建智慧教育范式,提升学生的科技素养和创新能力。将航天精神、国家安全、国防知识、航天科普、创新创意、艺术审美、强体报国以及工匠精神等教育与国际视野和信息技术深度融合,为每一位学生提供适应信息时代成长的科技课程及活动,打造学校"军事航天"特色教育品牌,实现学生全面且有个性的发展,整体提升学校教育质量和办学品质。

该书全面梳理了普通高中特色品牌建设的路径,收录了各学科获奖教学案例的成果,诠释了依托地域文化和特色教育资源提升学校办学品质的典型经验。仅供普通中学学校发展和教师发展参考。

——北京市丰台区教育科学研究院院长　赵学良

2023 年 9 月

目 录

第一部分 总 述 ... 1

地域文化与创新教育融合的总述 ... 杨琳玲 胡京蕊 2

科技教育特色品牌建设整体方案 ... 王秀菊 杨琳玲 8

践行"适合教育" 促进学校多样化特色发展 ... 张进兵 师致汕 杨琳玲 17

第二部分 德育课程特色融合实践 ... 31

开展特色德育专题活动 促进学校航天科技特色发展

——德育活动融合学校航天科技特色整体思路 ... 张冬梅 32

挖掘在地科技资源 讲述航天人物故事

——"讲述航天科技育人故事"主题教育活动设计与实施

... 宋海玲 夏明香 刘 力 35

因热爱而执着 因梦想而坚持——航天主题班会设计 ... 张 华 38

赓续航天精神 点燃青春梦想——主题班会设计 ... 邹 霞 41

专家点评：德育活动融合航天科技 主题班会点亮航天梦想 ... 简作军 45

第三部分 学科课程特色融合创新 ... 47

综 述

学校特色建设在学科中实施的整体思路 ... 王秀菊 48

语文篇

初中语文学科与学校特色渗透融合策略 ... 魏冰青 李 文 52

少年正是读书时——走近时代偶像邓稼先 ... 魏冰青 58

君子自强不息——论航天精神 ... 魏雨梦翾 65

高中语文学科与学校特色渗透融合策略研究 ... 何 晔 72

为您写诗，致敬航天英雄——高中语文抒情类微写作指导 ... 郭林林 78

心怀航天情，美辞颂英雄 ... 程 燕 87

专家点评：融合学校军事航天科技特色 提升学生语文学科核心素养 ... 谢政满 94

数学篇

初中数学学科与学校特色渗透融合策略研究 ... 姜一潮 范朝辉 96

立体图形和平面图形	姜一潮	102
专家点评：军事特色融入数学教学　项目实践提升数学素养	俞京宁	109
高中数学学科与学校特色渗透融合策略研究	于 潇	111
函数模型的应用	高日梅	115
专家点评：航天特色助力情景教学　助力学生数学核心素养培养	张 琦	120

英语篇

初中英语学科与学校特色渗透融合策略研究	董霄楠	122
Exploring Solar System	王 颖	127
初中八年级英语拓展阅读教学之探究航天员背后的故事	左冰雁	138
善用信息资源　丰富英语学习——When do you use computers？	马慧楠	147
高中英语科学素养提升与学校军事航天科技特色渗透融合策略研究	于书颖	153
神舟十二发射升空新闻报道的拓展阅读	黄 瑞	159
基于英语听说教考平台的听说课实践——How to become an astronaut	黄 瑞	163
专家点评：融合跨学科课程内容　助力学生核心素养的提升	王冬梅	168

物理篇

初中物理学科与学校特色渗透融合策略研究	王晓琳	170
基于STEAM教育理念的品牌特色课程的思考与实践——以"火星着陆"为例	刘 洋　王晓琳	178
高中物理学科与学校特色渗透融合策略研究	任竟陵	184
反冲现象——火箭	任竟陵	191
匀变速直线运动实例分析——无人机跑道长度设计	刘文涛	200
专家点评：航天军事融入物理教学　独特视角落实学科素养	李凯波	206

化学篇

化学学科与学校特色渗透融合策略研究	万金伟	208
火箭推进剂——利用并调控化学反应的热效应	万金伟	214
研究车用燃料及安全气囊	李 妍	224
探月工程与元素周期律	刘志鹏	231
专家点评：发展特色教学　做好学科育人	秦 林	236

生物篇

生物学科与学校特色渗透融合策略研究	朱会娟	238
肺与外界的气体交换　揭秘航天服制作原理	路蒙蒙　刘洋	243
宇航员的食品生产基地	田 欣	247
专家点评：航天特色融入生物学科　项目实践提升学科素养	李 媛	251

目录

政治篇
- 政治学科与学校特色渗透融合策略研究 .... 徐晓林 253
- 九天圆梦 摘星揽月——我们的集体生活 .... 陈 赫 258
- 构筑中国价值 .... 贾 婧 266
- 弘扬民族精神 .... 李晓敏 271
- 根本立场：坚持以人民为中心 .... 宋 慧 278
- 专家点评：在守正创新中上好思政课 .... 李 同 285

历史篇
- 历史学科与学校特色渗透融合策略研究 .... 万稚文 魏玉宏 286
- 宋元时期的科技与中外交通 .... 李知红 294
- 两弹一星 .... 张 华 303
- 专家点评：探索有效融合路径 建构大思政育人特色 .... 刘 婧 310

地理篇
- 地理学科与学校特色渗透融合策略研究 .... 孔德婧 312
- 来文昌，开启一场星辰大海之旅 .... 孔德婧 317
- 专家点评：区位优势助力学校特色 航天元素浸润地理课堂 .... 郑春花 322

体育篇
- 体育学科与学校特色渗透融合策略研究 .... 任廷啸 324
- 太空探险——定向越野 .... 陈小庆 331
- 篮球技战术中的军事意图 .... 任廷啸 336
- 专家点评：以体育人，探寻特色融合中的素养培育策略 .... 路媛媛 346

信息技术篇
- 信息技术学科与学校特色渗透融合策略研究 .... 王 涛 347
- 走进智能时代——军用无人系统设计项目学习 .... 杨琳玲 352
- 专家点评：军事特色融入信息科技 项目实践提升数字素养 .... 郭君红 359

综合篇
- 艺术学科与学校特色渗透融合策略研究 .... 刘 璐 361
- 首飞英雄杨利伟的太空一日 .... 魏冰青 韩 熠 刘 璐 366
- 找到人生指南针——我的职业价值观 .... 杨露露 372
- 专家点评：综合融合 助力学校特色发展行稳致远 .... 李 伟 376

后 记 .... 张进兵 379

第一部分 总 述

地域文化与创新教育融合的总述

杨琳玲　胡京蕊

习近平总书记曾指出，科技创新、科学普及是实现创新发展的两翼，要把科学普及放在与科技创新同等重要的位置。《全民科学素质行动规划纲要（2021—2035年）》提出，激发青少年好奇心和想象力，增强科学兴趣、创新意识和创新能力，培育一大批具备科学家潜质的青少年群体，为加快建设科技强国夯实人才基础。

党的十八大以来，我国基础教育事业快速发展，基础教育整体办学水平得到稳步提升，目前已进入到以内涵发展、提高质量为重点的发展新阶段。深化教育教学改革、全面提高义务教育质量，是贯彻落实全国教育大会精神的重大举措，对于加快推进教育现代化、建设教育强国、办好人民满意的教育具有十分重要的意义。推动普通高中多样化、特色化发展，是我国经济、社会发展对高中教育提出的新使命，是我国基础教育改革发展到新阶段的新需求，更是创新型人才培养对教育改革发展提出的新目标。党的十九大之后，人们对教育需求的转变从早期的"有学上"到现在的"上好学"，成为义务教育均衡发展和高中多样化发展的根源。《中共中央　国务院关于深化教育教学改革全面提高义务教育质量的意见》提出，"着力培养认知能力，促进思维发展，激发创新意识""突出学生主体地位，注重保护学生好奇心、想象力、求知欲，激发学习兴趣，提高学习能力"。

一、地域文化与特色建设思考

地域文化指某个地域所拥有的文化，以不同生态、民俗、传统、习惯、人文、历史等形态表现。地理条件作为人类文化的载体，不同的地域特征必将孕育出独具特性的地域文化。近年来，随着国家各类政策的出台，不同地域的特色教育实践经验日渐丰富，值得借鉴。

学校成为丰台区初中品质提升和高中品牌特色学校项目校后，围绕"地域文化""特色建设"进行了深入学习和研究。为更好地认识和理解"地域文化"和"特色建设"，学校组织干部教师借助中国知网作为查阅工具，以"地域文化""特色建设"为关键词进行检索，比较全面地搜集了自1979年以来公开发表的论文，并进行分类整理和归纳。通过模糊检索，排除重复搜录的文献，共搜索到包括期刊、报纸、国内会议论文、硕博士论文级学术期刊在内的21篇。从总体上看文献数量有限，且2010年前基本没有研究。从文献数量变化可以看出，2016年后趋于稳定。这说明，"地域文化"与"特色建设"融合，自2010年起在教育界开始得到关注，且研究成果日益显现。这一变化与国家教育改革所引发的教育界对区域特色建设理念的深化认识密不可分。文献检索表明，国家教育研究部门、教育专家学者及教师都开始了对融合地域文化的特色建设的探索和实践。但因为各种原因，如地域文化的本质认知不充分、研究过程相对孤立导致研究成果的数量和质量都不高。特别是像我校这样的地处城乡接合部的普通高中来说，可借鉴的实质性成果匮乏。这就需要我们分析这些文献，寻找适合我校的理论依据。文献梳理结果如下：

许晓军和黄树生合作开展弘扬以长江文化为内核的学校文化创建活动，营建课程基地、开创研究阵地、打造实践基地，最大限度地挖掘地方文化资源的教育潜力，一定程度上实现了学校素质教育的创新升华。

朱珑充分利用当地人民创业传奇，带领学校干部师生挖掘当地历史、编写校本课程、打造校园文化、走进企业、举办社团等，实现学校文化特色育人，提升学校影响力。

马建以"写字育人"作为实施艺术教育的突破口，在理念提升、队伍建设、课程建设、考核保障等方面，走出了一条扎根乡土地域文化的艺术教育特色建设之路。

卢华伟报道的连云港市马站中心小学通过建设"三院九所一空间"和"六园一廊一广场"，为学生营造了科技特色的校园环境，构建以普及为导向的活动化校本课程、以兴趣为导向的特性化特色课程、以问题为导向的主题研究性课程，培养了学生的创造力。

毛国东关注到农村学生因家庭教育缺失而缺乏感恩之心的地域特点，挖掘农村中学"感恩文化"，以柳树为载体，在解读校名、环境创建、师德建设、课程开发、活动育人、班级文化、学科渗透等方面构建了学校文化体系，为学校发展、学生成人指明了方向。

华建东与徐晓玲一起将地区生态文化与乡土文化相结合，启动儿童版画特色项目建设。该项目历时5任校长19年传承与创新，实现了学校环境改造、系列课程建构、文化价值追寻，为江苏省艺术特色教育贡献了智慧。

综上所述，无论哪一学段的地域文化与特色课程建设研究，都需要以生态资源文化为依托，深入挖掘地域民俗、传统、习惯、人文、历史特色，家校社三位一体融合地区教育资源，方能打造适合自己校情、学情的教育特色。以上实践为我校充分利用地区历史发展作为文化特色建设提供了宝贵的实践经验，让我们发现了我校以军事航天科技为地域特色开展课程建设的研究创新点，为打造特色课程体系提供了可借鉴的思路与办法。

二、多样化有特色的发展研究

当前教育界对学校特色、特色学校的研究已较普遍，高中多样化研究和特色高中的提法，在《国家中长期教育改革和发展规划纲要（2010—2020年）》发布以后的各类政策性文件中出现，理论性研究和实践研究近十年比较普遍，但作为专有概念，较少有权威专家的界定性研究。从研究领域看，由最初的高中课程多样化逐步拓展到高中学校类型多样化、培养目标多样化、课程设置多样化、教学模式多样化、教学组织形式多样化及评价方式多样化等多个领域的研究。从研究主题看，由高中多样化概念、意义、功能及目标的研究，到政策、制度及体制机制的研究，再到路径、方法及策略的研究。从研究方法看，由国外经验介绍、分析及启示研究逐步拓展到本土化的方法、策略的探索研究。

（一）国内实践研究现状

深入高中多样化理论研究主要集中在以下方面：一是高中多样化内涵研究。这方面的研究主要涉及高中多样化整体认识观、多维认识观和需求认识观等。二是高中多样化价值研究。有研究认为，社会对多层次人才的需求，推动了高中多样化；教育价值观是高中多样化发展的驱动力；教育公平推动高中多样化发展。三是高中多样化影响因素研究。有研究认为，高中多样化受到人才选择与评价环境、社会价值观、考试制度及高中办学自主权等因素的影响；同时，也受到普通高中教育立法缺失，招生考试和管理制度、现代教育治理体系及普通高中教育体制等还不完善的阻碍。四是高中多样化发展策略研究。有研究指出，一方面要兼具"整体思维"和"协同思维"；另一方面要在"以学生发展为本"和"推进普通高中办学的多样化发展"之间建立起实质性的联系。另有研究从国家、地方、社会和学校层面提出，加强配套支持等制度建设，引导社会力量参与教育建设，促进高中特色化发展。也有研究认为，在我国高中教育普及化的进程中，应积极发展以"分科选科"为突出特点的新型普通高中，兼具普通教育与职业教育，整合学校特色、区域推进。

另外，通过文献检索，课题组还分类出一线学校实践案例33篇和经验型论文49篇，这些学校绝大多数都是示范性高中，其实践经验都贴近于陶西平先生在《谈高中特色办学》一文，将高中特色办学的实践探索归纳为3类：第一类是办学模式特色；第二类是学校文化特色；第三类是学校特色，包括基于学校课程体系、优势学科及优势课外教育的学科特色。同时，普通高中多样化发展呈现出"承认"与"抵制"双重生态，主要表现为对作为"公开文本"的"普通高中多样化发展"本身的"认"与"不认"，以及实践中"客观性承认""规范性承认""教育性承认"与"常规性抵制""制度性抵制"的复杂交互，其内含的教育逻辑亦有所映射。如何在像课题组所在学校这样的一般中学中实现多样化有特色的发展，可借鉴的经验很少。

（二）国外研究实践现状

高中多样化国外经验研究主要是由美国、英国、日本、韩国等国家的总体经验研究，逐步拓展至世界各国的高中办学类型多样化、办学机制多样化、教学模式多样化、课程设置多样化等多个具体领域。美国这方面的文献不多，美国高中具有课程多样化体系及双学分课程的分层次、分类型特点，其余都是指美国高中多样化即课程—选修制—学分—办学体制的其中一点进行诠释。日本普通高中的课程设置方面，普通课程与专门课程融合，国家课程与校本课程并存，更有自主选择的各种实践性学习作为补充，在很大程度上满足了学生的多样性发展需求。韩国的学校以自己的特点和条件为基础，开设特色课程、创新培养模式，致力于"建设学生和家长都满意、自豪的学校"；同时，为了配合多样化课程的有效实施和"特色学校"的顺利发展，韩国的高考和录取制度也做出了相应调整，打破"一考定终身"的单一评价模式，为普通高中的多样化发展提供了有力的支持和保障。为了保证特色学校的质量，英国《特色学校指南》对特色学校的标准认定为：①特色课程成绩卓越；②通过特色学科建设推动学校整体发展；③与社区合作，拓展服务范围、推动家庭学校发展、增强社区凝聚力；④与社区、国家网络建立良好的合作伙伴关系，实现优质教学资源共享。总的来说，国外的高中多样化研究都伴随着高中课程体系的变革和考试制度的改革，发掘高中自身特点办学，彰显学校人才培养特色。

就课题组所在的学校而言，如何实现新时代普通高中多样化背景下的特色化办学，课题组比较倾向于陶西平先生在《推动普通高中多样化发展》一文中提出：高中教育多样化发展是一种历史的需要——从规模发展到内涵发展；一种目标的深化——从教育目标到培养目标；一种观念的改变——从追求划一到追求多样；一种能力的释放——从注重整体到注重个体。

三、学校优势与需要解决问题

学校发现，在首都师范大学附属云岗中学（简称"云中"）这样的普通中学，践行高中特色品牌建设，可借鉴的经验很少，如何实现新时代普通高中多样化背景下的特色化办学，关键在于找准学校文化特色基础，不忘立德树人初心，牢记为党育人为国育才使命，坚持"五育"并举，完善学校特色教育体系，真正为学生适应社会生活、接受高等教育和职业发展打好基础。

学校前身为0683部队子弟学校，后为航天三院子弟学校。云中办学之初，就是为国家、为军队、为军事航天事业而建。学校伴随着军事航天事业发展，服务科技、崇尚科学也成为学校教育的重要元素，为科技示范校和科技课程的研发奠定基础。2010年以来，学校积极挖掘社会资源，先后与航天三院、陆军装甲兵学院等7个周边科研院所达成共建协议，开展了系列科技教育特色实践。

在科技特色教育开展过程中，学校大多数学生热爱科学、具有一定的科学素养，了解科学实验的基本方法，知晓一定的航天军事科普知识，并对航天军事方面具有浓厚的兴趣；部分学生家长（祖父辈）从事着军事航天工作，结合地区军事航天文化、学校军事航天活动、家庭教育影响等因素，一定比例的学生具有向军事航天领域发展的志向。但也有部分学生懒惰浮躁，不能静心思考，学习品质有待提高。为充分提高学生的科技意识和综合思维能力，有效地挖掘出本地区科技特色资源，逐步增强教师的课程资源意识和开发能力，学校在专家引领下开展了一系列军事航天科技教育活动，在学校特色项目实践过程中，不断总结经验与不足，逐步推进学校校本特色品牌的建立。

"十三五"以来，学校积极全面整合周边的优势教育资源，启动"云创"科技特色课程体系建设，开发科技类课程项目，为学生的自主发展提供多元化选择。以提升学生科技素养为价值取向，学校充分调动广大教师参与科技类课程开发和设计的积极性、主动性和创造性，开发和建设了科技素养、特色校本、竞赛项目、学科拓展相结合的校本课程，具有学校科技教育特色的校本课程，初步构建了具有学校特色的拓展型课程框架。学校将结合航天精神及时代特点，提炼国家核心素养中与科技特色相关指标，提出培养

地域文化与创新教育的融合
——首都师范大学附属云岗中学品牌特色建设探索

"求真启智协同创新"的信息时代人才,作为科技特色课程目标,在集群推进、数字校园、在地资源支撑下,进一步梳理航天、军事、农业三位一体的科技特色,建设科学普及、实践探究、创意设计的特色课程体系。2019年,学校进一步提升学生品格提升和能力发展的云课程体系,构建"云知云创"能力提升课程体系,"云创"科技特色课程体系进一步完善。

"十三五"以来,学校在国际理解教育方面也做出了一定的成绩,国际理解教育是我校"云志·云和"——学生品格提升课程的重要组成部分,课程采取主题化、系列化的思路,通过开设外教课程、国际交流课程、冬(夏)令营、"走进×××"系列国际理解课程,以交流互访和国际游学等实践活动为依托,帮助学生发展跨文化交流能力,使其学习并掌握与其他国家、民族、地区人民平等交往、和睦相处的修养与技能,汲取世界文化精华,树立人类命运共同体意识和多元文化意识,形成开放包容的态度,为学生未来参与知识创新和科技创新,更好地适应世界多极化、经济全球化和社会信息化奠定基础。2020年,面对来势汹汹的疫情冲击和日趋复杂的外部环境,如何让高中学生形成国际视野下的中国道路、文化、制度和理论自信是至关重要的,我国在航天领域的飞速发展有目共睹,我校所在的云岗地区有着优秀的军事航天积累,国际视野下的军事航天科技教育特色正是非常好的切入口,既能够树立学生国家安全观和国家认同,又能够提升学生的科学精神和科技素养。

同时,我们也清醒地发现,面对高中多学科的课业现实,学生基础薄弱,不会学习,教师虽注重引导,学生也努力学习,但三年活动参与有限,高考成绩也不理想。同时,单一进行科技特色教育,并不能满足学生的多元需求。如何就政策和相关理论开展深度学习,依托学校特色文化传承,找准学校的定位,改变过去以体育、艺术或科技等项目特长打造特色教育的模式,形成新时代高中多样化发展背景下的学校特色体系是"十四五"期间学校值得研究的方向。经过学校研究和专家指导,学校最终确定"国际视野下的军事航天科技教育"作为品牌特色的主题。

四、"国际视野"与"军事航天"

自2010年以来,"国际视野"一词在国内外研究中比较突出,在新课标出台后,以学科教学中关键词分布与核心素养、文化意识和家国情怀等方面形成一定的联系,这与我校的特色品牌建设的背景有一定的契合度。

而"军事航天"一词,在基础教育文献中可研究的内容不多,基本以装备和国家发展相关,与学校品牌主题的匹配度不高,学校军事航天主题跟地区优势资源建设有直接关系,这为在地资源提供活动支持有很大帮助,基于此,学校分别对国际事业和军事航天进行定义:

国际视野是立足现实、放眼世界的全球眼光;是关注自身、兼济天下的人类情怀;是认清形势、顺应时代的发展眼光;是明确使命、正视比较的开放思维;是摒弃分歧、谋求共赢的大局意识。从和善、和知、和美角度搭建平台,加强合作沟通、有爱国爱家的家国情怀、有对己对他人的责任担当、有包容友善理解接纳的宽广胸怀。这是我校"云志·云和"——学生品格提升课程的重要组成部分。

军事航天教育则是挖掘地区军事航天优势资源如精确制导、无人机、卫星技术及机器人等技术，着眼高中学生认知和兴趣特点，在军事和航天科普、卫星与无线电技术、无人机、空间机器人及军事航天创意设计几个方面开展学科渗透、校本课程和活动设计，大力弘扬航天精神，科学普及军事、航天知识，激发学生探索创新热情，立志成才，为航天强国梦贡献力量。这是我校"云知·云创"——学生能力发展课程的重要组成部分。

学校在项目中实现"五育"融合，即"五育"并举，融合育人，旨在航天精神、国家安全、国防知识、航天科普、创新创意、艺术审美、强体报国及工匠精神等教育，与国际视野和信息技术深度融合，实现学生全面发展的特色品牌。

科技教育特色品牌建设整体方案

王秀菊　杨琳玲

一、品牌特色学校建设主题和思路

在学校特色建设过程中，学校以国际视野下的军事航天科技教育特色主题为核心，结合德、智、体、美、劳等多元发展需求，学校教育、教学、管理多方面形成实施合力，实现学校多样化特色发展，整体提升学校教育质量和办学品质。

根据学校实际，"一主"指国际视野下的军事航天教育，"多元"指为以教师培养策略、课程体系、活动实施途径及支持路径实现德智体美劳"五育"教育全面个性化的多元发展。

国际视野是立足现实、放眼世界的全球眼光；是关注自身、兼济天下的人类情怀；是认清形势、顺应时代的发展眼光；是明确使命、正视比较的开放思维；是摒弃分歧、谋求共赢的大局意识。从和善、和知、和美角度搭建平台，加强合作沟通，有爱国爱家的家国情怀、有对己对他人的责任担当、有包容友善理解接纳的宽广胸怀。这是我校"云志·云和"——学生品格提升课程重要组成部分。

军事航天科技教育则是挖掘地区军事航天优势资源如精确制导、无人机、卫星技术及机器人等技术，着眼高中学生认知和兴趣特点，在军事和航天科普、卫星与无线电技术、无人机、空间机器人及军事航天创意设计几个方面开展学科渗透、校本课程和活动设计，大力弘扬航天精神，科学普及军事、航天知识，激发学生探索创新热情，立志成才，为航天强国梦贡献力量。这是我校"云知·云创"——学生能力发展课程重要组成部分。

以国际视野下的军事航天教育为特色主题，细化培养目标，明确特色建设思路，创新"五育"并举的特色建设实施途径，建立推进特色建设的智慧保障体系，形成新时代多样化发展背景下普通高中"一主多元"特色建设体系。

（1）挖掘"一主"为核心的特色建设资源，细化"多元"创新发展的培养目标。

（2）探索教师队伍特色发展的培养策略，建立家校社协同育人的机制。

（3）构建基于多学科融合的优质特色教育课程体系，创新"五育"并举的特色活动实施途径；

（4）构建基于特色建设的智慧教育范式，提供技术支持路径，创新教与学的方式。

二、品牌特色学校建设目标

（一）项目总体目标

通过3年的行动研究，遵循"致力于适合学生终生发展的学校教育"的发展方向，以国际视野下的军事航天教育为特色主题，以"云文化"为核心的"云课程"体系，坚持"五育"并举，挖掘学校办学资源，深化学校文化建设和特色发展；提高教师学科融合和实践创新能力，优化特色课程和实践活动结构；提高学生综合素质和实践能力，实现学校多样化特色发展，整体提升学校教育质量和办学品质。

（二）项目年度目标

2021—2022学年年度目标：

完成9个方面的具体内容设计，形成具体可行的实施规划；进一步整合优质科技教育资源，完成项目实施可行性分析报告，建立比较完善的科技教育组织实施、基础设施、条件保障和评估机制等体系，营造科技教育良好的校园氛围。

探索教师队伍特色发展的培养策略，建立家校社协同育人的机制。通过校本研训、市区科技教育培训等手段，提升科技教师开展科技教育活动的工作能力，通过岗位职责、工作量核定和奖励机制，形成科技教师爱岗敬业的高尚师德、奉献科技教育的无私精神。

校园文化育人作用提升明显。赋予校园建设"国际视野下的军事航天科技教育"的文化立意、教育创意和课程寓意，建成"温馨怡人的绿色校园、修德启智的科技乐园、快乐幸福的人文家园"，发挥潜移默化的育人作用。

构建基于特色建设的智慧教育范式，提供技术支持路径，创新教与学的方式。挖掘特色品牌项目智慧校园体系下的优秀成果，提升特色品牌项目教育教学的智能化成效。

2022—2023学年年度目标：构建基于多学科融合的优质特色教育课程体系：创新学校科技教学模式，构建新型的科技教育课程体系。构建学校科技教育课程体系，开发适合本校的科技校本课程，给学生提供多元化选择，形成具有云岗中学科技教育特色的育人文化；依托研究性学习课程，开展科技类课题研究，培养学生科学探究能力。参与国家、市区级人才培养项目，鼓励学生参与创新类竞赛项目，完善优秀科技创新人才的重点培养。

2023—2024学年年度目标：创新"五育"并举的特色活动实施途径：开展多种形式的科普活动和社会实践活动，增强中小学生对科学技术的兴趣和爱好。逐年加大校园科技嘉年华主题活动的力度，逐年提高参加市区各类科技大赛的质量，逐年提升学生的科技素养和创新能力；努力参加全国、市、区级的各类科技教育普及活动，并在活动中提高学校的军事航天科技教育整体水平。切实把立德树人根本任务落实到军事航天科技特色发展的教育教学各个过程和环节之中，做到全员育人、全过程育人、全方位育人，利用多方位资源打造特色品牌，预期达到良好成效。依托课题研究，将特色品牌打造项目科研化推进，形成科研成果，从而整体提高学生综合素质和实践能力，实现学校多样化特色发展，整体提升学校教育质量和办学品质（图1）。

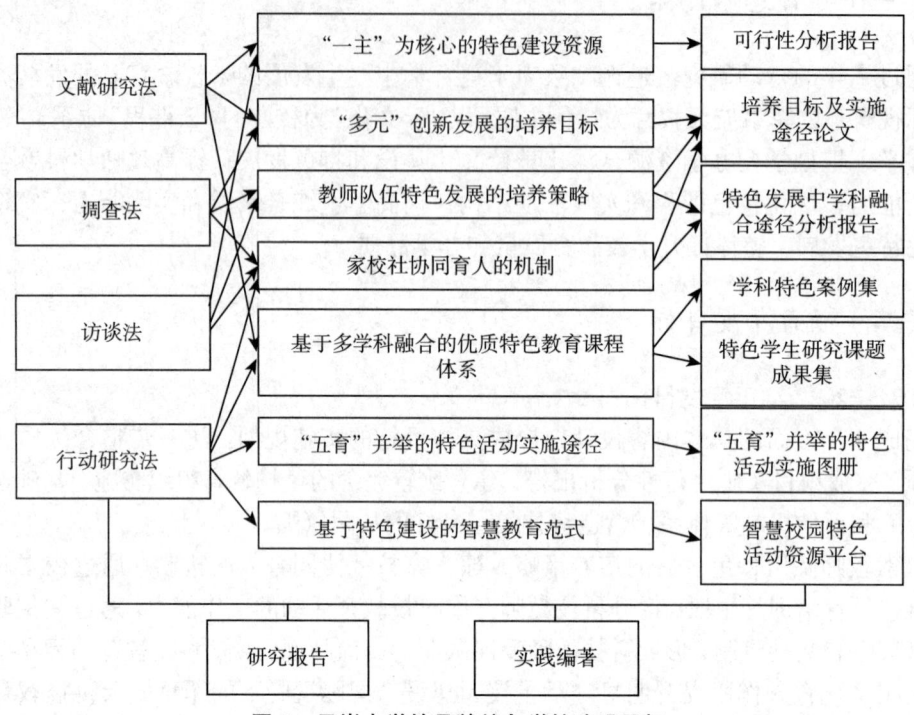

图1 云岗中学的品牌特色学校建设目标

（三）成果呈现内容

（1）国际视野下的军事航天教育实施可行性分析报告；

（2）学生多元培养目标及实施途径论文；

（3）特色发展中学科融合途径分析报告；

（4）国际视野下的军事航天教育学科特色案例集；

（5）"STEAM+"校本课程成果集；

（6）特色学生研究课题成果集；

（7）"五育"并举的特色活动实施图册；

（8）智慧校园特色活动资源平台；

（9）国际视野下的军事航天教育展示交流活动；

（10）国际视野下的军事航天科技教育特色品牌建设研究报告；

（11）国际视野下的军事航天科技教育特色探索编著。

三、品牌特色学校建设重点内容

学校结合学校发展实际,以课题研究为依托,以特色建设工作为导向,注重"云"文化内涵发展,细化学校培养目标,形成新时代多样化发展背景下普通高中"一主多元"特色建设体系,形成学校国际视野下的军事航天科技教育特色品牌,强化集群和手拉手学校间的示范引领,体现更高的教育理想和价值追求,形成本校的优势和特色,提升学校整体办学知名度和影响力。

(一)全面落实立德树人

坚持党对学校工作的领导,坚持社会主义办学方向,坚持育人为本、德育为先,切实把立德树人根本任务落实到军事航天科技特色发展的教育教学各个过程和环节之中,做到全员育人、全过程育人、全方位育人。推行各学科教学中的军事航天国防科技教育渗透。融知识、思想、科学、技能、趣味于一体,有机渗透,多方迁移,在潜移默化中提升学生的军事航天国防科技观念。强化实践育人,开发实践课程,广泛组织社会实践活动。学生走进军博、科技馆、陆军装甲兵学院等场所,进行实践及研究性学习,体验我国军事航天科技的发展,树立奋斗目标。发挥学校党团组织、学生社团的育人功能。建立学校教育、家庭教育、社会教育的协同育人机制,利用多方位资源打造特色品牌,预期收到良好成效。

(二)践行独特办学思想

坚持践行"致力于学生终生发展的适合教育"的办学思想,不断丰富"以人为本、快乐成长、和谐发展、幸福人生"的办学理念内涵,完善"云文化"体系建设,立足云中学生"核心素养",细化"培养'乐学·和美'的可持续发展中学生"育人阶段目标和"国际视野下的军事航天科技教育"专项目标,构建"国际视野下的军事航天科技教育"相应支撑的课程体系。尊崇以"人的发展为中心"的教育哲学,进一步挖掘办学理念、一训三风、校徽、校旗、校歌中的教育价值,将其落实到学校教育、教学、生活、管理活动过程之中,持之以恒践行和坚守学校特有的"爱、严、细、实"的精神文化,成为学校的凝聚力和核心竞争力。尊崇"育人为本"的文化建设理念,提升校园品位,赋予校园建设"国际视野下的军事航天科技教育"的文化立意、教育创意和课程寓意,以有美感、能品味、可体验、会生成的室内外学习场所,建成"温馨怡人的绿色校园,修德启智的科技乐园,快乐幸福的人文家园",发挥潜移默化的育人作用。

(三)造就卓越师资队伍

建成结构合理、素质优秀,有理想信念、有道德情操、有扎实学识、有仁爱之心的教师队伍。青年教师、骨干教师发展机制健全,教师专业成长富有成效。学校管理团队德高、业精、善管，勇于担当，具有向心力、凝聚力和执行力。建有学科覆盖面广的特级教师或骨干教师团队，形成梯度，并具有很强的示范引领能力，教育教学成果突出。师德师风建设卓有成效，教师群体师德表现良好，学生、家长、同行及社会赞誉度高。确立并实施科研兴教、强教战略，重视教育科研工作，以《集群背景下具有国际视野的军事航天科技教育的行动研究》为科研课题，依托课题研究提升特色打造的理论基础、科研方法、实践路径和评价体系构建，将特色品牌建设工作科研化推进，努力做到教育科研成果在区内外有较大影响。

（四）建设优质课程体系

围绕学生核心素养和关键能力，开发建设并有效实施具有学校特点、促进学生发展的课程体系。开发高品质的校本课程，最大限度地满足学生选择，促进学生个性特长发展。整合国家、地方、校本课程，加强校本化课程体系建设，构建适合每个学生发展的课程。根据办学思想、学校特色和培养目标，精心组织实施高中新课程方案。开齐、开足和上好规定课程，加强和改进体育、美育、劳动教育、心理健康教育和国防教育。建立健全有利于学校发展素质教育、促进学生全面而有个性发展的教育质量评价机制，全面实施高中学生综合素质评价。切实加强对学生理想、学业、择业等生涯指导。围绕学生核心素养和关键能力，优化学校课程结构，充分利用周边科技教育资源优势，整合国家、地方、校本课程，渗透和重构科技特色内容，加强校本化课程体系建设，构建"国际视野下的军事航天科技教育"特色发展的课程，最大限度地满足学生选择，促进学生个性特长发展。

（五）健全学校治理机制

牢牢把握新时代党的建设总要求，以加强党对教育工作的领导为保障，发挥党组织的政治核心作用，落实党组织领导下的校长负责制。科学制订学校章程，学校依照学校章程科学管理、民主管理、规范管理。继续推进党组织领导、首都师范大学合作办学理事会及专家指导委员会引领、校务会集体决策、家委会参与管理、学生会自治管理、政府社会协商的学校治理体系，探索主体多元、多方参与、共同协商的学校治理新模式，激发学校的内生力，善用政府的支持力，用好社会的协同力量。坚持"以人为本，服务引领"的管理理念，优化学校组织的服务职能，继续建设"敢担当、能谋划、善协作、勇力行"的服务型干部团队，优化学校"五中心一室"组织机构功能，形成"国际视野下的军事航天科技教育"特色发展的课程、资源、服务一体化发展模式，探索形成可复制推广、可学习借鉴的高中管理规范与成功经验。

（六）丰富校园生活

积极创造条件为师生提供丰富多彩的高品质校园生活。建立促进学生身心健康发展、全面发展的长效机制，围绕"乐学·和美"培养目标，坚持"五育"并举，促进学生的德智体美劳全面发展。坚持开展以"国际视野下的军事航天科技教育"为核心的主题教育、仪式教育、校园节会，积极发展学生社团，军事航天科技社团数量达到学校班级数的1.5倍以上。广泛开展社团活动，建设一批学生喜爱、高端智能的军事航天科技活动品牌项目，保障学生自由活动的时间、空间，使学生在丰富多样的教育活动中，增强校园生活的幸福感，让更多的学生立志为军事航天事业的发展努力学习，为祖国的国防事业奉献一生。

（七）创新人才培养模式

瞄准新时代人才培养目标，深化教育教学改革创新，探索形成彰显"国际视野下的军事航天科技教育"创新发展的育人模式。转变教学方式和育人模式，突破长期存在的同质化、标准化培养模式，倡导适合的教育理念，因材施教，更加注重个性化、多样化培养；克服重知识轻能力、重认知轻实践的倾向，倡导启发式，注重学思结合、知行统一；坚持以学生为主体，以学习者为中心，改变传统教学模式，从以教为主转向以学为主，实行自主、合作、探究式学习，切实在"减负增效"上取得明显实效。依托军事、航天科研院所的优质资源，挖掘学校创新人才培养的具体途径，确立创新人才培养目标，构建创新人才培养保障体系，完善创新人才的评价体系和教师支持制度。

（八）构建智慧教育范式

在学校被评为"教育部网络学习空间优秀学校"和"北京市虚拟现实教学应用基地"的基础上，进一步完善学校智慧校园建设，将网络学习空间、虚拟现实、研究性学习、对外交流和智慧课堂教学资源等项目做精做实，为特色品牌打造提供技术支持路径；同时，在专家的指导下，探索基于人工智能的教育教学方式，探索人工智能、大数据技术在人才培养上的优势，对特色项目实施过程进行数字化、智慧化改进。积极探索基于"互联网+"的教育内容、方法的变革和教学形式的改变，创新教与学的方式。着力提高教师运用信息技术的素养和能力，教师在课堂教学中能科学运用信息技术。注重培养学生有效获取、鉴别、使用信息的能力，提高学生网络伦理道德与信息安全的意识。

（九）深度开展国际交流

着眼培养具有国际视野的人才，依托我校联合国教科文组织北京联合会会员、丰台区国际理解先进校、丰台区国际合作与交流基地校等品牌优势，以"国际视野下的军事航天科技教育"为核心，以加拿大和德国等国家友好校多年合作交流为基础，深度开展国际交流。广泛开展与国际名校交流合作，积极引进先进教育理念、方法、课程和师资，借鉴并形成符合学校品牌特色建设实际的国际视野下的教育教学形态和人才培养模式。鼓励师生去同类学校讲学、访问、交流，在国际文化理解教育中融入军事航天科技教育内容，以小课题研究带动项目推进，努力在国际合作与交流中提升办学品质和国际知名度。

四、品牌特色学校保障措施

（一）项目组织机构

1. 领导小组

建设品牌特色建设领导小组，全面领导"品牌特色"学校建设，研究确定学校建设项目，审议评估学校建设成果。

2. 工作小组

组建品牌特色学校建设办公室，牵头组织实施特色高中建设相关工作，负责学校项目方案制定和申报材料起草工作。负责学校建设项目统筹管理、组织协调和实施推进等具体工作，多层次配合，形成工作合力。

（二）决策程序

（1）提出：主管领导依据主管项目建设内容，以书面形式提出所需商讨事项。

（2）商讨：主管领导组织项目实施工作小组成员进行讨论初步形成实施草案，提交校长进行初步评议。

（3）评议：校长组织校务会进行项目审核，如涉及"三重一大"需进行一事一议，收集校务会成员意见。

（4）整改：主管领导在校务会评议的基础上，对项目建设方案进行修改形成新的项目方案。

（5）审核：主管领导对项目修改后的方案提交校长办公会进行审核。

（6）公开：通过网站、微信公众号、家长会等多种形式向师生公开，收集师生反馈的意见。

（7）确定：确定无异议后，由校务会形成最后决议，主管领导明确工作小组成员的工作分工。

（8）实施：经1~7项程序后，由主管领导组织相关工作小组分工协作开始实施，并进行绩效评定。

（三）实施程序

1. 项目设计与准备阶段

拟定项目实施方案，明确领导小组和工作小组，定期组织活动协调会，与分项目负责人共同研讨确定项目在9项具体建设方面的经验，梳理具体目标、内容及预期成果效益。

开展对家长、教师和学生不同层面的调研，明确需求。

邀请区教委领导、友邻单位和专家参与本项目专题座谈会，成立专家指导小组，制定指导小组工作方案。

2. 分项内容设计和建设阶段

从项目设计内容的9个方面进行具体的内容设计,并完成实施所需的前期准备工作。

组建课题研究团队开展《集群背景下具有国际视野的军事航天科技教育的行动研究》。

完善"国际视野下的军事航天科技教育"的文化立意、教育创意和课程寓意的校园建设,初步形成"国际视野下的军事航天科技教育"特色发展的课程、资源、服务的一体化发展模式。

优化学校智慧校园建设,将网络学习空间、虚拟现实、研究性学习、对外交流和智慧课堂教学资源等项目做精做实。

3. 分项内容实施

围绕学生核心素养和关键能力,优化学校课程结构,充分利于周边科技教育资源优势,整合国家、地方、校本课程,渗透和重构科技特色内容,加强校本化课程体系建设,构建"国际视野下的军事航天科技教育"特色发展的课程。

坚持开展以"国际视野下的军事航天科技教育"为核心的主题教育、仪式教育、校园节会,建设一批学生喜爱、高端智能的军事航天科技活动品牌项目。

依托军事、航天科研院所的优质资源,挖掘学校创新人才培养的具体途径,确立创新人才培养目标,构建创新人才培养保障体系,完善创新人才的评价体系和教师支持制度。

组织师生去同类学校讲学、访问、交流,在国际文化理解教育中融入军事航天科技教育内容,以小课题研究带动项目推进交流互访。

4. 项目实施阶段性反思阶段

分年度进行阶段性总结,提炼活动经验,注重项目反思,形成集群背景下具有国际视野的军事航天科技教育的行动研究阶段性实施报告。

组织项目阶段性总结会,重点针对特色建设项目的目标内容、组织形式、管理与发展进行分析,对过程性成果和出现的问题进行反思,提出改进和可持续发展措施,为后续发展实施做准备。

5. 评估认定

迎接区教委的过程性考核、专家随访情况和必要的现场考察工作,并通过对在校师生、家长、社区等的综合调查,深入了解项目的认可度与师生的满意度,形成综合评估结果,争取被评为"丰台区品牌特色普通高中"。

6. 总结推广

学校全面梳理总结3年普通高中建设经验,形成学校发展成果汇编,在丰台区普通高中建设总结会议上争取进行主题发言,推介建设优秀成果,在专家的指导下研讨存在的不足,作为下一轮学校高中改革发展的关注点。

(四)资金管理

(1)明确规定资金主要用于学校治理、教师研训、特色发展、人才培养、智慧教育等项目实施费用，培育和发展办学特色，促进学校内涵发展，专款专用。

（2）严格遵照丰台区教育部门年度预算编制要求，规范资金的使用和管理，提高资金使用效益，按要求做好项目资金的申报、日常管理和监督。确保项目按计划进行，避免资金沉淀滞留，认真做好事前、事中和事后绩效，确保项目申报实施真实、准确、完整、合规、合理。

（3）项目资金使用严格按照《丰台区项目支出预算管理办法》（丰财预〔2017〕1017号）、《丰台区教育委员会关于严格遵守教育系统财务管理制度的通知》的规定，按照区财政局投资评审、政府采购等要求实施并履行相关程序，落实财政票据管理、合同管理。

（4）项目实施过程中，使用项目资金形成的资产，应当按照教育系统国有资产管理的有关规定执行。

（5）定期召开学校校务会，审议"普通高中建设项目资金"年度使用情况。超过10万的大额资金支出，严格遵守学校"三重一大"制度，提前报备，递交文字方案，由校务会审核通过方能执行。

（五）考核与保障

学校领导小组对特色品牌建设工作实行统一领导，加强指导。对教委安排的专项经费进行专款专用，用于学校特色品牌建设的组织推进。通过制定学校考核办法、智慧校园数据监测和专家随访办法等，发挥项目考核监督和专家团队跟踪指导作用，引导学校特色品牌建设健康发展。

各年级、部门加强统筹，理顺体制机制，增强服务意识和能力，要切实挖掘并解决学校高中办学中的实际问题，为学校特色品牌建设工作创造良好的条件。

全体教职工解放思想、转变观念、锐意改革、积极探索，积极参与建设，以年级或教研组为单位定期研究项目推进策略，交流实践经验，梳理实验成果，不断提高水平，发挥示范引领作用，为提高学校办学品质做出贡献。

践行"适合教育" 促进学校多样化特色发展

张进兵 师致汕 杨琳玲

首都师范大学附属云岗中学始建于 1959 年，是丰台区西南部的一所普通完全中学，从一所部队子弟小学扩展到一所完全中学，在不断合并、剥离、整合的变迁过程中（图 1），"云岗"始终是最突出的品牌。凭借毗邻航天高科技单位的优势，科技教育一直都是学校服务周边社区、建设育人文化的特色名片。

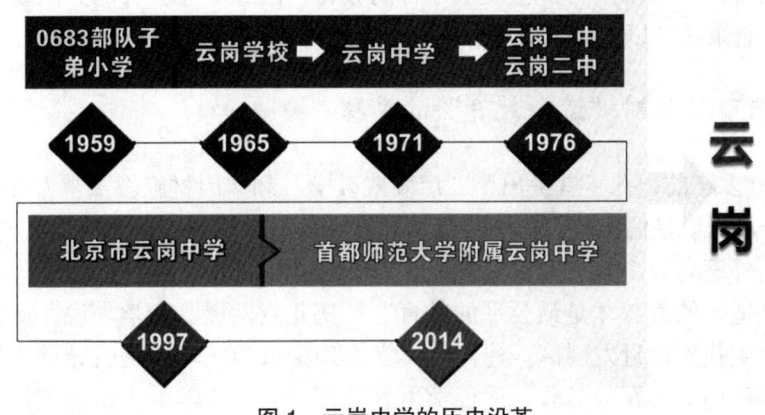

图 1 云岗中学的历史沿革

全面实施丰台区初中品质提升和高中多样化特色建设工作以来，特别是丰台区基础教育"强基工程"实施以来，结合学校"科研引航、文化立校、特色兴校"的办学思路，践行适合教育，挖掘学校多样化特色发展途径，从顶层设计、文化建设、特色发展等方面形成了一系列思考。

一、文化视角——"适合教育"的思考与定位

学校注重文化建设的自主建构，认为："适合的就是最好的。"从 2010 年开始，云中师生凭借自己的智慧构建了"云文化"体系的 1.0 版、2.0 版，现在正向着 3.0 迈进。2016 年，"致力于学生终身发展的'适合教育'"作为学校的办学思想被正式提出。从此，我们将"适合教育"作为学校教育的基本遵循，并贯穿于教育实践中。2021 年，在多样化特色发展背景下，借助品质提升项目和品牌特色建设，学校对"适合教育"进行再思考，

将"特色兴校"所涉及的"科技教育特色"以"STEM+云创科技"为主题进行聚焦，通过科研引领、课题推进，让"云文化""适合教育"能落地、可实施、能入心。

（一）国家、社会发展对"适合教育"的需求

党的十八大以来，我国加快义务教育优质均衡发展，推动普通高中多样化、特色化发展，这是我国经济社会发展对基础教育提出的新使命，是我国基础教育改革发展到新阶段的新需求，更是创新型人才培养对教育改革发展提出的新目标。党的二十大报告首次将教育、科技、人才放在战略任务中进行统筹部署，还着重提出促进教育公平，坚持高中阶段学校多样化发展。倡导"适合教育"理念，发展适合的教育，就是要致力于解决过去没有解决或者没有解决好的，以及在教育发展过程中出现的新问题，解决人民群众对更好教育的要求与教育发展不平衡不充分之间的矛盾和问题。

全国教育大会上，习近平总书记就中国的教育要培养什么样的人，学生应该如何培养进一步提出了具体要求。为学生提供适合的教育，已经成为教育的必然发展方向，而我校多年来一直秉承"以人为本"的办学理念，努力为学生提供适合的教育。

（二）教育理论对"适合教育"的支撑

早在2500多年前，孔子就提出了"启发式教学"和"因材施教"，"为每个学生提供适合的教育"可以说是儒家教育思想的继承与发扬。

后世国内外著名教育家又对这一理论进行了深化，例如，从教育公平理论来讲"为每个学生提供适合的教育才是最公平的教育"；从儿童发展心理学来说，适合学生的教育就应该为学生找到最近发展区。建构主义学习理论认为：学习是引导学生从原有经验出发，生长（建构）起新的经验。适合学生的教育就应该使学生主动地进行有意义的知识建构。多元智能理论为教师提供了一个积极乐观的学生观，即每个学生都有闪光点和可取之处。人本主义学习理论提倡"以学生为本"的教育原则，学习的本质是促进学生成为全面发展的人。教育技术理论提出，数字化教育不断发展为适合而有特色的教育提供了技术保障和策略支持。这些都是学校践行"适合教育"的理论根基。

（三）学校对"适合教育"的追求

"文化立校"是云岗中学办学思想中最重要的部分，"育人为本"是学校文化建设的基本宗旨。"适合教育"是"以人为本"的教育，是立足于学生终身发展的教育。云文化是在长期发展过程中孕育出的学校文化。为践行"以人为本、快乐成长、和谐发展、幸福人生"的办学理念，学校秉承"适合教育"办学思想，结合"云"的历史和社会内涵，通过"志、和、知、创"行动载体，构成了价值追求、培养目标、行为准则、课程体系、育人策略及特色发展的文化体系，形成适合于学生发展的学校教育（图2）。

图2 云岗中学的文化建设

1. 对"适合教育"的初期理解

对于"适合教育"的思考,初期的学校探索还是基于学生学业成绩的提高。全体教职工在借鉴其他学校经验的基础上,把适合学生教育的探索放在了教学满足不同学生的需求方面,采取不同的教学策略,让每个学生在课堂上都有发展的空间,实现个体学业的最大程度的进步。具体的策略是:围绕课堂教学改革,以提高课堂效率为出发点,让每个学生都有学业上的进步,采取了3种探索途径:有效课堂,让学生动起来;小组合作、师友互助,以学生调动学生;分层走班,让教学更有针对性。

2. 对"适合教育"的深化理解

基于学业水平的课堂改革和分层走班教学改革,为我们留下了宝贵的经验,同时也给我们带来了许多反思。从前面的改革实践中,我们发现,如果仅基于学业水平进行课堂改革,学生依然缺乏获得感和成就感,要想提升学生的实际获得感和成就感,除了学业成绩,我们必须还要考虑其他因素。

要想为学生提供适合终生发展的教育,我们需要进行更系统的设计,需要统筹学校的课程资源协调推进,需要教育教学的高度统一,将生涯课程作为"适合教育"的学生指导,适合的课程作为"适合教育"的核心载体,选课走班作为"适合教育"的教学途径,项目学习作为"适合教育"的创新体验,教育信息化作为"适合教育"的技术支撑,多元评价作为"适合教育"的动力机制。

总的来说,云岗中学的"适合教育"是为适应国情及个体的实际情况需求,结合学校云文化和所处地区实际情况,为学生提供的符合身心发展、认知规律及教育规律的学校教育活动,从而为学生终身发展奠定基础。"适合教育"即"适合学生终生发展的教育",是适合学生科学培养需求、适合地区航天文化、适合学校特色发展和适合时代创新发展的教育。回顾"适合教育"发展历程,我校教师学习着、思考着,用心培育、积淀起"适合教育"的核心价值体系,并使它成了学校持续发展的强劲动力。

二、科研视角——"适合教育"的研究与实践

"十四五"期间,学校立项北京教育学会课题《基于"适合教育"的"云文化"育人机制与策略研究》,课题以学校品牌特色建设为重要抓手,在课题引领下,进一步挖掘品牌特色建设对基于"适合教育"的"云文化"育人机制和策略研究的有益价值。

(一)"适合教育"的育人机制

在教育实践中,立足学生长远发展,不断优化学校育人导向,围绕"人文素养、科学素养、道德素养、思维素养、信息素养、身心素养"等六大核心素养,指向"培养有理想、有本领、有担当的'乐学·和美'的可持续发展的中学生",以办学理念"以人为本、快乐成长、和谐发展、幸福人生"为基础的"适合教育"思想,体现了构建适合学生发展的"云课程"体系的教育路径,学校、家庭和社会协同,全员、全过程及全方位育人,为学生提供适合终生发展的教育(图3)。

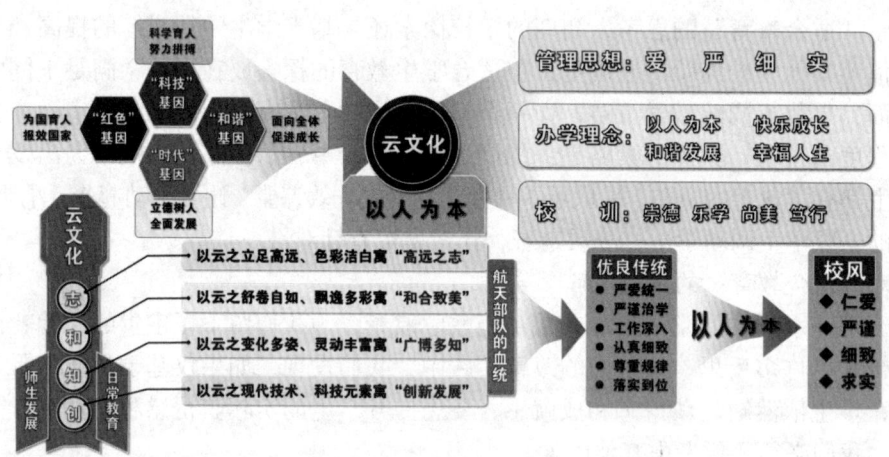

图3 云岗中学的育人机制

1."乐学·和美"培养目标

学校确定了有理想、有本领、有担当的"乐学·和美"可持续发展中学生的培养目标。"乐学"是高境界的学习态度,通过"乐于学习、善于学习、终身学习",成长为一个可持续发展的人;"和美"是综合素质与能力的体现,我们强调"仁和尚美、和谐致美、和睦共美",通过德、智、体、美、劳综合培养达成"五育并举"的目标(图4)。

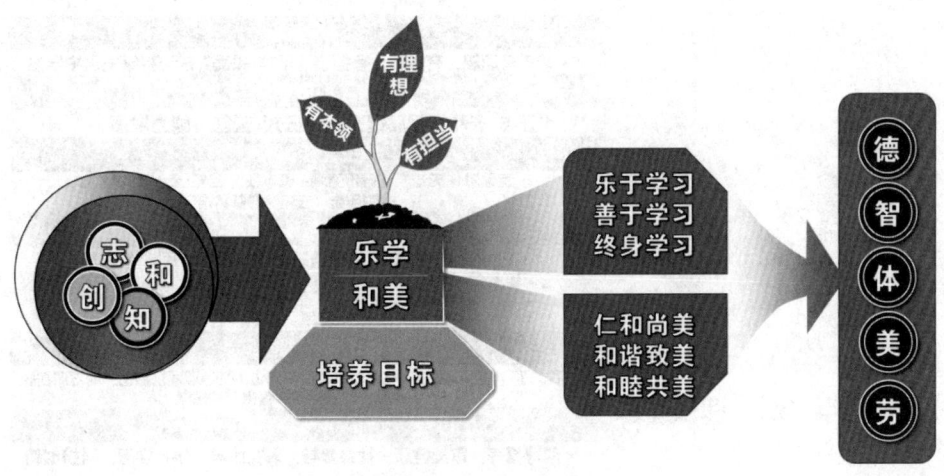

图4 云岗中学的培养目标

2. 多元发展的适合教师团队

改革教育、发展教育最终都要通过教师的教育实践才能实现，教师的专业化发展是提升教师专业素养、提高教育质量、实现教育内涵发展的重要途径。通过建强干部队伍、加强党员队伍建设、优化班主任管理育人策略、加强教研组（备课组）建设、加强骨干教师队伍建设、重视青年教师队伍建设等策略，提升教书育人能力素养，建设专业化创新型教师队伍。

3. 教育协调融通共享

通过家访、家长学校、家长会、云桥家校委员会等形式深化家校合作，探寻适合的方式加强家校沟通，引导家长积极参与学校管理、支持学校建设、参与学校教育教学活动。通过适合的形式交流家庭教育经验，解决家庭教育难题，提升了家长教育水平，融洽了家校关系，形成了家校合力。利用适合的周边资源优势搭平台，与属地部门和友邻单位协同，引导社会各界为云中学子健康成长营造良好氛围，为学生综合能力培养与提升搭建舞台。

（二）"适合教育"的育人策略

在"云文化"共识的基础上，为学生提供适合终生发展的教育所需的生涯指导、适合课程、教学途径、创新实践、特色发展、技术支持和多元评价等系统的设计。

1. "适合教育"课程载体

本着立足校情、求实创新的原则，围绕"'适合教育'，多元发展"的定位，学校教师积极对国家课程进行校本化开发，对现有的校本课程进行梳理，进一步建设精品校本课程，以多元智能为课程构建提供理论依据，构建出与育人目标和办学理念相统一，多元灵动的"云课程"体系。"云课程"结构，简称"1-2-3-3-4-5-6"结构（图5）。

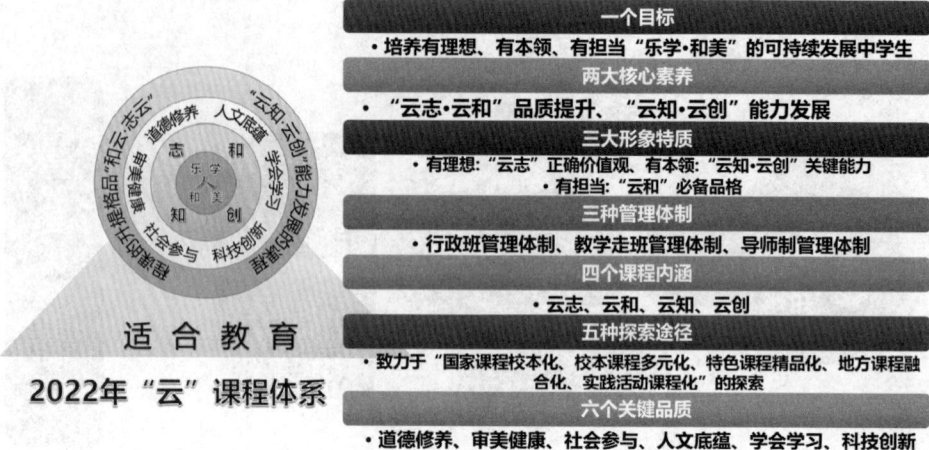

图5　云岗中学课程体系

在"云课程"构建上，依据学生能力发展的需求，以"云文化"的内涵"志、和、知、创"为基础，着力构建基于"志·和"的学生的品格提升的课程、基于"知·创"的学生的能力发展课程（图6）。

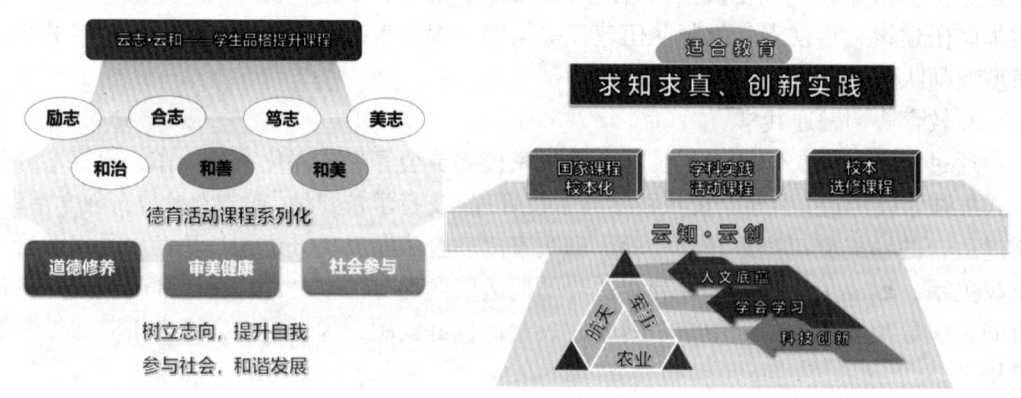

图6　云岗中学课程构建

2. 思政课体系浇筑思政教育

学校统整、融合"云课程"要素，形成基于四维课程领域的"常规+特色"的思政课体系，常规思政课包含基于国家课程的"云知"学科思政课，由显性的、居于思政课核心地位的思政课程与隐性的、将学科内容与思政教育融合的课程思政组成；此外"云课程"还包括"云志·云和"品质提升思政课，即国际视野下军事航天科技特色思政课。"常规+特色"的思政课体系是浇筑思政教育的坚实根基（图7）。

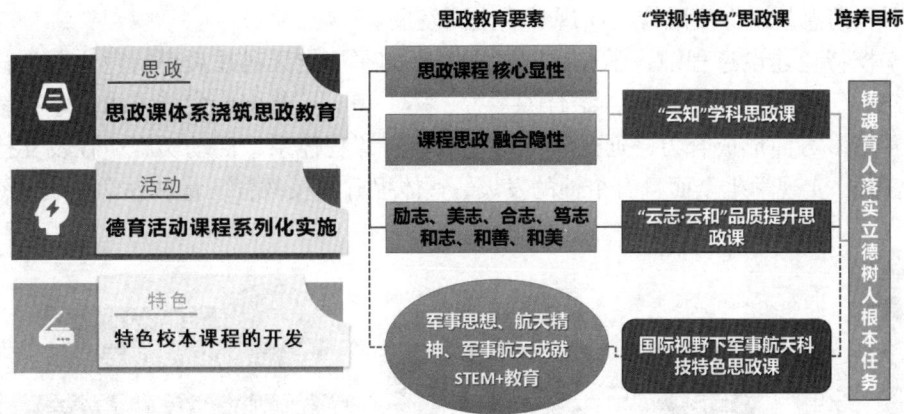

图7　云岗中学思政教育

3. "适合教育"的智慧范式

学校依托北京市数字教育课题研究，通过对学生学习风格和需求进行的分析，在专家的引领下，学校尝试开展一系列国家课程校本化实施：基于移动学习的互动教学，提高生命课堂质量；基于数据的精准教学，促进高效课堂生成；基于学科应用的翻转教学，加强绿色课堂效能；基于人工智能的多元教学，提升智慧课堂活力；开展多元的课堂互动活动，为学生提供更加合适的个性化学习，实现真正提质增效。同时学校引入智慧体育和智慧心育项目，实时了解学生具体数据情况，并对教学方向的制定提供科学决策依据，同时能助力教师技能提升和家校共育（图8）。

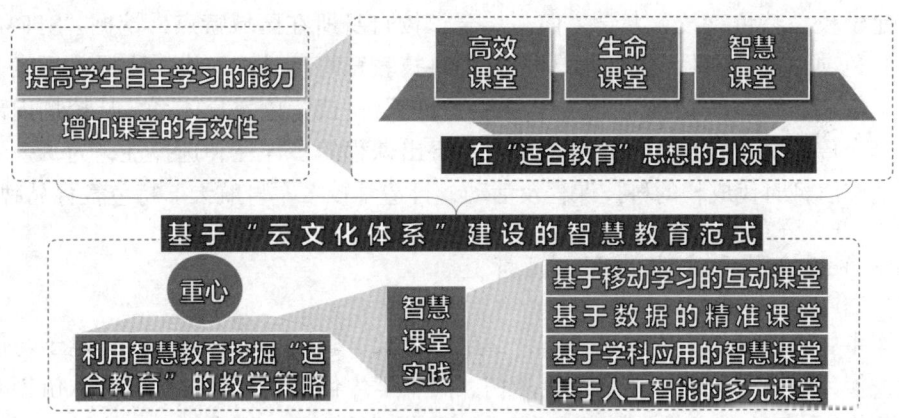

图8　云岗中学的智慧教育范式

4. 创新发展品牌特色

64年来，为军队、为军事航天事业而建的云岗中学，将初中"STEM+云创科技"品质提升和高中"国际视野下的军事航天科技教育"品牌特色建设相融合，将航天精神、国家安全、国防知识、航天科普、创新创意、艺术审美、强体报国及工匠精神等教育与国际视野和信息技术深度融合，实现学生全面发展。

在学校特色建设过程中，学校以国际视野下的军事航天科技教育特色主题为核心，以"STEM+云创科技"为抓手，结合德、智、体、美、劳等多元发展需求，学校教育、教学、管理多方面形成合力，通过教师培养策略、课程体系、活动实施途径及支持路径等研究实践，实现学生全面且有个性的发展，整体提升学校教育质量和办学品质（图9）。

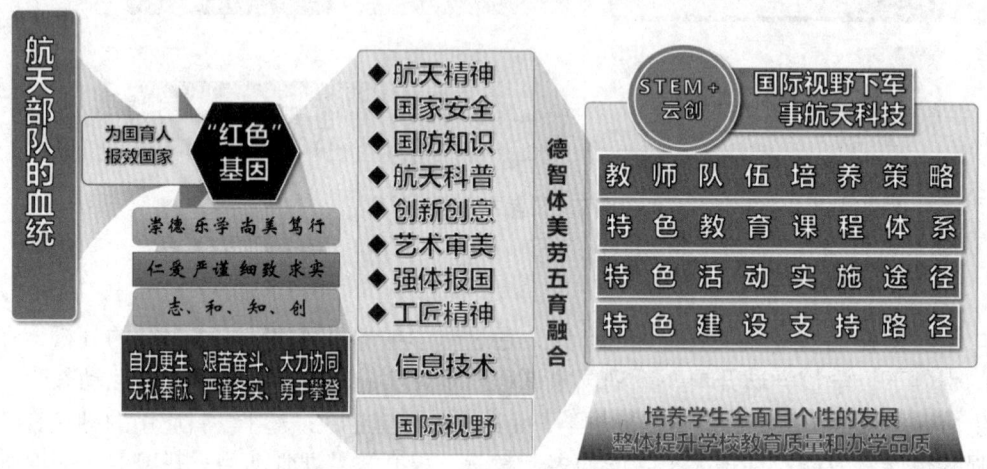

图9 云岗中学品牌特色

三、特色视角——"适合教育"的聚焦与优化

立足学校"特色兴校"办学方向，结合学校自身所在区域特点，挖掘"STEM+"云创科技特色项目和"国际视野下的军事航天科技教育特色品牌建设"内涵，探索开发并创建以"航天、军事、农业"三位一体的"云创"科技特色教育体系，从挖掘内部潜力入手，结合传统文化与现代科技有机结合，突出课程的多样性和选择性，为每一位同学提供了适应信息时代成长的科技课程及活动，打造学校"军事航天"特色教育品牌。

（一）适合传承文化的育人目标

以军事、农业和航天为教育载体，学生、家长、教师三位一体，推进电子与信息技术教育发展，建立了分级、注重衔接的初、高中学生创新培养目标和教师队伍创新育人目标，努力引导云中学子具备数字素养与技能，提升"STEM+"创新能力，用行动践行"自力更生、艰苦奋斗、大力协同、无私奉献、严谨务实、勇于攀登"航天传统精神。

初中培养目标：通过科普讲座、综合实践活动、社团活动、研究性学习及特色课程，掌握必要的航天、军事、农业知识和基本技能，具有一定的自学能力、动手操作能力及数字素养，初步具有实事求是的科学态度，掌握一些简单的创新方法，初步形成创新人才规模。

高中培养目标：通过国家课程科学渗透、校本必修课程、选修课、综合实践活动、社团活动及研究性学习，掌握航天、军事、农业知识和技能，能够利用相关知识开展专题研究，具有初步的创新精神、实践能力及科学、数字和人文素养。

教师队伍创新培养目标：通过校本研训、市区科技教育培训等手段，提升科技教师开展科技教育活动的创新工作能力和数字素养，通过岗位职责、工作量核定和奖励机制，形成科技教师爱岗敬业的高尚师德、奉献科技的无私精神。

（二）特色发展的基石——创新育人模式

瞄准新时代人才培养目标，深化教育教学改革创新，探索形成彰显"国际视野下的军事航天科技教育"创新发展的育人模式。依托研究性学习课程，开展科技类课题研究，培养学生科学探究和创新能力。参与国家、市区级人才培养项目，鼓励学生参与创新类竞赛项目，完善优秀科技创新人才的重点培养。

1. 全员创新素养通识培养

建立"STEM+"云创素养课程体系，在初高中非毕业年级开展初高中入学教育、"STEM+"体验活动、社会实践活动、学科渗透课程、校本必修课程和研究性学习课等，强调"五育"并举、跨学科融合，让每一个学生都具备基础数字素养，提升"STEM+"创新能力，致力于适合学生终生发展的教育。

2. 社团项目特色人才培养

选拔初高中对人工智能各领域有基础、感兴趣的学生，以"STEM+"为理念，以军事科技为主题，以人工智能电子智能控制为抓手，开展集社团活动、创新课程、创新研究及外出实践活动等多元的创新探索活动，打造具有区域特色和学校优势的社团，参与国家、市区优质竞赛，学生的"STEM+"智能创意知识与技能在学习中实践，在实践中提高。

3. 拔尖创新人才着重培养

结合特长生招生、年级选拔等途径挖掘学校有潜力成为拔尖创新人才的学生，在北京市科技人才培养模式（如翱翔计划、后备人才早期培养计划科学探索专项资金项目等项目）的基础上，家校社形成合力，一人一策，打造创新项目导师团队，激发学生的创新研究积极性，鼓励学生参加青少年创新大赛等创新类的高端竞赛项目，争取能够培养出更多为国家科技创新做贡献的优质人才。

（二）特色发展的载体——特色课程

学校将结合航天精神及时代特点，提炼国家核心素养中与科技特色相关指标，提出"求真 启智 协同 创新"的数字时代人才作为科技特色课程目标，在集群推进、数字校园、在地资源支撑下，进一步梳理航天、军事、农业三位一体的科技特色，建设科学普及、实践探究、创意设计的特色课程体系（图10）。

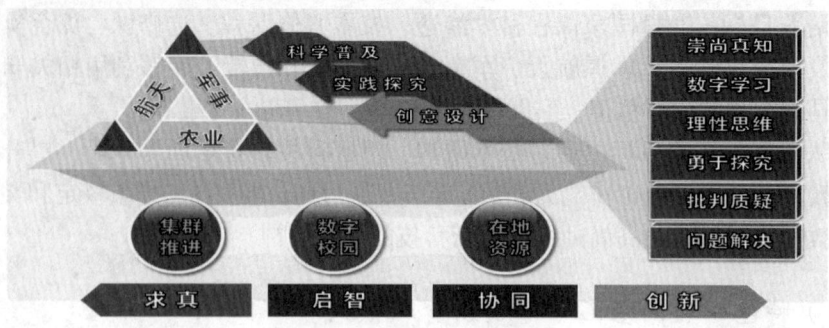

图 10　云岗中学的特色课程

（1）科学普及课程体系：普及课程是指国家课程标准规定的初、高中阶段要完成的各种课程，以及地方和校本普及课程，目的是培养学生的基础素养，同时为学生的实践能力、创新思维培养奠定基础的课程。

（2）实践探究课程体系：实践探究课程将在科技特色、创新发展上下功夫，强化研究型教与学。初高中学段的培养目标既有所侧重，又连为一体。根据学生个性特长，对学生社团建设、主题活动等方面进行开发等，使每个学生的兴趣爱好与个性特长充分发挥，创新意识与实践能力充分展现，科学素养与创新能力全面提升。

（3）创意设计课程体系：创意设计课程体系是在学科教学内容上有所加深和拓宽，在创新竞赛、自主招生、国际交流等方面有所侧重；课程目标是要使学生保持独立的持续探究的兴趣；获得亲身参与研究探索的体验；发展提出问题和分析问题的能力；学会分享、尊重与合作；养成实事求是的科学态度；培养关注社会的责任心和使命感。

为全面贯彻中共中央"双减政策"，落实教育部、市区"双减"工作要求，我校秉承"适合教育"的办学思想，把"双减"作为学校教育教学各项工作重点来推进，积极开展课堂教学、作业设计与研究、课后服务质量、家校共育等各方面的研究。学校加强小组建设、师友互助课堂模式的研究，注重学情分析，重视分层教学研究。充分发挥学校课堂内部督导委员会专家组的课堂观察作用，促进课堂整体提升。加强管理团队实质性课堂听评跟踪，定期开展专题研讨，通过研讨分析找准问题，精准发力，提高课堂教学实效（表1）。

表 1　云岗中学的特色课程

领域	系列	科学普及			实践探究	创意设计
		国家课程	地方课程	校本课程	校本课程	校本课程
特色发展	航天科技	语文、物理、信息技术	太空遨游创新工业	航天科技基础	航天科技实践探索	航天模型创意设计
	军事科技	语文、物理	高技术与信息化	军事理论基础（高一必选）	军事科技探索（高一必选）	军事模型设计与制作

续表

领域	系列	科学普及			实践探究	创意设计
		国家课程	地方课程	校本课程	校本课程	校本课程
STEAM教育（电子信息）	科学	物理、化学、生物、地理	网络安全信息交互制作航模几何形美	创新思维 电脑绘画	创意搭建 三维设计基础	创新研究 三维创意设计
	技术	物理、地理、劳技、通用技术、信息技术		搭看与虚拟机器人基础 手机应用改变学习	乐高机器人入门电子搭建 手机HTML5设计探究 创客体验魔方	电脑艺术设计 技术搭建与机器人创意设计 手机App创意设计
	工程	劳技、通用技术		电子技术基础技术与社区 军事电子与信息基础	数独 数码摄影 超有趣的人工智能 创·享VR探秘虚拟与增强现实	物联网设计与创客空间 微电影制作 人工智能设计
	艺术	音乐、美术		人工智能基础		
	数学	数学				

（四）特色发展的途径——项目化实施

1. 课程教学特色项目式教学

学校要求教研组进一步梳理国家课程校本化实施资源，开展"学科渗透——学科融合——项目学习"学科课堂教学实施路径尝试，鼓励教师在课堂上融入学校科技特色设计学习项目，渗透科学精神，提升学生科学素养。学校推行各学科教学中的军事航天科技教育项目，融知识、思想、科学、技能、趣味于一体，有机渗透，多方迁移，在潜移默化中提升学生的军事航天国防科技观念。

2. 特色社团活动项目化实施

与高校或科研院所合作，抓住重要的研究创新点，精选学校实力突出的科技特色社团，如机器人、无人机等，梳理社团人才培养目标，挖掘社团建设优势。

学校以"以赛促教"为指导思想，依托社团组织将活动进行项目化实施，鼓励更多的学生参与青少年创新大赛、市区级科技节、金鹏科技论坛、机器人竞赛项目、电脑作品评选活动等社会认可度较高的比赛项目中去，从而提升社团的专业程度，促进我校优势创新项目教育发展。利用地区科技资源优势进行创新教育，在地区优质的科技资源团队的扶持下，激发学生的研究积极性，开展争取能够培养出更多为国家科技创新做贡献的优质人才。

3. 研究性学习课程化实施

学校研学课程初高中均开展，其中初中阶段在初一年级开始，高中阶段在高一和高二年级开设。初中阶段由信息科技课程教师综合开展，通过项目教学方式推进小课题调查研究和科学影像视频作品制作，主要以模仿和创新体验为主。高中阶段，高中一年级主要是对研究方法和实施流程的理论学习,完成一个以上的课题或项目的初步设计。高中二年级对学生进行课题研究的深层次指导,规范学生在研究方法上的设计与实施,学生完成2个以上课题或项目的研究。学生在选题中鼓励自主选择、以个人或课题小组的形式进行研究,以教师研究方法和实施过程的理论学习为依托,保障研究的真实有效,以优秀课题评选、表彰及展示活动,形成创新人才课题研究的规范管理与评价。

(五)适合提升动力的多元评价

形成性评价与终结性评价相结合的评价标准,依据学生不同的起点、特点和发展潜能进行评价,重在对学生参与实践过程的评价。关注学生成长过程和点滴进步,根据评价情况及时调整教育教学方式,改进对学生的学习指导和发展指导,鼓励学生全面而有个性发展。

四、"五育"融合——特色辐射 成果显著

学校将爱国主义教育和特色创新有机融合,通过科普活动、社团创新、学科实践、艺术活动和创意劳动等手段,充分发挥团队或个人的创新创意,开展航天日活动、科技嘉年华等,受学生欢迎的品牌特色活动,突出解决生活实际问题的创新过程,从而点亮师生崇尚科学、探索未知、敢于创新的航天梦想。

(一)开展师资队伍素养提升活动

学校邀请知名专家为教师开展军事航天科技全员培训,以期达成共识,渗透科技教育理念。学校邀请学科专家就学科渗透方面进行专项培训和交流活动,为开展学科渗透展示活动奠定基础;学校分学期开展"双减"背景下学校特色建设学科渗透课展示周、展示月活动;学校还组织全体教师开展了"STEM+"创意体验活动,提升教师"STEM+"能力、开拓项目式学习教学思路、提升云创科技素养和学科与特色融合能力。学校教师承担国家级项目评委和专家2人,参与国家市区地方教材和资源撰写人员2人,在国家级、市级活动中交流发言15人次,先后有20多名教师设计特色展示课例在市区进行展示,相关案例及论文获奖46人次,4项课例获得全国一、二等奖。

(二)组织特色鲜明的学生活动

我校作为中国科技馆馆校结合基地校,组织同学们在阶梯教室线上观看了中国科技馆主办的"中国空间站科创体验基地首场活动",组织观看了"天宫课堂"授课。分别邀请了知名专家吕晓戈、傅前哨、徐邦年和庞之浩等来校进行讲座,鼓励同学们投身国防、航天事业,奉献祖国。

学校在航模、机器人、无人机及3D打印社团活动中强化军事航天主题,制作出一系列主题作品,并在升旗仪式上表彰全国、市区级科技方面获奖学生。机器人、无人机等社团受邀参与丰台区航天科普嘉年华,展示我校航天社团及主题课程所取得的成果,受到领导和来宾好评,社团成员还在新华网等媒体直播中进行展示。我校在国家级科技竞赛中获奖35人次,市级获奖474人次,区级获奖203人次。

学校还将品牌特色与体育艺术教育完美融合,舞蹈"我有一个航天梦"在航天日活动、新生入学教育中展示,该舞蹈入选全国展示活动。各班以"国际视野下的军事航天科技教育"为主题开展黑板报展示评比活动,29个班的同学们认真查阅资料,设计构图,绘制出一幅幅主题鲜明、创意美观的板报作品。以年级、学科组为单位还组织了一系列学生活动;同时,学校利用升旗仪式时间,以"挖掘在地资源,讲好航天故事"为主题,开展地区军事航天科学家宣讲活动,同学们采用诗歌、演讲、戏剧、课本剧、舞台剧、舞蹈等形式,讲述云岗地区航天人物故事,宣传航天精神。

(三)尝试全面提升素养的项目式学习

项目式学习是一种以学生为中心的学习方式,在项目式学习过程中,学生会积极地收集信息、获取知识、探讨方案,以此来解决具有现实意义的问题。因此在项目式学习过程中,不仅要求学生能够应用所学的学科知识,还要懂得如何在现实生活中将这些知识学以致用。学校自2010年开始在信息技术、通用技术、劳技及军事校本必选等学科中,通过企业计划、中国传统手工艺、逐梦航天、环境保护及世界园林博览会等主题开展了丰富的项目实践,在项目中同学们对学习的兴趣明显提高,主动参与意识明显增强,实践与创新能力也有了很大进步。我校从开始尝试开设"技术与企业"项目式学习,校本课程逐步发展到技术学科项目化,近两年在化学等中高考科目中也开始了项目式学习尝试;学生在项目学习中不仅学会了相关的知识与技能,自主学习、团队合作、沟通表达及综合思维能力都得到了很大的进步,学生的项目学习成果在全国、市区各类竞赛中获奖,可以说项目式学习让原来无法在学科成绩中找到成就感的学生找到了"适合教育"的成就感。

(四)开展"航天日"品牌活动

中国航天日主题活动是学校乃至云岗教育集群每年四月的传统活动,活动精彩丰富,同学们通过航天日活动介绍、航天日参与倡议、航天追梦人风采展示、云中航天文化推广、走进航大十一院、航天专讲讲座、航天三院"趣航天"科普活动走进学校、模型制作、航天知识竞赛、航天主题班会及航天艺术表演形式,参与航天科普、宣传航天文化,同学们参与热情高,受到社会广泛认可,活动在新华网等媒体进行报道。用不同的画笔展示航天精彩和梦想是我校的传统,航天日期间同学们用粉笔绘制航天黑板报、用彩笔绘制航天科幻画、用手绘板绘制航天日电脑绘画作品及用电脑制作航天日主题海报,不同的画笔展现不同的精彩,学校多次在全国航天日海报征集活动中获得优秀组织奖。

（五）丰富学校特色建设成果

学校非常重视成果梳理，项目计划实施可行性分析、项目调研报告、项目交流总结、部门教研组工作推进小结、课例成果集及项目活动展示汇报等都是特色成果梳理的形式，通过成果梳理，实时总结经验教训，为后续项目良性实施起到了重要的作用。学校逐年加大校园科技实践主题活动的力度，提高参加市区各类科技大赛的质量，提升了学生的科技素养和创新能力，学校开展科技教育实践活动20余次，开设科技特色课程21门，新增科技类特色社团3个，学校获得全国国防示范学校、全国调查体验活动优秀学校、北京市科技教育科技示范校等国家、市、区级集体奖项10多项。

（六）发挥集群牵头校辐射作用

作为北京市科技教育示范学校，学校非常注重科技特色品牌的示范和辐射作用。学校协助丰台区科协、云岗科技站组织举办区级航天特色活动，同时，学校作为云岗教育集群牵头校还组织集群内的教师人工智能和航天军事相关专项培训及竞赛活动，学校多次获得区级科技节优秀组织奖及特殊贡献奖。特别集群"STEM+"创意挑战赛学校已经组织5届，活动融入STEM理念、设计思维方法、项目式学习和创客式学习等新教育理念和方法，以项目为导向，围绕航天科技成就主题，组织中小学生使用身边的造物工具和材料进行现场创意模型的设计与制作。经过几年的努力，云岗教育集群构建了以首师大附属云岗中学为核心的"科技教育社区"，通过科技活动、科技竞赛、科技交流、科技课程、科技社团等形式，拓宽云岗地区学生接受科技教育的途径，提高云岗地区学生的科技素养，从而形成可持续发展的集群内科技教育资源的融合共享机制。

五、发展思考——多方引领　同向未来

在丰台区强基工程实施方案的指导下，学校规划用6～9年的时间，力争通过实施科学规划、专家办学、名师引领、家校社协同等措施，将坚持实现"乐学·和美"适合教育、创建科技特色品牌和创新人才培养进行"三位一体"统筹安排、一体部署，培养一支名师引领、结构合理、充满活力的干部教师队伍，有一定数量的领军型教师，打造具有学校特色品牌项目，提升办学综合实力，实现现代化优质内涵发展，将学校建设成为社会广泛认可的优质学校，办好适合学生终生发展的教育。

适合学生终身发展的教育不是给学生同样的台阶，而是为不同的孩子搭建不同的平台，让他们看到更好的风景。首都师范大学附属云岗中学将深入贯彻党的二十大精神，依据丰台区域发展规划，结合教育教学工作实际，积极思考践行倍增追赶合作计划，积极开展强基工程建设，强化集群和手拉手学校间的示范引领，体现更高的教育理想和价值追求，扩大学校科技教育创新优势，奋力开创学校"适合教育"高质量发展新局面，办地区百姓满意的教育，在培养有理想、有本领、有担当、"乐学·和美"可持续发展中学生的路上踔厉奋发，笃行不息。

第二部分　德育课程特色融合实践

开展特色德育专题活动 促进学校航天科技特色发展

——德育活动融合学校航天科技特色整体思路

张冬梅

《中共中央 国务院关于进一步加强和改进未成年人思想道德建设的若干意见》指出，广大德育工作者要将思想道德建设和教育与实践相结合，按照实践育人的要求，精心设计和组织开展系列道德实践活动。《中小学德育工作指南》中提出了课程育人、文化育人、实践育人、活动育人、管理育人、协同育人六大实施途径。学校贯彻落实立德树人的根本任务，坚持为党育人、为国育才的战略高度，充分发挥德育主阵地，促进学校特色发展是时代发展的现实需求。

首都师范大学附属云岗中学的"云文化"发展历程中蕴含了为国育人、报效国家的"红色"基因，科学育人、努力拼搏的"科技"基因，面向全人、促进成长的"和谐"基因，立德树人、全面发展的时代基因。学校地处我国最早有导弹的云岗地区，其前身是航天部第三研究设计院子弟学校，毗邻航天高科技单位，我校被评为全国国防教育示范校、北京市科技示范校、丰台区国际理解教育基地校，为开展以航天科技为引领的特色德育活动奠定了坚实的基础。

我校始终深入贯彻立德树人的根本任务，德育工作更是推进学校特色发展的重要一环。学校德育活动在学校国际视野下的军事航天科技特色品牌建设和"STEM+"云创科技品质提升项目中基于德育活动课程系列化，在"云志•云和"品格提升的课程中提升学生道德修养、审美健康、社会参与，从而树立志向，提升自我，参与社会，和谐发展。通过讲述航天科技人物故事主题升旗、航天日系列"走出去请进来"综合实践活动、科技嘉年华、航天主题班会活动等，实现航天精神的传承与发展，促进学生的全面发展，提升学校特色内涵品质。

一、推进班级文化建设，营造航天科技育人环境

学校大力推进一班一品班级文化建设，齐心协力构建和谐集体。采取了自下而上和自上而下相结合的讨论研究模式，师生一起勾画班级愿景，明确班级目标，设计班级标志，选编班级歌曲，形成自己班级独特的班牌。神舟班、逐梦班、鹏翼班、星梦班、熠烁班、飞航班等具有航天科技特色的班名，凝聚着学生的智慧和对航天科技的深厚情感；一块块精美大气的航天科技黑板报、一首首班级自创改编的航天班歌、校刊《云中风格》里

以科技特色为主题的千字文时刻在启迪着班级学生思想，陶冶着班级学生情操。校园40盏太阳能路灯上的航天人物、航天装备及军事航天大事记等内容出自学生军事航天文化特色项目式研究成果，潜移默化、润物无声地激励着全校师生学习心中的榜样、追求梦想。

二、开展军事国防训练，增强强校强军强国必胜信心

为深入贯彻习近平新时代中国特色社会主义思想和习近平强军思想，作为全国国防教育特色校，我校把国防军事教育及体验作为学校新生的必修课程。每年精心筹备、科学规划初一、高一年级为期7天的国防军事教育及体验课程。同学们身着迷彩服，走正步、打军体拳、学唱军歌，在灿烂的阳光下，强健身体、增强体魄；同学们通过听《铁血军魂》的精彩国防讲座，了解了我党、我军的光辉历史和优良传统。在军事成果汇报中，同学们用实际行动唱出"强校有我，校兴我荣；强军有我，用我必胜；强国有我，请党放心！"的最强音，展示出了吃苦耐劳、严于律己、顽强拼搏的精神，凸显了军人的飒爽英姿和自身的优秀品质。在接下来的学习生活中，同学们继承和发扬训练中所表现出的顽强拼搏、积极进取的精神，发奋图强、敢于创新的爱国报国之志。

三、依托地区优势资源，开展"航天日"品牌活动

走出去，请进来，为筑梦少年助力。学校师生走进航天十一院，参观了院史展厅、彩虹无人机及实验风洞，聆听了专家讲座，学习了中国航天空气动力事业光辉发展历程。航天三院"趣航天"科普活动走进学校，以精美模型和图片讲解展示我国航天发展历程，磁悬浮、北斗探宝和火星基地搭建等有趣挑战吸引学生的参与。著名航天专家庞之浩以精彩纷呈的载人航天为主题，为师生讲解了新中国成立以来中国载人航天事业发展的精彩瞬间，解密了载人航天的多项科技特点。著名军事专家徐邦年教授为师生带来《解密无人机》科普讲座，从国内外的无人机发展、原理和应用等方面，对无人机的发展进行客观全面的介绍。知识竞赛和读书活动融汇航知。学校还通过航天知识竞赛线上线下有机结合，竞赛分为教师、学生和家长三方赛，从航天知识、航天发展和校园军事航天文化3个篇章，以随机抽题的方式进行作答，学校还通过微信公众号开设"和教师一起读科普"专栏，以书籍简介、作者简介、读书推介和精彩摘录为主要板块，为师生推送了一批有趣、有用、有料的科普读物。各班级精心设计并召开航天主题班会，其中逐梦5班向全校展示了航天主题班会，全班同学积极参与其中，班级小组合作航天创意海报的解说引人入胜、班级航天科学迷为大家答疑解惑。各年级围绕航天梦想举行演讲活动，同学们结合自身经历，选取生动事例，激情饱满、昂扬向上、声情并茂地讲述了自己在逐梦之旅中的学思悟行，他们声传梦想、心诉情怀、热情讴歌航天发展光辉足迹，继承发扬老一辈航天人的报国初心、光荣传统和优良作风，牢固树立为建设航天强国不懈奋斗的责任感与使命感，不断增强航天人迎难而上、敢打硬仗、自力更生、艰苦奋斗的志气。全校学生用不同的画笔展示航天精彩和梦想是我校的传统，航天日期间同学们用粉笔绘

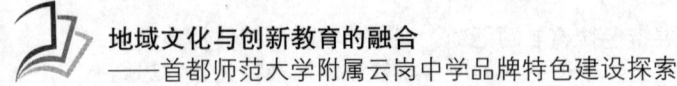

制航天黑板报、用彩笔绘制航天科幻画、用手绘板绘制航天日电脑绘画作品，以及用电脑制作航天日主题海报，不同的画笔展现不同的精彩。航天日系列品牌活动引领着云中学子在云文化这方沃土上，点亮航天梦想。

四、讲述航天科技人物故事，发挥文明传承思政教育价值

我校地处云岗，二十世纪五六十年代一大批科技精英在党的召唤下来到这里，为国防建设建立了不朽的功勋，在国防科研领域创造了举世瞩目的奇迹。在这片神奇的土地上，涌现了一大批科学家。他们的故事，值得每一代人铭记与传承。学校结合时代背景，坚持家校社协同，依托《云岗，中国最早有导弹的地方》这本青少年科普读物，遵循"实""深""细""透"原则，充分挖掘云岗当地的科技资源，组织学生开展"航天科技人物故事我来讲"主题系列活动，先后挖掘了云岗地区梁守槃、庄逢甘、刘兴洲、崔尔杰、黄瑞松、刘永才、刘墅、蔡淑华、戴天方、杨宝奎 10 位航天人物故事，在每周全校升旗仪式上，升旗班级通过演讲、诗歌朗诵、剧本、舞蹈等形式讲述这些人物的故事，提升学生国家认同、勇于探究、实践创新的核心素养。在挖掘在地资源的基础上，师生视野开阔，又进一步挖掘了我国翟志刚、聂海胜、景海鹏、刘洋、王亚平 5 位神舟载人航天员的感人故事，以及我国杰出科技人物沈忠芳、任新民、彭士禄、顾诵芬等人的光辉事迹。此系列宣讲活动发挥了在地资源的历史印证价值、榜样人物文明传承价值、思政教育价值，使之成为学校德育课程的源头活水，从而铸魂育人。

汲取营养乐学扎根，蓄积力量和美生长。我校通过德育活动融合学校航天科技特色，为学生全面发展搭建了载体和平台，为落实"五育"并举工作注入了血液和力量。在提升学校品质的路上，我们将一起迈出更坚定的步伐，让有温度的活动枝繁叶茂，让学生在活动中感悟、收获、提升。

挖掘在地科技资源　讲述航天人物故事

——"讲述航天科技育人故事"主题教育活动设计与实施

宋海玲　夏明香　刘　力

一、活动背景

我校地处云岗，云岗是一片古老的土地，历经沧桑，留下无数历史的遗迹。云岗又是一片新生的土地，二十世纪五六十年代，一大批科技精英在党的号召下来到这里，为国防建设建立了不朽的功勋，在国防科研领域创造了举世瞩目的奇迹。这些老一辈革命家、科学家的故事，值得每一代人缅怀与感恩、铭记与传承。全体师生结合时代背景，坚持家校社协同，充分挖掘云岗当地的科技资源，通过师生把我们云岗的"航天人物故事"讲出来，把"航天精神"传下去，渗透到师生的血液中。

二、活动目标

（1）知识技能目标：充分挖掘我校及云岗街道社区当地的航天科技资源，了解身边的航天科学家的故事，用身边故事教育身边人，让航天精神传承深入人心。

（2）过程与方法目标：通过展现故事主人翁的心路历程、情感冲突、内心独白等，追忆航天人物的光辉事迹，使学生受到爱国主义教育，促进学生的自豪感和使命感。

（3）情感、态度、价值观目标：使学生体会今天的幸福生活来之不易，认清自己的"根"和"魂"，更加明确自己的职责，激发他们树立坚定的理想信念，不断从航天人物身上汲取前进的力量，成为担当民族复兴大任的时代新人。

三、活动准备

云岗地区航天科学家的故事（通过阅读校本教材《云岗，最早有导弹的地方》，深入挖掘出共10位航天科学家的故事）

（1）导弹大师——梁守槃；

（2）用一生书写中国"空动"的传奇——庄逢甘；

（3）火炬院士——刘兴洲；

（4）为航空航天的一生——崔尔杰；

(5)劈波惊巨澜——黄瑞松;
(6)长剑行——刘永才;
(7)坚守航天工作一线——刘墅;
(8)坚定的信念锻就壮丽人生——蔡淑华;
(9)倚天仗剑破苍穹——杨宝奎;
(10)大阅兵装备背后的工程师——戴天方。

四、活动过程

(一)走进云岗社区,了解航天科技人物,了解人物故事

学生进入社区、进入网络,积极参与到各项活动中,通过多种途径、方法,如翻阅书刊、采访、上网、观看相关的影视作品等搜集有关资料。师生在尊重历史、尊重事实、尊重人物的基础上,挖掘、整理、梳理了10位航天人物故事。做到传承、弘扬云岗地区的航天精神文化,发挥好当地资源的历史印证价值、文明传承价值、政治教育价值。

(二)走近航天科技人物,挖掘人物故事内涵,会讲人物故事

老师引导学生从主人翁的内心世界和心路历程揭秘,将其思想情感的发生发展、动力源泉、矛盾冲突等讲明白,老师指导学生采用诗歌、演讲、戏剧、课本剧、舞台剧、舞蹈等形式讲述并展示以上人物故事,努力还原一个有血有肉、有情有义、有胆有识的真实人、身边人,缩小主人翁与听众的距离感,让航天科技人物成为可信可学、可修可为的楷模。拉近学生与科学家的距离,从而切实受到科学家精神的感染与熏陶。

(三)通过多种方法,宣传航天科技人物,弘扬航天精神

把收集到的人物故事弄通悟透,把故事讲出来、演出来,让人物故事从书本上走出来,从社区走出来,真正直击师生心灵。学校通过每周全校师生升旗仪式、班级班会课、学生的写作集、微信平台等积极宣传航天人物精神。

五、活动亮点

(一)挖掘人物,直达人物内心深处,抓住每一个细节

师生挖掘资源往深处想,挖树挖根、交人交心,把蕴藏在人物内心深处的"根"挖出来,不走过场。通过访谈、收集资料、创造性写作、艺术改编等多种形式,使人物故事变得鲜活起来。挖掘往细处去,每一个人物的特殊事件、每一件珍贵物品、每一个细节回顾,都做到了细致细心地去探究和整理。

（二）讲述形式亲切多样，平易近人，有效激发共鸣

升旗班级采用诗歌、演讲、戏剧、课本剧、舞台剧、舞蹈等形式讲述并展示以上航天科技人物故事，加强了青少年学生的思想政治教育，进一步激发了爱党、爱国、爱社会主义的情怀。

（三）展示场合庄重肃穆，影响面广

在庄严的国歌声中，学校每周利用升旗仪式时间进行航天人物故事宣讲展示，使全体师生认识到：航天人物从枪林弹雨中一路走来，他们的传奇经历和理想追求，是我党、我军光辉历史和优良传统的生动写照，是衔接历史、现实和未来，确保科技事业薪火相传的精神脐带。

（四）沉浸式教育，教育效果深入人心

由于家庭出身、时代背景、社会主要矛盾等发生了天翻地覆的变化，当代青年有时很难理解革命战争年代人们的理想信念、价值理念和道德观念。但无论时代如何变迁，人心、人性、人的基本情感都是相通的，这是沟通过去、现在和未来人们的桥梁。讲航天科技人物故事，从主人翁的内心世界和心路历程揭秘，将其思想情感的发生发展、动力源泉、矛盾冲突等讲明白，努力还原一个有血有肉、有情有义、有胆有识的真实人、身边人，缩小了主人翁与听众的距离感，让航天科技专家成为可信可学、可修可为的楷模。

（五）微信宣传及视野的开阔，让教育持久而广泛

利用微信平台，小手拉大手，由学校辐射到家庭，由校内扩展到周边乃至更广阔的网络世界，让云岗的航天故事流传得更广、更远。师生的视野不断地扩大到我国系列神舟载人航天员、我国杰出科学家的事迹及精神。用中国航天人故事教育身边人，让航天科技基因、航天科技精神薪火相传。

因热爱而执着 因梦想而坚持

——航天主题班会设计

张 华

一、主题班会背景

（一）政策背景

坚持立德树人，"五育"并举。培养学生德智体美劳全面有个性发展。

（二）理论背景

建构主义是一种关于知识和学习的理论，强调学习者的主动性，认为学习是学习者基于原有的知识经验生成意义、建构理解的过程，强调个体的主观能动性和认知建构的过程。

（三）实践背景

（1）近年来，我国航天事业发展迅猛，在第七个中国航天日到来之际，神舟十三返回舱成功着陆，再一次宣告我国航天事业迈上一个新台阶。

（2）学校"STEM+云创科技教育品质提升"和"国际视野下的军事航天科技特色品牌建设"为生活在云岗地区、学习在云中的学生"乐学·和美"的快乐成长提供了丰富资源和多元平台。

学情分析：

初一年级的学生有活力、有热情，特别喜欢参与展示类活动，且情感丰富，喜欢用不一样的方式来表达。

二、主题班会目标

（1）了解中国航天事业发展历程，知道我国航天事业发展取得的主要成就。涵养学生的爱国情怀和民族自尊心、自豪感。

（2）了解云岗对航天特有的含义，了解学校特色建设项目。增强学生爱班、爱校、爱家乡、爱祖国的情感。

（3）体验航模社团等学校特色社团的活动，加强团队建设，树立远大志向，内化航天精神，形成学习成长内驱力。

三、主题班会前期准备

（1）搜集中国航天事业发展历程的相关视频和对航天发展感兴趣的问题。

（2）《我有一个航天梦》诗歌创作。

（3）《闪耀星空　一起向未来》航天主题创意海报制作。

四、主题班会过程

第一篇章　播种

通过短视频，学生了解中国航天事业发展历程，知道我国航天事业发展取得的主要成就，涵养学生的爱国情怀和民族自尊心、自豪感；继而以学生们原创诗歌朗诵和手势舞表演的方式，表达一颗航天梦的种子已在心中播下。

第二篇章　破土

通过学生创设的"外界声音"加配乐作为背景环境烘托，聚焦学生独舞表演，表达一颗航天梦的种子既已播下，即使面对外界的不同声音，也能够正确面对成长中的挫折、困难，实现"破土"发芽。

第三篇章　发芽

通过学生制作的云岗地区及学校系列航天科技成果视频合集，让学生了解云岗对航天特有的含义，了解学校特色建设项目；继而以原创诗歌的朗诵，表达学生爱班、爱校、爱家乡、爱祖国的情感。

第四篇章　成长

通过航模社团小组活动、创意海报小组活动、太空种子小组活动、体育锻炼小组活动等情景剧表演，学生内化协同、合作、创新、务实、乐学、和美等精神品质。

第五篇章　圆梦

通过原创诗歌的全班诵读，树立远大志向，内化航天精神，形成学习成长内驱力。

五、主题班会效果

（1）不论从航天事业发展历程的视频搜集、相关航天问题的汇总与梳理，还是最后采取诗歌、绘画、舞蹈、情景剧等的表达形式，无不在联结国家战略规划与学校特色品牌建设及学生发展实际，不仅涵养了学生的爱国情怀和民族自尊心、自豪感，也进一步增强了学生爱班、爱校、爱家乡、爱祖国的情感。

（2）航模社团等学校特色社团情景剧表演的打磨过程，不仅增强了学生人际交往沟通能力，加强了团队建设，还内化了航天精神和学校办学理念，助力学生形成学习成长内驱力。

（3）从筹备、策划到展演的整个过程，全班学生全程参与，积极投入，充分发展个性和展示自我，增强了自信心和团队协作能力。

六、主题班会亮点

（1）充分挖掘学生优势、特长，搭建平台，助力成长。本节班会课主题明确，表现形式多样，融入了主持、朗诵、舞蹈、绘画、视频制作、情景剧表演等因素，为每一个学生提供了平等参与、充分展示的平台。

（2）发动小组协作力量，大胆创新。如果说一个人的力量是有限的，他们团队的力量可以多倍增长。无论是海报、诗歌的创作、还是各社团小组的情景剧表演无不体现了学生们小组协作的力量，在合作中他们大胆创新，有想法敢实践。

（3）集体智慧加持，学科高效融合。这次主题班会的准备过程融合了各学科老师们的智慧加持：初一年级主任和班主任团队的现场观摩与过程研磨；物理老师对相关航天知识的解答；生物老师对"太空种子"相关知识的培训；语文老师对诗歌创作和朗诵技巧的指导及其他老师们的技术指导和心理鼓励等。学生们在老师团队的示范引领下，进一步体会到了集体智慧的力量，感受到了学科融合的魅力。

赓续航天精神　点燃青春梦想

——主题班会设计

邹　霞

一、主题班会背景

近年来，国家航天领域事业取得一系列重大成就，探月工程"三步走"圆满收官；"天问一号"实现从地月系到行星际探测的跨越；中国空间站建设全面开始实施，并开启有人长期驻留时代等，中国航天取得的创新成果极大鼓舞了民族自信，成就的取得源自党的正确引领，也源自深厚博大的航天精神。

我校紧邻航天三院，身边有着一大批理想信念坚定、爱国热情高昂、精神风貌良好的优秀航天人才，这是可贵的学习资源。学校"STEM+云创科技教育品质提升"和"国际视野下的军事航天科技特色品牌建设"也为云中学子"乐学·和美"的快乐成长提供了丰富资源和多元平台。

班级学生目前存在的问题主要有自信心不强，在年级组织学科知识竞赛时，不敢积极参加；课堂发言不够积极，缺乏质疑精神；在一些活动中创新精神不足。

二、主题班会目标

（1）让学生深入了解航空航天事业发展的艰辛历程，深刻体察航天队伍中党员们勇于创新、甘于奉献、不断攀登的精神，进而激发和培养学生的爱国精神，培养学生担当家国责任的使命感和敢闯敢试、敢作敢为的勇气。

（2）鼓励不敢参与的学生，为全班每个同学提供一个展示个性与才华的舞台，展现学生的青春风采。

（3）培养团结合作的精神，锻炼学生尤其是班干部的班级管理、活动策划能力，提高学生组织及管理的才能。

（4）通过班会丰富的节目形式，提升学生的写作能力、朗诵能力、表达能力、表演能力。

三、主题班会准备

（一）前期准备

（1）结合学校"云中历史教师和你一起学党史"系列课程，了解中国共产党历史上重大事件发生的背景、经过和意义，"学史明理、学史增信、学史崇德、学史力行"，深刻认识党的历史。

（2）结合学校"STEM+云创科技教育品质提升"和"国际视野下的军事航天科技特色品牌建设"系列活动，让学生积极参与活动，并写下自己参与的感受。

（3）结合本班承担的升旗仪式内容，学习了解航天三院总师蔡淑华的事迹，通过诗歌、小短文、对联等形式，表达自己的学习感受。

（4）阅读《云岗，中国最早有导弹的地方》一书，学习云岗地区航天英雄的伟大精神。

（二）中期准备

针对学生的方案提出建议，特别注意引导学生关注航天三院的优秀党员们，与学生一起商定班会计划。

（三）后期准备

（1）学生查阅资料，了解我国发展航空航天事业的重大意义，并准备演讲。

（2）学生了解自古以来中华民族航天梦的发展。

（3）创编飞天舞；准备郭永怀的故事讲述。

（4）创作剧本《民族的脊梁——梁守槃》、创作诗歌《我和2035有个约定》

（5）结合社团活动学习火箭的制作、悬臂梁的制作等，并用视频记录下活动及参与活动的感受。

四、主题班会过程

篇章一　敢于有梦

环节1　飞天舞表演

内容：女同学着古装和着古典音乐表演飞天舞

设计意图：引导学生回忆中华民族飞天梦的发展及当今取得的巨大成就，激发学生的民族自信，和对做出巨大贡献的英雄的感恩、敬佩之情。发挥学生的爱好和特长，让学生在舞蹈中体味古人的梦想，感受到当下生活的幸福，过程中也提高学生的审美能力。

环节2　航空航天重要意义演讲

内容：学生分别从经济、政治、军事的角度，结合社会实际谈航空航天的重要意义。

设计意图：让学生了解国际航空航天事业的重大意义，开阔学生的眼界，激发学生学习和创新的热情，以及担当家国重任的使命感。

篇章二　勇于追梦

环节 1　讲述表演——《丰碑的背后》

内容：两位同学配乐讲述郭永怀的故事

设计意图：发挥学生的朗诵和表演特长，通过学生动情的讲述，让学生了解我国航天事业发展经历的艰辛过程，深刻体察航天队伍中优秀党员热爱祖国、无私奉献、不计个人得失、甚至献出生命的伟大精神。

环节 2　话剧《民族脊梁——梁守槃》

内容：多名同学表演话剧，共分 3 幕："启航—奋斗—功成"，展现航天英雄梁守槃的精神。

设计意图：发挥学生的表演才能，生动呈现民族脊梁——梁守槃的故事，让表演的学生在融入角色的过程中，深切体悟航天人的伟大精神，也吸引观看的学生身临其境，回到那个不凡的年代，去感受梁守槃等老一辈航天英雄们勇于创新、不怕牺牲的精神，进而激发和培养学生的爱国精神，培养学生担当家国责任的使命感和敢闯敢试、敢作敢为的勇气。

环节 3　播放视频《我眼中的特色云中——云中科技引领，点燃青春梦想》

内容：1. 学生在操场发射自己制作火箭的视频

2. 学生们谈参加各种社团和各种活动的经历和收获

设计意图：通过回顾在校的成长经历，让学生感知到身为云中学子的幸福，感受到母校的付出，梳理自己的成长，收获成就感，同时激发其他学生积极参与各种活动，在活动中提高自己的综合素质，培养自己的创新精神。

篇章三　勤于圆梦

诗朗诵：《我和 2035 有个约定》

内容：学生们配乐朗诵自己原创的诗歌，畅想自己高中、大学、工作直至 2035 年的成长过程和渴望实现的梦想，表达自己赓续航天精神，努力奋进，为梦想拼搏，为国家建设做贡献的情感。

设计意图：通过让学生设想自己 2035 年的生活情景，激发学生对未来进行思考和规划，将学习到的航天英雄们的伟大精神，融入自己当下的生活中，承担起家国责任，勇于造梦，更勤于追梦。

五、主题班会效果

本次主题班会是在学校特色教育和德育主题系列活动的引导下，水到渠成地生成，学生们通过学习党史，对我们的幸福生活来源有深切的感受；同时学生们生长在航天三院旁边，学在云岗中学，深受航天精神的影响，学校每次升旗仪式都会介绍优秀党员航天英雄的故事，所以在班会主题下来之后，同学们自然而然地想到要把感动他们、引领他们的优秀党员的航天精神表现出来。学生们都有自己喜欢的航天英雄，怎么办，就出了几套方案，最后讨论投票确定了最具代表性的人物、班会的主题和初步的思路。接着我让同学们自报特长，再让学生们出方案。然后班干鼓励学生主动报名分配班会角色。对于一些实在胆子小，依然不敢报名的同学，班干发动他们的组长和组员去鼓励他们，最后剩下的同学，我再私下谈话问明原因，给他们建议合适的角色。我们的班会最终做到了：人人都有"舞台"、有任务。接下来的整个过程，学生去筹备，确实会有很多不足，我会积极给他们准备一些资料提一些建议，同时尊重他们的意思。班会准备过程中，我发现学生经过了高一一年的培养，能力得到了很好的发展，飞天舞的编排、话剧的创作、火箭的制作、诗歌的创作、主持词的写作及视频的制作等，学生们展现出了让我吃惊的能力，他们的创新精神在相互的启发和促进中滋长。讲述郭永怀的故事及表演梁守槃的故事的时候，学生们亲身去体会优秀党员的精神世界并深情演绎，谷俊浦和李笑笑在表演的过程中动情泪下，同学们也无不动容；当于千凯同学拍桌子吼出"外国人能干的事，中国人也能干"的那一刻，同学们激动地鼓起掌来。整个班会的爱国主义情绪和中国人自主创新、永不服输的精神深深地感染着在场的每一个人，最后同学们畅想自己美好的未来，高昂地朗诵出脚踏实地追逐梦想的情怀。看了学生们的班会体会，我切实地感觉到了孩子的成长和收获，我体会到了自己正在影响着一群鲜活的生命，引领他们去追求爱国奉献、勇敢担当、乐观自信、敢于创新等美好品质，这一刻我无比幸福！当然，这次班会在音效的处理和道具的准备上还不尽如人意，在精益求精做好一件事上，我和同学们都应该不断提升自我，积极追求。

六、主题班会亮点

在学校"STEM+云创科技教育品质提升""国际视野下的军事航天科技特色品牌建设"的系列活动培养下，在班会的前期准备活动后，学生参与班会的热情很高，班会充分激发了学生的创新精神，学生们主动创作了诗歌、话剧，自编了舞蹈，既发挥了自身的特长，又让自己的情感得到了畅快地抒发，同时感染着他人。

班会全员参与，学生们在设计班会和排练的过程中，不断地重新审视自己，发掘自己的兴趣和特长，调整自己的角色，找到自信，最终得到锻炼，提升了综合素质。

班会形式多样，舞蹈、朗诵、话剧、演讲、小火箭发射表演、采访发言等精彩纷呈，充分彰显学生个性的同时，以多样的形式，感染大家，时而催人泪下，时而振奋人心，时而喜气盈盈，让班会紧紧抓住大家的心，收到良好效果。

专家点评

德育活动融合航天科技　主题班会点亮航天梦想

《北京市全民科学素质行动规划纲要（2021—2035年）》（京政办发〔2022〕7号）明确提出，"实施科学家精神进校园、院士专家进校园行动，将科学精神融入课堂教学和课外实践活动，将科学思想、科学方法融入科学教育当中，激励青少年树立投身建设科技强国的远大志向，培养学生爱国情怀、社会责任感、创新精神、团队精神和实践能力。""实施馆校合作行动，引导中小学充分利用科学中心、少年宫、科技馆、博物馆、科普基地等场所开展学习实践活动。"首都师范大学附属云岗中学充分挖掘航天科技地域资源，开展系列德育活动，传承航天精神，促进学校航天科技特色发展。

德育活动是落实立德树人根本任务的有效方式，也是培养学生科技精神，提升科学素养的有效途径。《开展特色德育活动，促进学校航天科技特色发展》一文从学校视角介绍德育活动融合航天科技特色整体思路，从航天科技育人环境的营造、"航天日"品牌活动的开展、坚持家校社协同，挖掘地域科技资源等方面阐述了学校航天科技教育的做法与成效，特别是"航天日"系列品牌活动，创新了航天科技教育活动形式，有参观航天十一院、聆听航天科学家讲座、航天知识竞赛、航天教育主题班会、航天梦想演讲、画笔展示航天梦想、微信公众号推介航天科普知识、航天科技特色的班级命名等方式，全面展示了学校航天科技品牌建设，不断促进学校特色发展。《挖掘在地红色资源，讲述红色育人故事》主要讲述云岗地区红色英雄故事和航天科学家的故事，用身边故事教育影响身边人，这种沉浸式教育，缩短科学家与学生之间的距离，让航天英雄成为科学可信、可修可为的楷模，让航天精神深入人心。

两节主题班会都是围绕航天科技教育而设计与实施，充分利用云岗地区航天资源、航天科学家的故事，激发学生爱国情怀，点燃学生航天梦想。《因热爱而执着，因梦想而坚持》这节主题班会以了解我国航天事业发展历程与成就为切入点，通过诗歌、舞蹈、情景剧表演等多种形式，展示了学校航天科技活动和成果，培养了学生的家国情怀，内化了航天精神，让学校航天科技教育品牌深入学生心中。主题班会《赓续航天精神，点燃青春梦想》围绕敢于有梦、勇于追梦、勤于圆梦3个环节，从远及近，层层深入介绍我国航天事业发展的艰辛历程，以及航天科学家勇于创新、甘于奉献、不断攀登的精神，最后展示学校航天科技教育的成果，激发了学生要赓续航天精神，努力奋进，为梦想而拼搏的决心，为国家建设做贡献的信念。

地域文化与创新教育的融合
——首都师范大学附属云岗中学品牌特色建设探索

德育活动如何更好地融合航天科技教育，还需要我们从目标内容、途径方法、管理评价等方面进行一体化设计与探索，从而促进学校"国际视野下的军事航天科技特色品牌建设"深入发展。

简作军

北京市丰台区教育科学研究院副院长，德育研究室主任，高级教师

第三部分　学科课程特色融合创新

综 述

学校特色建设在学科中实施的整体思路

王秀菊

当今社会，科学技术的不断进步已成为推动世界经济发展的主要力量。2021年6月国务院印发《全民科学素质行动规划纲要（2021—2035年）》要求提升基础教育阶段科学教育水平，引导变革教学方式，倡导启发式、探究式、开放式教学。提出在"十四五"时期实施青少年科学素质提升行动，在课堂教学中发展学生科技素养，成了时代赋予基础教育阶段的历史使命。

一、学科与学校特色渗透融合概述

首都师范大学附属云岗中学前身为0683部队子弟学校，后为航天三院子弟学校，办学之初就是为国家、军队、军事航天事业而建，所在的云岗地区有着丰富的军事航天资源。以"国际视野下的军事航天科技教育"为特色主题，与"STEM+"云创科技特色项目，建设"云创"科技特色教育体系，先后与航天三院、陆军装甲兵学院等7个周边科研院所达成共建协议，开设了一系列的特色活动和特色课程。多渠道对学生实施科技素养教育，促进了学校品牌特色发展，实现了学校高品质提升。

二、学科与学校特色渗透融合现状

我校立足发展优势基础，以"国际视野下的军事航天科技教育"为特色主题，采取"学科渗透——学科融合——项目学习"的实施路径，是各学科与学校特色有效渗透融合的重要组成部分。此特色主题的开展首先在干部、年级组及教研组团队中达成共识，并明确实施计划，16个教研组设计的展示交流课，军事航天主题与各学科有机融合，教学目标的达成度高，实现了学校特色建设在学科教学中的有效渗透。

2021年11月，我校开展了以"基于学情提质增效 融合科技助力发展"为主题的"双减"背景下学校特色建设学科渗透/融合课展示周活动。我校初高中语文、数学、英语、物理、化学、生物、历史、政治、体育、信息技术、综合教研组共11个学科教师呈现了16节精彩的课程，赢得北京教育学院、丰台区教育科学研究院、丰台分院专家的一致好评。所有课程设计均从学生实际问题出发，体现以学生发展为中心，实现了学校特色建设在学科教学中的有效渗透。专家点评后，各教研组再次评课交流，学校进一步组织了授课教师进行课堂反思汇报及教学设计的再修改。2022年4月开展了学校特色建设学科渗透/融合课展示月活动。学校将展示课的教学设计、教学反思及教研组长点评集结成册，既是对学科渗透、融合的阶段性成果总结，又是为后续提供学科教学素材和渗透经验，为进一步的学科融合奠定基础。

目前，学校16个教研组就14个学科教材中与特色项目相关的学科知识、可用资源、问题研究或综合学习主题、校本选修课、特色校本课程开发及综合实践活动等方面进行梳理和设计，形成了较完整的国家课程校本化实施资源体系。

《军事航天科技》是我校高中的校本必修课程，任课教师以国防教育、军事科技和航天技术为主线，通过课堂探究活动、师生对话、项目体验活动和时事锐评等方式，混合式开展教学活动，学生课堂参与度高，教师也对教学设计进行了进一步的梳理和创新。

三、学科与学校特色渗透融合的整体思路

依据"首都师范大学附属云岗中学品牌特色学校建设项目实施方案"，立足学校工作实际，以制订实施"首都师范大学附属云岗中学品牌特色学校建设三年整体方案"为主线，依托市区项目、当地资源和专家引领，以国际视野下的军事航天科技教育特色主题为核心，聚焦师资队伍建设，完善学校"云文化"为核心的云课程体系，构建智慧教育范式，推动学校特色内涵发展。为进一步推动高中品牌特色建设项目在学科教学中的落地，学校在学科教学方面确定了"学科渗透——学科融合——项目学习"的实施路径，具体思路为：一是进行课例研究。每个学科选择某个与特色建设融合点案例开展课例研究，初步感知；二是开展学科与学科特色建设内容融合点梳理；三是进行课程设计与建设，通过加强学习，逐步构建渗透与融合的课程；四是课程实施推进，设计并实施学科渗透/融合主题系列课；五是项目实施推进，通过项目学习的主题确定与实施，促进学校特色建设深度融合。

四、学科与学校特色融合实施的载体与路径

（一）组建学校特色建设的学科实践研究共同体

依据实施方案、学科特点和教师情况，各教研组先期选择组建学校特色建设学科实践研究的种子教师，鼓励各教研组依据学科特点有选择性地开展探索，强调教研跟进，确保学校特色建设在学科中有效开展。

（二）系统设计教师分层分类培训

学校以专家团队、校内外资源为支撑对教师进行培训，通过专题培训等方式提升老师学科融合能力，通过师云讲坛、微型讲座、教研组活动、青年教师工作室活动、每学年的期末研修、组织教师参观等方式，引导教师投入到学校特色建设的思考和实践中来，

促进教师专业化成长和特色教师队伍的培养。建学科覆盖面广的特级教师或骨干教师团队，形成梯度，并具有很强的示范引领能力，教育教学成果突出。

（三）强化基础课程的科技渗透

充分利于周边科技教育资源优势，整合国家、地方、校本课程，构建"国际视野下的军事航天科技教育"特色发展的课程，最大限度地满足学生选择，促进学生个性特长发展。

在军事航天科技教育的推进过程中，学校立足学科自身的特点，围绕军事航天科技话题，充分挖掘各学科与之相关的主题和知识点，强化学科与军事航天科技的连接点，适当延伸并与前沿的科技相结合，加强教学素材进行整合、多学科融合，形成了较完整的国家课程校本化实施资源体系。将军事航天科技教育引进课堂让军事航天知识走到学生身边。学校全员、全学科实施"基础课程＋军事航天科技教育"，从目标、内容、方法等维度渗透军事航天科技教育。

（四）构建多学科融合的优质特色教育

目前我校已尝试部分学科融合授课，未来所有的学科都将聚焦思考学科融合，既有"学科内统整"，又有"跨学科统整"，既有"学科与活动统整"，又有"校内与校外统整"等。课程不再是"孤军作战"，关联与整合将成为课程实施的常态。同时，学生可以将在学校所学延伸至家庭乃至社会，学生身上的合作探究、勤于思考、勇于实践、善于创造性地解决各种问题的品质，最终可走向发明创造，实现学校特色兴校的办学目标。

（五）加强课题研究

重视科研工作，依托课题研究提升学科特色打造的理论基础、科研方法、实践路径和评价体系构建，将学科特色品牌建设工作科研化推进。

（六）构建智慧教育范式

在专家的指导下，探索基于人工智能的教育教学方式，对特色项目实施过程进行数字化、智慧化改进。积极探索基于"互联网＋"的教育内容、方法的变革和教学形式的改变，创新教与学的方式。着力提高教师运用信息技术的素养和能力，教师在课堂教学中能科学运用信息技术。

（七）整体推进项目学习

以"云文化"为核心，将"国际视野下的军事航天科技"作为项目学习的主题方向，在"航天精神、国家安全、国防知识、航天科普、创新创意、艺术审美、强体报国及工匠精神等教育与国际视野和信息技术深度融合"中选择主题，开展"STEM+"教育理念下的项目学习，在学习中强调科学与人文精神和社会价值观的养成，注重学生创新精神和实践能力的培养。

总之，学校将在推进特色发展的新征程中，注重"云文化"内涵发展，体现更高的教育理想和价值追求，扩大学校科技教育创新优势，奋力开创学校"适合教育"高质量发展新局面，在培养"乐学·和美"可持续发展中学生的路上踔厉奋发，笃行不息。

语文篇

初中语文学科与学校特色渗透融合策略

魏冰青　李　文

教育是国之大计、党之大计。当前随着我国教育事业的快速发展及语文课程改革的进一步深化,语文课程不但要进一步发挥自身学科功能,还要进一步发挥语文课程的多重功能,成为各种教育渗透的重要载体,既致力于学生核心素养的形成与发展,为促进德智体美劳全面发展及学生的终身发展打下基础,又要培育有理想、有本领、有担当的时代新人,肩负起中华民族伟大复兴的大任。

一、语文学科与学校特色渗透融合概述

(一)语文学科与学校特色渗透的必要性

1. 国家教育政策的出台

21世纪以来,国际形势发生了深刻复杂的变化。经济全球化推动了世界范围内的资源重新配置。时代的进步与变化,为教育提出了新的课题。2019年6月,中共中央、国务院发布《深化教育教学改革全面提高义务教育质量的意见》指出,要强化课堂主阵地作用,探索基于学科的课程综合化教学,开展研究型、项目化、合作式学习,切实提高课堂教学质量。2021年3月,教育部等6部门关于印发《义务教育质量评价指南》的通知,义务教育质量评价要注重综合评价与特色评价相结合,注重差异性和多样性,促进学校特色发展和学生个性发展。2022年4月,国务院办公厅印发的《关于深化教育体制机制改革的意见》指出,创新方式方法,深入推动习近平新时代中国特色社会主义思想进教材、进课堂、进头脑。有学者指出,放眼未来的学校教育,语文学科一定是走向与其他学科融合的教育。这就需要语文教师保持开放姿态,立足学生核心素养的发展,充分发挥语文课程育人功能。

2. 语文课程改革的要求

学科融合是指在承认学科差异的基础上不断打破学科边界,促进学科间相互渗透、交叉的活动。它既是学科发展的趋势,也是产生创新性成果的重要途径。《义务教育语文课程标准(2022年版)》指出,语文课程结构遵循学生身心发展规律和核心素养形成的内在逻辑,设计具有情境性、实践性和综合性的语文学习任务。在内容组织和呈现方式上,要综合运用多学科知识发现问题、分析问题、解决问题,提高学生交流沟通、

团队协作和实践创新能力。

3. 语文教材的独特优势

在语文教材结构的安排上，采取"双线组织单元结构"，兼顾"语文素养"的各种因素，又按照"内容主题"，照顾语文人文性特点。在选文方面，按照经典性、文质兼美、适宜教学、时代性的标准，吸收古今中外优秀文化成果，涉及诗歌、散文、小说、戏剧等体裁，内容丰富，形式多样，主题丰富。这些得天独厚的优势使得语文课程与我校特色融合项目有着高度的契合。

（二）语文学科与学校特色渗透的融合价值

1. 调动学科教师教研的积极性

当前与学校特色活动的融合渗透打通了年级语文教学之间的界限，为语文教研提供了探讨和言说的机会，让教师能够从教材的整体性上进行审视和思考，激发教师们的积极性和创新性。

2. 提升学生的语言运用能力，培养学生良好的思维能力

教材中有关"军事航天科技"的选篇或话题很多，学生可以在丰富的语言实践中，通过主动积累、梳理和整合，进一步了解语言文字的特点和运用工具，培养良好的语感，并在特定的、具体的语言情境中有效交流沟通，形成个体语言经验，逐渐建构自己的语言体系。

3. 培养健康的审美意识和正确的审美观念

好的作品往往蕴含着强大的内在精神。作者通过作品表现社会发展过程中有关社会、国家和民族前途的认识和思考，用作品表达积极向上、顽强不屈、自强不息、无私奉献等精神品质。这些作品的思想性，能够给予学生心灵上的启迪，并和作者所表现的精神力量形成情感共鸣。

二、语文学科与学校特色渗透融合现状

（一）语文学科与学校特色渗透融合的有益尝试

润物无声，在日常教学中灵活渗透融合。日常教学中注重结合生活中的时事热点，拓展学习资源，创设真实情境或学生感兴趣的话题进行教学，能有效引导学生关注社会，表达自己在生活中的发现和感受，深化学生理解。其次注重阅读教学中的朗读训练，让学生在充分地朗读中培养语感，受到情感熏陶，增强学生的民族自尊心和文化自信心。

（二）搭设平台，在综合性学习中巧妙渗透融合

综合性学习的"综合性"特征决定了其具有整合多方面内容的基础与功能，包含了跨学科学习的属性和特征。如七年级下册第二单元的学习主题是"家国天下"，基于此，

教学中设计了"激发少年心志，勇担时代之责"的主题活动，主要讲述在军事、航天、科技等方面做出突出贡献的人物，并仿照"感动中国十大人物"的形式，在活动尾声给自己选定的人物写下颁奖辞。

（三）整合资源，在项目式学习与跨学科课程中有机渗透融合

1. 尝试项目式学习

"使用教材时，要在彼此融合方面多用心"，在教学实践中根据学情适当组合。在这一思想下，语文学科整合语文教材资源，阅读《红星照耀中国时》，通过专题学习的方式，学生通过思维导图的形式绘制领袖人物和红军将领的革命之路和长征红色足迹，开展讲述长征故事，探寻云岗革命烈士遗迹等丰富多样的活动，让学生多感官参与、多维度体验，实现航天精神和长征精神在语文学科的有机渗透。

2. 探索与音乐、美术的跨学科课程

教师为学生提供良好的学习体验，不仅可以促使学生在学习过程中更为主动、积极地参与学习活动，还可以促使学生全身心地投入学科未知知识的探索中，并在探索过程中萌发多种新颖的创作思路，学会发现美、感受美、创造美。学习《太空一日》这篇文章时，以语文知识为主线，融合美术知识将文字信息转化为图片信息，用色彩、线条等表现飞天的整个过程，同时在音乐老师的带领下，改编歌曲《彩色的中国》，现场创作《美丽的太空》，激扬学生情感。

（四）语文学科与学校特色渗透融合的问题

语文学科与学校特色渗透融合，目前尚处于起步和发展阶段，从教师层面看，主要存在两方面的问题：首先缺乏有效的理论指导。当前关于"军事航天科技"的渗透融合课程尚在开发阶段，课程的开发仍处在粗疏阶段，渗透融合随意性较强，未能形成相对稳定的课程体系。其次在课程的实施阶段，部分教师对课程融合尚处在观望阶段。一些教师尚未对新课改和新课标所倡导的精神充分理解，在实际操作层面缺少教学支架，无从下手。

从学生层面看，一方面学生缺少学习的正确方法，在学习中仍停留在"老师教，学生学"的阶段，缺少自身对学习的主动性和创造性。另一方面我校学生学习基础普遍薄弱，对解决学习障碍的方法单一。如不同的选篇内容涉及的文体不同，每种文体有不同的阅读策略……这里面包含众多的语文知识要素，要求学生有较强的语言品析鉴赏能力和灵活的运用能力，而这恰恰是我校学生所缺少的能力。再次受互联网和新媒体的冲击，学生学习中出现的困难和障碍，往往缺少深入思考的过程，而过分依赖于网络查找的"答案"作为参考示例，大大降低了学科融合的实际效果。

三、语文学科与学校特色渗透融合资源梳理

语文教材是教师教和学的重要工具，是联系师生双方互动的纽带，也是开展学科特

色融合的重要载体。基于此,梳理发现:

七年级上册相关篇目:《观沧海》《朝花夕拾》《行军九日思长安故园》《纪念白求恩》《少年正是读书时》《天上的街市》《杞人忧天》《十一月四日风雨大作》。

七年级下册相关篇目:《邓稼先》《说和做——记闻一多先生言行片段》《孙权劝学》《黄河颂》《老山界》《土地的誓言》《木兰诗》《最苦与最乐》《活板》《太空一日》《海底两万里》。

八年级上册相关篇目:《消息二则》《一着惊海天——目击我国航母舰载战斗机首架次成功着舰》《国行公祭,为佑世界和平》《藤野先生》《回忆我的母亲》《红星照耀中国》《白杨礼赞》《我们的互联网时代》《中国石拱桥》《孟子三章》《愚公移山》《周亚夫军细柳》《春望》《雁门太守行》。

八年级下册:《倡导低碳生活》《应有格物致知精神》《我一生中的重要选择》《茅屋为秋风所破歌》。

九年级上册:《沁园春·雪》《乡愁》《敬业与乐业》《中国人失掉自信力了吗》《怀疑与学问》《谈创造性思维》。

九年级下册:《祖国啊,我亲爱的祖国》《梅岭三章》《月夜》《唐雎不辱使命》《渔家傲·秋思》《破阵子·为陈同甫赋壮词以寄之》《满江红(小住京华)》《谈读书》《不求甚解》《屈原》《曹刿论战》《陈涉世家》《十五从军征》《南乡子·登京口北固亭有怀》。

通过选篇分析,3个年级的篇目涉及诗歌、散文、戏剧;人物传记、新闻、演讲词;记叙文、议论文、说明文等,体裁和内容的丰富性增加了融合的可行性,可以让学生从不同的学习角度感受"军事航天科技"在语文学习中的融合渗透。

四、语文学科与学校特色渗透融合有效策略

(一)转变教学观念,促进自我革命

1.加强理论学习,做教育的先行者

教师要保有终身学习的理念,认真领悟课改精神,加强对新课标的学习与研究,不断与时俱进。每一位教师都有责任、有义务加入到学科特色融合的项目活动中,积攒经验,跳出"舒适圈",不断通过专家引领,名师指导,打造研究型团队,在交流与对话中重新认识、理解实践。

2.探索合适教学方式,促进学生学习提质增效

第一,在备课时要重视与学校特色的渗透融合,备课内容要具有一定的开放性和兼容性。第二,坚持适用性原则和现实性原则。开展语文学科与多学科融合的教学模式,其主要目的在于通过其他学科知识点的辅助性作用,或激发学生学习的积极性,或帮助学生更好地理解、学习语文知识。尤其是在常规性教学中授课时长度的限制,教师要及时关注学生知识掌握情况,适时拓展或者削减相关教学资源的融合,确保课堂教学的科学性与高效性。

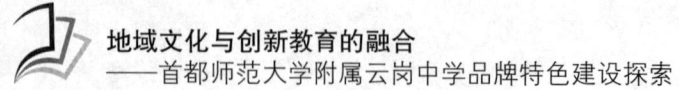

（二）挖掘课程资源，拓展渗透融合的宽度与深度。

1. 抓住契机，拓补资源

教材选文是开展语文教学活动的载体，课堂是学生学习的主要场所和时间，创设积极的语文实践活动，需要教师善于抓住契机，通过预设和预见的实施教育的机会和节点，整合各类资源，以期使全体同学或者大部分同学得到提示、启发，能够形成群体舆论或者群体共识，最终促进学生思维能力的发展和正确价值观的形成。

2. 提炼单元主题，构建学习任务群

教师需要从语文学科核心素养，从教学的现实需求出发理解和使用教材，整合目标、内容、资源，确定单元主题，并创设真实情境与任务，让学生利用已有经验去做事，学习新的经验持续做事，在经验积累中正确做事，形成解决问题的能力。单元设计能力的实施与推进，将有效破解学科融合中系统性不强、连贯性弱、整体性差的问题，为语文学科的特色融合奠定坚实基础。

（三）提升学生综合能力，落实核心素养

1. 广泛阅读，重视知识的积累和储备

鼓励学生广泛涉猎，阅读有关历史、地理、生活、军事等方面的知识，开拓学生视野，增加知识储备。学习跨媒介阅读和交流，通过多种媒介如互联网、短视频、报纸等方式关注国内外政治、经济、科技、文化等方面的新鲜事，观看优秀影视剧、纪录片来丰富自己的知识。结合学校各种活动或自身爱好，走进自然、旅游景点、博物馆、科技馆、革命遗址等地方，身临其境感受实地探索中的所见所闻、所思所感。

2. 给予学生解决学习障碍的方法

首先要学会自主学习，培养良好的学习习惯。在学习过程中，学生要善于总结学习方法，并在日常练习中尝试运用，逐渐形成自己的语言表达体系、思维逻辑体系。其次克服过于依赖老师和网络的习惯，避免"惰性思维"的产生。遇到困惑，应该主动思考，可以借助网络查阅资料，形成自己的观点，但是不能从网络上直接"拿过来"。还有一部分同学在自己思考和查阅资料后，仍毫无头绪，这时要学会在团队合作中促进和提升自己，借助他人力量助力自我提升。

五、结束语

总而言之，语文是一切学科的基础，在倡导素质教育的今天，加强学科融合是提高语文教学质量的必经之路，更是培养全面型人才对教育提出的新的要求。新课改背景下，教师既要应"新"而上，更要迎"难"而上。创设更为丰富多样的学习情景，设计富有挑战性的学习任务，引导学生在广阔的学习和生活情境中学语文、用语文，不断提升和锤炼学生的思维品质，最终促进学生个性的发展。

参考文献

[1]中华人民共和国教育部.义务教育语文课程标准（2022年版）[M].北京：北京师范大学出版集团，2022.

[2]中华人民共和国教育部.义务教育语文课程标准（2011版）[M].北京：北京师范大学出版社，2012.

[3]温儒敏."部编本"语文教材的编写理念、特色与使用建议[J].课程·教材·教法，2016（11）：3-11.

[4]温儒敏，李黎.语文学科将走向学科融合：未来语文学科教学特点思考[J].教书育人·教师新概念，2019（2）：56-57.

[5]杨素华.初中语文跨学科资源融合教学[J].基础教育参考，2021（5）：52-54.

[6]卢乃桂，钟亚妮.国际视野中的教师专业发展[J].教师教育，2006（2）：71-76.

[7]陈卫新.初中语文跨学科知识教学策略探讨[J].生活教育，2014（4）：42-43.

[8]崔允漷.学科核心素养呼唤大单元教学设计[J].上海教育科研，2019（4）：1.

[9]刘飞.语文统编教材大单元教学设计框架构建及其运用[J].基础教育课程，2020（23）：40-51.

[10]齐雅萍.初中语文学科德育渗透策略[J].大连教育学院学报，2022（2）：54-56.

少年正是读书时

——走近时代偶像邓稼先

魏冰青

一、指导思想与理论依据

《义务教育语文课程标准（2022年版）》中指出，要围绕社会主义先进文化中反映当代中国人从站起来、富起来到强起来的奋斗历程和重大事件这一主题和载体形式进行语文实践活动。在文学阅读与创意表达任务群中，明确指出阅读反映中国革命各个时期的重大事件、伟大成就、代表性人物及其感人事迹的优秀文学作品，要感悟革命领袖、革命英雄、模范人物的理想信念和奋斗精神，运用多种方式交流自己的阅读感受。综合性学习是语文课堂教学中不可或缺的一部分，它以语文课程的内部整合为基点，强调语文课程与其他课程的整合，强调语文学习与生活的整合，强调语文学习与实践的整合，强调多种学习方式的整合，以促进学生素养的整体提升和协调发展。本次综合性学习重在引导学生多读书、多积累，通过阅读与笔记摘录、创作课本剧、演出课本剧、开展课堂思辨等活动过程，使学生能够从书刊或其他媒体中搜集资料、获取资料，了解邓稼先平凡而伟大的一生，激发学生对时代偶像的崇敬之情，激发学生热爱祖国、报效祖国的爱国情怀。

二、教学背景分析

（一）教学内容分析

"学生是学习的主体，语文课程必须根据学生身心发展和语文学习的特点，爱护学生的好奇心、求知欲，鼓励自主阅读、自由表达，充分激发他们的问题意识和进取精神"，因而教学内容的确定，教学方法的选择，评价方式的设计，都应有助于培养学生自身精神的健康成长。

部编版《语文》七年级上册第四单元的课文，有对人物美好品行的礼赞，有对人生经验的总结和思考，还有关于修身养德的谆谆教诲，可以说这一单元从不同方面诠释了人生的意义和价值。青少年正处于人生观和价值观的形成阶段，综合性学习"既符合语文教育的传统，又具有现代社会的学习特征，有利于学生在感兴趣的自主活动中全面提高语文素养，有利于培养学生主动探究、团结合作的精神"。

本次教学活动以《少年正是读书时》为依托，秉承"读其多，不如读其精"的设计思想，选定了共和国科学拓荒者邓稼先作为本次综合性活动的主题。邓稼先是中国核武器事业的开创者和奠基者，一位将自己全部才智和精力贡献于中华民族的核科学家。同时，邓稼先的一生也是隐姓埋名、不求名利、默默奉献的一生。挖掘邓稼先的生平事迹，了解其精神品质，对于学生树立正确的人生观和价值观有积极意义。

（二）学生情况分析

初一年级学生由于入学时间不长，还未系统地进行过综合性学习的实践操作，搜集资料、整理资料的能力稍有欠缺。在"明读书之法"的问卷调查中显示：学生对人物传记的阅读兴趣只有20%左右，而对于科技前沿人物的了解，学生也是知之甚少，给出的10位共和国的功勋人物中，学生了解程度较高的是杨利伟和邓稼先（开展资料搜集后认识），加之初一学生对语文学习的方法还在摸索与适应中，这对整个活动的开展造成一定的困难；但是可喜的是孩子们喜欢读课外书，喜欢将书中的故事情节或者自己搜集的资料分享给同学，这就为本次课程的开展提供了良好的基础；其次是《邓稼先传》一书通俗易懂，篇幅也不长，能较好地激发学生的阅读兴趣，这就为本次活动的开展提供了必要条件。

值得注意的是，我校地处云岗地区，这是中国最早有导弹的地方，本身就有浓厚的军事航天科技特色，不少学生的父母或亲友都在航天三院工作，本身就有这天然的亲近属性，减少了学生的陌生感。

三、教学目标

通过查阅资料和阅读《邓稼先传》，了解邓稼先的生平事迹，领悟人物精神；学习和创作有关邓稼先的课本剧，在表演中领悟邓稼先的精神；采访父辈的工作经历，感受无私奉献、勇挑重担、敢于创新等精神在当代的传承，并最终形成学生独具个性的读书档案袋。

四、教学过程设计

本项目依托我校"军事航天科技"特色主题，结合语文教材综合性学习"少年正是读书时"设计项目学习，围绕"两弹元勋"邓稼先，分阶段、有目标、有规划，引导学生开展项目式学习（图1）。

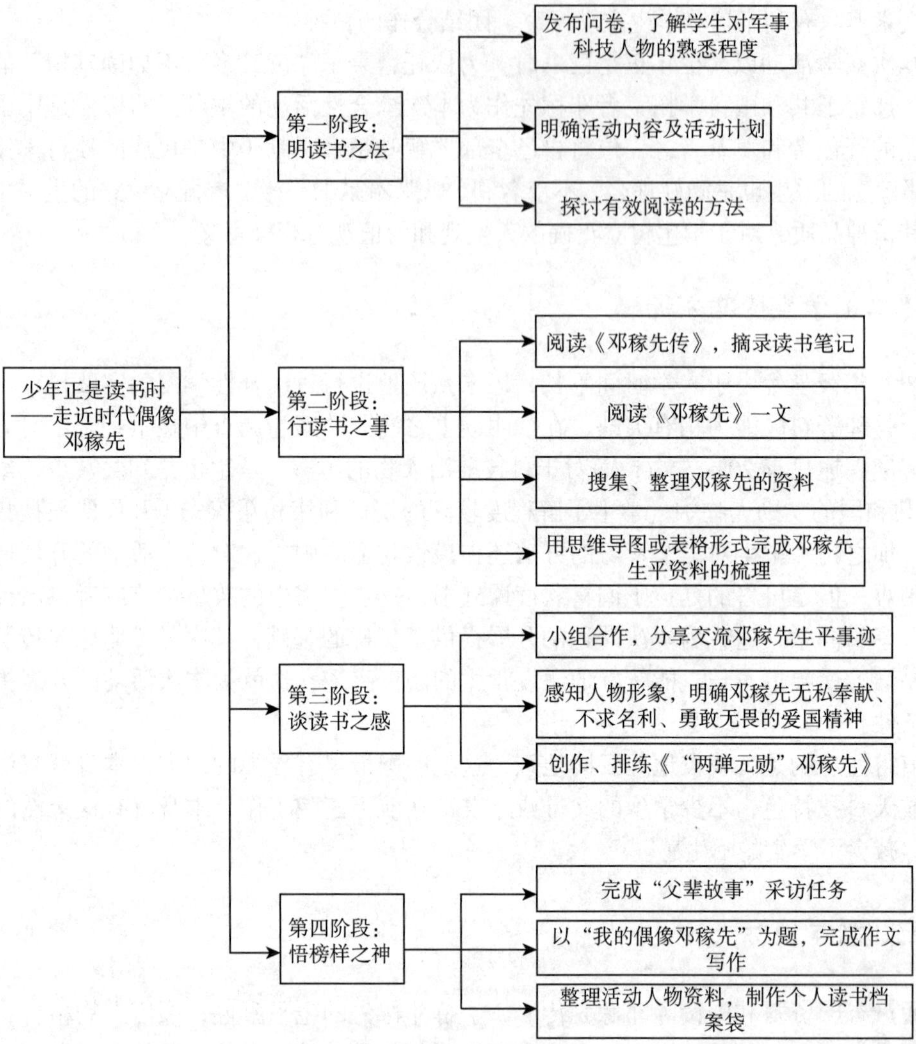

地域文化与创新教育的融合
——首都师范大学附属云岗中学品牌特色建设探索

```
                               ┌─ 发布问卷，了解学生对军事
                               │  科技人物的熟悉程度
                    第一阶段：  │
                    明读书之法 ─┼─ 明确活动内容及活动计划
                               │
                               └─ 探讨有效阅读的方法

                               ┌─ 阅读《邓稼先传》，摘录读书笔记
                               │
                    第二阶段：  ├─ 阅读《邓稼先》一文
                    行读书之事 │
少年正是读书时                  ├─ 搜集、整理邓稼先的资料
——走近时代偶像 ─┤
邓稼先                         └─ 用思维导图或表格形式完成邓稼先
                                  生平资料的梳理

                               ┌─ 小组合作，分享交流邓稼先生平事迹
                    第三阶段：  │
                    谈读书之感 ├─ 感知人物形象，明确邓稼先无私奉献、
                               │  不求名利、勇敢无畏的爱国精神
                               │
                               └─ 创作、排练《"两弹元勋"邓稼先》

                               ┌─ 完成"父辈故事"采访任务
                    第四阶段：  │
                    悟榜样之神 ├─ 以"我的偶像邓稼先"为题，完成作文
                               │  写作
                               │
                               └─ 整理活动人物资料，制作个人读书档
                                  案袋
```

图1 教学过程设计

第一阶段：明读书之法

活动任务发布：创设"为庆祝建党百年，挖掘时代楷模人物，弘扬新时代精神，我校《云中风格》校刊设置了'共和国的时代偶像'专栏。首期刊发人物是'两弹一星'人物邓稼先。了解到同学们也在阅读《邓稼先传》后，现邀请同学作为嘉宾，畅谈邓稼先的一生，制作读书档案袋，精选优秀作品在专栏进行展示。"的活动情境。发布问卷调查，掌握了学生读书的一些基本情况（如读书量、每日读书时长、读书类别、读书的方法等）和对科技人物的了解。基于精准数据分析，进行读书方法的指导。共同探讨阅读中出现的共性问题，提出解决方案，精选内容，确定共读一本书的书目，明确教学目标（图2）。

语文篇
少年正是读书时——走近时代偶像邓稼先

第一阶段活动任务单1 我的阅读账单表				
姓名		班级		日期
寻找差距	问卷调查中的一些问题属于对阅读状态的客观描述，不经对比，很难发现个人的不足。对照问卷调查中的反馈结果，进行对比，发现自己与他人之间的差距。（根据评价标准画√） 1. 你平均每天花在课外阅读上的时间与班级同学的平均时间相比是怎样的？ 　低于□　　相等□　　高于□ 2. 你每天花在趣味性阅读上的时间与班级同学的平均时间相比是怎样的？ 　低于□　　相等□　　高于□ 3. 你每年的阅读量与班级同学的平均量相比是怎样的？ 　低于□　　相等□　　高于□ 4. 通过客观问题测评，写下自己的测评结论与感受。_____			
共同研讨	个人阅读存在问题 1. 你在阅读中存在的最大困惑是否在本课得到解决？ 　是□　否□ 2. 如果已经解决，你的方案是什么？ _____ 3. 如果没有解决，你的困惑点是什么？ _____		小组阅读存在共性问题 1. 你所在小组存在的阅读共性问题是什么？ _____ 2. 你们的解决方案是什么？ _____	
共促阅读	1. 通过研讨，你觉得哪些阅读方法可以帮助我进一步阅读？ _____ 2. 营造良好阅读风气，你们小组有哪些好建议？ _____ || 《邓稼先传》阅读初步计划（简要方案即可）		
名家读书	请查找资料，介绍至少一位名家的读书方法。			

图2　教学过程第一阶段设计

第二阶段：行读书之事

根据学情，量体裁衣设计读书记录单，分章节展开《邓稼先传》的书目阅读及资料的搜集与整理。根据任务要求，指导学生自主搜集、整理、交流课文的有关背景资料。具体做法（图3）：

（1）精选优质网站资源，推介给学生。重点向学生推荐了"中国精神——中国共产党人的精神谱系_共产党员网"，网站中"社会主义革命和建设时期"一栏专门讲述了"两弹一星"精神。

（2）利用"学习强国"App，阅读和观看《学习时报》《人民日报》《科普时报》及各省市学习平台推送邓稼先相关文章和视频。

笔者学生观看邓稼先视频

笔者推荐的"学习强国"资源

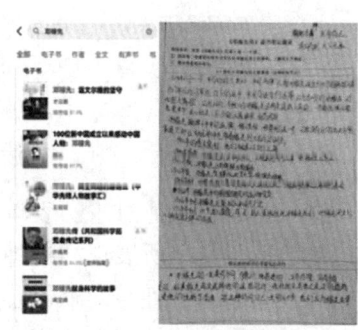
《邓稼先传子书籍和读书笔记》

图3　教学过程第二阶段设计

（3）利用"微信读书"App，让学生自由阅读邓稼先的其他相关传记作品，了解邓稼先不平凡的一生。便于后期活动的开展，笔者推荐学生集体阅读了许鹿希所著的《邓稼先传》。

活动第三阶段：谈读书之感

这一阶段是本次活动的核心环节。通过梳理邓稼先的生平事迹，了解时代偶像的成长历程；指导学生创作《"两弹元勋"邓稼先》的课本剧，并带领学生完成表演，从而拉近学生和偶像的距离，真实感受时代偶像的精神品质，激发学生对偶像人物的崇敬之情；思辨"邓稼先无怨无悔的付出是否值得"，在讨论中进一步明确邓稼先精神的可贵之处（图4）。

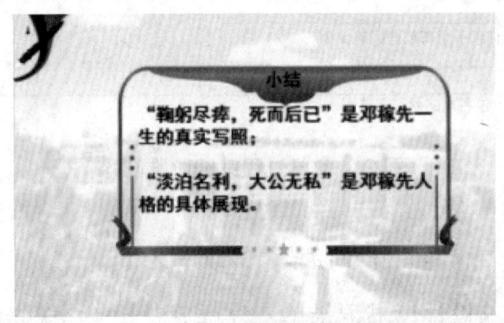

学生创作的课本剧（节选）　　　　学生利用课余时间进行彩排

图4　教学过程第三阶段设计

活动第四阶段：悟榜样之神

这一阶段学生通过采访表单，利用手机等移动设备采访父母长辈在工作中的相关事情，总结父辈身上所展现的精神力量，明白无论是伟大事业还是普通岗位都离不开责任与担当，离不开牺牲与奉献，感受以邓稼先为代表的"两弹一星"精神在当代的传承与流淌。学生受其精神感召，综合本阶段以来的学习，完成习作《我的偶像邓稼先》，内化思维，凝练表达。也借此机会指导学生查阅为我国"两弹"事业做出其他贡献的科学家，一并归入到读书档案当中，形成对"两弹一星"精神的完整认识（图5）。

学生讲述"两弹一星"科学家材料

学生采访记录单及录制的采访视频

图 5 教学过程第四阶段设计

五、作业设计及特色融合点说明（表 1）

表 1 作业设计及特色融合点

环节名称	作业设计	特色融合点
第一阶段：明读书之法	根据讨论的内容，完善自己的阅读账单表 1，并准备书籍《邓稼先传》（电子版、纸质版均可）	学生在班级讨论的基础上，进一步明确自己的阅读状况，用准确的语言表达讨论思考的结果，明确本次活动的核心人物"邓稼先"
第二阶段：行读书之事	根据"邓稼先读书笔记"任务单 2，每天读 3～4 章，按要求梳理每一章重要时间节点发生在邓稼先身上的事件，了解其生平事迹，并摘录你喜欢的语段（语句），记录自己阅读时的感受	读书是一切活动开展的基础，通过设计阅读表单，为学生提供阅读的依托，并推动学生去阅读，初步感知邓稼先这一人物形象
第三阶段：谈读书之感	1. 独立完成邓稼先生平事迹表单 3 的梳理； 2. 招贤纳士任务单 4：根据个人能力和兴趣，自愿报名参加课本剧创作、角色饰演、后期制作、道具统筹具体任务安排，并积极排练	指导学生创作《"两弹元勋"邓稼先》的课本剧，并带领学生完成表演，从而拉近学生和偶像的距离，真实感受偶像的精神品质，激发学生对偶像人物的崇敬之情
第四阶段：悟读书之神	作业 1： 梳理活动所得，完成任务表单 6：以"我的偶像邓稼先"为题，写下自己对偶像的认识，字数 300 字左右。 作业 2： 小组分工合作，利用互联网，搜集并整理我国"两弹一星"科学家的资料；任选一位科学家，由小组推选一名代表向全班同学介绍	通过本节课的归纳总结及演绎分享，学生对邓稼先的认识一步步由浅入深，深入理解"两弹一星"精神

六、学习效果评价（表2）

表2　学习效果评价

环节活动	评价目标	评价方式
第一阶段：明读书之法	了解学生对科技人物的熟悉程度及日常读书情况	问卷调查
第二阶段：行读书之事	阅读《邓稼先传》	填写读书任务单
第三阶段：谈读书之感	明确邓稼先读书求学和科研报国的两个主要阶段，并归纳邓稼先的核心精神品质	辩论 课本剧展演
第四阶段：悟读书之神	了解"两弹一星"精神在当代的具体呈现，学习和弘扬"两弹一星"精神	小组交流展示

七、教学特色分析

（1）从教学设计上看，本次活动根据我校学情，依托真实情境，设计实际问题，采用项目式学习的方式将语文学习与生活实际紧密联系起来。教师制定了具体的、可操作、可评价的活动任务单，通过不同任务的层层推进，将读书活动落到实处，使学生的思维由感性认识走向理性认识，使学生的知识获取由粗浅走向深入；本次活动主线明确，始终坚持学生学习的主体地位，充分发挥教师的引导作用。《"两弹元勋"邓稼先》课本剧的创作、PPT的制作、学生的演出及对家长的采访，学生都积极、自主参与其中，教师在其中起到引导和辅助作用。

（2）从作业布置、完成和评价角度看，各活动阶段中的作业具有连贯性和梯度性，不同程度的学生都能参与其中，充分考虑了学生的不同学习能力；其次，在本次作业设计中真实活动情境，解决真实问题，极大地激发了学生的学习热情，最后学习成果的展示也让学生体会到满满的收获。

君子自强不息

——论航天精神

魏雨梦翾

一、课时指导思想与理论依据

（一）指导思想

1. 运用系统科学理论有效整合语文教学诸因素

信息论、控制论、系统论三位一体，要求语文课既要依据语文课程标准的要求又要遵循语文内在的规律，还要符合学生的认知规律和心理发展规律等因素。

2. 运用教育教学理论把握语文教学的特点

包括一般教育教学理论和语文学科教育教学理论。是语文教师设计与实施教学的重要理论基础。教学设计应体现出语文学科教学的最新研究成果。注重教师、学生与文本之间的对话、互动与生成。

3. 运用学习理论发挥学生学习的主体性

面向全体学生，关注学生的个体差异和不同需求，引领学生在语文学习中发挥自己的积极性与主动性，促进学生更好地获得语文能力的发展。

（二）理论依据

《义务教育语文课程标准（2011年版）》明确指出，"语文课程是一门学习语言文字运用的综合性、实践性课程。义务教育阶段的语文课程，应是学生初步学会运用祖国语言文字进行交流沟通，吸收古今中外优秀文化，提高思想文化修养，促进自身精神成长。工具性与人文性的统一，是语文课程的基本特点。"本课定位为综合性学习，旨在让学生认识自强不息的内涵，通过自己搜索整理，将内化的精神品格以文字的形式表达出来。自强不息是中华民族精神的重要内容，学生通过实践，搜索航天人的故事，切实了解自强不息精神的内核，并以文字表达出来，从而促进自身的成长。这些充分体现了语文工具性与人文性统一的特点。

二、课时教学背景分析

（一）教学内容分析

语文综合性学习不是一堂课所能够完成的，它是有着一定周期的，充分凸显语文元素的实践活动课程。

《九年义务教育语文课程标准》明确指出：语文课程应注重引导学生多读书，多积累，重视语言文字运用的实践，在实践中领悟文化内涵和语文应用规律。综合性学习主要体现为语文知识的综合运用，听说读写能力的整体发展，语文课程与其他课程的沟通，书本学习与生活实践的紧密结合。

部编版《语文》九年级上册第二单元的《君子自强不息》，属于传统文化类综合性学习活动。教材一开篇就明确地指出，"天行健，君子以自强不息"，是我国传统文化的精髓，也是中华民族生生不息的精神源泉之一。

围绕着"自强不息"这一中华传统美德主题，编者设置了三类小组合作活动，它既彰显了语文特点、文化价值、情感熏陶，又涵盖了阅读、调查走访、材料搜集与整合、讨论交流、写作、成果分享等多种形式的实践活动；既充分发挥了学生主体作用，又突出了教师在活动前后及过程中的参与、指导作用；让学生对"自强不息"精神既内化于心，又外化于行，并持之以恒。

中国最早的"自强不息"的精神取法于"天"，古人从天的"刚健"中归纳总结出"自强不息"的精神，也以此为对自己行为的指导。从古至今，我们对于"天"的探索就从未停止过。实施载人航天工程以来，中国航天工作者牢记使命，不负重托，培育和发扬了特别能吃苦、特别能战斗、特别能攻关、特别能奉献的载人航天精神。载人航天精神的基本内涵是：①热爱祖国、为国争光的坚定信念；②勇于登攀、敢于超越的进取意识；③科学求实、严肃认真的工作作风；④同舟共济、团结协作的大局观念；⑤淡泊名利、默默奉献的崇高品质。

同时，载人航天精神也是"自强不息"精神的典型代表。大力学习、理解、弘扬载人航天精神，对于激发中学生的爱国情怀，培养新时代"四有青年"，具有十分重要的意义。

（二）学生情况分析

九年级的学生经过初中两年的语文学习积累，已经具备了一定的语文实践能力，本次综合性学习与八年级下册第四单元活动探究联系紧密，加上学生对于"自强不息"有一定理解，也会对相关内容比较感兴趣。

但学生们不善于归纳总结，鉴赏理解水平有所欠缺，对语文实践活动的认识浮于表面。因此，教学过程中要侧重激发学生的学习兴趣，充分发挥学生的主体作用，提升学生的学习能力，引导学生归纳构建知识体系，深化对中华传统美德及载人航天精神的理解。

三、课时教学目标

（1）围绕"自强不息"主题活动，搜集、整理、探究航天科技领域的相关材料，深化对中华传统美德及航天科技人员自强不息精神的理解。

（2）通过活动开展，培养搜集信息、编辑信息、分享提升等能力，并依据素材撰写评改议论文段，开展写作展示活动。

（3）培养学生自强不息精神，内化优秀传统美德。

四、课时教学过程设计

本课时教学环节

（一）教学环节一：课前导入——（一）回顾任务

教师活动：

【任务】以"学习自强不息的航天精神"为主题，以小组为单位自行搜集整理素材，并创作议论性文段。

【要求】观点明确，论据充分，论证合理。（400字以上）

学生活动：回顾习作要求。

设计意图：唤起学生记忆。

特色融合创新点：以"航天精神"为素材撰写议论文段。

（二）教学环节一：课前导入——（二）出示问题

教师活动：

【问题】

【问题1】提出问题：论点与分论点不够鲜明。

【问题2】分析问题：论据不够充分且合理，论证过程不够严谨。

【问题3】解决问题：联系自身实际较少，缺少对现实的指导意义。

学生活动：明确习作问题。

设计意图：明确习作中的问题，以便课上有针对性地解决。

特色融合创新点：以"航天精神"为素材撰写议论文段。

（三）教学环节二：认识自强不息的内涵

教师活动：

针对【问题1】（提出问题：论点与分论点不够明确），完成【任务一】什么是自强不息？（确定自己文章的中心论点和分论点。）

【要求】边听边根据自己的理解，在学案上写下你认为的"自强不息"的内涵。

学生活动：

【听讲】边听边领悟，从古人"飞天"中学习自强不息的精神。

【落实】在学案上写下"自强不息"的内涵。

设计意图：让学生了解"什么是自强不息"；对"自强不息"的认识从感性上升到理性；对议论文写作的"自洽性"有理性的认识。

特色融合创新点：以中国古代先人对"飞天"的渴望与探索为例。

（四）教学环节三：寻找自强不息的人物

教师活动：

针对【问题2】（分析问题：论据不够充分且合理，论证过程不够严谨），完成【任务二】航天人自强不息的精神品格是如何体现的？（补充并按一定顺序梳理自己文章的论据。）

【要求】边听边将适合自己文章的事例记录在学案上。

学生活动：

【展示】分小组展示。

【听讲并落实】其他学生听讲并在学案上记录自己需要的事例。

设计意图：通过自己搜集整合相关事例，进一步了解"自强不息"的精神，明白为什么要"自强不息"；适当补充事实和道理论据。

特色融合创新点：寻找近现代中国人航天科技领域的事例。

（五）教学环节四：传承自强不息的精神

教师活动：

针对【问题3】（解决问题：联系自身实际较少，缺少对现实的指导意义），完成【任务三】怎样做才能传承自强不息的航天精神？（联系当前实际疏通文章的论证过程。）

【要求】

（1）小组讨论（作为新时代青年，我们该如何学习和传承自强不息的航天精神），将小组意见落实在学案上。

（2）代表发言。

（3）习作修改。

学生活动：

【讨论】小组就【任务三】中的问题进行讨论并在班内交流。

【修改习作】修改文段并展示交流。

【互评自评】根据评价量表对展示同学的文段进行评价,并对自己修改的习作进行自评。

设计意图:以小组讨论的方式表达自己的观点,结合自身情况,谈一谈怎样做才能传承这种"自强不息"的精神品格,并形成较为规范的议论性文字。

特色融合创新点:以航天科技人员自强不息的小故事为论据,按照自己文章的逻辑修改文段。

(六)教学环节五:课堂小结

教师活动:

【小结】千年飞天梦,一朝梦圆时。为了圆一个飞天梦,数千年我们手足胼胝、砥砺奋进,奉献出的不仅是时间和精力,更有年华和生命。自强不息的精神始终鼓舞着我们,激励着我们。作为中国人,我们一直是脚踏实地、勤奋耕耘的,但同时,我们也是仰望星空、怀抱梦想的。我们的征途是星辰大海,我们的自强不息,为的是人世间的春暖花开。

学生活动:

【听讲】边听边感受。

设计意图:小结整堂课。

特色融合创新点:以"飞天梦"起笔,为本课重点"自强不息"的"航天精神"做结。

(七)教学环节六:作业布置及学生诗歌作品展示

教师活动:

【作业】(布置分层作业)

(1)将习作修改完成,誊抄在作文纸上(必做)。

(2)以歌颂航天工作人员的自强不息精神为主题,创作一首诗歌,诗体不限,题目自拟。(选做)

【展示】(学生原创诗歌)

颂航天精神(刘宇东 韩雲淞)

五千年来飞天愿,扶摇直上万里空。

科研人员日夜继,航天英雄赴天宫。

万欣挥手制战衣,飞天航行立伟功。

如君奇迹有颜色,必是鲜艳中国红!

学生活动:认真记录作业并从同学诗歌中感受他人所感。

设计意图:分层巩固课上内容,发挥学生之间的带动作用。

特色融合创新点:学生在材料搜集过程中因自己所感受到的"航天英雄们"身上所

传递出的精神自觉地产生创作冲动,进行歌颂。

五、课时的作业设计及特色融合点说明(表1)

表1 课时的作业设计及特色融合点

环节名称	作业设计	特色融合点
第一课时	以"学习自强不息的航天精神"为主题,以小组为单位自行搜集整理素材,并创作议论性文段	以"航天精神"为素材撰写议论文段
第二课时	1. 将习作修改完成,誊抄在作文纸上。(必做) 2. 以歌颂航天工作人员的自强不息精神为主题,创作一首诗歌,诗体不限,题目自拟。(选做)	以"航天精神"为素材撰写议论文段 以"航天精神"为主题创作诗歌

六、课时的学习效果评价

结合教学目标的达成、活动设计的实施进行教学评价的设计,可直接文字表述(表2)。

表2 学习效果评价

环节活动	评价目标	评价方式
提出问题	论点与分论点是否明确	评价量表
分析问题	论据是否充分且合理,论证过程是否严谨	评价量表
解决问题	是否联系自身实际,对现实是否有指导意义	评价量表

附课上评价量表(表3)。

表3 评价量表

内容	10分	9分	8分	7分	6分	5分及以下
文段结构相对完整(是什么,为什么,怎么做)						
文段突出了"我们要学习航天人自强不息的精神"这一主旨(观点是否明确)						
选取的论据与文段的观点相匹配(论据是否充分且合理)						
论证过程逻辑严谨,语言简练,思路清晰						
联系青少年生活实际,对现实有指导意义						

七、课时教学特色分析

（1）由中国古代先人的"飞天梦"引入，用中国上千年不断对"飞天"的追求为素材环境，让学生体会当中的自强不息精神。以自强不息的航天精神为引导，鼓励学生挖掘其内涵并形成自己正确的价值观，以议论文段的形式展现出来。

（2）学生在准备环节提前搜索、整合航天科技领域能够体现"自强不息"精神的素材，并在展示课上与大家分享，学习自强不息的航天精神。学生展示到位，分小组自己制作PPT，并且主动结合事例寻找匹配的诗句，既体现了语文工具性的特点又兼顾语文课文学性的特点；课堂从学生实际出发，学生既能充分讨论，积极发表自己的观点，又参与板书书写，充分体现了学生的主体性，让学生学有所获。

（3）教学目标、重点突出、结构完整，每个环节设计都有明确要求，整节课主线突出，有学科特色；借助议论文写作，学科渗透典型，贴合教材，贴合初三毕业年级特点，过程中有例证、有引证，体现了议论文段的典型特点；先体会航天精神，再思考自己的学习生活，有教育意义；有大语文意识，勇敢尝试打破学段界限去设计课程。

附学生对航天精神的概括及对应诗句：
历经磨难　九死不悔——僵卧孤村不自哀，尚思为国戍轮台。
发愤拼搏　坚持不懈——宝剑锋从磨砺出，梅花香自苦寒来。
攻坚无畏　迎难而上——攻城不怕坚，攻书莫畏难，科学有险阻，苦战能过关。
初心如磐　永不放弃——衣带渐宽终不悔，为伊消得人憔悴。
刚健有为　绝不服输——千磨万击还坚劲，任尔东西南北风。
坚韧不屈　终生奉献——黄沙百战穿金甲，不破楼兰终不还。
赤心报国　淡泊名利——富贵不能淫，威武不能屈。

高中语文学科与学校特色渗透融合策略研究

何 晔

人类进入 21 世纪以来，正面临着"百年未有之大变局"。时代的进步与变化，为教育提出了新的课题。世界各国在积极推行教育国际化的过程中，无不对民族精神、民族传统和民族文化等属于本民族特质的东西给予更积极、更自主的关注，将对学生进行更自觉、更清醒的民族感情、民族精神、民族品格和国家价值观等的培育始终置于首要的位置。

随着教育改革的深入，特别是《普通高中语文课程标准》的制定和实施，普通高中语文课程改革也随之发生了深刻的变化。高中阶段，应在义务教育的基础上，进一步提高学生的语文素养，使学生形成良好的思想道德修养和科学人文素养，为其终身学习和全面而有个性的发展奠定基础，为传承和发展中华文化、增强民族凝聚力和创造力发挥应有的作用。

首都师范大学附属云岗中学在新时期进一步明确了"努力为每一位学生提供适合终身发展的教育"的发展方向，确定了培养"乐学和美的可持续发展的人"的育人目标。为达成这一育人目标，学校近年来提出"国际视野下的军事航天"特色教育的品牌建设，实施了学科教育与学校特色发展的渗透融合，这对落实国家的教育方针、实现"立德树人"的根本任务、提升学校的品质发展和促进学科建设等都具有重要的价值与意义。

一、高中语文学科与学校特色渗透融合概述

（一）是实现"立德树人"根本任务的需要

党的十九大明确提出："要全面贯彻党的教育方针，落实立德树人根本任务，发展素质教育，推进教育公平，培养德智体美劳全面发展的社会主义建设者和接班人。"基础教育课程承载着党的教育方针和教育思想，规定了教育目标和教育内容，是国家意志在教育领域的直接体现，在立德树人中发挥着关键作用。

回首中国航天事业波澜壮阔的历程，几代航天人在探索浩瀚宇宙的征程中，孕育形成了航天"三大精神"——航天传统精神、"两弹一星"精神和载人航天精神。这深厚博大的航天"三大精神"反映着不同时期中国航天事业的特征，体现着一脉相承的伟大民族精神，是中国特色社会主义先进文化的重要组成部分，是激励全体航天人建设航天强国、实现航天梦的强大精神动力，也是在基础教育中用来教育学生、做好"立德树人"

根本任务的重要载体和资源，是讲好中国故事的生动体现。

高中语文教育作为一门基础性学科教育，就要在自己的学科教学中借助这些资源，渗透和融合"航天精神"对学生进行教育，在学科教学中实现"立德树人"的重要任务。

（二）是落实"课程标准"的需要

《普通高中语文课程标准》中明确要求："课程内容落实习近平新时代中国特色社会主义思想，有机融入社会主义核心价值观、中华优秀传统文化、革命文化和社会主义先进文化教育内容，努力呈现经济、政治、文化、科技、社会、生态等发展的新成就、新成果，充实丰富培养学生社会责任感、创新精神、实践能力相关内容。"根据学校的育人目标和高中语文学科教学的特点，在"国际视野下的军事航天"特色教育的品牌建设活动中，就是很好地落实和体现"课程标准"的精神，在学科教学中渗透和融合科技、文化、思想、思维和审美等各方面的元素，培养和提升学生的综合素养。

（三）是语文学科教学发展的需要

要很好地完成学科教学，使学科教学最大化和最优化地实现育人作用，必须进行一定形式的课程资源的开发与利用。"各地区都蕴藏着自然、社会、人文等方面的语文课程资源，应积极利用和开发。自然风光、文物古迹、革命传统、风俗民情、国内外的重要事件、学生的家庭生活，以及日常生活话题等，都可以成为语文课程资源。"首都师范大学附属云岗中学毗邻航天三院和装甲兵工程学院，有得天独厚的地理优势，可以很好地开发和利用这些地区的航天和军事资源，使之成为自己的课程资源。学校的"国际视野下的军事航天"品牌建设，就为学科课程资源的开发利用搭设了很好的平台，也提供了良好的契机。通过学习活动的设计，可以营造学生语言文字运用的情境，引导学生结合资源进行自主、合作、探究式学习，让学生结合这些航天资源和军事资源在学习过程中随时生成的各种话题、问题、拓展材料等，可以进一步丰富语文课堂，充实教学内容，使学科教育和学生共成长、共发展。这种课程资源的开发和利用也进一步弥补了教材中资源不足或不充分的问题。在梳理教材的过程中，我们发现，与军事航天科技相关的内容不多，但结合地区的资源优势，通过阅读与宣讲航天人物的故事，参观访问航天人的工作环境，探索传统文化中蕴含的航天精神等教学活动，使学生增长知识，开发智力，提升思维，拓展视野，进一步激发学生的学习动力，增强民族自豪感，为学生进一步发展和终身学习奠定坚实的基础，大大地丰富了学科教学中的课程资源。

当然，学科教育发展了，也很好地提升了学校的办学水平，促进了学校品质的提升，使学校发展和学科教育良性互动，共同提升。

二、高中语文学科与学校特色渗透融合现状

自学校提出"国际视野下的军事航天"特色教育的品牌建设项目后，高中语文教

研组结合组内教研与教学的实际,进行了一系列的学科教学与学校特色发展的渗透融合实践。

(一)研读课标,找准渗透融合的结合点

语文作为一门基础性学科,在培养学生学习祖国语言文字的运用方面具有极强的综合性和实践性,具有工具性与人文性的统一的特点。根据并按照这些要求,我们将学科渗透融合重点放在通过相关航天及军事知识的学习,来培养提升学生的科学人文修养等方面。让学生在语言实践活动中,感受航天精神,领略追求"和平安全"的军事思想。结合地域文化,让学生能很好地融入对地区发展的了解、热爱和建设之中,实现由课内向课外的延伸,由课堂向生活的转化,由知识教学向素质教育的转变。

(二)积极实践,在教学中实现渗透融合的目标

明确了渗透融合的方向后,我们积极研讨具体实践操作过程,进行相关教学活动的设计与安排。课标中明确要求,让学生"自主写作,自由表达,以负责的态度陈述自己的看法,表达真情实感,培育科学理性精神。"在写作教学中,能结合介绍军事航天方面的材料,让学生通过阅读这些材料,结合相关航天英雄人物的事迹,进行写作训练,是不错的训练。要求学生在书面表达时,能做到"观点明确,内容充实,感情真实健康;思路清晰连贯,能围绕中心选取材料,合理安排结构",同时"进一步提高记叙、说明、描写、议论、抒情等基本表达能力,并努力学习综合运用多种表达方式,力求有个性、有创意地表达"。这就很好地实现了学科教学与学校特色建设渗透融合。因此高中语文组就分别由郭林林老师和程燕老师上了两节学科渗透融合课。郭老师的课题是《为您写诗,致敬航天英雄——高中语文抒情类微写作指导》,程老师的课题是《心怀航天情,美辞颂英雄》。这两节课一节是微写作指导课,一节是为航天英雄写颁奖辞的指导课,都属于运用航天人物方面的素材,来指导学生写作的学科融合课,借助航天英雄人物的素材,既提升了学生的写作能力,又进行了很好的航天精神教育。

(三)及时总结,在反思中凝练成功的经验并查找问题

在这两节学科渗透融合课上完之后,教研组又组织老师进行了即时总结、反思,在反思中凝练成功的经验,同时也查找出现的不足。大家一致认为,郭老师以"为您写诗,致敬航天英雄"为主题,以学生习作为载体,通过学生间的互批互改,提升学生诗歌创作能力,弘扬了航天精神,表达了对航天英雄的崇敬之情。这节课拓展了学生的思维品质,体现了语文课程中的课程观、学生观、资源观,深入贯彻了语文课标精神,特别关注学生主体性和差异性,体现了致敬航天英雄的育人性与写作训练的语文性之间的充分融合。程老师的这节课,很好地体现了将"学校特色建设融于学科教学之中"的主题要求,该课以航天英雄的事迹体现出的精神为素材,要求同学利用颁奖辞的形式礼赞他们,

歌颂其崇高的精神品质，从而使自己得到潜移默化的教育。课的设计立足学情，巧妙机智，指导有效，教学效果显著。学生积极参与，充分体现了"以学生为主体"的教育思想。很好地贯彻了"立德树人"的教育宗旨，又训练了学生必备的语文能力，提高了学生的语文素养。

虽然在学科渗透与融合中，我们进行了大胆的探索与实践，也取得了积极而显著的成效，但也还有一些问题，需要继续进行研究，如渗透融合的形式还很单一，目前只涉及写作教学，还有其他方面的教学形式没有很好地展开；在融合过程等方面，还显得不够成熟，对航天人物身上体现的航天精神挖掘得不充分，学生写作表达的水平还有待进一步提高。

三、高中语文学科与学校特色渗透融合资源梳理

在学科教学与学校特色发展的渗透融合中，我们虽然借助地区资源优势，自行开发和利用了一些课程资源，但我们并没有忽略教材中呈现的、具有融合军事航天主题的材料，这也是我们充分挖掘的资源。

在部编版高中语文《必修（下册）》第一单元第二课《烛之武退秦师》的教学中，我们就充分挖掘这篇课文中体现出的可融合这个主题活动的因素。通过这篇课文，我们梳理了这些学科渗透融合元素：第一，让学生了解中国古代诸侯争霸所形成的紧张形势，通过作品的学习丰富和深化学生对历史的认知；第二，让学生感受和体悟烛之武临危不惧解救国难的智勇精神。这种精神就是伟大的爱国主义的具体体现，也是对学生进行很好的思想教育的生动例子。第三，让学生明白"不战而智退秦师"所蕴含的外交智慧，以及"不战而屈人之兵"的军事智慧。第四，让学生对"要和平，不要战争"思想的传承。

同样在部编版高中语文《选择性必修（下册）》第四单元（《自然选择的证明》《宇宙的边疆》《天文学上的旷世之争》）的教学中，我们也挖掘其中渗透融合的因素。通过本单元的教学，渗透融合以下元素：第一，传承科学探索的精神。科学探索是求真的事业，推动着人类文明的进步。在漫长的历史进程中，人类对自然的认识不断拓展，科学精神逐渐成为不同文化的共识。让学生热爱科学，走进科学的殿堂，崇尚科学，探索科学的奥秘，是学生树立科学思想的重要内容。第二，掌握科学概念。科学知识的传达，必须要有清晰而简洁的科学概念，这也是训练学生树立科学理性思维的必要途径。第三，了解人类对宇宙的认识过程，从而激发继续探索的责任。第四，理解与掌握人类已经认知到的相关宇宙知识。第五，了解人类古代对宇宙结构模式的认知及对天文学的认知及探索。

结合部编版高中语文《必修（下册）》第四单元"信息时代的语文生活"主题教学，在教学中实现这些元素渗透融合：第一，介绍与军事航天有关的知识，让学生了解丰富多彩的军事航天知识和最前沿的新闻资讯。第二，可以把航天相关资讯中涉及的素材运用到写作教学中。第三，可以很好地提升学生的媒介素养，以便更好地适应信息时代的生活。了解不同媒介的特点，学习综合运用多种媒介获取信息、表达交流的方法；理解、

辨析、评判媒介信息，辨识其立场、多角度分析问题，逐步形成独立判断；还要学会正确面对海量信息，恰当筛选利用等。

以上都是结合教材内容在进行学科教学时，很好地呈现出学科与学校特色发展相渗透融合的典型案例，还有许多这样的课程资源以供挖掘和使用。

四、高中语文学科与学校特色渗透融合有效策略

（一）在课堂教学中实现学科与学校特色教育的渗透融合

学科教学与学校特色发展相渗透融合，首先是在课堂教学中进行实践，必须运用好课堂教学这块主阵地，这就必须充分挖掘教材中可供使用的资源，这在前面已有阐述。这种渗透融合的思想不仅只是在这些课文或单元教学中呈现，在其他课的教学中也要恰当而巧妙地融入，并把它化为一种自觉的行为。

（二）在写作教学中实现学科与学校特色教育的渗透融合

写作教学作为语文学科教学的重要内容，是很好体现学科教学与学校特色教育渗透融合的地方。首先军事航天领域涌现的大量可歌可泣的英雄人物和英雄事迹，是学生写作中取之不尽用之不竭的现实素材。这些素材具有鲜明的时代性、先进性和教育意义，可以让学生在写作中充分运用。其次，中国航天事业发展的光辉历程，是新中国成立以来最伟大、最壮观的诗篇，是一本大书，学生不仅在阅读中可以获得心灵的滋养、思想的提升，而且在写作练笔中更进一步丰富其思想，提高了表达能力。第三，也为老师的写作教学打开了另一扇窗，提供了丰富的写作教学资源，可以实现多种形式的教学研究。

（三）在课外阅读中实现学科与学校特色教育的渗透融合

围绕军事航天这一主题，在学生的课外阅读中，可以很好地实现学科与学校特色教育的渗透融合。新课标在"关于课内外读物的建议"明确要求：高中阶段要求学生在课内外加强阅读，培养阅读的兴趣和习惯，提升阅读品位，掌握阅读方法，提高阅读能力，让学生在阅读中拓宽视野，领略人类社会气象与文化，体验中华优秀传统文化、革命文化和社会主义先进文化，提高语言文字运用能力与思想文化修养，丰富精神世界。为遵循和落实这一要求，也为能很好地实现学科与学校特色教育的渗透融合，我们给学生推荐了有关军事航天领域类的书籍，如《钱学森传》《导弹与航天丛书》等，让学生丰富航天知识，感受航天人形象，领略航天精神。

五、结束语

为很好地实现语文学科教学与学校特色教育渗透融合的探索和实践，永远在路上。

虽然取得了一些成绩，也积累了一些经验，但随着时代的发展，教育的革新，还有许多新的领域值得探索，新的方法值得研究，新的课程值得开发。有挑战，也蕴含机遇，将会是另一番新天地。

参考文献

［1］中华人民共和国教育部．普通高中语文课程标准（2017年版2020年修订）［M］．北京：人民教育出版社，2020．

［2］吴欣歆．高中语文学习任务群教学笔记［M］．北京：北京师范大学出版社，2020．

为您写诗，致敬航天英雄

——高中语文抒情类微写作指导

郭林林

一、指导思想与理论依据

《2014年北京高考考试说明》指出，学生能"用精练的语言描述事物、表达观点、抒发情感"。微写作是北京市语文高考考查的固定题型，所占分值较高，且相对容易训练，我们在日常教学中必须重视对学生的相关指导、训练。

《高中语文新课程标准》强调，语文课要"坚持立德树人，增强文化自信，充分体现语文课程的育人功能。"课标指出，学习运用祖国语言文字，增强学习语文学习的自觉意识，通过阅读与鉴赏、表达与交流、梳理与探究等语文实践，学会语文运用的方法，在学习语言文字运用的过程中促进方法、习惯及情感、态度与价值观的综合发展。同时，强调"写作教学应着重培养学生的观察能力、想象能力和表达能力，重视发展学生的思维能力，发展创造性思维。""在写作教学中，教师应鼓励学生积极参与生活，体验人生，关注社会热点，激发写作欲望。"因此我们在微写作教学中一定要联系生活实际，鼓励学生观察生活，记录生活。

美国哈佛大学教育研究院的心理发展学家霍华德·加德纳（Howard Gardner）在1983年提出了多元智能理论。他认为我们每个人都拥有8种主要智能：语言智能、数学逻辑智能、空间智能、运动智能、音乐智能、人际交往智能、内省智能、自然观察智能。他提出了"智能本位评价"的理念，扩展了学生学习评估的基础；他主张"情景化"评估，改正了以前教育评估的功能和方法。他指出，语言智能主要是指有效地运用口头语言及文字的能力，即指听说读写能力，表现为个人能够顺利而高效地运用语言描述事件、表达思想并与人交流的能力。因此本节课也重在学生自主描述、表达、交流能力的训练。

二、教学背景分析

（一）教学内容分析

"微写作"是2014年高考语文试卷中出现的题目，考查学生的传统文化素养、现实应用能力和思维品质，要求学生能用精练的语言描述事物、表达观点、抒发感情。这道题满分 10 分，但是想要得到这 10 分并不容易，归其原因有多种，但最突出的就是学生审题意识不清、表达方式不明。本题归根到底离不开对学生记叙、描写、议论、抒情、说明等表达方式的考查。此节课重点从抒情类微写作入手，帮助学生明确写作思路。

（二）学生情况分析

我校建于 1959 年，前身为航天部（原七机部）第三研究设计院子弟学校，毗邻航天高科技单位，我校作为全国国防特色校、北京市科技示范校、丰台区国际理解教育基地校，学校有着科技教育优势并形成了优良的科技教育传统，学生有着较为丰富的航天知识和较为浓厚的航天兴趣，有利于我校国际视野下的军事航天科技教育特色品牌建设。

2022 年国庆期间，有多部爱国主旋律影片，如《长津湖》《我和我的父辈》等热播，这是进行爱国主义教育的好时机，倡导每一位同学在家长陪同下到电影院观看，并及时写下影片观后感。以此为契机，我进行了主题为"血战长津湖"的想象类记叙文指导训练，效果特别好。且前段时间我校邀请了航天军事研究员为同学们讲授了我国航天事业的发展历程，学生对此特别感兴趣。因此，我趁热打铁，借着丰台区 2022 年高二年级期中考试中的一道"致敬航天英雄"的抒情类微写作，迁移设计了这一节抒情类微写作指导课。

从学生写作情况来看，质量不高，分数偏低，究其原因，有表达方式错误或者单一、叙事太多、照抄材料、结构不清、语言混乱乏味、缺少感情或硬性拔高、错别字等，但最重要的原因则在于学生的审题不清楚，对抒情的表达方式也不明确。本节课尝试对学生抒情类微写作进行指导、训练。

三、教学目标

（1）通过指导学生准确审读题目、材料，明确抒情类微写作的写作要点。

（2）根据学生微写作实例的修改过程，分析典型事例，明确存在的问题，并修改习作，且能够举一反三，掌握抒情类微写作的要点。

（3）通过对航天英雄的歌颂、礼赞，培养学生热爱航天英雄的思想感情。

教学重点：根据学生微写作实例的修改过程，分析典型示例，明确存在的问题，并修改习作，且能够举一反三，掌握抒情类微写作的要点。

教学难点：掌握如何综合运用多种表达方式，抒发对航天英雄的热爱之情。

四、课时教学过程设计

（一）情境导入，营造氛围

教师：播放学生课前搜集的视频，电影《我和我的父辈》之《诗》的电影宣传预告片，营造诗意氛围。鼓励学生结合课前学习任务谈谈最真实的观影感受。

学生：观看小组课前搜集查找的视频，全班积极发言，谈观影感想。

学生以小组为单位，晨检展示课前搜集资料成果：

1组负责查找神舟一号至十二号的资料介绍。

2组负责查找神舟十三号的相关介绍。

3组负责查找云岗地区航天事业相关资料。

4组负责查找搜集对电影《我和我的父辈》之《诗》的评价。

5组负责查找《我和我的父辈》之《诗》的宣传预告片。（课堂导入展示）

6组负责查找第一代航天英雄研制人造卫星的相关资料，如地理环境、国际国内局势。

7组负责查找钱学森、杨利伟等航天英雄代表人物的资料。

学生已在晨检活动中展示1、2、3、4、6、7小组学习成果。

设计意图：学生观看影片之后感触最深，借由网上电影预告片导入课堂，营造浓厚氛围，观影感受是最真实的，也是最具有感染力的。看完电影之后，给学生布置了小组合作完成的任务，这样有助于激发学生的学习兴趣，积极探索与课堂相关的课外关联知识，变被动为主动，并且在小组共同完成PPT的同时，拓宽了学生的知识面，加强了小组凝聚力。课堂展示的环节又锻炼了学生的语言表达能力，提升了自信。

媒体使用与特色渗透：使用网络视频资源，渗透致敬航天英雄、爱国主义情怀教育。学习成果以视频、PPT等形式进行呈现。小组学习任务大大扩展了课堂的学习空间，将课堂的内容延展到课堂之外，引导学生从各个方面了解我国航空航天的发展历史和伟大成就，进一步提升学生的民族自豪感和爱国情怀。

教师：回顾已布置的微写作题目：

国庆期间《我和我的父辈》影片热播，其中单元《诗》讲述中国第一颗人造卫星成功发射背后一个航天家庭默默奉献的故事，再次引发了人们对航天英雄的崇敬之情。影片中，父亲对儿子说他是个诗人，结果只写了一个"诗"字，诗未完成却不幸牺牲。航天英雄们用自己的生命为祖国在天上写"诗"，今天，让我们来为他们写一首诗或抒情文字，致敬航天英雄。要求：感情真挚，有形象，150字左右，诗歌可适当减少字数要求。

学生：重读微写作题目，并对题目进行解读。

设计意图：回顾微写作题目内容和要求，对其进行细致分析，帮助学生明确课堂教学内容。

媒体使用与特色渗透：希沃LINK白板教学软件，导入PPT出示题目，让学生使用手写工具对题目进行标注。

教师：出示《2014年北京市高考说明》中对微写作的要求。同时让学生自主讨论什么是好的抒情类微写作，怎样才能做到？

学生：记录，小组自主讨论好的抒情类微写作评价要求。学生回答，教师总结、点拨、提升，记录在课堂学案上。

教师小结：好的抒情类微写作的要求如下：

（1）内容：抒情对象明确、抒情角度清楚、情感健康真挚；
（2）方式：手法多样灵活、表达流畅自然、有一定文采。

设计意图：明确高考考点要求，激发学生主动学习、探索的兴趣，由学生主体出发，让学生主动思考、讨论、发言。强调语文学科笔记书面记录。

（二）回顾题目，指导思路

教师：出示学生习作1，引导学生结合课上所学和学生小组展示成果对这两篇学生习作进行阅读、评价，为鼓励学生积极思考，特别要引导学生关注问题的同时，要指出解决问题的办法。

学生：结合课上所学和小组展示成果对学生习作进行阅读、评价。学生需按要求在学案上对学生习作进行圈点标划，点评并说明原因。

教师指导：学生习作1（较差）分析如下。
  优点：有个别语句体现了抒情。
  问题：叙述过多，照抄材料，抒情太少。
  措施：可直接抒情，选准抒情对象，歌颂其精神。

教师：出示学生习作2，引导学生结合课上所学和学生小组展示成果对这两篇学生习作进行阅读、评价。

教师指导：学生习作2（一般）分析如下。
  优点：感情真挚，直接抒情，是一首直接唱给航天英雄的赞歌。
  问题：语言上不够优美，航天员典型性、形象化不够。
  措施：加入典型环境如戈壁滩、星空宇宙等，人物如眼神、动作等细节。

教师：出示学生习作3，引导学生结合课上所学和学生小组展示成果对这两篇学生习作进行阅读、评价。

教师指导：学生习作3（较好）分析如下。
  优点：多种修辞手法、环境描写、句式整齐、文笔优美，感情充沛。
  问题：个别语句表达有问题，需斟酌。

教师：结合题目具体要求、学生习作反映出来的问题，引导学生思考综合运用多种表达方式。

学生：结合课上所学和小组展示成果对学生习作进行阅读、评价。学生需按要求在学案上对学生习作进行圈点标划，点评并说明原因。

结合相关写作方法和要求，结合微写作"航天英雄"的题目要求，综合运用多种表达方式，如描写、记叙、抒情。特别需要关注的是，写作中要有能体现"航天英雄"形象特点的文字部分。

教师小结：通过对以上学生习作的阅读、品鉴，总结出写好抒情类微写作的方法如下。
（1）直接抒情引入，营造浓厚氛围；
（2）环境描写烘托，突出形象特点；

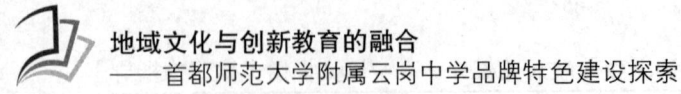

（3）运用多种手法，丰富文采表达。

学生：通过对以上学生习作的阅读、品鉴，小结出写好抒情类微写作的方法，并记录在学案上。

设计意图：教师提前将学生作品进行分级呈现，首先出示问题较多且典型的习作，让学生去读、去品评，学生很容易能发现其中的问题，但修改起来较为困难。然后出示程度稍好一些的学生习作，习作的表达方式属于直抒胸臆，基本上符合抒情文字的基本要求，但仍存在问题，引导学生深入思考。最后出示程度较好的学生习作，这篇学生习作优点突出，多种修辞、抒情自然，多种表达方式融合，文笔优美。这样三层递进下来，学生能较为容易地明确如何写好抒情类微写作的方法。

因学生上交的微写作整体呈现表达方式单一、抒情不够、"航天英雄"形象特点不突出等问题，让学生结合题目思考并提出如何才能综合运用多种表达方式写好，有具体的操作方法可循。

媒体使用与特色渗透：PPT白板呈现。如在环境描写方面让学生联想到航天英雄的不易与辛苦，更能体现航天英雄们的艰苦奋斗、无私忘我的精神。

（三）课堂修改，品鉴习作

教师：指导学生根据以上所学，可选择以上学生习作中的任意一篇或者自己的作品进行修改、展示。

学生：学生根据以上所学，可选择以上3篇中的任意一篇或者自己的作品进行修改、展示。

设计意图：学生自主选择喜欢的一篇或者自己的作品进行修改，就有可模仿的范本、可操作的方法了。

媒体使用与特色渗透：学生在写作的过程中，将满怀对航天英雄的敬仰、赞美之情化作笔下的文字，写成了一篇篇真情流动的微写作，但因为学生水平不一，平时也很少涉及抒情文字的训练，因此作品会存在不同程度的问题，但敝帚自珍，真情可贵，学生在写作、品评、修改、朗诵的过程中把对航天英雄的爱戴之情深化于内心，这不仅是一堂写作指导课，也是一节深化爱国主义教育、崇尚民族英雄的课。

（四）深情朗诵，佳作展示

教师：展示优秀作品学生习作4。

学生：点评习作4。

教师：教师略作修改，将其变成诗歌的形式（点一下诗歌的形式、韵律即可，不做过多要求），带领全班同学进行配乐诗朗诵。

学生：同时赏读教师修改作品。

教师：出示多种形式的2020届2班毕业生参与写作的作品。有抒情文字（高雪骐）、词（王骥涛）、诗（张东）等。

学生：配乐朗读。

学生：全班配乐诗朗诵师生共同完成的作品。

设计意图：最后出示学生佳作一篇，以示鼓励。教师示范将抒情文字改写成一首诗歌，加上毕业生的热情参与、自己修改后的文字，配乐朗诵，为航天英雄献上我们自己创作的诗歌，更有意义，更有价值。

媒体使用与特色渗透：毕业生的作品更是体现了爱国主义教育无时无刻不在的重要意义，即便是学生已经毕业了，但仍热情地酬和学弟学妹的作品，也让学生真切感受到，我校云岗中学航天特色教育的价值所在。

五、课时作业设计及特色融合点说明（表1）

表1 作业设计及特色融合点

作业设计	特色融合点
1. 修改完成自己的微写作	学生自己修改后的微写作，致敬航天英雄
2. 模仿教师修改作品，将自己的微写作从抒情段落修改成诗歌形式	学生从教师示范作品中真切感受到，我们云岗中学航天特色教育的价值所在
3. 开展"为您读诗"班级原创诗歌朗诵会	配乐朗诵，为航天英雄献上我们自己创作的诗歌，更有意义，更有价值

六、课时学习效果评价（表2）

评价方式：教师点评学生表现，学生自我评价、小组互评。

学生评价标准：①这节课我学到了什么？②这节课我不明白的地方还有什么？③这节课我学得快乐吗？④这节课对自己的表现满意吗？⑤这节课最大的收获是什么？

表2 学习效果评价

评价方式	评价内容				
	评价项目	评价等级			
		A	B	C	D
自评	对本节课知识的兴趣	浓厚	较浓厚	一般	弱
	本节课独立思考的习惯	强	较强	中	弱
	自信心体验到学习成功的愉悦	多	较多	一般	少
	理解别人的思路，与同伴交流的意识	好	较好	一般	弱
	在知识、方法等方面获得收获的程度	高	较高	一般	低

续表

评价方式	评价内容				
	评价项目	评价等级			
		A	B	C	D
小组互评	本节课发言的次数	多	较多	一般	少
	本节课发言的质量	好	较好	一般	差
	本节课课堂笔记的落实程度	全	较全	一般	少
评价说明	在评价等级下，相应的栏只选一项，打"√"				

通过对本节课的教学设计的认真思考和教学内容的反复琢磨，对学生可能出现问题的预设把握，我希望在课堂上，学生能够积极热烈地参与到小组的讨论和展示中，能够基本明确抒情类微写作的写作思路，并对习作进行评价、修改和展示。同时，在语文写作的过程中，能够深度融合崇尚英雄、致敬英雄的爱国主义教育，让学生深刻认识到我们国家航天科技人员的艰辛努力与辛苦付出。

附：学生微写作作品

学生习作1：2003年10月，是我国第一次载人航天的成功，这天是中国人骄傲的一天。每位为中国航天事业发展的中国人，都是中国的航天英雄。到如今，2021年9月17日，是中国一次又一次载人航天的成功，神舟十二号航天员在空间站组合体工作生活90天后成功归来，极大地提升了中国人探索太空的能力，刷新了我国空间站建造进度的记录。这正是中国这些伟大的航天英雄们，是你们造就了中国航天事业的发展。

学生习作2：致航天英雄们：欢迎你们凯旋，正因为有了你们的坚持不懈，永不放弃，才成就了今日的辉煌，你们是我们的骄傲，是全国人民的骄傲，为了中国的航天事业，你们舍小家、顾大家的精神值得我们学习，作为航天员的你们，不仅要有结实的身体、丰富的知识，长期的艰苦训练，更要有良好的心理素质。因为有了你们的努力和付出，我们的航天事业才会更上一层楼，因为有了你们，象征着我们的祖国航天事业的五星红旗才会飘扬在太空，也因为有了你们，我们才有了前进的动力。

学生习作3：眺望夜空，一颗耀眼的星划过黑夜，带来了最勇敢的英雄。是谁不畏艰苦，乘着飞船前往太空，只为祖国航天献力？是谁不怕牺牲，在如此危险的宇宙中一待就是几个月？又是谁扛起最重的担子，为中国航天事业涂抹出浓重的一笔……是他们——最勇敢的航天英雄们！浩浩宇宙，茫茫夜空，他们的身影是那么闪耀，那么耀眼，难道不值得中国儿女敬佩吗？中国航天事业之崛起，航天英雄们义不容辞。

学生习作4：你们如后羿之箭刺破苍穹，又如一颗燃着的陨铁落地，激起一片巨浪。你们在那广阔的宇宙挥动结实的手臂，拾起一片星辰。你们背起国家给予的使命与自己的梦想，让你们放射光芒。去吧！探索的能力由你们提升；去吧！建造进度的记录由你们打破。用这短短的三月续写中华的历史，用这多年的努力开创一片新天地！

习作4教师修改版本：

你们，

如后羿之箭刺破苍穹，放射万丈光芒；

又如燃烧的陨铁落地，激荡一片巨浪。

你们，

在那广阔的宇宙大海中，拾起星辰汪洋。

请带上——尊严与荣耀，使命与梦想，

去吧！探索的技术由你们力掌；

去吧！建造的记录由你们开创！

神舟神舟，中华伟业，千年梦想即将绽放！

——《为您写诗》（郭林林老师修改）

毕业生习作1：

念奴娇·赠航天英雄（2020届2班毕业生　王骥涛）

神秘宇宙，无垠浩瀚，星光阑珊。我航天英雄，不惧艰险，英勇战斗，排除万难。嫦娥神舟，天宫北斗，长征玉兔神龙盘。看今日，三位航天员，围坐空间站。

回顾光辉历程，苏联美国虎视眈眈。然饱学之士，学富五车，兢兢业业，埋头苦干。丰功伟绩，难以言喻，终可揽月上九天。盼明日，愿祖国航天，再绽新颜。

毕业生习作2：

为您写诗（2020届2班毕业生　张东）

以天为纸风为笔，星河万千诗百篇。

诗如长虹贯寰宇，中国航天意志坚。

若为他日上九霄，一切生息皆可燃。

日照山河征程远，不问星芒是否寒。

毕业生习作3：（2020届2班毕业生　高雪骐）

千百万颗星，组成璀璨夜空，吸引着前辈们奉献青春和生命，只为探索那充满诗意的宇宙。默默奉献生命的航天英雄，是时代浪潮中敢为人先的领头人，是指引我们不畏艰险勇往直前的父辈。英雄的儿女继承英雄的事业，继续奋斗，正是如今我们一代代科研人员艰苦奋斗的缩影。航天英雄们啊！请相信，在我们的努力下，终将见到您未见到的世界，写出您未写完的诗篇。

七、课时教学特色分析

本节课课题是《为您写诗，致敬航天英雄》，让学生用稚嫩而充满真情的笔写下对航天英雄的赞歌，结合语文学科的特点，是一节高中语文抒情类微写作指导课。

首先，在教学第一环节课堂导入部分中所用电影中歌颂航天英雄预告片视频资源，是学生课前以小组为单位完成的学习任务，渗透致敬航天英雄、爱国主义情怀教育。同时，提前布置了小组学习任务，并在班级晨检和课堂上开展展示活动。小组学习任务大大扩展了课堂的学习空间，将课堂的内容延展到课堂之外，引导学生从各个方面了解我国航空航天的发展历史和伟大成就，进一步提升学生的民族自豪感和爱国情怀。这样有助于激发学生的学习兴趣，积极探索与课堂相关的课外关联知识，变被动为主动，并且在小组共同完成PPT的同时，拓宽了学生的知识面，加强了小组凝聚力。课堂展示的环节又锻炼了学生的语言表达能力，提升自信。

其次，在课堂第二环节回顾题目时，设计了原创题目：国庆期间《我和我的父辈》影片热播，其中单元《诗》讲述中国第一颗人造卫星成功发射背后，一个航天家庭默默奉献的故事，再次引发了人民对航天英雄的崇敬之情。影片中，父亲对儿子说他是个诗人，结果只写了一个"诗"字，诗未完成却不幸牺牲。航天英雄们用自己的生命为祖国在天上写"诗"，今天，让我们来为他们写一首诗或抒情文字，致敬航天英雄。这样的题目切合当下热点话题，结合语文学科对抒情类微写作的相关要求，让学生愿意主动写下真实情感的基础上，更加深入地理解航天英雄们的伟大精神。

最后，在课堂的最后两个环节，品评修改学生习作和诗朗诵环节中，也渗透着航天特色。学生在写作的过程中，将满怀对航天英雄的敬仰、赞美之情化作笔下的文字，写成了一篇篇真情流动的微写作，但因为学生水平不一，平时也很少涉及抒情文字的训练，因此作品会存在不同程度的问题，但敝帚自珍，真情可贵，学生在写作、品评、修改、朗诵的过程中把对航天英雄的爱戴之情深化于内心，这不仅是一堂写作指导课，也是一节深化爱国主义教育、崇尚民族英雄的课。毕业生的作品更是体现了爱国主义教育无时无刻不在的重要意义，即便是学生已经毕业了，但仍热情地酬和学弟学妹的作品，也让学生真切感受到，我们云岗中学航天特色教育的价值所在。

课堂的最后，我希望能呈现出一首完整的《为您写诗，致敬航天英雄》，但因学生水平有限、课堂时间也有限，因此，我被同学们感染着也加入到了写作诗歌的行列中，以学生中较好的抒情文段为资源，进行了示范性修改，为学生接下来的诗歌创作树立一个可供模仿的范本，这样学生就更有兴趣去参与了，之后再将学生的作品作为今后开展原创诗歌朗诵的资源，语文学科的育人功能和爱国主义教育功能就更加提升了。

心怀航天情，美辞颂英雄

程 燕

一、指导思想与理论依据

高中语文课程标准（2017版）明确指出，语文课程应引导学生在真实的语言运用情境中，通过自主的语言实践活动，积累言语经验，把握祖国语言文字的特点和运用规律，加深对祖国语言文字的理解与热爱，培养运用祖国语文文字的能力；同时，发展思辨能力，提升思维品质，培育社会主义核心价值观，培养高尚的审美情趣，积累丰厚的文化底蕴，理解文化多样性。

"真实的语言运用情境""语言实践活动"是语文学习的前提。在军事航天特色课程背景下，我校开设了一系列的航天特色活动，如"国旗下讲话系列——讲述航天人物故事"、"太空课堂"等，就是最好的真实的语言运用情境和语言实践活动。在参与活动时，学生耳闻目睹，亲身体验，必然情由心生，感随意发。这是引导学生进行表达，训练写作的最好时机。

二、教学背景分析

（一）教学内容分析

微写作是高考的重要题型，一般考查议论、抒情、描写3种表达方式。但高中语文教材中并没有微写作的教学内容，这是需要教师进行补充的。因此，本节课的相关知识是由教师查阅资料后整合而成的。

颁奖辞是在某一主题的颁奖典礼上，对获奖对象的事迹所做的一种陈述评价性的礼仪文稿。颁奖辞具有语言简洁，综合表达，事、理、情有机融合，饱含情感的特点，是典型的抒情性文体。通过颁奖辞的写作练习，学生能达到训练抒情类微写作的目的。

本节课在教学上采用了以读促写的方式。在写作之前，教师安排学生阅读了大量"感动中国人物"颁奖辞，因为模仿是写作的第一步。学生在朗读时能直接感受到颁奖辞的内容和形式对于抒情起到的效果，这一直观的感受为他们的写作打下基础。

习作修改是本课的重点内容。叶圣陶先生曾说："作文难得一次成功，往往要改几次才算数。"或从修改与写作的关系而言："认认真真修改一回；比另写一篇有好处，

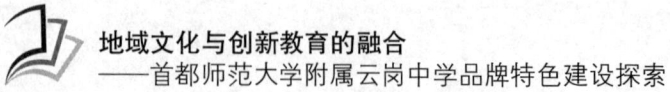

容易得到进步。"只有学会自主修改习作，才能真正地提高自己的写作水平。因此，修改习作是本节课的教学重点。

（二）学生情况分析

经过高中两年的积累，学生已经具备了一定的写作能力。但抒情类微写作对于我校学生来说较为困难，一是因为抒情类微写作章法不一，表达灵活，不易掌握；二是因为我校学生缺少对生活的观察和感悟，不善于抒发情感。

在学校举行的各类航天特色活动中，学生对航天知识、航天人物和航天精神有了更深的认识：在校园"航天日"展示活动中，他们探索了航天的魅力；在"国旗下讲话系列——讲述航天人物故事"活动中，他们熟读了航天人物的感人事迹；在"太空课堂"活动中，他们感受了航天人的巨大付出。他们充分感受到航天事业背后的伟大精神。

三、教学目标

第一课时教学目标：

（1）了解人物的感人事迹，体会他们身上的精神力量。

（2）了解颁奖辞的写作特点，欣赏"感动中国"航天人物颁奖辞。

（3）学习颁奖辞的写作方法，撰写颁奖辞。

第二课时教学目标：

（1）再读三院航天英雄人物事迹，感受人物身上的精神力量。

（2）修改颁奖辞。

（3）朗诵颁奖辞，表达对航天人的敬意。

四、教学过程设计

第一课时：

（一）导入

自2002年《感动中国》开播以来，中国航天领域先后有12位人物（含团体）获此荣誉。在颁奖典礼上，宣读颁奖辞是一个重要环节。颁奖辞可以让大众了解获奖对象的事迹及所体现的超乎寻常的人格精神，从而达到一种教育的效果。

设计意图：引入本课重点，明确颁奖辞的作用，为激发学生写好颁奖辞做铺垫。

（二）"感动中国"航天人物颁奖辞赏析

学生活动一：欣赏杨利伟、钱学森、孙家栋三人颁奖辞。

（1）阅读人物事迹，朗读三则颁奖辞。

（2）结合颁奖辞的特点，从内容、语言、情感方面说说这三则颁奖辞令你印象最深的地方。

设计意图：赏析颁奖辞的环节，是为了让学生感受颁奖辞的表达效果，让学生意识到写好颁奖辞的重要意义。

特色创新：以读促写，先体验后实践。学生感受到文字的精妙和文章的魅力，可以有效地激发学生的创作力。

（三）学习颁奖辞的写法

学生活动二：对照人物事迹及颁奖辞，总结人物颁奖辞的具体写法。
（1）颁奖辞一般包含哪些内容？语言表达有怎样的特点？
（2）人物事迹如何做到"大笔写意"？
（3）从哪些方面进行评价？

设计意图："感动中国"人物颁奖辞，是规范而经典的颁奖辞。学生在梳理写作方法的过程中，可以发现颁奖辞写法的共性与个性，可以加深对写法的认识，为写作打下基础。

特色创新：充分挖掘教学资源。很多文章对颁奖辞写作方法的阐述往往流于笼统和模糊，清晰而具体地梳理颁奖辞写法的教学设计并不多见。

（四）总结（图1）

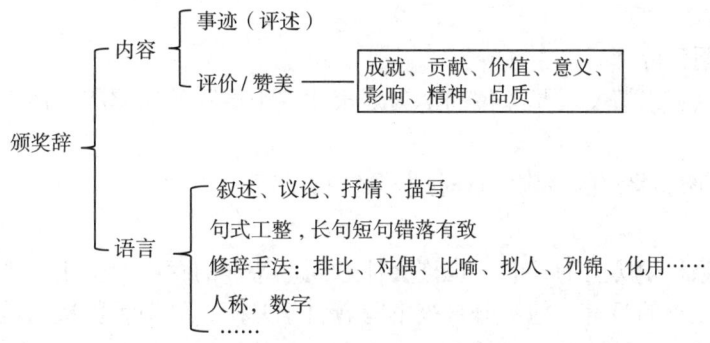

图1 颁奖辞的写法

设计意图：总结颁奖辞写作方法，为学生写作提供方法指导。

特色创新：从内容和手法两方面总结颁奖辞的写作方法，对写作的指导更加全面而具体。

（五）作业

在风雨兼程和砥砺奋进中，航天事业再次迎来跨越发展的新阶段。三院人用忠诚、智慧和汗水谱写出一首首感动航天的时代壮美乐章。为纪念那些为航天事业发展壮大奉献出青春岁月和智慧汗水的人们，弘扬那些团结奋进、负重拼搏、科学求实、敢为一流的英模故事和感人精神，激励广大干部职工见贤思齐，建功航天，三院党委决定举办第三届"感动航天人物（含团队）"评选活动，并将举办"感动航天人物"颁奖大会。请你阅读三院航天人物事迹，推荐一位候选人，并为其撰写颁奖辞。

设计意图：通过写作实践，训练颁奖辞的写作方法，形成写作能力。

特色创新：深知促写。本次写作前学生多次参加航天活动，对航天事业、航天人物、航天精神有了深入的了解，积累了丰富的情感。这为写作打下坚实的基础。

第二课时：

（一）导入

（1）回顾颁奖辞基本写法。
（2）作业回顾。

设计意图：巩固写作方法，为评价和修改颁奖辞提供标准。

特色创新：写作方法具体明确，可操作。

（二）修改颁奖辞

1. 典型问题分析

学生活动一：以下文段是4位同学为刘永才院士撰写的颁奖辞，请你阅读之后完成学习任务。

（1）请对照颁奖辞的写作特点对这4篇颁奖辞进行点评。

颁奖辞1

当我们回想科学历史的长卷，也许会注意到他特殊的存在。他用自己的一腔热血，兑现着对祖国无声的誓言。他不分日夜书写着科学蓝图，经历无数次的挑灯夜战，终于导弹拖着一股橘红色的火焰，呼啸着飞入云霄。是他工作时的艰苦奋斗，是他实验室的永不服输，是他失败时的认真反思，开创了科学的里程碑。

颁奖辞2

身负重任，从零开始，从未轻言放弃。一腔热血，卧薪尝胆，兑现无声誓言。他头一回接触巡航导弹，硬着头皮担此重任。他是永不服输的"拼命三郎"，即使病症也无法使他弯腰；面临失败，深刻反省，日夜忙碌，悄然白头。巡航导弹发射成功，中国安全得到保障，他是中国的骄傲！

颁奖辞 3

风雨铸"剑"二十年，终圆科技报国梦。你是中国陆基巡航导弹的奠基人。巡航导弹，是你砥砺奋斗的初心；技术攻关，是你永不服输的使命；试验、推算、发射，华夏大地上终于绽放了最美的"火焰"。你是文化的瑰宝，科学的风帆，是中华民族知识分子的典范。你用自己的一腔热血，兑现着对祖国无声的誓言。伴随着一次次试验，中国巡航导弹取得了重大突破，让我们向你致敬。

颁奖辞 4

20年卧薪尝胆，他让中国的第一代陆基巡航导弹冲破苍穹！岁月作纸，生命为笔，他绘制出星光般的设计草图，勾勒出中国导弹的生命蓝图。生死关头，犹不言悔，半头银丝诉说深情，十年辛苦，败也不弃，才换得烈焰呼啸，让中国导弹震撼天地。是他，用一腔热血倾注中国的导弹事业，用稳健步伐丈量中国导弹的逐梦之旅！

（2）小组合作讨论完成表格填写（表1）。

表 1　记录表

	存在的问题	修改意见
颁奖辞 1		
颁奖辞 2		
颁奖辞 3		
颁奖辞 4		

2. 教师指导修改

重点：颁奖辞1和颁奖辞2，重点突出人物事迹，凸显人物形象

难点：颁奖辞4，恰当使用多种手法，让语言形象生动，音韵铿锵。

3. 学生修改

学生活动二：从以上4篇颁奖辞中选择一篇进行修改或修改自己的颁奖辞。

设计意图：让学生通过修改解决写作中的典型问题，熟练掌握写作方法。

（三）朗诵颁奖辞

学生活动三：有感情地朗诵颁奖辞。

4月24日为中国航天日，三院党委决定于航天日举办第三届"感动航天人物"颁奖大会。假如你是主持人，请你有感情地朗诵颁奖辞。

设计意图：展示修改成果，增加学生的成就感；让学生在朗读中再次感受航天人的精神。

特色创新：利用身边资源创设情境，让学生感受写作的价值。

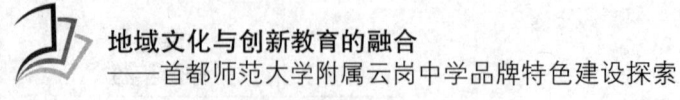

（四）作业

北京时间 2021 年 10 月 16 日，神舟十三号在酒泉发射成功，中国航天员首次驻留太空 6 个月。3 位航天员翟志刚、王亚平、叶光富在 180 余天的太空飞行中，圆满完成了 2 次出舱活动、2 次"天宫课堂"太空授课活动，开展了多项科学技术试验与应用项目。他们为中国航天事业的发展作出了杰出的贡献。请查阅资料，阅读他们的事迹，为他们撰写颁奖辞！

设计意图：巩固写作方法，让学生了解更多的航天人物，激发他们的航天情怀。

特色创新：利用时事热点创设写作情境。

五、作业设计及特色融合点说明（表 2）

表 2 作业设计及特色融合点

环节名称	作业设计	特色融合点
第一课时	在风雨兼程和砥砺奋进中，飞航事业再次迎来跨越发展的新阶段。三院人用忠诚、智慧和汗水谱写出一首首感动飞航的时代壮美乐章。为纪念那些为飞航事业发展壮大奉献出青春岁月和智慧汗水的人们，弘扬那些团结奋进、负重拼搏、科学求实、敢为一流的英模故事和感人精神，激励广大干部职工见贤思齐，建功飞航，三院党委决定举办第三届"感动飞航人物（含团队）"评选活动，并将举办"感动飞航人物"颁奖大会。请你阅读三院航天人物事迹，推荐一候选人，并为其撰写颁奖辞	写作与航天人物航天精神融合
第二课时	北京时间 2021 年 10 月 16 日，神舟十三号在酒泉发射成功，中国航天员首次驻留太空 6 个月。3 位航天员翟志刚、王亚平、叶光富在 180 余天的太空飞行中，圆满完成了 2 次出舱活动、2 次"天宫课堂"太空授课活动，开展了多项科学技术试验与应用项目。他们为中国航天事业的发展做出了杰出的贡献。请查阅资料，阅读他们的事迹，为他们撰写颁奖辞	写作与航天人物航天精神融合

六、学习效果评价（表 3）

表 3 学习效果评价

环节活动	评价目标	评价方式
梳理颁奖辞的写作方法	陈述具体方法	复述
写颁奖辞	写出规范的颁奖辞	符合颁奖辞写作要求的程度

七、教学特色分析

　　学科主体突出，航天特色鲜明。本节课以航天人物为素材，让学生为其撰写颁奖辞，巧妙而深入地将航天的内容融入语文教学中。颁奖辞是重要的抒情文体之一，抒情文体又是高考微写作考查的重要文体。用颁奖辞进行微写作训练，是提高学生抒情文体的有效途径，是语文教学的重要内容。所以本节课落实的重点内容没有偏离语文学科的内容。而航天素材有效地助推了学科教学。在写颁奖辞之前，学生需要阅读大量的航天人物事迹，这些航天人的成就贡献，精神品质深深地触动了学生的内心，激发了他们的创作热情。这是写作抒情文体的基础。如果没有这些，抒情会变成"无源之水"。因此，航天内容的引入不仅没有妨碍语文教学，还有效助推了教学目标的实现。

　　经过修改的几篇颁奖辞，内容充实，语言流畅，文辞优美，感情充沛，同学们在课堂上声情并茂地朗诵出来，获得了阵阵掌声。本节课不仅圆满达成了教学目标，教育效果还很明显。学生经过阅读大量人物事迹、《感动中国》航天人物颁奖辞；经过修改颁奖辞，朗诵颁奖辞，增强了对航天事业的认识，加深了对航天人物的了解。这些对点亮学生的航天梦想，传承航天精神，传递航天情怀，传播航天文化具有深远的影响。

专家点评

融合学校军事航天科技特色　提升学生语文学科核心素养

百年大计，教育为本。在全球教育国际化的趋势引领下，中国基础教育也在不断的改革中深化、前行。培养德智体美劳全面发展、具有国际视野素养的新时代中学生成为国家、民族振兴的时代需求。首都师范大学附属云岗中学推行"国际视野下军事航天科技"的品牌建设，是落实国家教育方针、实现"立德树人"根本任务的重要举措，对于全面提升学生核心素养具有深远意义。

早在2019年，中共中央、国务院就强调基础教育要强化课堂阵地作用，探索基于学科的课堂综合性教学，开展研究型、项目化、合作化学习。语文课标也强调，语文是一门基础性学科，学生在学习语言运用中要体现较强的实践性、综合性，促进人文性与工具性的高度统一。只有立足语文学科特点，精选和优化语文课程内容，从"语言""思维""审美""文化"4个维度着力，才能更好地促使学生在阅读与鉴赏、表达与交流、梳理和探究等语文实践活动中逐步形成正确的价值观念、必备品格和关键能力，提升语文核心素养。

由"语言运用"，到"军事航天科技"，到"核心素养"，看似游离，实则辐射了语文教学课堂与语文课程资源之间，语文教学和语文教育之间的紧密关联。将学校的军事航天科技资源特色，有机渗透融合到语文课程内容当中，更有利于提升学生阅读、写作的语文能力，培养学生的责任担当和家国情怀。魏雨梦翱老师在《君子自强不息——论航天精神》一文中，开展语文综合性实践活动，训练学生议论文写作能力，培养学生自强不息的航天精神；魏冰青、李文老师在《少年正是读书时——走近时代偶像邓稼先》一文中，开展语文项目式学习，引领学生阅读航天英雄传记，创作课本剧，在表演中内化航天精神内质；程燕老师在《心怀航天情，美辞颂英雄》一文中，引领学生了解"感动中国人物"中航天英雄的感人事迹，指导学生欣赏颁奖辞，撰写演讲词，修改演讲词，在实用类文体写作训练过程中体悟航天精神。郭林林老师的《为您写诗，致敬航天英雄》一文中，创设情境，组织学生观看航天英雄故事，引领学生感受航天英雄的爱国主义情怀，指导学生撰写并修改航天英雄抒情类微写作，训练学生抒情类作品的写作方法。云岗学校的语文教师积极创设语言运用情境，在语文课堂中有机渗透融合航天人物、航天精神等军事航天科技资源，开展语文实践活动，潜移默化中提升学生的语文核心素养。

正如语文组长何晔老师、魏冰青老师、李文老师在总结梳理初高中学段学校特色和学科渗透融合的经验时所言，基于本校军事航天科技特色，将"军事航天科技"作为语文课程资源有机融入语文教学课堂，必将优化课程内容，改进教学方式，增强语文课程内涵，提升综合能力和核心素养，最终达成语文课程"立德树人"的教育功能。自然，在学校特色和学科渗透融合的过程中，如何做到既注重"军事航天"的"精神内涵"的挖掘，同时又注重其"科技含量"的挖掘；如何有机衔接初高中语文课程内容，使课程内容设计更具系统性；如何聚焦学校特色，探索跨学科融合教学等方面，还有许多继续探究的空间。教育事业的探索永无止境，我们正在乘风破浪，奋勇前行，未来定当不辱使命，不虚此行。

谢政满

北京教育学院丰台分院高中语文教研员，中学高级教师，北京市中学语文特级教师

数学篇

初中数学学科与学校特色渗透融合策略研究

姜一潮　范朝辉

教育事关国家发展、事关民族未来。习近平总书记在党的二十大上的讲话中提出，教育、科技、人才是全面建设社会主义现代化国家的基础性、战略性支撑。必须坚持科技是第一生产力、人才是第一资源，创新是第一动力。这一切都离不开教育，突出了教育在科教兴国中的重要地位。随着社会的快速发展，教育课程也在不断进行改革，此时更应重视数学教育承载着落实立德树人根本任务的功能。数学在形成人的理性思维，科学精神和促进人的个性发展中发挥着不可替代的作用。通过数学课程的学习，让学生体会用数学的眼光观察现实世界，用数学的思维思考现实世界，用数学的语言表达实现世界，可使学生养成独立思考的习惯和合作交流的意愿，同时增强社会责任感，树立正确的世界观、人生观和价值观。

一、数学学科与学校特色渗透融合概述

数学是研究数量关系和空间形式的科学。数学是自然科学的重要基础，在社会科学中也发挥着越来越重要的作用，数学的应用渗透到现代社会的各个方面，直接为社会创造价值，推动社会生产力的发展，随着大数据分析、人工智能的发展，数学研究与应用领域不断拓展。

随着社会发展，数学和军事、航天的联系越来越紧密。国家军事力量的强弱是影响国家在国际中地位的重要因素之一，因此我们必须持续发展我国军事力量。而发展军事科技要依赖人才，人才的培养要靠教育，尤其是具备理性思维的人才，这就突出体现数学对于科技创新的重要价值，说明了数学与军事相结合的必要性。航天技术是一个国家现代技术综合发展水平的标志，随着我国第一艘载人航天飞船——"神舟五号"任务的圆满完成，标志着中国成为世界上第3个独立掌握载人航天技术的国家。在航天工程的研究中，数学是一门重要的基础学科，起到了至关重要的作用。比如，科研人员要构建合理的算法，进而才能进行准确的计算，才可确定添加多少燃料，何时为最佳窗口期等，可以说数学在航天事业中发挥着全方位的作用。

随着教育改革的进行，越来越多的教师关注跨学科融合。跨学科融合是由美国教育学家舒梅克于1989年提出的，他认为教学将跨越学科界限，把课程的各个方面组合在一

起，建立有意义的联系，从而使学生在广阔的领域中学习。在进行跨学科学习的过程中，学生通过以真实问题为载体，适当采取以主题活动的形式或项目式学习的方式呈现，通过综合运用数学和其他学科的知识与方法解决真实问题，在此过程中既落实了学科知识，又培养了学生的创新意识、实践能力、社会担当等综合品质。

基于我校"国际视野下的军事航天科技教育"的特色背景，初中数学教研组思考了如何将军事航天的内容巧妙地融进日常的课堂教学中。一是利用军事航天内容作为课程引入，可以让学生体会所学知识源于生活，借此也可逐步向学生渗透军事航天知识。二是利用航天内容作为课上例题或练习题的背景，可以让学生体会所学知识最终仍要用于生活，更能体会到数学在军事航天中的重要地位。三是借助项目式学习，制作与军事航天相关的成果，一方面通过此任务调动学生学习的主动性，让学生在做中学、用中学；另一方面拉近了学生与军事航天的距离，更容易为学生埋下有关军事航天的梦想种子。通过以上尝试，落实了学科素养，渗透了军事航天知识，帮助学生形成了社会担当的品质，培养了学生的民族自豪感。

二、数学学科与学校特色渗透融合现状

我校是一所拥有63年军事、航天传统的学校，地处中国航天科工三院所在的云岗地区。在这样的地域优势下，为促进我校高中品牌特色发展，实现学校高品质提升，学校以"国际视野下的军事航天科技教育"为特色主题开展了一系列的特色活动和特色课程，提升了学校办学品质。初中数学教研组积极参与了学校组织的特色课程，在老师们激烈的讨论后，决定借助项目式学习方式，以"制作火箭模型"为题，激发学生学习兴趣，探究平面图形与立体图形这一小结的内容。如何制作完成一个完整又精美的火箭模型呢？学生展开了激烈的讨论，质疑，再讨论，最终学生确定先将其拆解为不同的立体图形，再思考如何制作这些立体图形，如何能够让这些立体图形准确的贴合在一起，后来学生又对如何美化火箭进行了讨论，是先制作成形再美化，还是先美化再制作，大家各抒己见，所阐述的观点并无对错之分，在综合现有工具的条件下，最终学生选择了先美化再制作的方式。

站在学科的角度，学生理解了平面图形与立体图形的概念；能画出从不同方向看一些基本几何体，以及它们简单组合体得到的平面图形；知道常见的立体图形的展开图，并能根据平面图形判断所围成的立体图形的形状；逐步理解平面图形与立体图形之间的关系。站在航天的角度，通过本节课学生了解我国多种型号的载人航天火箭及其使用范围；了解了火箭的基本结构和各结构发挥的作用；为学生今后选择航天为兴趣，甚至选择航天为工作埋下了种子。

站在教师的角度，通过对本节课的设计与思考，初中数学教研组的老师们从课程的整个设计、实施过程中进行了反思。我们认为，借助航天的真实情境，充分调动了学生的兴趣，从而提升了学生学习的主动性。以制作火箭模型为任务，巧妙地将教材中本节三节课的内容串联了起来，让学生自然的体会了三节课之间的关系，使教学环节流畅起来，

同时充分体现了做中学、用中学和创中学。看着学生精美的作品，让老师们真正体会了教学过程中的快乐感、成就感和意义感。

站在学生的角度，他们从领到任务时的激动而又无从下手，到将任务拆解重新规划后的自信满满，再到探究新知识时的积极主动，最后看到自己成果作品时满满的自豪感。在这个过程中，学生不仅获得了数学知识，也提升了几何直观的能力。更重要的是他们懂得了在完成一项复杂的任务前，需要先将任务进行分解规划。在完成任务的过程中，他们会提出新问题，并尝试讨论解决，大大提升了学生的自信心。而这些是无法在常规课堂上获得的，这就是开展融合课的意义所在。

三、数学学科与学校特色渗透融合资源梳理

教材中有较多能与军事航天相结合的内容，通过这些内容渗透军事航天知识，激发学生学习数学的兴趣，感受数学与生活的紧密联系，提升数学核心素养，培养学生的爱国精神和责任意识。我们将能与军事航天融合的内容进行了梳理（表1至表6）。

表1　人教版七年级上册内容梳理

章节		学科内容	与军事航天的联系
第一章	有理数	利用科学记数法表达比较大的数	与地球半径、光速、国土面积等数值较大的数有关
第三章	一元一次方程	利用一元一次方程解决实际问题	风速、飞行时间、飞行平均速度、飞行距离之间的关系
第四章	几何图形初步	平面图形、立体图形、展开图	了解火箭的构造
第四章	几何图形初步	余角和补角的概念、性质	方位角，用于航空航海

表2　人教版七年级下册内容梳理

章节		学科内容	与军事航天的联系
第五章	平行线相交线	平行线的判定、性质	潜望镜的工作原理
第六章	实数	算术平方根的概念	计算第一宇宙速度、第二宇宙速度
第七章	平面直角坐标系	用坐标表示地理位置	中华人民共和国成立70周年天安门广场上的拼图场景
第十章	数据的收集整理描述	数据的收集整理描述	零件的检测统计

表3 人教版八年级上册内容梳理

章节	学科内容	与军事航天的联系
第十二章 全等三角形	三角形全等的判定定理	利用三角形全等测距离
第十三章 轴对称	轴对称和轴对称图形的概念	轴对称航天器
第十四章 整式乘法因式分解	因式分解	利用因式分解解锁密码

表4 人教版八年级下册内容梳理

章节	学科内容	与军事航天的联系
第十六章 二次根式	二次根式的运算	应用于数据计算
第十七章 勾股定理	勾股定理	测量高度
第二十章 数据分析	数据统计量	分析不同类型纸飞机飞行距离的区别

表5 人教版九年级上册内容梳理

章节	学科内容	与军事航天的联系
第二十一章 一元二次方程	二次根式的运算	应用于数据计算
第二十二章 二次函数	二次函数的图象、性质	抛石机抛石路径的分析
第二十三章 旋转	旋转的性质	旋转航天器——自制风车

表6 人教版九年级下册内容梳理

章节	学科内容	与军事航天的联系
第二十七章 相似	相似三角形的性质判定	测量高度
第二十八章 锐角三角函数	解直角三角形	测量高度
第二十九章 投影与视图	三视图	武器、航天器的三视图

四、数学学科与学校特色渗透融合有效策略

（一）在课堂活动中进行渗透融合

数学课堂活动是指教师为完成教学目标所设计的一系列可操作的问题，学生通过动手实践、自主探究、合作交流等方式解决问题，从而完成预期目标的过程。一个有意义、有质量的课堂活动要联系学生的生活，从学生周边的环境取材，才能更贴近学生。基于

我校军事航天特色的背景,在课堂活动中融入军事航天的内容,让学生在熟悉的背景下解决问题,不仅贴近学生,更能调动学生的兴趣。

以"因式分解"为例谈谈数学课堂上的活动。在学习因式分解时,教师提出这样一个问题,根据整式乘法的相关知识,你能否破解这个动态密码?这样的问题一下子就调动起学生的兴趣,破解密码本身就很神奇,还是动态密码就更不可思议,学生在这样的问题驱动下,开始自主思考,合作交流,当课堂上出现"哇"的惊叹声时,学生已经体会了本节课的学习内容。深入学习后,学生开始以小组为单位自主设计动态密码,其他小组破解密码,在这样的活动中,不仅学会了数学知识,还体会了安全的重要性。

(二)在例题习题中进行渗透融合

在课堂的例题习题中,注重情景设计中融入贴近学生生活的军事航天背景,在渗透军事航天知识的同时,能够让学生感受数学在军事航天中的广泛应用,体会数学的价值,同时还能培养学生的爱国情怀和民族自豪感。

(三)在课后作业中进行渗透融合

将我校军事航天特色融入课后作业中,一方面要能够帮助学生对所学内容进行完善或补充;另一方面可以让学生在实践的过程中,加深对学习内容的理解与应用,发展数学思维。

以"潜望镜的工作原理"为例谈谈课后作业设计,为让学生落实此章知识内容,同时能将本章所学习的知识用于生活中,在本章的最后,设计了制作潜望镜的作业,学生以小组为单位,在搜寻潜望镜的相关内容后,探究潜望镜的工作原理,尝试用本章的知识分析解释潜望镜的工作原理,确定制作方案,完成潜望镜的制作。在这样的过程中,落实了数学核心素养。同时,"潜望镜"这一军事背景内容极大地调动了学生的参与热情,还让学生体会了数学在军事中的强大作用。

五、结束语

数学是自然科学的重要基础,数学的应用已经渗透到现代社会的各个方面,加强数学学科的育人功能,是我们数学教师的重要使命。为此,初中数学组的教师紧跟学校的脚步,积极探索在数学课堂上融入国际视野下的军事航天科技教育,充分发挥地区优势,利用好身边资源。不断反思,教师要先做到在做中学、用中学、创中学,才能更好地指导学生在做中学、用中学、创中学。从而提升学生的学习兴趣,培养学生数学核心素养,通过渗透军事航天知识,培养学生的爱国情怀和责任意识。

此外,科研能力反映了学科教师团队的学习钻研能力,教研组的老师们要经常聚在一起,共讨融合之道,为学校军事航天特色的融合奉献力量。同时,初中数学教研组的老师们也在讨论与学科融合相关的课题,希望在研究的过程中,不断进步,为学生的全面发展不断努力。在备课中，积极思考与军事航天相关的实际问题，一方面能够体现数学源于生活，在学习中体会到生活和数学密不可分，解决了学生学习数学时不知为什么学的问题；另一方面能够激发学生的学习兴趣，让喜欢数学的学生爱上数学，让厌倦数学的学生喜欢上数学。

当然，探索的道路总会遇见坎坷。比如，接触新鲜事物时的畏难心理、军事航天知识的匮乏等，都可能会成为融合道路上的绊脚石。但这些困难在教研组老师们的共同商讨下，都得到了很好的解决或找到了解决的方向，我相信在集体的共同努力下，我们的融合之路将越走越远。

参考文献

［1］中华人民共和国教育部. 义务教育数学课程标准（2022年版）［M］. 北京：北京师范大学出版集团，2022.

［2］中华人民共和国教育部. 义务教育数学课程标准（2011版）［M］. 北京：北京师范大学出版社，2012.

立体图形和平面图形

姜一潮

一、指导思想与理论依据

依据义务教育数学课程标准（2022年版），要求选择能引发学生思考的教学方式，注重发挥情景设计与问题提出对学生主动参与教学活动的促进作用。还要求在活动中进一步加强综合与实践，以解决实际问题为重点，以问题为载体，通过综合运用数学知识和方法解决真实问题，从而培养学生能用数学的眼光观察现实世界，能用数学的思维思考现实世界，能用数学的语言表达实现世界，并着力培养学生的创新意识、实践能力、社会担当等综合品质。同时，数学是研究数量关系和空间形式的科学。随着现代信息技术的飞速发展，数学更加广泛应用于社会生产和日常生活的各个方面，尤其在军事航天方面发挥着重大作用。

二、教学背景分析

（一）教学内容分析

本节课是第四章《几何图形初步》第一节几何图形的第三课时，主要内容是立体图形的展开图，立体图形的展开图是实际生活中经常遇到的。本节课融合航天背景，以制作火箭模型为驱动任务，完成任务过程中需要的数学知识是本节课探究的内容，通过展开图让学生进一步认识立体图形。学生在小学阶段，已经学习过长方体和圆柱的展开图，这一节课让学生进一步了解圆锥和直棱柱的展开图，并能根据展开图进行一些制作活动。教学中要充分利用实物模型和信息技术工具，让学生多观察，多动手操作，让他们在活动中体验图形的变化过程，发展空间观念。还可以让学生展开同一个几何体得到展开图，让学生在动手实践的基础上，相互交流自己得到的图形，描述如何展开，以发展他们的空间观念和语言表达能力。

（二）学生情况分析

在本节的前两节课中，学生已经了解了几何图形、立体图形与平面图形的概念，并能从不同方向看一些立体图形及他们的简单组合体得到平面图形。在小学阶段，学生已经学习了长方体和圆柱的展开图，这都为本节课的学习打下了基础。初一的学生好奇心强，因此采用制作火箭模型为驱动任务，调动学生的积极性，使其主动参与到课堂中来。同时初一的学生空间想象能力不强，因此立体图形和平面图形之间的相互转化可能会成为学生学习的难点，因此本节课注重让学动手实践，亲身体会，从而突破难点。

三、教学目标（表1）

表1 教学目标

课程内容	4.1.1 第1课时	4.1.1 第2课时	4.1.1 第3课时
教学目标	1.通过实物和具体模型的演示抽象出几何图形，了解几何图形、立体图形与平面图形的概念，培养学生的空间观念。 2.初步认识几何图形是描述现实世界的重要工具。 3.能够将火箭模型分解为简单的几何体	1.能画出从不同方向看一些基本几何体（直棱柱、圆柱、圆锥、球）及它们的简单组合体得到的平面图形。 2.在立体图形向平面图形转化的过程中，培养空间观念和空间想象能力。 3.初步应用几何图形知识解决简单的问题，培养学生学习几何知识的兴趣。 4.能够画出火箭模型的平面图形	1.通过直观感知、操作等实践活动，知道常见立体图形的展开图，并能根据平面图形判断所围成立体图形的形状。 2.通过对立体图形平面展开图的探究，进一步认识立体图形与平面图形之间的关系。 3.培养学生的观察能力、实践操作能力和空间观念，培养学生学习几何知识的兴趣，通过小组协作提升学生主动与他人合作交流的意识，激发学生对航天知识的兴趣。 4.能画出火箭模型各部分的展开图
教学重点	立体图形和平面图形的概念	能画出从不同方向看一些简单几何体得到的平面图形	通过"展开"和"围成"两种途径，认识常见立体图形的展开图
教学难点	从实物的外形中抽象出几何图形	能画出从不同方向看由几个立体图形的组合体得到的平面图形	立体图形和平面图形之间的相互转化

四、教学过程设计

（一）情景引入

在之前的课程中，我们已经将火箭模型分解成了各种立体图形，并从不同方向看立体图形得到了平面图形，从而画出了制作火箭模型的"图纸"。今天我们将一起研究如何制作出这些立体图形，从而完成火箭模型的制作。

学生活动：学生回顾之前所学，明确本节课的学习内容。

设计意图：此过程为本节课的学习做好准备，让学生初步了解本节课的学习内容，激发学习兴趣。

媒体使用与特色渗透：借助之前两节课的成果展示，让学生体会数学知识在军事中的应用，以及数学的强大作用。

（二）新知探究

请观看新闻，并总结我国科研人员是如何制作运载火箭贮箱箱底的？

新闻：近日，中国新闻网报道了中国运载火箭的贮箱箱底研制取得重要突破，目前中国普遍采用"分块成形＋拼焊"的方法进行加工。

我们将某些立体图形的表面适当剪开，可以展开成平面图形，这样的平面图形称为立体图形的展开图。

学生活动：学生观看视频，积极思考，提炼生活中得到立体图形的方法。

设计意图：教师提出制作立体图形时会遇到的问题，让学生理解并体会研究立体图形展开图的原因和必要性。

媒体使用与特色渗透：展示新闻内容，让学生体会生活生产中制作火箭部件的方法，为今天课堂上应用的制作方法提供了实践基础。

为了完成火箭模型的制作，咱们先从数学的角度研究火箭各部分抽象成的立体图形的展开图。那么，我们要研究哪些立体图形的展开图呢？

学生活动：圆柱（火箭主体、助推器主体），圆锥（整流罩两端的圆台、助推器顶端、助推器发动机），四棱柱（稳定尾翼）

设计意图：使学生明确要研究的立体图形展开图，为后续的学习增强目的性。

媒体使用与特色渗透：依据需要制作的火箭模型，确定后续需要研究的立体图形展开图。

活动一　探究圆柱和圆锥的展开图

在小组内说说圆柱和圆锥的展开图是由哪些图形构成的？

学生活动：学生通过几何直观和空间想象，猜测圆柱和圆锥的展开图由哪些图形构成。

设计意图：学生先通过观察形成猜想，再经历亲身实践，验证自己的猜想是否正确，从而使学生产生学习几何知识的基本活动经验。

以小组为单位，通过动手尝试，确定圆柱和圆锥的展开图是什么样子的（图1）。

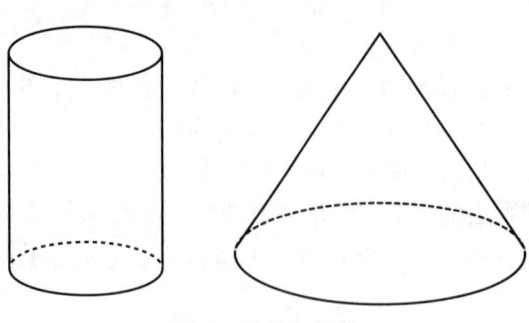

图1　圆柱和圆锥

活动要求：

（1）对准备好的圆柱和圆锥适当剪开；

（2）记录展开图；

（3）将展开图贴在白板上。

（4）思考圆柱和圆锥的展开图各有哪些特点？

问题：

（1）说说圆柱和圆锥的展开图有哪些特点？

（2）在制作火箭模型的过程中，为了提升精确度，我们需要注意什么？

学生活动：学生动手实践，记录实践结果，思考作答。

设计意图：学生通过亲身实践，进一步体会对立体图形展开图的理解。通过分析圆柱、圆锥的展开图，进一步认识常见立体图形展开图的特点。

媒体使用与特色渗透：关注图形之间的联系，提升模型的精确度。

小结：在探究圆柱和圆锥展开图的过程中，我们经历怎样的步骤？

观察——猜想——验证

学生活动：自主思考作答。

设计意图：总结探究几何知识时的学习过程，使学生积累活动经验，并将经验用于后续的活动中。

活动二　探究四棱柱的展开图

在小组内说说火箭稳定尾翼抽象出的四棱柱展开图是由哪些图形构成的？它的展开图是什么样子的呢？

学生活动：长方形和一般的四边形，展开图不易想到。

设计意图：让学生体会一般四棱柱的展开图不能很快的确定，可以先研究特殊的四棱柱展开图，即正方体展开图，通过正方体与一般四棱柱之间的联系，再确定尾翼的展开图。

我们既然不能轻易找到一般四棱柱的展开图，那么我们先来研究特殊的正方体的展开图。

你能找到正方体的哪些展开图？

活动要求：

（1）先记录猜想的展开图，再试验。

（2）记录结果。

（3）小组汇报。

学生活动：学生小组合作，按要求完成各项任务，分享交流。

设计意图：巩固对立体图形展开图的理解，体会猜想验证的过程，为今后的几何学习打下基础。同时体会分类讨论思想。

媒体使用与特色渗透：借助正方体展开图，学习研究几何问题的方法，为解决火箭尾翼的制作提供依据。

根据正方体的展开图，请同学们讨论画出火箭尾翼这一四棱柱的展开图。

学生活动：

预设1：学生根据火箭尾翼的特点，将正方体展开图中的6个平面图形改为与尾翼相应的四边形，从而得到尾翼的展开图。

预设2：学生利用正方体，通过裁剪的方式得到与尾翼近似的一般四棱柱，在将其适当剪开，从而得到尾翼的展开图。

设计意图：让学生体会从特殊到一般的思想方法，鼓励学生利用已有的知识和经验，尝试解决问题，提升学生的应用意识，和解决问题的能力。

媒体使用与特色渗透：让学生感受数学与生活的联系及区别，从而自主思考如何制作出尾翼模型。

在小组内说说制作火箭模型的过程中，咱们还可能会遇到什么问题？如何解决这些问题呢？

学生活动：助推器发动机的圆台展开图如何得到？

设计意图：鼓励学生思考在完成制作的过程中可能会遇到的问题。

（三）课堂小结

本节课你有什么收获？

（1）知道常见的立体图形的展开图，并能用其解决简单的实际问题。

（2）提升了观察、实践操作和空间想象能力。

（3）激发了对航天知识的兴趣。

（四）课堂检测

练习1　请填写相应立体图形的展开图（填序号）：圆柱的展开图是_____；圆锥的展开图是_____；三棱柱的展开图是_____。

练习2　如图是一个正方体的展开图，把展开图折叠成小正方体后，与有"建"字的一面相对的那一面上的字是（　　）。

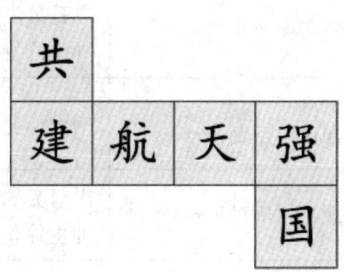

练习3　如图，左边的图形可能是右边哪个图形的展开图？

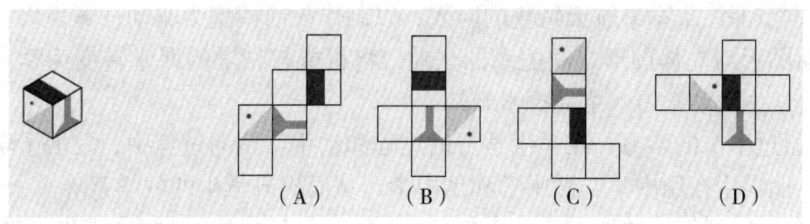

五、作业设计及特色融合点说明（表2）

表2　作业设计及特色融合点

环节名称	作业设计	特色融合点
第一课时	完成基础练习	
	拆解火箭模型各部分为立体图形	火箭模型各部分抽象成简单的立体图形
第二课时	完成基础练习	
	设计火箭各部分（立体图形）的平面图形	从不同方向看立体图形得到平面图形从而得到火箭模型的各部分尺寸
第三课时	思考并画出三棱柱的所有展开图	
	设计制作火箭各部分（立体图形）的展开图	通过制作展开图，围成立体图形，从而得到火箭模型的各个结构部分

六、学习效果评价

结合教学目标的达成、活动设计的实施进行教学评价的设计，可直接文字表述（表3）。

表3 学习效果评价

环节活动	评价目标	评价方式
制定计划	了解学生方案设计的进展和合理性	以打分表的方式进行自我评价，生生互评，师生评价
活动探究	了解学生开展任务的进度 了解学生开展任务过程中的疑惑问题	书面作业、探究报告
成果展示	评价设计图纸与模型成果之间的匹配度	以打分表的方式进行自我评价，生生互评，师生评价，家长评价

七、教学特色分析

（1）本节课注重军事航天特色的融入，以制作火箭模型为驱动任务，大大提升了学生学习平面图形与立体图形之间关系的兴趣，将可能较枯燥的课堂转变为学生积极参与的课堂，使学生主动学习，主动探索新知。

（2）通过本节的学习，在学生学习的过程和动手实践的过程中，发展了学生的几何直观能力。让学生在用中学、做中学和创中学，从而提升学生的数学素养。

（3）在完成制作的过程中，评价方式多元化，有书面作业、探究报告、制作作品等。在这样的过程中，教师了解了学生对基础知识和基本技能的掌握情况，培养了学生独立思考的习惯和合作交流的意识。

（4）在完成制作的全过程中，评价主体也具有多样性，如学生自我评价，生生互评，师生评价，甚至家长评价。可以让学生及时反思不足，吸取他人的经验，不断进步。

专家点评

军事特色融入数学教学　项目实践提升数学素养

当前，我国教育改革正进入到一个新的历史阶段，提出了中国学生发展核心素养体系，并正在以学生发展核心素养为主线，着力建设和完善基础教育课程体系。一系列的新的理念和设计，贯穿从普通高中到义务教育阶段的课程方案和课程标准的修订。《义务教育数学课程标准（2022年版）》在课程目标中对7～9年级明确提出："在项目学习中，综合运用数学和其他学科知识与方法解决问题，积累数学活动经验，发展核心素养。"核心素养是个人在信息化、全球化、学习型社会面对复杂的、不确定的情境时，综合运用所学的知识、方法、观念，在解决问题时所表现出来的价值观、必备品格、关键能力。核心思想强调的关键是价值观，强调对真实、复杂问题的解决能力。

首都师范大学附属云岗中学作为拥有63年军事、航天传统的学校，借助地域优势开展以"国际视野下的军事航天科技教育"为主题的系列特色活动和特色课程，数学教研组在这一主题下，积极探索并开发相关素材及实施策略。在姜一潮、范朝晖2位老师撰写的《数学学科与学校特色渗透融合策略研究》一文中，我们可以看到，教研组对7～9年级6本教材的内容进行整体分析，提炼出与军事、航天相关的数学知识，然后在此基础上，设计融入课堂的策略与方法，力求将数学知识的学习有机融入与军事、航天、科技相关的项目研究中，在驱动性问题的解决过程中感知新知学习的必要性、感受数学的价值，感到数学有用、有趣。同时，在项目解决中，学生经历发现、提出、分析、解决问题的全过程，增强应用意识和创新意识，提升数学核心素养，激发爱国热情，增加责任与担当意识。

基于教研组的共同思考，姜一潮老师以"制作火箭模型"为驱动性任务，设计了项目学习。带领学生将任务分解为若干个子任务，从观察火箭模型结构、拆解模型为相应的立体图形，再到分析立体图形的展开图，直至最终制作火箭模型，在整个过程中，学生经历对立体图形和平面图形关系的认识、从不同方向观察立体图形及立体图形的展开图的学习，不知不觉中完成了第四章《几何图形初步》的学习任务。这一项目学习，改变了学习方式，不再是教师要我学、带我学，而是我要学！也实现了单元内容的整合，凸显知识的结构化。学生用数学方法解决现实问题，发现解决现实问题的关键要素，用数学的思维分析要素之间的关系并发现规律，有效培养了模型观念，提升了应用意识和创新意识。

地域文化与创新教育的融合
——首都师范大学附属云岗中学品牌特色建设探索

希望老师们在数学学科与学校特色渗透融合的实践中不断思考与改进，将"国际视野下的军事航天科技"主题持续的、适切地融入日常教学中，使学生获得的不仅是数学知识和思维的发展，更是对我国军事航天科技事业的热爱，以及力争做军事航天科技人的热情与决心。此外，希望能进一步思考：如何在本校研究主题下开发更多的与数学相关的真实的、有意义、具有亲和力的项目，使之有用、有趣、有料、有效；如何设计科学的评价量表，充分发挥评价促学的导向作用等。相信老师们会呵护和点燃学生的学习热情，引导学生探究并体验包括学科知识在内的外部世界，在对外部世界探索中不断追问自己，不断形成自己的价值观念，不断形成自我精神世界。

俞京宁

北京教育学院丰台分院中学教研室数学组组长，北京市学科带头人

高中数学学科与学校特色渗透融合策略研究

于 潇

习近平总书记多次强调，课程教材要发挥培根铸魂、启智增慧的作用。这就要坚持以习近平新时代中国特色社会主义思想为指导，全面贯彻党的教育方针，落实立德树人根本任务，努力构建反映时代特征，具有中国特色，体现国际趋势，充满活力的课程体系。

首都师范大学附属云岗中学（简称"云岗中学"）坚持构建以"云文化"为核心的"云课程"体系，形成"云志"德育课程、"云知"学科课程、"云创"科技特色课程及"云和"国际理解课程"四位一体"课程体系，形成了自己的办学特色。

近年来，云岗中学数学教研组将数学思维与航天教育、科技教育、国防教育融合，开发了数学学科的学校特色课程，引导学生关注航天、科技、国防中的数学文化，实现了数学学科和学校特色教育的无缝衔接，彰显了办学特色。

一、数学学科与学校特色渗透融合概述

（一）数学学科进行学校特色渗透的必要性

高中数学课程有助于学生认识数学的应用价值，增强应用意识，形成解决简单实际问题的能力。高中数学课程是学习高中物理、化学、信息技术等课程和进一步学习的基础。同时，它为学生的终身发展，形成科学的世界观、价值观奠定基础，对提高全民族素质具有重要意义。

数学的应用越来越广泛，"高科技技术本质上是数学"已成为人们的共识。航天技术的发展引起了人类社会的变革。它影响到通信、气象、导航、冶金、材料、加工、医学、能源、军事、地质、矿产、农业、文化、科学探测、天文学等领域，是人类社会前进的强大推动力。航天技术是一门综合性极强的高技术，涉及众学科，但是不管涉及什么学科技术，本质上都是数学技术，尤其是控制技术，它本身就是数学技术。

国防与军事领域是应用前沿高新技术最密集和活跃的领域，数学与军事之间的联系自然地越来越紧密。纵观世界近代史，一流的军事强国，都是一流的科技强国，都是一流的数学强国。因此在新形势下高中数学教学与学校学科特色渗透融合成为了一种必然的趋势。

（二）数学学科进行学校特色渗透的可行性

学生通过了解和关注数学科学和我国航天事业飞速发展之间的作用，体会数学的科学价值、应用价值和人文价值，开阔视野，是当代高中生理应接受的国情教育。

通过数学和军事的学习，学生初步了解数学应用与现实问题的区别与联系，体会数学在军事中的应用价值。在学习的过程中，通过学生自己对军事和数学的理解，逐步完善学生的抽象思维能力、逻辑推理能力、实践能力及综合运用所学知识理解、分析问题和解决问题的能力，进一步激发学生学习数学的兴趣。我们学校地处云岗，融入本地区军事、航天和科技元素，能够更好突出学校特色、培养学生特长，更好地贯彻落实国家的教育方针，更有效地促进学生落实国家安全观和认同感。

二、数学学科与学校特色渗透融合现状

（一）依托课程，在日常教学中灵活渗透

虽然数学是许多学科的基础，但是如果研究人员的数学基础不好，很多科研项目很难走远有成果。我们学校的高中学生的知识有限，与航天科技结合真的很困难。但是经过我们认真思考，我们利用有限的知识进行灵活渗透，如《建模课》我们用到运载火箭的载重模型，《椭圆的方程》这节课我们用到宇宙飞船的运行轨迹模型，《立体图形的表面积和体积》这节课我们研究了导弹材料费用的估算等等。

（二）创设情境，在研究性活动中灵活渗透

我们根据学生现有的认知水平，计划开设系列课程《漫谈数学与军事》，开拓学生的视野，引导高中生接受爱国主义教育。如《数学与军事人才》这节课，通过对田忌赛马与博弈论、韩信点兵与中国剩余定理知识的了解，充分挖掘国际视野下的军事航天科技相关元素并融入其中，达到全面"立德树人"的新时代全面育人要求。

三、数学学科与学校特色渗透融合资源梳理

（一）数学学科与航天科技内容相结合

1. 立体几何相关运用

立体几何是三维欧氏空间几何的传统名称，一般作为平面几何的后续课程。可以通过立体测绘处理不同形体的体积的测量问题，包括圆柱、圆锥、球、棱柱、楔等。在航空航天行业中，涉及许多特殊零件的制造，这些零件并非规格的长方体或者正方体，在确定其规格时，就需要应用到立体几何相关知识。如飞机的喷气设备、火箭的箭身等，为了更好地利用空气流动的原理，其外观通常是圆柱形。火箭升空需要燃料推动，通常

为了保证火箭持续获得动力，相关人员会使用液体燃料，计算液体燃料所需量时，需要确定火箭燃料箱的体积，这就需要立体几何知识。

2. 勾股定理的相关运用

斜边的平方等于两条直角边的平方之和。勾股形是我国古代对直角三角形的叫法，古代称直角三角形斜边为弦，较短的直角边为勾，长直角边为股，因此这个定理被称为勾股定理。勾股定理是数学定理中证明方法最多的定理之一，现有的证明方法超过400种，在航空航天行业中，有三角形部件、三角形航线等，在部件制造、航线航程确定之类的工作中，勾股定理发挥着重要作用。我国航空行业处于较快的发展阶段，国内航线日益增多，很多航线并非直线，同时部分航线为了便于管理、客运，会设计成直边三角形，对这种航线航程的计算，就需要勾股定理的支撑。

3. 统计概率的相关运用

概率的相关运用，航空航天行业在进行相关飞机起航、火箭发射等工作时，需要考虑的因素较多，尤其是航天事业，在进行运载火箭发射、人造卫星发射、载人航天等工作时，负责运载卫星须穿透大气层。而大气层的情况并非肉眼所见的模样，大气的空气密度不是相同的，往往是随着高度升高变得越来越稀薄，这和攀登高峰时出现的缺氧状况类似。大气层划分为对流层、平流层、中间层、热层和散逸层5个层次，火箭在运行过程中都会有一定的影响，综合考虑以上诸多因素的情况下，需要运用数学中的概率和统计知识。

（二）数学学科与军事科技内容相结合

《漫谈数学与军事》课程由若干个包含一定数学思想的趣味军事案例组成，内容涉及数学与军事人才、数学与信息安全、数学与军事装备、数学与军事管理、数学与作战行动等方面。本课程定位于通识教育，不涉及较深的数学理论，运用微积分、线性代数与概率统计等基础知识，结合军事领域中的实际应用问题。初步理解数学思想与方法在军事领域中的应用价值，着力提高学生解决实际问题的能力，进一步拓展国际视野，培养创新意识。

四、数学学科与学校特色渗透融合有效策略

（一）基于航天教育挖掘学科本质，发展核心素养

例如，高中数学《球面距离》这节课。我们知道球是我们在日常生活经常见到的熟悉而特殊的一种旋转体。在学生已经掌握圆柱、圆锥的概念和性质后进一步探究球的相关性质，使学生摆脱母线只能是线段的狭隘理解、也是对旋转体知识体系的完善。球面距离是在学生了解了球的有关概念和性质的基础上的一节内容，它既是教材中关于球的最后一个知识点，也是高中阶段研究的最后一个距离。区别于其他距离的是，"球面距离"是一段圆弧的长度。学习球面距离，有助于学生空间想象能力的培养，有助于学生思维

能力的训练与提高。另外，球面距离具有一定的实际应用意义，通过学习使学生体会数学源于实践又作用于实践，球面距离与地理经纬度结合，用于航天科技，体现数学整合的思想。

（二）基于科技教育优化教学方式，培育科学精神

探究是学生学习科学知识的主要方式。学生可在探究过程中建构科学的概念，掌握科学的方法，培养科学的态度。目前，学生缺乏主动思考的意识和科学探究的精神等问题。因此我们教研组老师在教学中以学生为本，引导学生树立正确的科学探究观念，引导学生进行科学的思考和探究，鼓励小组合作探究，提高教学效率。如《积分的基本概念》这节课，就是高数当中对函数实施研究的微分概念的数学分支内容。数学源于实践又作用于实践，实际应用可以从量的方面对事物的运动变化的规律进行科学研究。积极推进实践活动，提升学生的综合能力。开展积极性评价，构建和谐的师生关系。

（三）基于国防教育厚植中华基因，涵养家国情怀

在漫长的历史发展中，中华民族之所以能够成为伟大的民族、始终屹立于世界民族之林，之所以历经磨难而愈挫愈勇、奋发奋起，一个重要原因就在于培育和发展了独具特色、博大精深的中华文化，为自身发展提供了强大精神支撑和丰厚文化滋养。例如，我们对《孙子兵法》中数学知识的学习和探究，使得学生在学习中了解传统文化、认同传统文化，继而增加文化自信、涵养民族精神。

五、结束语

数学是科学的主要组成部分之一，数学被认为是进行科学研究的基础学科，在我国各级教育中，按接受能力、思考能力、理解能力的不同均开设着数学相关科目，高中数学在整体的数学学习中发挥着承上启下的作用，社会各行业也较为广泛的应用着高中数学的相关知识，包括航空航天行业。航天事业与军事科技涉及方方面面，学科林林总总，就是数学学科方面及涉及的内容也是不计其数，我们在这里不能一一赘述，只要大家留心观察，生活处处有数学，生活处处是数学。

参考文献

［1］汪浩.数学与军事［M］.大连：大连理工大学出版社，2008.
［2］LUCAS F W.微分方程模型［M］.长沙：国防科技大学出版社，1998.
［3］徐培德.军事运筹学基础［M］.长沙：国防科技大学出版社，2007.

函数模型的应用

高日梅

一、项目、单元（或课时）指导思想与理论依据

依据《普通高中数学课程标准（2017年版2020年修订）》，数学是研究数量关系和空间形式的科学。随着现代信息技术的飞速发展，数学更加广泛应用于社会生产和日常生活的各个方面。理解函数模型是描述客观世界中变量关系和规律的重要数学语言和工具。在实际情境中，会选择合适的函数类型刻画现实问题的变化规律，收集、阅读一些现实生活、生产实际或者航天领域中的数学函数与模型，体会人们是如何借助函数刻画实际问题的，感悟数学模型中参数的现实意义。因此，学好相关的数学知识是今后从事航空航天事业或其他相关事业的基础。

二、项目、单元（或课时）教学背景分析

（一）教学内容分析

本节通过一些函数模型的实例，利用给定的函数模型解决实际问题，体会函数在数学和其他学科中的广泛应用，进一步认识到函数是描述客观世界变化规律的基本数学模型，能初步运用函数思想解决一些生活中的简单问题。

（二）学生情况分析

学生对神舟十三号发射有一定的了解，但是很少观看新闻报道及发射过程中所蕴含的数学知识，对它们了解很少。

学生已经学习了二次函数在生活中的应用，掌握了如何把生活中的问题抽象成数学问题，进而解决了实际问题。已经认识了对数函数及对数函数的性质，为本节课的学习作了一定的铺垫。通过本节课的学习，巩固了对数函数的知识，提高了学生运用数学解决生活问题的能力，解释生活中的现象。

三、项目、单元(或课时)教学目标

(1)能利用已知函数模型求解实际问题,并对实际问题进行一定的分析和评价,通过本节内容的学习,让学生认识函数模型的作用。

(2)通过探究函数模型解决实际问题的过程,提高学生的探究、合作、互助的能力。

(3)提高学生的数学运算、数据分析、借助函数模型求解实际问题的能力。

教学重点:用已知函数模型求解实际问题,让学生认识函数模型的作用

教学难点:提高学生的运算和借助函数模型解决实际问题的能力。

四、项目、单元(或课时)教学过程设计(图1)

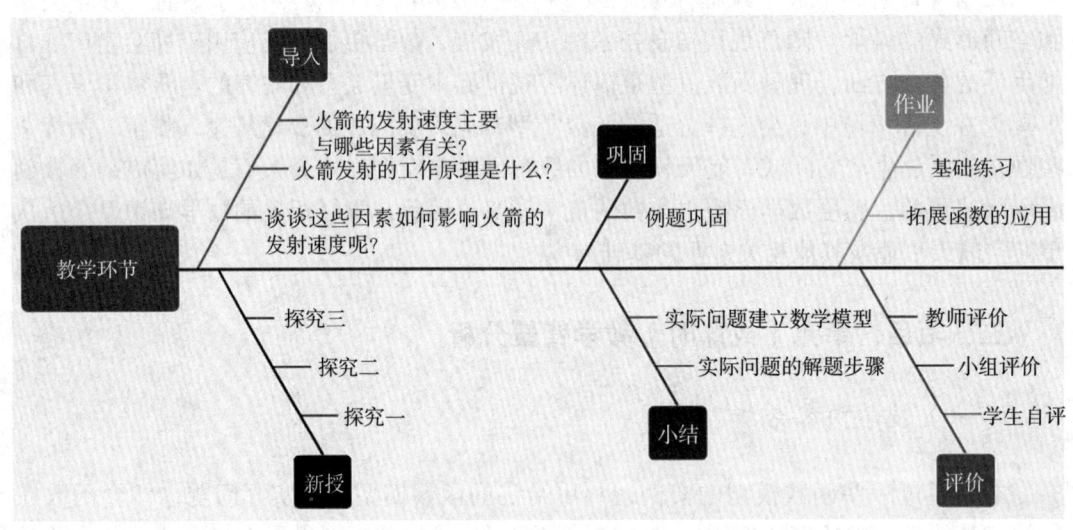

图1 教学过程设计

(一)导入

教师播放搭载神舟十三号载人飞船的长征二号F遥十三运载火箭,在酒泉卫星发射中心按照预定时间精准点火发射的视频,回答下列问题:

(1)火箭的发射速度主要与哪些因素有关?

(2)火箭发射的工作原理是什么?

(3)谈谈这些因素如何影响火箭的发射速度呢?

(二)新授

北京时间2021年10月16日0时23分,搭载神舟十三号载人飞船的长征二号F遥十三运载火箭,在酒泉卫星发射中心按照预定时间精准点火发射,约582秒后,神舟

十三号载人飞船与火箭成功分离,进入预定轨道,顺利将翟志刚、王亚平、叶光富3名航天员送入太空,飞行乘组状态良好,发射取得圆满成功。此次航天飞行任务中,火箭起到了非常重要的作用。在不考虑空气动力和地球引力的理想情况下,火箭在发动机工作期获得速度增量$f(x)$(单位:千米/秒)可以用齐奥尔科夫斯基公式$f(x)=\omega\ln(1+\frac{x}{m})$来表示,其中,$\omega$(单位:千米/秒)表示它的发动机的喷射速度,$x$(单位:吨)表示它装载的燃料质量,(单位:吨)表示它自身(除燃料外)质量。

探究一:

质量为50吨的某单级火箭,当火箭发动机的喷射速度为2千米/秒时,为了保证该单级火箭获得的速度增量2ln3,单级火箭装载多少吨燃料?

探究二:

若某型号的火箭发动机的喷射速度为2千米/秒,要使得该火箭获得的速度增量达到第一宇宙速度(7.9千米/秒),那么火箭的燃料质量与火箭自身质量的比值满足什么关系?

探究三:

以现在的科学技术水平,通常单级火箭装载的燃料质量与它自身质量的比值不超过9。如果某单级火箭的发动机的喷射速度为2千米/秒,判断该单级火箭的速度的增量能否超过第一宇宙速度(7.9千米/秒)。请说明理由($e\approx2.71828$,$\lg e\approx0.43429$)。若不能,从生活实际出发,如何改进才能使单级火箭的速度增量超过第一宇宙速度?

(三)巩固

2020年12月17日凌晨,嫦娥五号返回器携带月球土壤样品,在预定区域安全着陆。嫦娥五号是使用长征五号火箭发射成功的,在不考虑空气阻力的情况下,火箭的速度增量v(单位:m/s)和燃料的质量M(单位:kg)、火箭(除燃料外)的质量m(单位:kg)的函数关系表达式为$v=2000\ln(1+\frac{M}{m})$。如果火箭的速度增量达到12 km/s,则燃料的质量与火箭的质量的关系是(   )

A. $M=e^6m$ B. $Mm=e^6-1$

C. $\ln M + \ln m = 6$ D. $\frac{M}{m}=e^6-1$

(四)小结

(1)利用已知函数模型求解实际问题的解题思路(图2)。

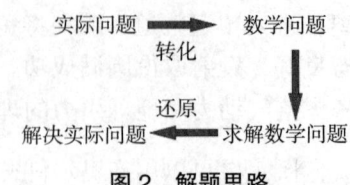

图2 解题思路

（2）若无函数模型，在实际问题中通过对数据的合理分析，自建函数模型，利用函数模型求解实际问题。

五、项目、单元（或课时）的作业设计及特色融合点说明（表1）

表1 作业设计及特色融合点

环节名称	作业设计	特色融合点
第一课时	请同学们自己辨析火箭的发射速度与发动机的喷射速度、装载的燃料质量、火箭自身的质量的关系	运用所学的知识解决了航天领域中火箭的发射速度与装载燃料质量的应用
	通过查阅资料了解指数函数、对数函数在航空航天领域有哪些实际应用	拓展学生的知识层面，激发学生学习数学的乐趣，进而对航天梦充满向往

六、项目、单元（或课时）的学习效果评价（表2）

表2 学习效果评价

环节活动	评价目标	评价方式
学生自评	1.是否会把实际问题转化为数学问题，进一步将自然语言转化为符号语言； 2.掌握了函数模型解决实际问题的方法； 3.体会到数学作为一门基础学科的实用性	1.会抽象生活中的数学问题； 2.会解决数学问题； 3.会使用数学工具
小组评价	1.小组求解思路明确； 2.小组课堂表现如何	1.说出解决函数模型的思路； 2.课堂互评
教师评价	1.谈谈你对本节课的收获； 2.检验学生的学习效果	1.学生课堂的发言； 2.作业的形式

七、项目、单元（或课时）教学特色分析

导入环节通过观看搭载神舟十三号载人飞船的长征二号F遥十三运载火箭，在酒泉卫星发射中心按照预定时间精准点火发射。通过本次视频的观看，刺激学生感官，触动学生情感，引起学生共情，并反思自身学习态度，明白了航天事业的伟大。观看视频的

过程中，引出数学问题火箭的发射速度与哪些因素有关。

讲述新课环节：对数函数模型应用的背景知识为神舟十三号载人飞船的长征二号F遥十三运载火箭，该模型清楚地表明火箭的发射速度与发动机的喷射速度，装载的燃料质量，火箭自身的质量都有关系，并非简单的线性，呈现出对数型函数的关系。模型的求解过程，明确了四者之间的相互依存关系。

专家点评

航天特色助力情景教学 助力学生数学核心素养培养

基础教育课程承载着党的教育方针和教育思想，规定了教育目标和教育内容，是国家意志在教育领域的直接体现，在立德树人中发挥着关键作用。首都师范大学附属云岗中学构建以"云文化"为核心的"云课程"体系，数学教研组依托"云课程"体系，将数学课程建设与航天教育、科技教育、国防教育相融合，开发了系列特色课程，彰显了学校办学特色，创新了学科育人模式。

数学是研究数量关系和空间形式的一门科学。数学源于对现实世界的抽象，基于抽象结构，通过符号运算、形式推理、模型构建等，理解和表达现实世界中事物的本质、关系和规律。对应于数学高度的抽象性、逻辑的严谨性和广泛的应用性，数学发展学生核心素养的任务主要体现在3个方面：会用数学的眼光观察现实世界、会用数学的思维思考现实世界、会用数学的语言表达现实世界。与之对应，史宁中教授将数学的基本思想归纳为：抽象、推理和模型，这3种基本思想涵盖了数学的产生、数学的内部发展、数学与外部世界的联系，是众多所谓数学思想中最具本质的思想。

于潇老师在《数学学科与学校特色渗透融合策略研究》一文中，基于对学科本质和学校育人理念的理解，将航天教育、科技教育、国防教育有机融入数学课程，彰显了数学学科独特的育人价值。该文对数学学科进行学校特色渗透的必要性和可行性进行了深入的分析，对数学学科进行学校特色渗透的理论成果和实践成果进行了系统地梳理，对数学学科进行学校特色渗透在学科育人和立德树人中的重要价值进行了详细地述说。

传统的数学课堂，教师也会在知识引入环节关注国内国际的最新科技成果，但是往往流于形式，有为了创新而创新的嫌疑。在于潇老师所举案例中，军事、航天、科技等元素的融入适时、适度、适量，既突出了学校的办学特色，也发展了学生的核心素养，更是在贯彻落实国家的教育方针，落实立德树人根本任务。

高日梅老师《函数模型的应用》的课例，以神舟十三号发射为教学情境，通过一系列的数学问题设计，探究火箭发射过程中，火箭在发动机工作期获得的速度增量$f(x)$与发动机的喷射速度、火箭装载的燃料质量和火箭自身（除燃料外）质量之间的函数关系。该课例情境新颖有趣，能够有效地激发学生的爱国心和探究情，问题设计有梯度有层次，能够为学生搭建合适的"脚手架"，有利于学生形成概念，掌握知识，体会思想，发展素养。

数学建模既是《普通高中数学课程标准（2017年版）》提出的6个核心素养之一，也是史宁中教授所说的3个数学基本思想之一，数学建模需要经历"实际背景→提出问题→建立模型→解决问题"的程序链，历来是难上的课，难考的点。高日梅老师充分利用校本资源，依托"云课程"体系，巧妙设计问题链，让学生在学习数学的同时，感受祖国科技日新月异的发展，大大增强他们的爱国情怀和民族自豪感。

张 琦

北京教育学院丰台分院教研员，中学高级教师，北京市数学骨干教师

英语篇

初中英语学科与学校特色渗透融合策略研究

董霄楠

2022年4月,《义务教育英语课程标准(2022年版)》正式颁布,修订后的课程标准阐明了英语是"当今世界经济、政治、科技、文化等活动中广泛使用的语言,是国际交流与合作的重要沟通工具,也是传播人类闻名成果的载体之一,对中国走向世界、世界了解中国、构建人类命运共同体具有重要作用"。新课程标准确立了以培养和发展学生核心素养为宗旨的课程目标,包括语言能力、文化意识、思维品质和学习能力。思维品质是核心素养落地的关键,是培养创新能力的基础,将英语学科与其他学科相融合,符合国家教育方针。在英语教学中积极促成英语学科与其他学科的融合,有助于提升学生的创新意识和综合运用能力。教师在充分挖掘英语教材内容的基础上,有机整合其他学科的素材,让学生借助丰富的学的素材,在多元的学习情境中习得综合性知识、开阔眼界,拓展知识,从而获得全面发展,同时也有助于教师专业素养的提升,并可以帮助学校建设特色课程体系。

一、英语学科与学校特色渗透融合概述

在《义务教育英语课程标准》中明确指出,义务教育英语课程体现工具性的和人文性的统一,具有基础性、实践性和综合性特征。初中英语学科是九年义务教学初中阶段学生的必修课程,与其他学科一样,担负着对学生进行德、智、体、美、劳等诸多教育的任务,以不同形式接触和学习英语,亲身感受和直接体验语言及语言运动。在英语教学中应适度开展英语综合实践活动。《英语课程标准》指出:"开展英语综合实践活动,提升学生运用所学语言和跨学科知识创造性解决问题的能力。引导学生结合个人生活经验和社会生活需要,围绕特定主题,由真实的问题或任务驱动,综合运用其他相关课程的知识自主开展学习。"所以,若能有效地处理好其他学科与英语学科之间的横向联系,将会有助于英语教学的发展与提高。为此,在初中英语教学过程中,打开英语学科与其他学科间的壁垒,把英语学习与其他学科的知识联系起来,努力打造开放式的、充满趣味性的英语课堂,对学生的全面发展也可以起到积极的促进作用。

我校是一所有着63年军事、航天传统的学校,为促进我校的品牌特色发展,实现学校高品质提升,依托学校"科研引航、文化立校、特色兴校"的办学思路,学校以"国

际视野下的军事航天科技教育"为特色主题,开展了一系列的特色活动和特色课程。为配合学校的特色课程建设,在我们的英语教学中融入与军事航天有关的知识,对于提升学生的学习兴趣是十分有必要的。教师借助英语语言为载体,借助军事航天科技为背景,选取符合初中学生学段特征和英语语言能力的篇章,以阅读课、听说课等课堂形式呈现,设计灵活多样、丰富多彩、激发英语学习兴趣的课堂活动,学生在学习语言、提高阅读和听说能力的同时,也可以了解有关的军事航天科技知识。

英语学科教育与国际视野下的军事航天科技教育也有一些融合点,能够在课上开展特色融合渗透。神舟十五号航天员邓清明的事迹是我们为学生选取的一篇阅读材料,以"The Hidden Hero"为题,学生通过阅读有关邓清明事迹的文段,在获取语言知识的同时挖掘文本的主题意义;Journey to Space 作为一篇课外拓展学习课,以人类探索火星的行为作为引入,阐述了人类为探索太空所做的不懈努力;《善用信息资源 丰富英语学习——When do you use computers?》则是通过阅读帮助学生梳理使用电脑的时间和所做事情,自我反思在科技飞速发展的当下使用智能设备的合理性。

二、英语学科与学校特色渗透融合现状

自 2021 年 9 月起,为提升学校的办学品质,我校开展了以"国际视野下的军事航天科技教育"为特色主题的一系列特色活动和特色课程,初中英语教研组积极参与学校的主题教学活动,先后进行了两次课例展示。

2021 年 12 月 2 日,左冰雁老师呈现了一节以"The Hidden Hero"为题的初中八年级英语拓展阅读课,探究航天员背后的故事。左冰雁老师的这节课是一节渗透航天特色的英语课外阅读拓展课,从选材、教学设计、PPT、课堂实施等方面都能体现出教师的用心。

本文选自 China Daily,通过对做了一辈子备份航天员的隐藏的英雄邓清明事迹的描述,挖掘其内涵,渗透航天精神,以达到激励学生的目的,但文章较长、词汇难度大,左老师根据学情对原文进行数次删改及文段整合。左老师的教学设计能从学生的实际问题出发,教学目标明确,充分体现了以学生发展为中心,教学设计结构严谨,活动设计比较恰当,充分体现了学科特色,并与本节课的主题意义相融合。在授课过程中,左老师利用图片、视频等为学生创设了较好的教学情境,同时为了帮助学生理解文章,探究内涵,设计了一系列问题,问题明确有梯度,能够较好的引导学生积极思维。学生在老师的引导下,理解文段,挖掘隐藏的英雄的含义,学习航天员邓清明的英雄品质,并可以将其践行于自己的学习和生活中。

2022 年 4 月 21 日,王颖老师在计算机教室利用科大讯飞教学系统呈现了一节听说课,围绕 Journey to Space 的话题展开,介绍了太阳系的四大行星。王颖老师这节课是一节军事航天科技特色展示课,采用了人工智能背景下的线上线下混合教学模式,此教学模式改善了传统的英语听说教学中教学方式单一的状况,在混合教学中,教师利用线上环境的教学平台,为学生提供更多的学习方式与形式多样的学习资料。王老师在前期做了大量的准备工作,寻找适合的材料,结合学生和线上授课的特点设置听说试题,自己学习

地域文化与创新教育的融合
——首都师范大学附属云岗中学品牌特色建设探索

并熟悉机房授课环境，并通过集体备课、试讲、评课等环节精心打磨了这节展示课。本节课王老师首先设置了全班整听的任务，让学生了解水星的特征，然后带领全班同学梳理有关水星的思维导图；之后各小组领取各自的星球探测任务，通过听后选择和思维导图的形式梳理内容；之后由各小组展示，并通过知识竞答、抢答、回答问题的方式，内化知识内容。最后通过播放星空的视频，标注并检测学习效果，激发学生航天热情。

2022—2023学年度第一学期，马慧楠老师申请承担了一节学校特色课程展示课，因疫情原因没能完成授课任务，但前期的教学设计并没有因为疫情而停滞。马老师的这节课是一节以现代信息技术对学生学习的影响为主题的阅读课。现代信息技术促进了学习方式的变革，课本不再是学生学习的唯一材料，恰当的数字技术和多媒体手段促进学生的有效学习和英语学科核心素养的形成与发展。基于以上内容，本节课设计学习理解活动，帮助学生围绕主题创设情景，激发有关电脑或手机使用方面的生活已知，提出本节课的任务学生谈论自己使用手机或电脑中的App并给他人合理使用建议；在此基础上，以解决此问题为目的，通过获取梳理文本内容，层层深入的建构结构化新知，从读大意，到读细节，再到读后思考，采取小步子滚动输出的方式，把学习理解活动中穿插应用实践活动。最后语言输出部分，利用创设的真实情景，运用所学语言，表述自身使用手机或者电脑中的App的功能，分析其对自己的影响并且尝试为他人合理使用手机或电脑提出建议，解决沉迷网络的问题。

结合左冰雁老师、王颖老师的两节展示课，以及马慧楠老师的备课组教研组内研课磨课，教研组的老师们对英语学科与学校军事航天科技特色的融合有了更深的了解，同时也在研讨的过程中进行了深度的交流。老师们一致认为，英语作为一种语言课程，是一门融合性极强的学科，有效地处理好英语学科与其他学科之间的横向联系，有助于英语教学的发展和提高，无论是与军事航天科技课程的融合，还是以后可以进行的与其他学科的跨学科融合，都是以英语为载体，解决学生英语学习中的实际问题，培养学生的创新意识，提升学生的国际视野。

三、英语学科与学校特色渗透融合资源梳理

英语是当今世界经济、政治、科技、文化等活动广泛使用的语言，是交流与合作的重要沟通工具。学习和运用英语有助于学生了解不同的文化，比较文化异同，汲取文化精华，逐步形成跨文化沟通与交流的意识和能力，学会客观、理性看待世界树立国际视野，涵养家国情怀，坚定文化自信，形成正确的世界观、人生观和价值观为学生终身学习、适应未来社会发展奠定基础。

结合学校的军事航天品牌建设和科技课程体系推进，初中英语教研对初中3个学段的教材进行梳理，努力挖掘教材中与国际视野下的军事航天相关的学科知识、可用资源和适合问题研究或综合学校的主题。在梳理过程中，我们发现在初中每个学段都会有与军事航天科技相关联的文段，但数量不多且大多集中在初一初二学段，课型有听说课和阅读课，文本为对话或文段，体裁涉及记叙文和说明文，但我们可以从学科育人功能的

角度出发，挖掘文本的内涵信息，同时通过拓展阅读、课外阅读，了解航天英雄的经历、探索航天科技精神，进而激发学生的学习动力，增强学生民族自豪感和民族认同感，为学生的终身学习奠定坚实的基础。

初一学段，主题为未来生活，涉及未来生活中的吃、穿、住、行，气候变化，工作模式及未来学习环境中的学习用品、学习需要和学习方式等，教师可以结合太空授课、其他星球气候条件、太空种植等内容补充课外拓展阅读、听说材料。初二学段与军事航天科技课程相关的主题为 Journey to Space 太空之旅，涉及火星探索、宇宙构成、宇宙探索与发现等内容，教师在完成教材内容授课同时，可以结合主题通过课外拓展阅读帮助学生了解太阳系及宇宙，了解中国的航天事业及航天精神。初三学段的科技馆之旅模块，通过参观科技馆，观看科学实验，帮助学生了解科学技术，教师可以结合科技主题，开展与军事航天科技有关的拓展阅读活动，挖掘主题意义。

四、英语学科与学校特色渗透融合有效策略

（一）加强理论学习，转变教师教学观念

英语作为语言类学科要充分体现工具性与人文性的统一，英语学科与其他学科之间是相互渗透和相互联系的，因此英语教师的教学活动就应该促进这种联系。然而，目前初中英语教学还是以传统的单一学科知识传授为主，限制了学生的视野，不利于学生的全面发展。学校开展"国际视野下军事航天科技教育"的特色主题活动使教师们的教学观念有所转变，却依旧缺乏理论的支撑。教师作为教育的践行者必须要有终身学习的理念，要坚持自我学习，提高自身的专业素养，努力寻求自我发展的道路，在不断地学习中继续提高。以学校的军事航天科技课程特色活动为契机，鼓励教师们在继续深化英语学科与学校特色课程渗透融合的同时，尝试英语学科与其他学科的融合。

（二）挖掘教材资源，进行适度整合重构

虽然初中学段的英语教材中与军事航天科技相关的资源并不是很多，但是我们坚持以教材为载体，挖掘教材中显性文段和隐性文段中军事航天科技教学资源，将英语学科中的教学内容、认知、情感、能力目标等与军事航天科技文化教育的认知、情感、能力目标适时、适度地有机结合，使学生在英语语言学习的情境中体验军事航天科学的乐趣。并且，可以打破学科界限，将英语学科与其他学科有关军事航天科技资源进行融合，还可以打通初中英语各个学段将同话题模块下的资源进行文本重组或文本再构，最大限度地利用教材提供的有限资源，丰富英语课堂教学。

（三）结合课外资源，拓展英语学习广度与深度

鉴于英语学科的特点，教材中可利用的与学校特色课程相关的教学资源并不丰富，

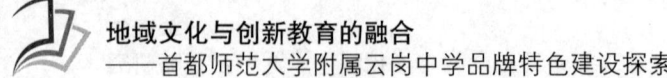

这就要求我们教师抓住契机，适度地补充课外阅读或听说资源。教材中选用的文段是教师开展英语教学活动的载体，但是确实也有它的局限性，为了丰富学生的知识，激发学生的学习热情，领悟教材文本的主题意义，教师需要主题意义，适度为学生补充符合学生学情的课外阅读或听说资源，以拓展学生英语学习的广度和深度。教师将课内课外资源进行有机的整合，找到实施教学教育的契合点，使学生在通过阅读、听说学习语言的过程中，挖掘感悟文本内涵，形成共识，以促进学生思维能力的发展，并帮助学生形成正确的价值观。

比如八下Journey to Space模块，授课教师开展了"The Hidden Hero"为题的课外阅读课，学生通过有关航天员邓清明事迹的拓展文段阅读，在学习语言知识提高阅读能力的同时挖掘文本内涵，感悟航天精神。

五、结束语

英语是当今世界经济、政治、科技、文化等活动中广泛使用的语言，是国际交流与合作的重要沟通工具，也是传播人类文明成果的载体之一。义务教育英语课程体现工具性和人文性的统一，具有基础性、实践性和综合性特征。因此，英语学科具有无可争议的跨学科性，它与其他学科密切相关。在初中英语课堂上实施与其他学科的融合，有利于培养学生的核心素养。同时，在英语教学中实施与其他学科的融合也对教师的综合能力提出了挑战，我们将顺势而为，不断探索适合学生的方式，促进教学提质增效，在与学校特色课程和其他学科渗透融合的过程中，充分利用课内资源，考量学生的学情，努力寻求符合学生的认知能力、贴合学生学习兴趣、提高学生语言运用能力的课外资源，并将课内课外资源有机整合，挖掘话题内容，合理、科学地践行英语学科与其他学科的融合。

参考文献

［1］中华人民共和国教育部．义务教育英语课程标准（2022年版）［M］．北京：北京师范大学出版社，2022.

Exploring Solar System

王 颖

一、指导思想与理论依据

《义务教育英语课程标准（2022年版）》指出，教师要把立德树人作为英语教学的根本任务，准确理解核心素养，全面把握英语课程育人价值。引导学生在学习和运用英语的过程中了解不同国家的风土人情、文化、历史及科技、艺术等方面的优秀成果，拓展国际视野，加深中华文化理解，树立正确的世界观、人生观和价值观。

开展英语综合实践活动，提升学生运用所学语言和跨学科知识创造性解决问题的能力。引导学生结合个人生活经验和社会生活需要，围绕特定主题，有真实的问题或任务驱动，综合运用其他相关课程的知识，自主开展项目学习。

二、教学背景分析

（一）教学内容分析

本节课是外研版教材八下 Module3 Journey to space 的一篇课外拓展学习课。本模块以人类探索火星的行为引入，阐述了人类探索太空中做的不懈努力。第一单元是大明和托尼关于制作飞船模型的对话，涉及登月、火星探索等信息。通过谈论新闻里关于宇宙飞船登上火星的报道，两人交换了关于火星上是否存在生命、人类登上火星等问题的看法。第二单元的文章介绍太空的基本知识和人类探索太空所付出的努力。文章从描述与人类关系最紧密的太阳系开始，逐渐过渡到太阳系以外的星系，人类对于太空的探索是一个自古至今持续不断的行为。本模块的两篇文章虽然是有关太空及太阳系的探索，但是话题的讨论只是浅尝辄止，无论是从太阳系知识的深度和广度上都不能满足学生的求知欲望和探索欲望。因此在学习完两个单元之后，教师开设了本节拓展课。

［What］

本节课是一节听说课，围绕话题 Journey to Space 展开，介绍了太阳系的四大行星即：水星、金星、火星、木星。

［How］

本节课的学习材料是一篇科普文章，因此结构清晰严谨。从星球的形态、大小、大气、卫星、地表、温度、肉眼辨识度等方面对这四大行星进行了系统的介绍。同时，除了以上信息,每个星球又有各自的特征。水星的公转速度最快,金星通常在日出日落的时候最明显。火星可能成为人类移民星球,木星上的风暴大红斑持续了 200 年。

〔Why〕

通过本节课的学习,满足了学生对太阳系的求知欲。学生能够获取并且介绍太阳系各行星的特点,在夜空中寻找观察几大行星,感悟人类在太空探索中的伟大成绩。

(二)学生情况分析

授课对象为初二(5)班的 32 名学生。本班学生学习态度较认真,学习积极性高,求知欲强。通过模块 3 的学习,学生能够听懂关于太空探索的话题并提取信息,读懂以太空为主题的简单文章并能识别细节。能够根据图片简单描述图片中有关太空探索内容,能够结合图片等媒介介绍人类对太空的探索。能够简单介绍人类在太空探索领域取得的成就。

但是教材所学内容无论从太阳系知识的深度和广度上都不能满足学生的求知欲望和探索欲望。与学生求知欲和探索欲形成明显反差的是学生的语言能力。太阳系的话题词汇与生活联系并不紧密,且学生的背景知识储备并不丰富,会给本节课的学习带来极大的干扰。学生在语言输入和输出方面面临着很大的挑战。

三、教学目标(图1)

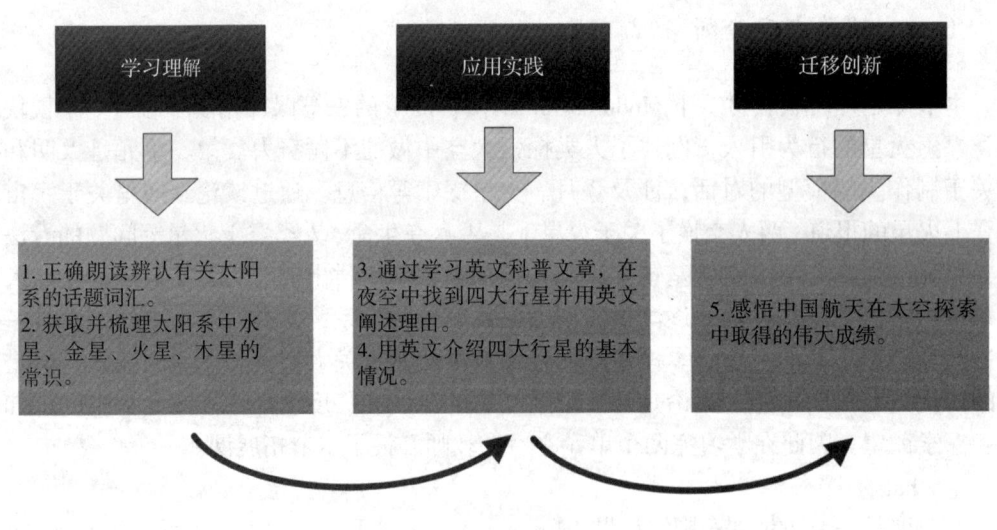

图 1 教学目标

四、教学过程设计（图2）

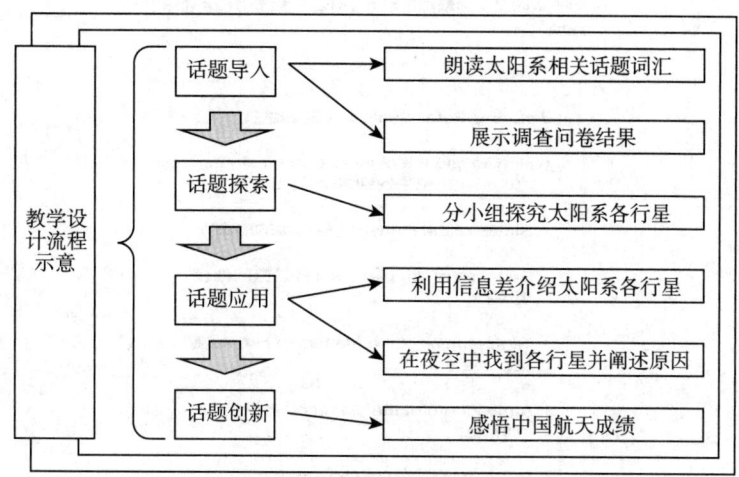

图2 教学过程设计

Step 1. Check Ss' previewing result to see if they can read the new words correctly.

教师活动：

Activity1： Ask students to check if they can pronounce new words well on the website.

1.gas	2. atmosphere	3. carbon dioxide	4.oxygen
5.storm	6. Great Red Spot	7. breath	8.rocky surface
9.crater	10. iron oxide	11. ring	12.moon
13.horizon	14.sunrise and sunset	15.temperature	16.shade
17.rocket	18.probe	19. trap the heat	

Activity2： Ask students to self-check their results and practice reading the words they don't pronounce well.

学生活动：

Activity1： Ss pronounce the new words on website

Activity2： Ss practice reading the words by following the pronunciation on the website.

设计意图：

在英语听说教考平台网站上，熟练朗读新的话题词汇，扫除听说学习障碍，纠正错误发音，减少听力困难。

特色融合创新点：

通过话题导入，将学习任务过渡到太空探索，激发学生学习航空航天的学习热情。

Step 2. Show the Questionnaire result of solar system.

教师活动（图3）：

Activity： Teacher shows the Questionnaire result of solar system.

地域文化与创新教育的融合
——首都师范大学附属云岗中学品牌特色建设探索

探索太阳系

对于太阳系，你最想了解的是什么？最多选出 4 个选项：

* 1. Exploring Solar System【最多选择4项】

- [ ] How to find the planets at night sky?（如何在夜空中找到各个行星)）
- [ ] States of the planets（各行星的形态)）
- [ ] Surfaces of the planets（各行星的地表情况）
- [ ] Temperature of the planets(各行星的温度）
- [ ] Atmosphere of the planets（各行星的大气情况)）
- [ ] Sizes of the planets(各行星的大小）
- [ ] If there are lives on planets.(和行星上是

选项	数量	百分比
How to find the planets at night sky?（如何在夜空中找到各个行星)）	42	70%
States of the planets（各行星的形态)）	37	61.67%
Surfaces of the planets（各行星的地表情况）	32	53.33%
Temperature of the planets(各行星的温度)	20	33.33%
Atmosphere of the planets（各行星的大气情况)）	19	31.67%
Sizes of the planets(各行星的大小)	15	25%
If there are lives on planets.(和行星上是否有生命)	41	68.33%

图 3　教师活动

学生活动：
Activity： Students get to know what they are going to work on.
设计意图：
通过调查结果展示引入本课话题，激发学生学习热情。
特色融合创新点：
通过话题导入，将学习任务过渡到太空探索，激发学生学习航空航天的学习热情。

Step3. Listen to explore Mercury（图 4）.
教师活动：

Activity1: Ask Ss to watch a video about Mercury.
Activity2: Ask Student to do exercise about Mercury.
Activity3: Check the answers with students together.
Activity4: Ask students to introduce Mercury according to the mind-map.
Activity5: List the standards of good introduction. Show a student's introduction work. Ask other students to give advice to improve his/her work according to the standards.

学生活动：
Activity1: Watch the video introducing Mercury.
Activity2: Do the exercise about Mercury.
Activity3: Follow teacher's instruction to correct their mistakes.
Activity4: Retell the information about Mercury according to the mind-map.
Activity5: Students evaluate their introduction work to improve their introduction according to the standards.

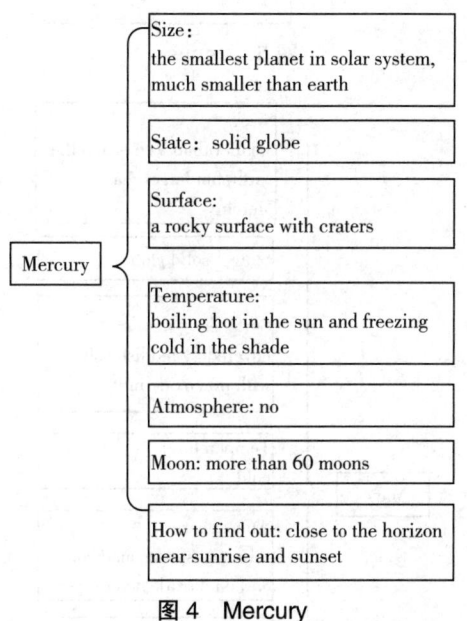

图4 Mercury

设计意图：
通过整听获取有关水星的基本信息。在英语听说教考平台上，通过练习，检测学生对水星的了解情况。根据学生的正答率核对答案，提高教学效率，思维导图帮助学生系统化建构所学知识。根据思维导图复述水星的基本常识，深化认知，提高口语水平，引导学生根据评价标准，进行生生互评，提高口头复述表达能力。

特色融合创新点：

学生通过探究学习材料，掌握太阳系的行星知识，满足自己的关于航空航天的学习欲望（图5至图8）。

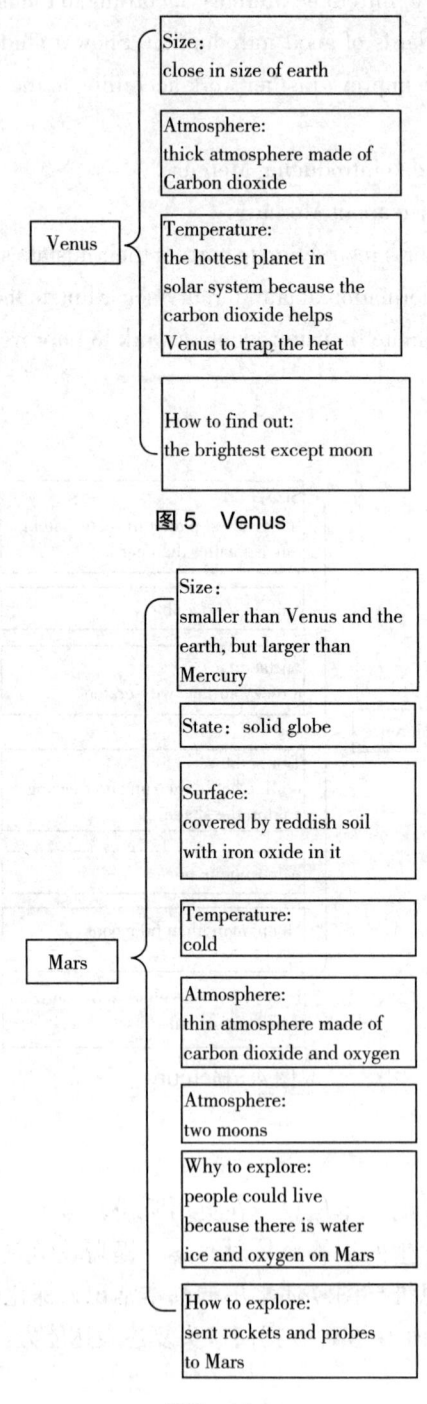

图5　Venus

图6　Mars

Exploring Solar System

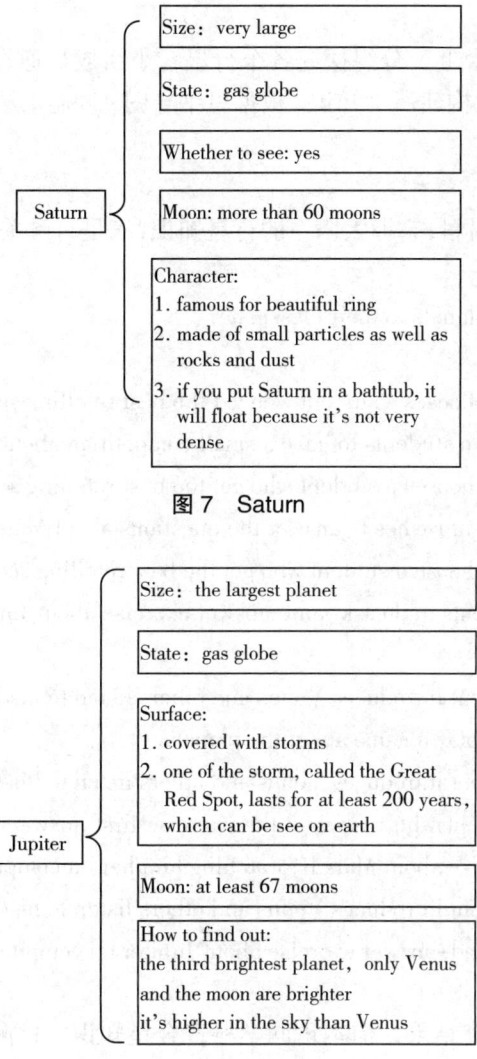

图 7　Saturn

图 8　Jupiter

Step 4. Explore other planets by group cooperation

教师活动：

Activity1：Divide students into 6 groups. Each two groups listen for one planet.

Activity 2： Ask student to work in pairs to check their answers by making a mind-map

Activity 3. Teacher asks students to introduce their planet according to the mind-map they work on.

学生活动：

Activity1：Listen to get information about their planet.

Activity2：Checking their result by making mind-map.

Activity3：Students retell the information about their planets.

设计意图：

在英语听说教考平台上，分组探究各个行星，小组成员通过核对答案，生成各行星的思维导图。同时系统化构建所学知识。根据思维导图，复述水星的基本常识，深化认知，提高口语水平。

特色融合创新点：

学生通过探究学习材料，掌握太阳系的行星知识，满足自己关于航空航天的学习欲望。

Step5. Introduce the planets to their classmate.

教师活动：

Activity1： Teacher chooses a student who get the best retelling score to introduce Venus.

Activity2： Choose two students to have a small competition about the planet.

Activity3： Teacher chooses a student who get the best retelling score to introduce Mars.

Activity4： One student rushes to answer the questions about Mars.

Activity5： Teacher choose a student who get the best retelling score to introduce Jupiter.

Activity6： Ask students to do ask-and-answer exercise about Jupiter.

学生活动：

Activity1： One student introduces Venus and others listen to his/her introduction.

Activity2： Students play a game about the planets.

Activity3： One student introduces Venus and others listen to his/her introduction.

Activity4： The student who rushes to the exercise first answers the questions about Mars. Other students finish exercise about Mars by watching him/her on computer.

Activity5： One student introduces Venus and others listen to his/her introduction.

Activity6： Do ask-and-answer exercise about Jupiter on computer.

设计意图：

展示金星小组的探究结果，向本班同学科普金星知识。检测展示结果，同时通过复现金星的关键知识点，帮助非金星探究小组深化所学知识。

展示火星小组的探究结果，向本班同学科普火星知识。检测展示结果，同时通过复现火星的关键知识点，帮助非火星探究小组深化所学知识。

展示木星小组的探究结果，向本班同学科普木星知识。检测展示结果，同时通过复现火星的关键知识点，帮助非火星探究小组深化所学知识。

特色融合创新点：

因为信息差的存在，所以学生能够在真实情境中应用所学知识，提升了学生的学习自信心，能够用英文运用航空航天的知识，增强了学生的学习成就感。

Step6.Find out the four planets on Stellarium.

教师活动：

Teacher let students watch the starry night and ask them to find out the four planets on

Stellarium.

学生活动：

Watch the starry night and ask them to find out the four planets on Stellarium.

设计意图：

在 Stellarium 软件上，模拟五大行星同时出现的星空，并且在星空中辨识各个行星，将本节课所学知识进行应用。

特色融合创新点：

学生能够在真实情境中应用所学知识，使用英文解决航空航天知识，增强了学生的学习成就感。

Step7. Talk about the favorite planets

教师活动：

Teacher ask questions as follow：

Q1：After studying the four planets，which planet is your favorite？ Why？

Q2：Please introduce your favorite planet.

学生活动：

Activity1：Watch the starry night and ask them to find out the four planets on Stellarium.

Activity2：Answer the questions and introduce their favorite planet on computer.

设计意图：

谈论自己喜欢的星球，并说明原因，实现所学知识的迁移创新。

特色融合创新点：

学生能够在真实情境中进行知识的迁移创新，使用英文解决航空航天知识，增强了学生的学习成就感。

Step8. Teacher ask Students the following questions

教师活动：

Ask the questions as follow：

（1）What do you think of the solar system？

（2）Is it easy to explore solar system？ Why？

（3）If it's not easy，do you think it's necessary to continue exploring the solar system？ Why？

（4）What has human being（China） achieve in exploring solar system？

（5）How do you feel about China's achievements？ Why？

学生活动：

Students answer the question to realize China's great achievement in Space exploration and inspire their patriotism.

设计意图：
理解中国在太空探索中取得的伟大成就，激发学生的爱国热情。
特色融合创新点：
通过航天航空的知识学习，激发学生的爱国热情，理解中国在太空探索中取得的伟大成就。

五、作业设计及特色融合点说明（表1）

表1 作业设计及特色融合点

环节名称	作业任务	特色融合点
课时作业	1. Watch the video about Saturn, Neptune, Uranus and Pluto.	拓展学习太阳系的其他行星，补全认知空白
	2. Make a poster about solar system.	通过制作海报，实践运用太阳系所学知识

六、学习效果评价

结合教学目标的达成、活动设计的实施进行教学评价的设计，可直接文字表述（表2）。

表2 学习效果评价

环节活动	评价目标	评价方式
导入话题任务	能够正确朗读太阳系有关的词汇	利用英语听说智能系统的单词朗读及语音识别功能，精准的为学生展示他们的错误发音，让学生跟读复练，满足学生的个性化需求
探索水星	探索水星，掌握有关水星的相关知识	利用英语听说智能系统的数据分析功能，在课堂上高效分析学生的普遍错误，提高课堂效率。同时，学生可以根据反馈结果，阅读听力材料，针对自己的错误实现个性化学习
分小组探究其他行星	在智能听说系统上进行本小组的行星介绍	利用英语听说智能系统的作品展示功能，实现学生生生互评，提高学生口语表达能力
小组学习汇报本小组行星	在班级范围内介绍本小组行星，其他小组学习后，进行检测	通过英语听说智能系统的回答问题功能，检测学生的学习情况。同时学生利用英语智能听说系统的再次练习功能，纠正自己的错误
寻找行星	夜空中找到四大行星并用英文阐述理由	学生小组讨论，前台展示，生生互评
深入话题探索	感悟中国航天在太空探索中取得的伟大成绩	师生、生生展示评价

七、教学特色分析

（1）注重军事航天特色渗透：航天三院坐落于云岗地区。学校周边的航天科技氛围浓厚。学生通过探索太阳系，加深了学生对太空宇宙的认知。同时对中国的航空航天事业有了更深刻的理解，激发了学生的爱国主义热情。

（2）强调学科核心素养：学生通过话题探究、小组合作等学习方式，提高了语言能力，拓展了知识视野。

（3）多媒体技术支持：本节课采用了人工智能背景下的线上线下混合教学模式。线上线下混合教学改善了传统的英语听说教学中教学方式单一的情况。在混合教学中，教师利用线上环境的教学平台，为学生提供多样化的学习资料，如观看视频进行英语听说学习。教师可以在网络平台中安排布置多种形式的学习活动，如小组探究、全班抢答等听说教学活动。本节课优化传统教学方式，丰富学生学习方式，激发学生的学习兴趣。

（4）评价手段多元：能够及时对学生合作探究表现进行反馈，同时在老师的引领下，与多媒体设备和系统进行交互。在这一过程中，系统会动态记录学生全程的学习过程。同时，教师根据学生现场生成的学习反馈，及时提供相应的指导。学生之间也可以通过面对面或"网络PK"等形式，展开小组合作研讨，共同协作解决问题。

（本教学设计获"二〇二二年度丰台区教育信息化技能与应用评优活动"e师杯创新教学实践课例一等奖）

初中八年级英语拓展阅读教学之探究航天员背后的故事

左冰雁

一、指导思想与理论依据

《义务教育英语课程标准（2022年版）》清晰地阐述了英语课程要以习近平新时代中国特色社会主义思想为指导，全面贯彻党的教育方针，遵循教育教学规律，落实立德树人的目的，即在发展学生综合语言运用能力的过程中，培养学生良好的道德品质和社会适应能力，提升国民素质，促进科技创新和跨文化人才的培养。注重英语语言的工具性和人文性双重并举，学生通过教师创设的指向核心素养的英语课堂，整合语言知识、文化知识、语言技能和学习策略开阔学生视野，丰富学生生活经历，促进学生跨文化意识，增强学生爱国主义精神，发展创新能力，发展良好的品格和正确的人生观、价值观。

二、教学背景分析

（一）教学内容分析

【What】

本课的拓展阅读文本是一篇从 China Daily 节选的有关航天员邓清明的英语新闻，介绍了他作为解放军第一批选拔的航天员坚持高强度学习和训练23年，数次与飞天使命擦肩而过，55岁仍然坚守在航天员训练一线的事迹，体现了特别能吃苦、特别能战斗、特别能奉献的航天精神内涵。

【How】

本文包括5个段落，段落之间主题层层递进。文章第一段介绍主人公邓清明是中国航天事业隐藏的英雄之一，并提到了 hidden hero 的定义。第二段介绍邓清明等航天员所要进行的学习与训练内容及训练强度，体现航天员工作的挑战。第三段通过对比邓清明这位一直壮志未酬的航天员和其他实现飞天梦想的航天员经历，突出邓清明追求梦想之路的坎坷，凸显他默默无闻、无私奉献的精神品质，进而引导学生由衷认同他是一位隐藏的英雄。第四段介绍邓清明坚持23年刻苦训练，却仍不放弃飞天梦想。第五段介绍邓清明女儿对他的评价，能够从家人的视角侧面烘托出邓清明的坚持不仅是追求个人梦想，也是实现报效国家的伟大梦想，舍小家为大家。

【Why】

以邓清明为代表的航天英雄们身上所体现出的吃苦耐劳、不怕困难、坚持不懈、无私奉献的精神品质为学生树立了坚持梦想、不怕失败、甘于奉献、艰苦奋斗的榜样。他们身上的功成不必在我，功成必定有我的崇高人生观、价值观对初中学生人生观、价值观的塑造有非常积极的影响。因为生活中学生们也经常遇到各种困难然后就产生畏难情绪，意志不够坚定，遇到稍有点挑战的事情就想放弃，通过对邓清明事迹的学习，对于学生联系自我经历反思自身问题，坚定意志、不怕困难、勇于挑战等意志品质塑造有实际的教育意义。

（二）学生情况分析

部分学生家长（祖父辈）从事着军事航天工作，知晓一定的航天军事科普知识，并对航天军事方面具有浓厚的兴趣；结合地区军事航天文化、学校军事航天活动、家庭教育影响等因素，一定比例的学生具有向军事航天领域发展的志向。

学生知识基础：目前学生学习进度是到外研社版英语八年级上册 Module 8，词汇量一般，语法方面已经学习了一般现在、一般过去、一般将来、现在进行时、过去进行时、情态动词、比较级最高级等知识。本文的话题内容涉及航天及航天员等专业领域知识和词汇，学生没有航天相关话题学习经历和词汇积累，并且文本中存在极少量的被动语态、定语从句等语法，学生阅读起来难度较大，因此在输入输出环节均存在较大难度。

学生现有认知水平：对航天科技及航天员专业领域表现出浓厚兴趣，思维比较活跃，但主动表达意愿不强，需要铺垫、鼓励和激发学生的学习热情。

三、教学目标（图1）

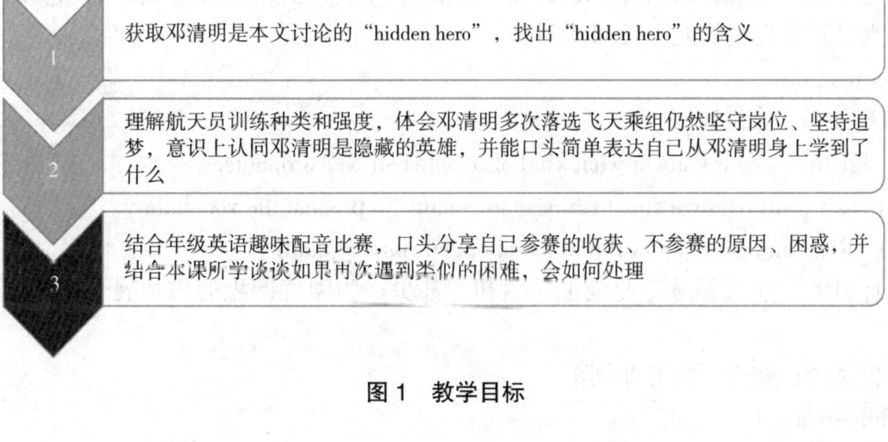

1. 获取邓清明是本文讨论的"hidden hero"，找出"hidden hero"的含义

2. 理解航天员训练种类和强度，体会邓清明多次落选飞天乘组仍然坚守岗位、坚持追梦，意识上认同邓清明是隐藏的英雄，并能口头简单表达自己从邓清明身上学到了什么

3. 结合年级英语趣味配音比赛，口头分享自己参赛的收获、不参赛的原因、困惑，并结合本课所学谈谈如果再次遇到类似的困难，会如何处理

图1 教学目标

四、教学过程设计（图2）

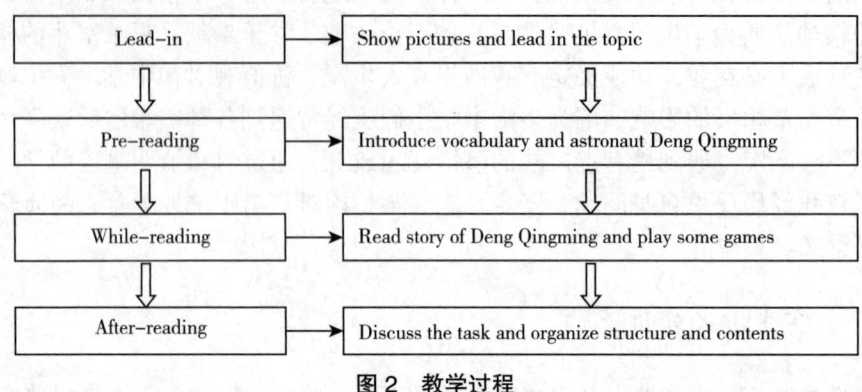

图2　教学过程

Lead-in

T：Show ss pictures of Chinese and foreign astronauts like the first astronaut in the world Yuri Gagarin，Armstrong，the first Chinese astronaut Yang Liwei，Shenzhou-13 mission team in order to lead in the topic about astronauts.

Ss：Look at the pictures and recognize the astronauts who had been to or have been to the space.

T：Show ss the picture of Deng Qingming who most of ss are not familiar with. Ask ss who is he？Ss may not know the answer. So today we are going to read a story about him. Let's see who he is and what did he do.

设计目的：创设情境引入话题，学生们对于我国已经执行过飞天任务的宇航员都耳熟能详，而对尚未执行过飞天任务的邓清明却是同学们所不熟知的，由此引入本课的话题。

特色渗透：多媒体课件中以图片形式回顾中外航天员，由万众瞩目的知名的航天员过渡到当时默默无闻的航天员邓清明。

Pre-reading

Preheating vocabulary.

T：Invite ss to think about what kind of people can be astronauts.

Give ss a short passage about Chinese astronauts to preheat the vocabulary.

Ss：Read and get to know the words about spirits and quality.

设计目的：航天领域专业词汇学生知之甚少，为阅读课程的顺利展开铺垫词汇必不可少。

特色渗透：航天领域专业词汇

While-reading

Step 1. Fast reading

Activity1：

T: Invite ss to read the whole passage quickly and answer:

Q1. Who is the "hidden hero" in this passage?

Q2. What is the definition of "hidden heroes"?

Q3. What do you know about the passage after reading? Or What's the main idea of the passage? (Just have a try, it doesn't matter whether the ss'answers are right.)

Ss: Read the whole passage quickly and answer:

Q1.Who is the "hidden hero" in this passage?

Q2.What is the definition of "hidden heroes"?

Q3. What do you know about the passage? Or What's the main idea of the passage?

设计目的：通过快速阅读，获取文章主人公是航天员队伍中"隐藏"的不知名英雄邓清明，理解隐藏英雄的内涵，并考查学生对篇章整体的把握程度。

特色渗透：将默默无闻的航天员领域的隐藏英雄邓清明介绍给学生认识。

Step 2. General reading and discussion.

Activity2:

T: Invites ss to read the passage again and try to make clear from what aspects the passage introduces Deng Qingming.

Q: How many aspects about him are talked about in this passage? What are they?

Ss: Read the passage again and try to find the answers.

T: Invites to exchange and discuss ideas in their groups.

Ss: Discuss and exchange their ideas within their groups.

T: Invites ss to share their ideas and check answers.

Ss: Make clear that the passage introduces Deng Qingming from 4 aspects, such as different kinds of astronauts' trainings and their intensity (Para.2), Deng Qingming's training experience (Para.3), his 23 years' persistence on dream (Para.4), his daughter's comments on him (Para, 5).

T: Invites ss to read the paragraph (aspect) which they are mostly interested in and then ss reorganize groups according to their choices.

T: Which aspect of Deng Qingming are you mostly interested in? or Which paragraph would you like to read carefully? Please do your choice quickly and reorganize new groups according to your interests.

Step 3. Detailed reading.

Activity 3:

Ss: Read different paragraph according to their choices and then try to answer some questions, finally they should write down some key words in a B4 paper. (Write as big as you can)

Group 1. read Para.2 and try to answer:

Q1. What trainings are mentioned here？

Q2. What do you think of his trainings？

设计目的：获取邓清明学习训练的种类及训练强度。

特色渗透：介绍航天员专业训练的内容，渗透航天员训练的艰难。

Group 2. read Para.3 and answer：

Q3. Who else are mentioned？

Q4. What's their relationship？

Q5. What are the differences between Deng Qingming and them？

（把他们作为已经成功飞天和未实现飞天两个群体看待）

Q6. What do you think of the astronauts like Zhai Zhigang，Wang Yaping，Ye Guang fu？How about Deng Qingming？ Do you agree he is a hidden hero？ Why？ or Why not？

设计目的：通过对比揭示邓清明当时并未飞天成功，凸显他飞天经历坎坷但依然坚守岗位，引导学生通过他和飞天成功的飞行员进行对比，引导学生对邓清明这样没有飞天成功的航天员经历进行思考，进而从内心认同他是一位隐藏的英雄。

特色渗透：通过与航天行业其他成功飞天的航天员经历进行对比凸显邓清明格外艰难的追逐飞天梦的旅途，进而让学生进一步感知隐藏的英雄的可贵。

Group 3. read Para.4 and answer：

Q7. How did he train every day？

Q8. How many years did he keep on such kinds of trainings？

Q9. Why did he still train so hard after many times failure？

设计目的：引导学生发现邓清明虽然多次落选，但越挫越勇，23年如一日刻苦训练，其背后的动力源自持之以恒的追求飞天梦想。

Group 4. read Para.5 and answer：

Q10. How did his daughter comment him？

Q11. Why did the writer add Deng's daughter's comments for him here？

设计目的：通过女儿的评价，侧面凸显邓清明坚持不懈追求个人梦想与报效国家的理想信念。

特色渗透：揭示以邓清明为代表的航天员身上所体现的中国航天精神。

Step 4. Presentation，comment and experiencing.

T：Invites groups one by one to share their reading achievements in front of the blackboard and show their papers with key words，after that invite other groups to ask their interested questions or comment their performances.

Group 1. share their answers of the questions below.（Mentioned above during reading Para 2）. Show paper. The other groups question and comment.

Q1. What trainings are mentioned here？

Q2. What do you think of his trainings？

T: Invites ss to watch a short video and help them know what the astronauts' trainings are like.

Invite ss to play a game swivel chair training to experience how astronauts feel and what they experience.

Ss: Students watch the video and play the game.

Students close eyes, stand still at the opposite of the blackboard, turn around for 15 seconds and then keep walking straight to the blackboard quickly! Who uses the shortest time who wins!

After watching and playing, ask ss some questions:

How do you feel? Is it easy for you to challenge? Why did Deng Qingming successfully complete so much hard trainings?

设计目的：通过视频和游戏帮助学生了解航天员训练内容及强度。引导学生体验并了解以邓清明为代表的航天员群体训练的艰难，以及他们身上所体现出来的精神品质。

特色渗透：以视频游戏等形式介绍航天员涉及对抗宇宙离心力训练，以及人体运动医学类的训练。并邀请同学们参与和宇航员转椅训练原理雷同的简单游戏，亲身体验宇航员训练的内容并体会宇航员的不易。

Group 2. share answers of the questions below (Para.3) and show paper. The other groups question or comment.

Q3. Who else are mentioned?

Q4. What's their relationship?

Q5. Why did the writer mention Deng's teammates here?

T: Through comparison, what did the writer want to emphasize here?

Group 3. share answers about the questions below (Para.4). Show paper. The other groups question and comment.

Q6. How did he train every day?

Q7. How many years did he keep on such kinds of trainings?

Q8. Why did he still train so hard after many times failure?

T: Uses problem chain to guide ss to realize why Deng was called a hidden hero.

Deng Qingming failed to be chosen for many times.

Did he give up his dream? Is he a winner or loser? What do you think of him?

Ss: Students find out what makes him train so hard. It's his dream of flying into space.

Group 4. share answers about the questions below (Para.5). Show paper. The other groups question and comment.

Q9. How did his daughter comment him?

Q10. Why did the writer add Deng's daughter's comments for him here?

Ss: Read out during Deng's persistence on his dream, he missed too much time with family and he also gets great support from his family.

After-reading

Activity 4:

T: Deng Qingming have pursued his dream for more than 23 years. He devoted too much and also missed too much. Please try to discuss the following questions by yourself.

Does he pursue his dream only for himself or what else? Please try to discuss this question with your partner.

T: Invites one or two ss to share opinions.

Ss: Have a deep thinking and realize that Deng's dream's final goal is to serve our country.

Activity 5:

T: We have read so much about Deng Qingming today. Could you please try to tell us something about Deng Qingming according to what you have learnt today. They can describe with the help of each group's papers.

Activity 6:

According to this passage, Deng Qingming was called a hidden hero. But he was not as famous as his teammates who had been to space. So can he be our role model? Why? or Why not? What can we learn from him?

Ss: Students discuss freely and express ideas according to what they have learnt today.

设计目的：学生通过讨论，表达对于邓清明这位隐藏于世的英雄认同，期望能引导学生表达出学习他在本职岗位默默无闻、无私奉献及不怕困难坚定追求梦想的航天精神。

特色渗透：渗透航天精神，鼓励激励莘莘学子，实现课程的育人价值。

Activity 7:

Language transfer and Application（Oral practice）:

Part 1:

就在最近我们初二年级举行了非常成功的英语趣味配音比赛活动，此次活动现场气氛热烈。但是老师也注意到报名参赛的同学只是少数，像咱们班只有两组共8名同学报名参赛了。今天我想采访一下同学们，你参加比赛的收获是什么？不参加比赛的原因是什么？

What's your achievements? Why did you give up the competition?

T: Give some sentence structure to help ss express ideas if necessary.

I took part in…I think/In my opinion, I challenge…

I didn't sign up for the competition, because…be not good at…

…not brave enough…be afraid of…

Part 2: 今天我们学习了邓清明的故事，对你是否有启发呢？今后遇到类似的情况你会怎么做呢？请分享你的看法及观点。

T: Give some sentence structure to help ss express ideas if necessary.

After reading the story of Deng Qingming, I have learnt that no one is perfect. I shouldn't … I should be brave enough to … I will…as long as … I think …will become …one day.

设计目的：迁移运用，希望通过学习有关航天员邓清明的故事对学生有所触动，引导他们敢于直面困难、坚持不懈，敢于追梦。

特色渗透：通过任务驱动，学生们将自己所感受到的宝贵的航天员精神以文字的形式进行输出，使每个学生心中都心怀航天精神，实践航天精神，宣传和发扬航天精神。

五、作业设计及特色融合点说明（表1）

表1 作业设计及特色融合点

作业设计	特色融合点
大声朗读文章，深化对航天员邓清明的了解	用英语讲述中国航天员的故事，内化有关航天英语词汇及邓清明的事迹
将课上的口头输出内容落实到作业本上，基础薄弱同学只需补充完成我给出的句型结构即可，其他同学在老师给出句型的基础上，拓展写作内容，并注意逻辑	通过笔头输出，调动学生积极性、主动性，夯实巩固本节课所学所思，尽可能地达到育人效果最大化

六、课时学习效果评价（表2）

表2 学习效果评价

环节活动	评价目标	评价方式
游戏环节	让学生亲自感受高速旋转状态下人体所受到的离心力和晕眩感。	自评
口头输出环节	体现学生阅读过程中的学习收获，以及读后的所思所感，凸显榜样力量，达成育人目标。	自评 生生互评、师生互评
学习效果评价	从航天员邓清明身上我学到了： 克服困难、勇于奉献、吃苦耐劳的精神品质　是　否 隐藏于世的英雄们更值得我们学习　是　否 3个或以上表达航天员精神品质的词汇　是　否 激励我们更加勇敢坚定地追求理想，不害怕失败　是　否	自评

七、教学特色分析

课堂引入环节中包含有以图片形式介绍人类第一位登上太空的苏联宇航员加加林和第一位登月的美国宇航员阿姆斯特朗，然后联系到迅速崛起的中国航天员群体。

地域文化与创新教育的融合
——首都师范大学附属云岗中学品牌特色建设探索

在阅读环节,学生通过阅读及观看航天员训练视频的方式接触涉及航天员对抗宇宙离心力训练、运动医学中涉及人脑前庭失衡的简单知识。

设计模拟宇航员转椅训练原理的简单游戏,学生原地快速转圈15秒后立刻向前走直线,比谁走得又快又直,体验宇航员大脑前庭失衡感受,进一步联想航天员坚持同样训练15分钟不能间断的强度和困难。

通过阅读航天员邓清明的故事,学习他默默无闻、不怕困难、坚持追求梦想的宝贵精神品质,并让学生联系自身生活经历,表达感受及启发。期望通过本节课的尝试,能够探索利用课外英语文本,发挥航天精神在中学英语教育教学中的育人价值,启发引领学生塑造坚毅果敢、无私无畏的英雄品格,激励他们不怕失败勇敢追梦。在潜移默化中育人,努力实现为党育人、为国育才。

善用信息资源　丰富英语学习

——When do you use computers？

马慧楠

一、指导思想与理论依据

《普通高中英语课程标准（2017年版2020年修订）》提出的学生在主题意义引领下，通过学习理解、应用实践、迁移创新等一系列体现综合性、关联性和实践性等特点的英语学习活动，使学生基于已有的知识，依托不同类型的语篇，在分析问题和解决问题的过程中，促进自身语言知识学习、语言技能发展、文化内涵理解、多元思维发展、价值取向判断和学习策略运用。

学习策略主要指学生为促进语言学习和语言运用而采用的各种行动和步骤。其中为了提高学习效率，评价、反思和调整过程和结果的策略为元认知策略。

现代信息技术促进了学习方式的变革，课本不再是学生学习的唯一材料，恰当的数字技术和多媒体手段促进学生的有效学习和英语学科核心素养的形成与发展。

我校以科技课程作为市级优秀校本课程已成为学生校本必选课程，提升学生的信息素养，促进学生的全面可持续发展。

基于以上内容，本节课设计学习理解活动，帮助学生围绕主题创设情景，激发有关电脑或手机使用方面的生活已知，提出本节课的任务，学生谈论自己使用手机或电脑中的App并给他人使用合理使用建议；在此基础上，以解决此问题为目的，通过获取梳理文本内容，层层深入的建构结构化新知，从读大意，到读细节，再到读后思考，采取小步子滚动输出的方式，把学习理解活动中穿插应用实践活动。最后语言输出部分，利用创设的真实情景，运用所学语言，表述自身使用手机或者电脑中的App的功能，分析其对自己的影响并且尝试为他人合理使用手机或电脑提出建议，解决沉迷网络的问题。

二、教学背景分析

（一）教学内容分析

本单元话题为Module7 Computers，属于人与社会范畴下的"科学与技术"主题群、"科学技术与工程，人类发明与创新"子主题内容。本模块共3个单元，Unit 1为听说课，语篇类型为对话，内容为玲玲向 Betty 求助如何使用电脑完成作业。Unit 2 为阅读课，语篇类型为记叙文，介绍了 Alice, Mike, Jack 及家人使用电脑做什么和何时使用电脑的内容；Unit 3 为综合语言输出课，模块任务为制作有关电脑使用情况的问卷。

What：Unit 2 为阅读课，语篇类型为记叙文，介绍了 Alice, Mike, Jack 及家人使用电脑做什么和何时使用电脑的相关内容。

How：本文使用独立的 3 个自然段分别介绍，每段均以是否有电脑，何时使用电脑及使用电脑做的事情来进行描述。使用 I can use it on /at 表达何时使用电脑；使用一般现在时结合连词 and 和 also 来表达电脑的多种用途。

Why：学生通过阅读本文，梳理使用电脑做的事情和何时使用电脑两方面信息，自我反思使用智能设备的合理性；通过向他人提出合理使用智能设备的建议，树立学生善用信息资源的意识。

（二）学生情况分析

（1）基本情况：学生为初一年级 6 班学生，学生英语基础较好，参与课堂的积极性较好。

（2）已有基础：

学生日常生活中有使用电脑的经历，关于电脑用途的词汇了解有限，如 listen to music、play computer games、watch movies；对于电脑的使用多用于娱乐，不能意识到电脑可以成为提升学习、丰富生活的工具；具备初步获取信息的能力。

（3）存在问题：

①对于电脑用途的相关词汇和表达缺乏了解。

②梳理概括文本的能力有待提高。

③对于何时使用电脑及使用时长缺乏规划，对于电脑可以提升学习丰富生活的用途缺乏思考。

④对于表达智能设备的用途缺乏准确性和逻辑性。

（4）解决措施：

①通过课前问卷调查，预习并了解有关本课的相关词汇，丰富表达。

②通过问题引导，填写生成的表格，分层分步骤引导学生获取并理解信息，推进阅读进程。

③通过分析主人公使用电脑的益处和阐释主人公何时使用电脑的原因，引导学生自身反思。

④通过讨论评价量表包含的内容，引导学生总结输出活动所需语言，板书示范，提供语言支撑。

三、教学目标

（1）通过回答问题和完成表格，获取并梳理 Alice, Mike, Jack 及家人使用电脑做什么和何时使用电脑的具体信息。并结合电脑使用益处的有关看法,构建信息结构图。

(2)基于所读内容和自身经历,分析主人公选择不同时间使用电脑的原因,自我反思使用智能设备的合理性。

(3)根据构建的结构化信息,谈论主人公何时使用电脑,使用电脑做什么及益处。

(4)口头表述自己使用智能设备的方式、何时使用及其影响,并对他人使用智能设备提出合理建议。

四、教学过程设计

教学目标1:通过回答问题和完成表格,获取并梳理Alice,Mike,Jack及家人使用电脑做什么和何时使用电脑的具体信息。并结合电脑使用益处的有关看法,构建信息结构图(学习理解-应用实践)(图1)。

活动1:通过对标题的提问引入本课话题,回顾与电脑使用时间这一主题相关的已学内容。(感知与注意)

设计意图:激活学生已知。

效果评价:观察学生回答问题的表现,根据其说出的具体内容,了解对主题的整体了解。

活动2:理解,明确本课任务:学生在教师指导下了解输出任务。(获取与梳理)

居家学习期间,同学离不开电脑和手机的使用。有人能利用这些智能设备帮助自己的居家学习生活,有人沉迷游戏和网络。请你以介绍如何合理使用电脑或手机中的App,帮助居家学习,丰富课余生活,并给他人提出建议。

设计意图:基于学生实际生活,明确本课任务。

效果评价:根据学生说出的任务要点了解其对任务的理解情况。

活动3:通过从话题电脑入手,初步获取文章谈论有关不同人使用电脑的方式和时间,再到以Jack及爸爸为例,获取细节信息从而梳理文章结构,基于获取的内容,学生分析使用电脑对主人公的影响,从而构建文章的结构化知识图。(获取与梳理,概括与整合)

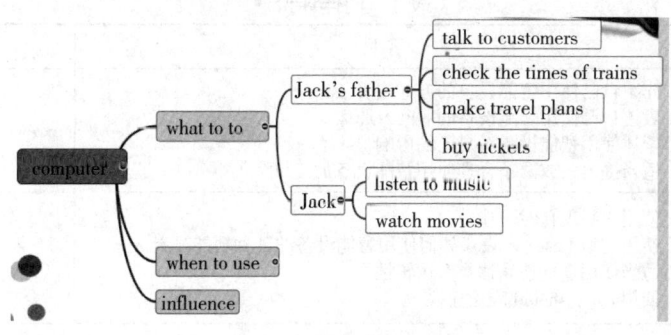

图1 结构化知识

地域文化与创新教育的融合
——首都师范大学附属云岗中学品牌特色建设探索

设计意图：获取理解文章的大意和具体信息，至此获得输出任务中所需 App 的用途的语言表述，使用电脑时间的表述，初步感知使用电脑的影响。

效果评价：观察学生在阅读过程中是否能获取大意，提取要点信息，是否能够对主人公使用电脑的行为做出评价。

教学目标 2：基于所读内容和自身经历，分析主人公选择不同时间使用电脑的原因，自我反思使用智能设备的合理性。（学习理解，应用实践）

活动 4：谈论主人公选择不同时间使用电脑的原因，并自我反思。

设计意图：引导学生反思自身电子产品使用的时间分配合理性，至此获取输出任务中所需的对于合理的使用手机或者电脑的思考。

效果评价：观察学生是否能够基于文章进行分析，并且在表达自我使用方面对于不良的行为进行反思。

教学目标 3：根据构建的结构化信息，谈论主人公何时使用电脑，使用电脑做什么及益处。（应用实践，迁移创新）

活动 5：基于获取的表格内容，谈论文章主人公有关电脑的使用时间、用途和益处。

设计意图：借助表格信息，谈论文中主人公的相关信息内化所学。

效果评价：观察学生在输出过程中所用的词语，句型的情况，给予必要的指导和反馈。

活动 6：学习文章中作者用于介绍自己使用电脑的表达方式和句型，阅读并挑出文章中游泳的句型和表达。

设计意图：引导学生学习与主题相关的有效语言表达。

效果评价：观察学生是否能在文章中找到有用的词语和句型，根据学生表现，提供必要帮助。

教学目标 4：口头表述自己使用智能设备的方式，何时使用及其影响，并对他人使用智能设备提出合理建议。（迁移创新）

活动 7：根据主题内容，学生生成评价量化表：学生基于表达内容，小组讨论输出任务的评价内容和标准（表 1）。

表 1　同伴评价量

维度	条目	分数
Content	1. 介绍自己使用智能设备的方式或者 App 2. 表达自己使用智能设备的时间及原因 3. 阐述使用智能设备对自己的影响 4. 适当提出一或两条合理使用智能设备的建议	0　1　2 0　1　2 0　1　2 0　1　2
Language	1. 使用一般现在时表述 2. 使用句型 I use...to 表述如何使用智能设备的某种功能或者 App 3. 适当使用连词使表达具有逻辑性 4. 使用 can、should 表达建议	0　1　2 0　1　2 0　1　2 0　1　2
Presentation	1. 声音洪亮，语调自然 2. 适当的肢体语言：有眼神交流	0　1　2 0　1　2
Total		0　1　2

设计意图：引导学生思考评价标准，实现以评促学。

效果评价：从学生生成评价表的过程中，了解学生对输出任务的理解和存在的问题。

活动8：口头输出本节课的任务：学生根据评价量表，两人互相评价，课堂展示。

设计意图：引导学生反思和评价同伴的口头输出，引导学生形成正确的信息资源意识使用观。

效果评价：从学生的口头输出，了解其参加同伴活动的情况和口头输出的问题，及时引导。

五、作业设计及特色融合点说明（表2）

表2 作业设计及特色融合点

环节名称	作业设计	特色融合点
课前作业	完成问卷星有关智能设备使用情况的调查	以信息资源的使用和英语学习相结合
课后作业	通过课堂讨论的方式，对自己使用智能设备的情况进行反思，以书面形式完成作业	通过反思自身对智能设备的使用，培养学生对信息技术的辩证思维
	通过录制vlog，对自己使用智能设备的情况进行介绍，并且对沉迷网络的同学提出适当建议，上传班级小管家，全班进行评选最优利用奖和最有价值建议奖	通过评选，提升学生对信息资源的利用能力，培养正确的信息资源利用观念

六、学习效果评价

课前进行调查问卷铺垫本课所学，课中通过有层次的阅读活动对学生的理解程度进行评价，同时学生根据谈论得出的评价表进行自评和互评；课堂展示依照评价表进行综合评价（表3）。

表3 学习效果评价

学习活动	评价目标	评价方式
课前：调查问卷	1.了解学生对于电脑使用方面的词汇和句型掌握情况 2.了解学生使用智能设备的情况和看法	调查问卷
学习理解	根据学生回答问题、小组讨论环节的具体表现，观察学生对文章中主人公使用电脑的时间、用途及评价内容的理解程度	教师口头评价
应用实践	观察学生依据表格，以同伴互助的方式对主人公从when、what和advantage 3个方面进行介绍的情况	生生互评
迁移创新	观察学生根据评价量表，表述自己如何使用智能设备，并给他人适当建议的过程	评价量表

七、教学特色分析

(1) 本节课充分研读语篇,在主题意义探究的引领下,遵循英语学习活动观,设计的活动层次分明,符合学生的认知、情感、思维的发展需求。

(2) 对于引导学生构建结构化新知,用层层深入的问题和逐步生成表格的方式,体现了学生的主体性,以及课堂的开放性。

(3) 对于课前的调查问卷摸清学生已知,课上的评价量表用学生生成的方式,都体现了注重教学评价,以评促教。

高中英语科学素养提升与学校军事航天科技特色渗透融合策略研究

于书颖

《普通高中英语课程标准（2017年版2020年修订）》指出，普通高中的培养目标是进一步提升学生综合素质，着力发展核心素养，使学生具有理想信念和社会责任感，具有科学文化素养和终身学习能力，具有自主发展能力和沟通合作能力（教育部，2020）。科学素养也是国际学生评估项目（简称"PISA"）测试中三大素养（阅读素养、数学素养、科学素养）之一。2016年国务院颁布的《全民科学素养行动计划纲要实施方案（2016—2020年）》指出：目前我国公民科学素养水平与发达国家相比仍有较大差距，不能满足建设创新型国家的需求，青少年科技教育有待加强（国务院，2016）。

在国家大力开展教学改革的背景下，英语教学在语言教学改革的同时不能忽视学生科学素养的培养，语言运用能力和科学素养同步提高是培养创新型人才的重要途径。

一、高中英语科学素养提升与学校军事航天科技特色渗透融合概述

笔者认为，科学素养涵盖科学兴趣、科学知识、科学方法、科学思想、科学精神等方面的内容。当前中学阶段的科学素养培养大多通过物理、化学、生物等学科教学来实施，但这些学科的教学侧重于前人已经发现的科学知识的传授和操练，对于学生应用科学知识创造性地解决实际问题的能力培养不足。英语是当今世界广泛使用的语言，也是传播人类文明成果的主要载体之一，大多数国际前沿科技的最新成果最先在英语期刊、读物发表，因此，英语学科在培养学生科学素养方面有其独到的优势（包丰，2021）。英语教学尤其是高中英语教学应抓住高中生认知水平提升的关键期，整合多版本教材、课外读物、学科实践活动等多种方式，利用信息技术手段，从激发科学兴趣、学习科学知识、领悟科学方法、培养科学精神等角度提升学生的科学素养。

二、高中英语科学素养提升与学校军事航天科技特色渗透融合现状

一直以来，笔者与教研组教师坚持立德树人总原则，以单元整体教学落实课程标准总体目标，依托课题《优化英语单元教学设计，提高学科育人价值的实践研究》促进高中英语教师对"发展英语学科核心素养，落实立德树人基本任务"这一基本理念的落实，依据英语学科"话题化"教学特点，加大单元整体教学设计力度，将语言知识的学习、语言能力的培养融入每个话题所承载的育人价值，优化单元教学设计，在爱国主义教育、职业生涯教育、培养科技创新精神、人文沟通能力、学会做人做事等方面发挥独特的作用。

但是，在教学实践中我们发现，现行教材（新版北师大英语教材）中与军事航天科技相关的内容极少，这就需要教师从学科育人功能的角度进行挖掘，并整合其他版本教材相关内容，辅以时事新闻、外文期刊报纸杂志等多模态教学资源，依托学校军事航天特色建设项目建设，如阅读航天人物故事、了解云岗地区独特的航天资源等方式，使学生在学习英语知识、提高英语语言运用能力的同时提升科学素养。

过去的一年里，教研组教师共同梳理了教材，在课堂教学和学科实践活动中整合资源、创新实践，黄瑞老师《神舟十二发射升空新闻报道》的拓展阅读课和基于英语听说教考平台的《宇航员职业的必备条件》听说课在全校进行展示，于书颖老师的《Information Technology 信息技术的科技应用》《How Big is the Universe？探索太空》在信息技术的科技应用价值和太空的探索与军事航天科技及陈颖老师的《高三读写练习》在科技创新促进环境保护等方面进行教学实践探究。

三、高中英语科学素养提升与学校军事航天特色科技渗透融合资源梳理

（一）新版北师大高中英语教材资源梳理

1. 直接相关资源

北师大版必修二第六单元 Reading club1 Space Heroes 中涉及宇宙探索、宇航员、挑战者号爆炸、神舟五号载人飞船、发射成功、航天英雄杨利伟、成功着陆等航天科技主题内容，教师在充分利用军事航天科技文本信息开展阅读教学的基础上，补充相关视频资源、课外阅读资料和与话题相关的网址链接，鼓励学生开展主题式探究学习，拓宽视野，增长知识，提高科技素养与爱国情怀。

2. 非直接相关资源

教师充分挖掘北师大版教材中涉及科技话题的教学材料，以问题研究或综合学习等方式开展国际视野下的军事航天主题教学，从不同角度进行科技素养的渗透与融合。例如，必修二第四单元 Information Technology 中渗透信息技术在军事航天领域的应用；必修二第五单元 Human and Nature 中渗透科技素养不可或缺的不畏牺牲的探索精神与人定胜天的战斗精神；必修二第六单元 The admirable 中渗透值得钦佩的人航天英雄的高尚品格；必修三第八单元 Green Living 中渗透航天能源知识，使学生认同科技造福人类并与自

然和谐相处的思想；在选择性必修一第二单元 Success 中渗透职业选择与成就，学习为梦想而拼搏的航天精神；在选择性必修一第三单元 Conservation 中渗透科技发展与环境保护相辅相成的科学理念；在选择性必修三第七单元 Careers 中渗透职业发展与职业规划教育，孕育学生的航天强国与科技报国之梦；在选择性必修三第九单元 Human Biology 中渗透认识自我、挑战极限的科学家的探索精神与创新思维，正确面对科技发展对人类的挑战；在选择性必修四第十二单元 Innovation 中渗透科技伟大先驱和科学家的坚强意志与执着追求，鼓励学生为科技发展与创新不懈努力。

（二）其他版本高中英语教材资源梳理

1. 北师大版教材

北师大版教材必修一第二单元以整个单元介绍航空航天事业、航空航天伟大成就、航天员杨利伟和刘洋，对航空航天的介绍包含大量的活动设计，弘扬勇于攀登、敢于超越的航天精神。

2. 人教版教材

人教版教材尤其注重学生科技素养的培养，涉及自然科学如地震、天文学、大自然的力量、全球气候变暖、海底世界；人文科学如计算机、野生动物保护、未来生活、急救、机器人；自然与人文科学如加拿大、英国；科学人物如女性成就、耕种土地、伟大科学家。教材内容涉及广泛，极大拓展了学生的眼界与思维。

3. 译林版教材

译林版教材呈现了现代科技实力形象，包括关于钱学森的照片和袁隆平的人物简介、成就贡献和故事，引导学生以中国科学家为学习榜样，感悟爱国报国、淡泊名利的科学精神。

四、高中英语科学素养提升与学校军事航天特色科技渗透融合有效策略

（一）整合多版本教材，提升教师融合课程设计能力

教材具有真实性、科学性、思想性、规范性和系统性等特点，在实现课程目标上有异曲同工之妙，教材之间值得相互借鉴、取长补短。

基于上述不同版本教材的梳理不难看出，各个版本的教材均涉及不同时期多个领域的科技元素，主要涉及印刷术、造纸术等古代科技成就、载人航天与探月工程等现代科技成就，古代发明家——毕昇、蔡伦、鲁班，现代科学家——钱学森、袁隆平、屠呦呦。

教师在进行教学设计时，应充分利用多版本教材中的主题素材进行科学整合与补充，选取适合不同课类所需材料，融入听、说、读、写各项技能的教学实践中来。例如，在教授 women of great achievements（女性的伟大成就）主题单元时，可以整合新版北师大教

材 Viewing Workshop（视听课）中有关讲述美国第一位女飞行员 Amelia Earhart 的故事内容和 A Medical Pioneer（阅读课）中有关中国第一位女性诺贝尔奖获得者屠呦呦的事迹，同时补充人教版教材中有关林巧稚、Jane Goodall 在医学和黑猩猩保护方面的伟大成就，让学生获得不同视角下、不同职业中女性对世界的杰出贡献。

教师要提高资源意识和分析运用能力，充分挖掘教材中的科技元素，在课堂教学中融合科技教育，助力学生获取科学知识，提升科学素养，领会科学的本质，培养敢于实践、勇于创新的科学精神。

（二）利用信息技术，提高教师融合课程教学实效

1. 建立教材语料库，提高读写融合教学实效

不同版本教材为教师提供了丰富的资源，但传统意义的教材梳理会耗费教师大量的时间和精力。有效解决这一问题的方法是充分利用信息技术手段对教材进行整合与检索，如建立教材语料库。笔者曾利用 AntConc 检索工具建立了人教版高中英语教材语料库，利用其索引（Concordance）、索引定位（Concordance Plot）、文件查看（File View）、词丛（Clusters）、搭配（Collocates）、词单（Word List）等功能进行语料检索、信息筛选和词频统计，快速检索和查找相关主题和内容，并根据词频数据和语境呈现分析、比较与判断教材内容，提高整合教材和组织教学的效率。例如，笔者在进行写作教学时，利用教材语料库，通过批改网等信息技术手段，帮助学生通过建立个性化语料库资源，解决了词汇匮乏、语法能力不足和逻辑表达缺失等写作中常见的问题，大大提高了学生的英语写作能力。又如，黄瑞老师的阅读课"神舟十二发射升空新闻报道的拓展阅读教学（军事航天科技特色融合课）"，教师收集网络上关于航天科技的新闻报道，基于此形成自己的语料库，通过检索和筛选，整合适合学情的阅读教学资源，对于生僻或难度词汇进行替换，形成阅读材料。除了充分利用教材语料库的资源，对于网络资源的筛选和整合，也大大提升了教学实效。

2. 建立听说课程资源，提高听说融合教学实效

北京新高考改革对学生听说技能提出了新要求，教师在听说教学中只靠一个录音机的时代已经结束，大量的听说技能训练要在机房进行，因此，基于科大讯飞听说系统的新型课程应运而生。笔者所在学校英语教师多次利用科大讯飞听说考试系统和教学系统进行教学实践研究。在充分挖掘教材和系统中资源的同时，依据主题和教学需要，对听说资源进行了补充，形成了个性化听说课程资源库并进行资源共享，提高了听说教学实效性。

例如，黄瑞老师的听说课"How to become an astronaut（军事航天科技特色融合课）"，教师在授课前整合人教版高中教材中的听力素材，网络视频和图片资源，设计教学题目，制作教学资源包；学生在平台上通过完成朗读单词、听后选择、听后记录、听后复述等听说任务，梳理成为一名宇航员的必备条件，总结表达职业选择和必备条件的语言，最终运用所学语言，说出自己未来的职业选择，并谈谈该职业的必备条件。

再如，胡京蕊老师的听说课"Journey to Space（太空之旅）"，教师将课本听力素材、人工智能支持听说教学平台中的听力素材、网络视频资源进行整合，为学生搭建了一个系统学习航天成就、培养爱国情怀的平台。学生通过系列听说活动，梳理国内、外航天人在探索宇宙中的经历、成就和希冀。在此基础上，学生以口头演讲的形式将所学输出，介绍中国航天成就，表达对"中国航天梦"的理解。

教师在教学实践中，应勇于实践，积极探索，为学生树立榜样，鼓励和教育学生正视自己的问题，努力解决自身的问题，用科学精神和科学方法助推发展，真正成为德智体美劳全面发展的栋梁之材。

（三）依托学科实践活动，延伸课堂教学效能

笔者所在学校是北京市科技示范校，科技特色教育的开展贯穿教育教学各个方面，打造了如"航天日""科技嘉年华"等品牌特色活动，"国际视野下的军事航天科技特色建设项目"成为丰台区特色学校建设项目。英语作为提高师生国际视野的重要学科，在学校科技特色建设方面起到至关重要的作用。在课堂主阵地之外，英语学科实践活动如主题演讲比赛、板报（手抄报）比赛、用英语讲好中国故事、中外师生科技交流活动、中外结对小伙伴科技课题研究等成为延伸教课题学效能的有效途径，学生在活动中不仅提高了英语学科核心素养，而且在激发科学兴趣、学习科学知识、领悟科学方法、培养科学精神等方面得到提升。

例如，教研组教师以第七届中国航天日为契机，组织学生开展了"航天日 航天梦"为主题的英文版航天日电子手抄报绘制活动。虽然第一次绘制中学生们遇到了这样那样的困难，所用语言也略显稚嫩，但他们能够将课堂所学与实践活动相结合、积极投入到校园航天日的活动中，不仅提高了英语学科综合素养、激发了对航天科学的兴趣，而且在潜移默化中弘扬了文化自信，提升了民族自豪感。

五、结束语

英语课程具有工具性和人文性，学生学习英语不仅是掌握一门作为交流工具的语言，而且要通过英语学习提高人文素养，正因如此，英语课程可以促进学生的全面发展（程晓堂，2022）。未来，英语教师应在教学中设置基于核心素养的课程目标，整合资源，优化教学方式，科学规划课程实施途径，使学生通过英语学习在认识自我、认识世界、增长知识、学会思考中，发展积极的情感态度和价值观。

参考文献

[1] OECO. PISA 2015 Assessment and Analytical Framework: Science, Reading, Mathematics, Financial Literacy and Collaborative Problem Solving. 2017 [EB/OL]. (2017-08-31) [2021-05-02]. https://doi.org/10.1787/9789264281820-en.

[2] 国务院办公厅. 全民科学素质行动计划纲要实施方案（2016—2020年）[Z]. 2016.

[3] 中华人民共和国教育部. 普通高中英语课程标准（2017年版，2020年修订）[M]. 北京：人民教育出版社，2020.

[4] 程晓堂. 义务教育课程标准课例式解读：初中英语 [M]. 北京：教育科学出版社，2022.

[5] 包丰. 指向科学素养培养的科普类读物阅读教学实践 [J]. 中小学外语教学（中学篇），2021（6）：56-57.

[6] 曹红娟. 基于主题整合高中英语多教材语篇的教学实践 [J]. 中小学外语教学（中学篇），2022（7）：9-10.

[7] 郑志恋，胡芯怡. 英语教材中中国形象的对比研究 [J]. 中小学外语教学（中学篇），2022（8）：15-16.

神舟十二发射升空新闻报道的拓展阅读

黄 瑞

一、项目、单元（课时）指导思想与理论依据

《普通高中英语课程标准（2020版）》指出，高中英语课程的目标为培养和发展高中学生应具备的语言能力、文化意识、思维品质、学习能力等学科核心素养，以立德树人为根本任务。英语课程内容是发展学生英语学科核心素养的基础，包含6个要素：主题语境、语篇类型、语言知识、文化知识、语言技能和学习策略。主题语境包括三大主题语境："人与自我""人与社会""人与自然"。其中"人与社会"主题语境则包含了"科学与技术"的子主题，因此，英语课程教学中应关注科学文化知识的渗透，促进学生英语学科核心素养的提高。文化知识也是英语课程内容之一，文化知识涵盖物质和精神两个方面，其中精神方面则包括对于科学文化知识的培养。

《普通高中英语课程标准（2020版）》指出，无论是语篇和主题的选择还是相应的教学活动设计，都要体现学科核心素养的培养价值，要有利于学生发展语言能力、文化意识和思维品质，树立正确的价值观和审美观。

习近平在全国教育大会上强调，要在培养奋斗精神上下功夫，教育引导学生树立高远志向，历练敢于担当、不懈奋斗的精神，具有勇于奋斗的精神状态，乐观向上的人生态度。通过对神舟十二号飞船发射成功的报道的学习，学生能够学习载人航天精神，从而坚定理想信念，敢于攻关克难。

我校作为航天三院子弟校，对于学生军事航天科技素养的培养是学校教育的重要元素。积极进行军事航天特色学科渗透的实践，有利于学生坚定理想信念，培养敢于担当、不懈奋斗的航天精神。

二、项目、单元（或课时）教学背景分析

（一）教学内容分析

本节课是一节阅读课，阅读材料是一篇新闻报道，文中介绍了神舟十二号飞船发射的时间、地点、升空过程、飞船与空间站天和核心舱的对接过程、我国航天事业近年来的发展及航天人的团队合作精神、攻关克难精神。本篇文章是新闻题材，语言言简意赅，关于事件的描述客观准确，出现大量航天话题专业词汇。

文章中所涉及的载人航天精神是我们国家的宝贵精神财富，也对中学生的成长具有特殊的教育意义。由于当代青少年受多种思想文化的影响，多数中学生意志薄弱，信念不坚定。因此通过感悟载人航天精神，使学生坚定理想信念，敢于攻关克难，端正学习态度。同时文章对神舟十二号飞船发射成功的介绍，能够使青少年感受国家航天事业的发展，增强学生民族自信心、民族自豪感，激发学生爱国热情。

（二）学生情况分析

话题认知：学生对航天话题有一定的认知，但由于在生活中很少看新闻报道，对于神舟十二号飞船发射事件的细节掌握较少，部分学生可能只知道这个事件，但具体细节信息并不了解；此外学生对航天模块知识的英文表达较为匮乏。

知识基础：学生对航天科技话题的词汇接触较少；学生语言基础相对较差，用英语表达自己的观点存在一定困难。

心理特点：学生受多种思想文化的影响，在学习过程中，信念不够坚定，缺乏艰苦奋斗、顽强拼搏的精神。学生对军事航天科技知识具有浓厚兴趣，思维较活跃。

三、项目、单元（或课时）教学目标

（1）回顾神舟十二号飞船发射过程，梳理我国航天事业所取得成就；（学习理解）

（2）分析我国航天事业取得辉煌成就的原因、归纳载人航天精神内涵；（学习理解）

（3）理解载人航天精神内涵，联系自我进行思考，表达自己的观点；（应用实践）

（4）梳理并总结本课要点，从成就、感受、原因、载人航天精神及自我反思5个方面对本节课所学进行综合表达。（迁移创新）

四、项目、单元（或课时）教学过程设计

教学环节一：旧知回顾

教师展示图片，学生通过完成拼图，回顾神舟十二的发射过程。并基于图示，口头复述神舟十二发射过程。

设计意图：通过拼图和复述的方式，为学生后面阅读活动做好语言准备。

教学环节二：读中环节

学生通过阅读文章，提炼整合我国在航天事业所取得的成就；学生分析航天员聂海胜的话，归纳载人航天精神。

设计意图：通过整合我国航天事业成就，分析载人航天精神，激发学生的爱国精神和自豪感，为学生自我反思做好铺垫。

教学环节三：读后环节

学生通过观看视频，体会航天人为航天事业的付出及载人航天精神的内涵，从而反思自身学习态度。

设计意图：通过领会载人航天精神，引导学生反思自身生活学习态度，指导自己的学习和生活，培养学生艰苦奋斗、永不放弃的精神。

教学环节四：口语表达环节

学生梳理并总结本课时的要点，形成结构化知识，运用正确的句式进行综合表达。

设计意图：引导学生内化本课所学语言，提高学生语言运用能力。

五、项目、单元（或课时）的作业设计及特色融合点说明（表1）

表1 作业设计及特色融合点

环节名称	作业设计	特色融合点
课前	问卷调查	了解学生对于航天知识和相关航天词汇的认知
课后	完成学案上的知识梳理导图（全体学生）。	学生能够梳理并巩固课堂所学，总结航天成就，载人航天精神
课后	写一封邮件，给外国笔友介绍参观航天展的所见所感。（全体学生） Writing task： You have just visited an aerospace show organized by your school. Please write an email to your pen pal Jack and introduce this activity to him. You need to talk about the achievements of aerospace industry, your feelings, reasons for achievements, manned space spirit and your self-reflection	创设贴近学生生活的真实情境——参观航天展，引导学生运用所学语言，介绍我国航天事业的发展、载人航天精神及个人反思
课后	画一幅海报介绍我国载人航天精神或录一条vlog介绍我国航天事业的发展。 （拓展作业：以小组为单位完成）	通过设计海报的形式，让学生对航天精神有更深入的感悟。训练学生口语表达能力，落实课堂所学

六、项目、单元（或课时）的学习效果评价（表2）

表2 学习效果评价

环节活动	评价目标	评价方式	
		课中	课后
旧知回顾	完成神舟十二发射过程的拼图并有逻辑地进行叙述	教师评价	学习效果评价量表
读中环节	列出我国航天事业所取得的成就并口头谈论自己的感受；分析取得航天成就的原因，总结载人航天精神	教师评价、生生评价	
读后环节	梳理并补充1~2个载人航天精神的内涵	生生评价	
口语表达	正确运用所学的5个方面的语言，做一个口头演讲	教师评价、小组评价	

七、项目、单元（或课时）教学特色分析

（1）军事航天特色的渗透：本课选材为神舟十二发射升空的新闻报道，与我校的军事航天特色主题契合。报道中不仅包含了航天的专业词汇，载人飞船升空的流程及专业知识，而且蕴含了载人航天精神的内涵，适合学情，贴近学生生活和兴趣点，能够达成学生科学文化素养的培养目标。

（2）文章的深入剖析：通过问题链的形式，层层递进，结合结构化的板书，训练学生的逻辑思维能力，能够使学生逐步深化对载人航天精神的理解。

（3）教学评一体化：学生通过对文章中的航天知识、载人航天精神的梳理与分析，并结合教师逐步生成的结构化板书，能够自主完成本节课综合输出活动——介绍我国航天事业的发展、载人航天精神内涵、自我学习反思，提高了学生的综合表达能力。

（4）多种教学方式的综合运用：通过学生自主阅读和表达、小组合作、希沃白板的拼图功能、导入视频的多种教学方式，帮助学生深入理解文本。

基于英语听说教考平台的听说课实践

——How to become an astronaut

黄 瑞

一、项目、单元（课时）指导思想与理论依据

《普通高中英语课程标准（2020版）》指出，高中英语课程的目标为培养和发展高中学生应具备的语言能力、文化意识、思维品质、学习能力等学科核心素养，以立德树人为根本任务。

《普通高中英语课程标准（2020版）》指出，英语课程的6个要素共同构成了英语课程内容，是发展学生英语学科核心素养的基础。其中文化知识是指中外优秀人文和科学知识，既包含物质文明知识，也包含精神文明知识，旨在培养学生形成跨文化意识、涵养人文和科学精神、坚定文化自信。此外，主题为语言学习提供主题范围或主题语境，学生对主题意义的探究是学生学习语言的最重要内容。主题语境涵盖"人与自我""人与社会"和"人与自然"。其中"人与自我"主题语境内容要求则涉及未来职业发展趋势、个人职业倾向、未来规划等。"人与社会"主题语境内容要求则涉及对于学生科学精神的培养。

国务院办公厅印发的《关于新时代推进普通高中育人方式改革的指导意见》中提出，教师要通过学科教学渗透、开设指导课程、举办专题讲座、开展职业体验等对学生进行指导。本校的军事航天特色学科渗透课程利于学生了解军事航天的相关专业知识、相关职业背景、职业选拔条件，能够有效对学生进行指导。

二、项目、单元（或课时）教学背景分析

（一）教学内容分析

本节课是一节听说课，听力语篇1是一篇采访，听力语篇2是一个独白，主题为"讨论如何成为一名宇航员"。内容为杨利伟回答采访者关于中国宇航员的选拔条件及过程，主要包含4个层面：航天梦想，自幼就有一个航天梦并为之努力奋斗；飞行经验和专业训练，有战斗机飞行员的经历及1350小时以上的飞行经验，参加航天设备及身体和心理上的专业训练；良好的身体条件，有完美的身体条件和心理状况；丰富的知识储备，

学习英语，科学及天文学知识。

本文通过探讨中国宇航员的选拔条件及过程，开拓学生眼界，了解我国航天事业发展需求，引导学生从宇航员的经历中体会任何辉煌的成就都离不开勤奋的学习，刻苦的磨炼和不懈的努力，从而明确自己的生涯规划及理想工作的必备条件，并为之努力。

（二）学生情况分析

话题认知：学生对航天话题有一定的认知，熟知一些航天员的名字，对于如何选拔航天员充满好奇心，但对于中国航天员的选拔条件及过程了解较少，背景知识储备不丰富；此外，学生对于自己的生涯规划不太明确，缺乏对本方面的思考。

知识基础：学生对航天话题词汇有一定的知识储备，但对于宇航员选拔条件的相关表达储备有限；学生语言基础相对较差，用英语表达自己的观点存在一定困难。

心理特点：学生对宇航员们不畏艰难、刻苦磨炼、勇于探险、不懈努力的奋斗精神有一定的认知，但在学习上存在一定畏难心理；此外，学生对于自己的职业生涯规划的思考较少，奋斗目标不太明确。

三、项目、单元（或课时）教学目标

（1）获取、梳理成为宇航员的必备条件，分类总结职业必备条件的语言表达；（学习理解）

（2）有逻辑地复述杨利伟成为宇航员的经历；（应用实践）

（3）运用所学语言，说出自己未来的职业选择及该职业的必备条件。（迁移创新）

四、项目、单元（或课时）教学过程设计

教学环节一：话题导入

学生在平台上朗读课前预习单词，并依据平台评价结果，进行纠正，熟悉话题词汇。学生观看神舟十四号宇航员进入核心舱的视频，对于宇航员的必备条件进行头脑风暴。

设计意图：检查学生课前单词预习成果，纠正学生发音，熟悉本节课话题词汇；激发学生学习兴趣，引入本节课话题，通过问题引导学生头脑风暴，激活学生已知。

教学环节二：听并获取主旨大意

学生通过听一段采访，在平台上回答问题，获取采访的主旨大意，初步了解成为宇航员的必备条件。

设计意图：通过听一段采访，初步获取成为宇航员的必备条件，为后面的细节信息获取做铺垫。

教学环节三：听并获取细节信息

学生再听两遍这段采访，在平台上填写表格，引导学生获取和梳理采访中关于成为宇航员必备条件的细节信息。

设计意图：梳理成为宇航员必备条件的细节信息，提高学生的听后记录能力，为口头复述做准备。

教学环节四：听后复述

学生分享复述的技巧，依据表格，听并记录采访的信息，口头复述杨利伟成为宇航员的故事。基于复述技巧，评价同伴的复述。

设计意图：引导学生明确复述注意事项，并通过复述再次内化采访中的关于成为宇航员必备条件的语言知识；引导学生发现其他同学复述中的优势和不足，明确自己复述的优缺点。

教学环节五：读后复述

学生在平台上朗读复述的范文，纠正错误发音，并同时丰富复述内容，再次复述杨利伟成为宇航员的故事。

设计意图：引导学生内化语言知识，并通过再次复述，改正前期复述中存在的问题，提高复述能力。

教学环节六：语言总结与内化

学生进行小组讨论，找出可用来谈论宇航员必备条件的有用表达；学生通过游戏的形式，对所学语言进行分类和总结，并朗读有用的表达。

设计意图：通过小组讨论和游戏的形式，引导学生将采访中的表达进行归类，为下一环节运用与输出做铺垫。

教学环节七：思考与分享

学生分享自己的理想职业，思考理想职业所要具备的条件，并运用所学语言和所给句型，口头介绍自己的理想职业。

设计意图：通过问题链及小组讨论，引导学生分享自己的理想职业及所需条件，迁移运用所学语言知识。

五、项目、单元（或课时）的作业设计及特色融合点说明（表1）

表1 作业设计及特色融合点

环节名称	作业设计	特色融合点
课前	课前调查问卷（成为宇航员的必备条件，理想工作及必备条件）；单词预习。（全体学生）	学生通过课前预习航天词汇，完成课前关于本话题的调查问卷，激活学生已知

续表

环节名称	作业设计	特色融合点
课后	写一封邮件，给你的笔友介绍你的理想工作及理想工作的必备条件。（全体学生） Writing task: Suppose you are Li Hua, your pen pal Tom is greatly interested in your dream job, please write an email to him to tell him	引导学生迁移运用关于成为航天员的必备条件的语言，谈论自己的理想工作
课后	拍摄一段视频，运用所学语言，口头介绍自己的理想工作。 （拓展作业：以小组为单位完成）	迁移运用关于成为航天员的必备条件的语言

六、项目、单元（或课时）的学习效果评价（表2）

表2 学习效果评价

环节活动	评价目标	评价方式	
		课中	课后
话题导入	学生能够正确朗读多数单词，并能通过听说平台纠正发音；学生能够分享部分成为宇航员所需要的条件，如：身体条件、专业的训练	听说教考平台打分、教师评价	课后学习效果评价量表
听并获取主旨大意	学生能够通过听获取采访的主要内容	听说教考平台打分	
听并获取细节信息	学生能够通过听，获取多数细节信息、部分细节信息，可以在其他学生分享和教师引导下获取	听说教考平台打分、生生评价、教师评价	
听后复述	学生能够说出部分复述时的注意事项，并对采访内容进行复述	生生评价、教师评价 听说教考平台打分	课后学习效果评价量表
读后复述	学生通过再次复述能够达到更高的分数	听说教考平台打分	
语言总结与内化	学生能够进行准确分类并正确读出归类后的表达	生生评价、教师评价、希沃白板课堂游戏	
思考与分享	学生能够运用所学表达来介绍自己的理想职业及其必备条件	听说教考平台打分、生生评价、教师评价	

七、项目、单元（或课时）教学特色分析

（1）军事航天特色的渗透：本课为听说课，听力材料为杨利伟的采访，内容为杨利伟成为宇航员的故事。整节课围绕成为宇航员的必备条件展开，通过听、复述、口语表达等活动使学生深入了解航天员的故事，契合军事航天特色，利于学生科学文化素养的培养。

（2）教学评一体化：本节课通过复述文本内容、朗读听力原文、总结归纳话题语言点等活动，帮助学生消化吸收语言，为输出环节的迁移运用做好铺垫。本节听说课的输出环节不只是停留在对相关话题的讨论，而是运用所学语言去谈论自己的理想职业。

（3）创设真实的活动情境：课堂最后的迁移运用环节，注重与学生已有的知识和经验建立紧密联系，关注学生的生涯规划。

（4）充分运用信息技术平台：基于听说教考平台的使用，即时检测分析学生学习效果，准确地了解学生对于教学内容的把握程度，学生出现的共性错误，存在的困难，从而能够调整教学设计。此外，通过平台布置任务，能够让每个学生都参与到课堂中，充分发挥学生的主体性，避免传统听说教学的弊端。

专家点评

融合跨学科课程内容　助力学生核心素养的提升

《英语课程标准》中提出："义务教育英语课程体现工具性和人文性的统一，具有基础性、实践性和综合性特征。"首都师范大学附属云岗中学借助航天部的资源优势，依托学校"科研引航、文化立校、特色兴校"的办学思路，开发并实施了以"国际视野下的军事航天科技教育"为特色主题的系列课程，将军事航天知识的学习融入英语课堂教学，真正体现了英语课程内容的选取要遵循培根铸魂、启智增慧的原则，为学生终身学习、适应未来社会发展奠定基础。具体有以下3个特色较为突出：

（1）以主题为引领选择和组织教学内容。教师围绕着每节课的话题将体现时代特征、反映社会新发展、科技新成果的语篇引入课堂，充分发挥了学科育人的功能。比如案例中涉及太阳系的四大行星、如何合理使用电脑、航天员邓清明及神舟十二号飞船发射升空过程等。内容鲜活，具有时代感，同时又紧密联系学生的现实生活，容易唤起学生的学习兴趣，触动学生的心灵，使他们不仅习得了语言知识、提升了语言技能，掌握了学习策略，更重要的是在学习语言的过程中增长了跨学科知识、逐步形成必备的品格和关键能力，提高了人文科技综合素养。

（2）以英语学习活动观为路径设计教学活动。教师在教学过程中注重设计学习理解、应用实践和迁移创新等不同层次的活动。特别是在迁移创新类活动设计中能够关注到学生的生活实际，鼓励学生用所学的知识解决生活中的问题，体现了语言学习的意义。例如：请学生谈谈自己理想的职业，谈谈自己最喜欢的行星，谈谈自己认为宇航员应该具备什么样的素质及他们自己在生活中是如何使用电子产品等，这些活动的设计都有效地促进了学生高阶思维的发展，帮助他们在交际活动中逐步形成正确的态度和价值判断。

（3）以信息技术为手段提升课堂教与学的质量。教师们充分发挥现代信息技术对英语课程教与学的支持与服务功能。有的教师利用 AntConc 检索工具建立了人教版高中英语教材语料库，利用其索引（Concordance）、索引定位（Concordance Plot）、文件查看（File View）等功能进行语料检索、信息筛选和词频统计，提高了整合教材和组织教学的效率。有的教师创新使用科大讯飞教学系统，开展了人工智能背景下的线上线下混合教学，改变了学生以往单一的线下学习方式，满足了学生个性化学习需求。

基于以上3个比较突出的特色，英语学科在未来融合课程的开发和实践中还可以重点从以下两点发力：

（1）加强英语教学与学校特色深度融合的教学模式探究。从融合的目标、融合的内容、融合的路径及方式、融合的策略等几个维度，基于大量的教学实践逐步构建学科融合模式。特别是在融合内容和方式上可以从校内、校外校本课程一体化建设的系统思考出发，进一步突破知识层面的单一融合，聚焦学生生活中的真实问题，通过项目式学习、学科实践活动的实施等多种方式促使学生的深度学习真正发生。帮助学生逐步形成适应个人终身发展和社会发展需要的正确价值观、必备品格和关键能力。

（2）加强英语课堂"教—学—评"一体化设计的研究与实践。从案例中可以看出，大多数教师都已具备了对学习效果进行评价的意识。但在如何提高评价的实效性层面还有很大的研究空间。教师应坚持形成性评价与终结性评价相结合的原则，从评价的主体、评价的活动设计、评价的类型、评价工具的开发等几个维度进行深入的研究。充分发挥学生在评价中的主观能动性，将方式多样的评价贯穿英语课堂教与学的全过程。真正实现以评促学，以评促教的教与学方式变革。

王冬梅

北京市英语学科带头人，北京教育学院丰台分院英语教研员，教师发展中心主任

物理篇

初中物理学科与学校特色渗透融合策略研究

王晓琳

义务教育物理课程与学校特色渗透融合是基于学校航天军事科技教育特色发展的定位，结合学校发展的实际，以航天、军事、科技教育为切入点，以学生感兴趣的航天、科技教育为载体，以物理学科特色为实践途径，打破单一学科界限，与其他学科进行有机融合，将知识进行整合，着力培养学生的创新精神和实践能力。在实施过程中，让学生带着对科技的好奇学会发现问题，通过科学探究、合作、动手实践等利用科学方法去解决问题，从而提升学生的观察、提出问题、大胆想象、乐于合作、勇于创新等综合素养，助推学生在德智体美劳方面全面发展。

一、物理学科与学校特色渗透融合概述

党的二十大报告第五部分"实施科教兴国战略，强化现代化建设人才支持"中，涉及"创新"达21次，"创新"已经成为当今时代的主旋律、最强音。人才强国战略的根基在于创新人才培养，创新教育是人才培养范式的深刻变革，涉及每位教师和每门课程的教学改革。创新教育不再仅局限于教师对学生的因材施教，而是教师引导和启发学生领悟创新的本质，让学生在创新中发现自我、实现自我和超越自我。这就需要教师把创新思维训练和创新方法应用融入物理学科教学、探究实验和课后实践中，全方位为学生提供指导。

义务教育物理课程学科理念中提到：义务教育物理课程标准以习近平新时代中国特色社会主义思想为指导，以学生发展为本，以提升全体学生核心素养为宗旨，为每个学生的学习和发展提供机会。注重落实物理课程的育人价值，培养学生适应个人终身发展和社会发展需要的正确价值观、必备品格和关键能力。遵循初中学生身心发展规律，贴近学生生活，关注学习生长点，以具体事实、鲜活案例、生活经验和基本概念等引导学生进行理性思考。注重时代性，加强与生产生活、社会发展及科技进步的联系，凸显我国科技成就，引导学生增强文化自信，树立科技强国的远大理想。注重"知行合一，学以致用"，体现物理课程基础性、实践性特点。注重科学探究，引导学生不断探索，提高分析问题、解决问题的实践本领和科学思维能力，发展核心素养。

中国航天已由航天大国向航天强国转变，航天科技当中的航天材料、动力推进、超重与失重、微重力、力的相互作用、太阳能电池板、磁场、信息传送等都与物理知识相关。

在科技方面，我国更是稳扎稳打，攻坚克难，奋勇争先：在纳米技术研究方面，我国居于国际科技前沿；超级计算机智能化技术已跻身国际先进行列；世界首颗量子科学实验卫星"墨子号"与世界首条量子保密通信干线"京沪干线"进行天地链接，在国际上首次成功实现数百万米的星地双向量子通信……我国科技发展取得的这些举世瞩目的成就，都有物理学研究的贡献。

物理学与我们的现代生活息息相关。学生通过初中物理当中的力学、热学、电磁学、光学知识进行学习时，与军事航天科技相结合，以物理学科知识体系为基点，将相关的化学、生物学、地理学等学科知识融合，综合运用知识对一些简单现象进行分析，帮助学生在探究科学知识的同时复习巩固其他学科的知识，不但能将知识掌握得更加扎实，综合能力得到培养和提升，促进学生全面发展，还能够帮助他们逐渐从狭隘的学习心态走出来，更加能够引导学生全面发展自己的科学思维和科研能力，学会用国际眼光或者国际视角，认识军事航天科技等方面的相关问题，进而培养学生的民族自豪感和自信心，立志将来努力为我国现代化建设贡献力量。

二、物理学科与学校特色渗透融合现状

（一）以物理课堂为主阵地，将物理知识与学校特色渗透融合。

物理学科教育与我校国际视野下的军事航天科技特色教育有诸多融合点，能够在课上、课后开展特色融合渗透。当前，我国航空航天技术发展迅速，部分领域甚至进入国际领跑阶段。中国航天已成为国家高科技创新标志。"天宫课堂"为学生们开创了新的学习形式，成为普及科学知识的高端课堂。关注航天信息及航天发展成为激发社会各界特别是青少年崇尚科学、探索未知、广泛参与的重要平台（表1）。

表1 义务教育物理知识与学校特色渗透示例

知识点	与学校特色融合点
重力	航天——太空失重
运动和力的关系	航天——不受外力时的运动状态
流体流速与压强	航天——飞机升力
浮力、液体压强	科技——蛟龙号载人潜水器
生活中的透镜	军事航天科技——望远镜，天文望远镜，祝融号
电磁波	军事航天科技——太空信息传递，北斗组网

（二）以物理学科专题教学活动为依托，将物理知识与学校特色渗透融合

2015年，北京义务教育毕业升学考试中增设了科普阅读题，目的在于引导学生重视通过阅读科普文章，了解我国在军事航天科技等方面取得伟大成就的同时，能够灵活地运用学到的物理知识解决相关问题。

阅读能力是人类终身可持续发展的核心素养之一，学会阅读学习，是信息时代重要的学习方式。因此，在物理学科专题教学活动中，我们针对科普阅读进行专项练习（表2）。

表2 科普阅读题与学校特色渗透融合示例

科普阅读题目	与学校特色融合点
2021年海淀一模《九天云外揽月回》	长征五号遥五运载火箭燃料，嫦娥五号着陆器，数据传输等
2022年中考《国之重器——综合极端条件实验装置》	国际首个综合极端条件实验装置布局在北京怀柔科学城，并已投入使用。极端条件：极低温、强磁场、超高压、超快光场
2022年西城一模《北京冬奥会火炬的科技"外衣"》	中国研发团队利用碳纤维与高性能树脂研制出的一种新材料——碳纤维复合材料制造的，这堪称世界首创

（三）与其他学科进行跨学科活动，将综合知识与学校特色渗透融合

为适应社会高速发展，提升我校发展水平，学校以"国际视野下的军事航天科技教育"为主题开展了系列特色活动，为后续全面推进打下坚实基础。初中物理教研组积极参与到学校特色建设活动中来，先后两次进行了课例展示。

刘洋老师结合速度、力的作用效果、摩擦力等物理学科知识，以"天问一号"火星探测器着陆火星的故事为背景展开生动有趣的教学活动。课上让学生假想自己成了"天问一号"的主设计师，设计一款能让它完好着陆在火星表面的火星探测器。通过模拟的过程，学生们在游戏的过程中，将所学的知识灵活运用。接着引领学生探索航天器着陆系统的设计并制作探测器。整节课以"自主、合作、探究"的学习方式进行，目的在于激发学生的兴趣，使学生积极主动地参与到学习全过程。学生在学习的过程中，通过独立思考和小组合作并将所学的知识应用到完成火星着陆器设计制作中，最后通过成品讲解和学生评价的方式，对各组设计制作的火星探测着陆器进行综合评比，既充分调动学生的积极性，让学生成为课堂的主体，又将学科知识与航天科技融合在一起，同时激发了学生的学习兴趣。

另外一节是刘洋老师与生物学科的路蒙蒙老师联合进行的跨学科与学校品牌特色的融合课展示。课程的主体是初一年级生物学科肺通气，其间需要引领学生利用所学知识为航天员设计航天服。但是气体压强与气体体积的关系对于初一学生理解有很大难度，为了帮助学生打通学科间的壁垒，初中物理刘洋老师参与课程讲解，通过2个物理实验

让学生亲身参与的同时，学到气体压强与气体体积的关系。通过生物老师和物理老师的无缝衔接讲解，学生们最终为航天员设计出了安全舒适的航天服。通过课程学习，学生们深刻认识到科学知识在航天科技中的作用。

通过这两节课，学生利用学到的物理、生物知识能够解释生活中一些简单的现象，学以致用，他们的学科核心素养得到培养，认识到学科之间是可以融通的，激发了学生的学习兴趣的同时增强了民族自信和自豪，为今后继续学习科学知识奠定了基础；学科组对于学科与学校特色建设融合有了更深层次的了解，视野扩大，眼界更高，对教师今后自身发展提出了更高的要求，对于落实国家课程校本化起到了推进和催化的作用。

三、物理学科与学校特色渗透融合资源梳理

习近平总书记多次强调，课程教材要发挥培根铸魂、启智增慧的作用，必须坚持马克思主义的指导地位，体现马克思主义中国化最新成果，体现中国和中华民族风格，体现党和国家对教育的基本要求，体现国家和民族基本价值观、体现人类文化知识积累和创新成果。物理学是自然科学领域研究物质的基本结构、相互作用和运动规律的一门基础学科，通过科学观察、实验探究、推理计算等形成系统的研究方法和理论体系，引领着人类对自然奥秘的探索，深化着人类对自然界的认识。物理学对化学、生物学、天文学等自然科学产生了重要影响，推动了材料、能源、环境和信息等领域的科学技术进步，促进了人类生产生活方式的变革，对人类的思维方式、价值观等都产生了深远影响，为人类文明和社会进步做出了巨大贡献。义务教育物理以实验为基础的自然科学课程，与小学科学和高中物理课程相衔接，与化学、生物学等课程相关联，具有基础性、实践性等特点。在教学中培养学生的理科思维，对身边的物理常识有定性的认识，同时能够用物理知识去解释生活中的各种现象，并运用物理知识去分析各种问题出现的原因，从而找出解决问题的方法与措施来解决相关问题。义务教育物理课程旨在促进人类科学事业的传承与社会的发展，帮助学生从物理学视角认识自然、解决相关实际问题，初步形成科学的自然观；引导学生经历科学探究过程，学习科学研究方法，养成科学思维习惯，进而学会学习；引领学生认识科学、技术、社会、环境之间的关系，形成科学态度和正确价值观，增强社会责任感、民族自豪感；激发学生热爱党、热爱祖国、热爱人们的情感，为培养德智体美劳全面发展的社会主义建设者和接班人奠定基础。

物理学科作为以实验为基础的自然学科，是整个自然科学和现代技术发展的基础，对促进社会的发展具有不可替代的作用。物理知识在现代生活、社会生产、科学技术中有广泛的应用。

针对学校国际视野下的军事航天科技品牌特色建设这一主题进行资源梳理，因为初中物理学科的独特性，军事航天科技中的很多现象和技术都与物理知识有直接的关系，因此在教学的各个内容中都可以进行渗透、融合，都可以将航天军事科技主题作为引入的情景和科学探究项目的主题开展学科学习活动。

四、物理学科与学校特色渗透融合到底融什么?

(一)将学校特色与物理学科相关的知识相融合

物理学科与学校特色融合的首要问题是学科知识的融合。因为知识融合是为学生终身学习服务的,是为了更好地帮助学生理解问题和解决问题。将军事航天科技知识与物理学科知识进行融合,让学生感受到物理学科知识在军事航天科技中的巨大作用的同时,认识到知识对科技发展的推动作用,从而能对物理学科的学习感兴趣,更能调动学习积极性、深化知识的理解,加强知识的迁移能力培养。

(二)将学校特色与物理学科思维相融合

物理学科思维是指物理问题解决的间接和概括的认知过程。基本内涵包括观察能力、记忆能力、分析能力、综合能力、实验能力、推理能力等。这些能力都是在思维活动中形成和发展起来的,是人们认识世界和改造世界所必需的。物理学科思维主要是在物理教学中培养的。通过实践活动将学校特色与学科思维进行融合,注重打开学生不一样的认知视角和探究思路,从而引发学生不同侧面的学习和不同程度的创新。换个思路和角度,能开掘出异常丰富的学习资源,使学生的认知变得立体而全面。有利于培养学生用科学思维去观察、分析和解决问题。

(三)将学校特色与物理学科方法进行融合

每一门学科都是对问题的研究,但不同的学科有不同的研究方法,不同的学科也有不同的表达方式。物理学中的科学方法有:观察法、实验法、控制变量法、转换法、类比法、对比法、归纳法、理想化法、放大法、等效替代法、累积法、理想模型法、图像法等。物理学的研究方法对于探索自然具有普遍意义。学生在物理课程中学到基础知识和实验技能,受到科学方法和科学思维的训练,受到科学态度和科学作风的熏陶,对于他们提高科学文化素质,适应现代生活,形成终身学习的能力都是十分重要的。

学校特色渗透的实质是多学科方法的融合,教学中进行多学科方法的融合,就是立足本学科借助其他学科的方法,深化教学的进程和学生的理解,对于学生的终身学习起到奠基的作用。

(四)将军事航天科技与物理学科精神相融合

学科精神是学科在长期发展过程中形成的核心理念和价值追求,也是学科在自然状态下呈现出来的一种独特的气质和性格。不同的学科精神可以培养不同的价值观念和素质。物理学科弘扬尊重客观事实的理性精神。人文精神强调对人的关注,鼓励人的个性发展和创新实践,具有强烈的感性色彩和主观能动性;理性精神则注重对客观事实的尊重和思考，强调实事求是的认知态度和探索精神。教学中，我们需要关注不同学科精神的融合和渗透。有了人文精神，物理学科就有了人性的色彩和光芒；融合理性精神，人文学科才有了坚定的立场和清醒的认识。

五、物理学科与学校特色渗透融合有效策略

（一）对物理学科教学进行有机融合

1. 制定学科融合规划促进常规教学融合

全员通读课程标准、学校特色相关资料，研究需要整合的教材知识内容、学科思维、学科研究方法、学科精神，对教材进行深度解读、整体构建和二次开发，分发整合提纲，分类整合教学，制订物理学科融合规划方案以促进常规教学的融合。

2. 重视推进与落实保证教学有效融合

（1）在物理教学过程中推进实施，通过"引入""讲授新课""知识应用"等环节将军事航天科技方面与物理学科知识相融合。如在讲授微观世界的结构知识的时候，把我国在此方面取得的重大成就——中国散列中子源 CSNS 作为"知识应用"环节内容呈现给学生：

探秘微观世界的"国之重器"

中国散裂中子源 CSNS 于 2018 年 8 月 23 日通过国家验收，投入正式运行。目前，全球建成的散裂中子源装置仅有 4 个，其他 3 个分别为英国散裂中子源 ISIS、美国散裂中子源 SNS 和日本散裂中子源 J-PARC。

在现代科学产生之前，人类用肉眼去观察和理解世界。后来，科学家发明了光学显微镜，我们第一次看到了肉眼无法直接观察到的细胞和细菌。而电子显微镜比光学显微镜的分辨率高 1000 倍左右，可以看到更小的病毒。人类对微观世界的探索随着技术手段的提高，越来越走向深入，超级显微镜应运而生。中国散裂中子源就像"超级显微镜"，是研究物质材料微观结构的理想探针。

当中子轰击某种材料时，由于中子不带电，电子和质子的电荷将无法阻碍中子前进的步伐，它将会直捣原子的黄龙——原子核，并与之发生相互作用，这便是中子的核散射。另一方面，中子就像一个小磁针，具有磁性。原子本身具有的磁性与中子这个"小磁针"相遇会相互作用，这就是中子的磁散射。通过观测中子入射和出射前后的变化，就可以判断原子核的相对位置，甚至它们的振动行为。

散裂中子源在能源材料领域、锂电池研究及文物保护等方面，都有很重要的应用。中国散裂中子源将为我国产生高水平的科研成果提供有力支撑。

请根据上述材料，回答下面的问题：

①用中子轰击某种材料时，会发生中子的核散射和中子的_____散射 2 种情况。

②当中子轰击某种材料时，电子和质子的电荷将无法阻碍中子前进的步伐，原

因是_____。

③请你写出下列仪器能够观察到的物体最小尺度从小到大的排列顺序_____。（用字母表示即可）

　　A. 散裂中子源　　　B. 电子显微镜　　　C. 放大镜　　　D. 光学显微镜

④通过观测中子入射和出射前后的变化，就可以判断原子核的相对位置，甚至它们的振动行为。请你再举出一个与此研究方法类似的实例：_____。

学生通过阅读，在知晓我国在科技方面取得伟大成就的同时，能够应用所学的知识解决简单问题，不仅能体验到学习的乐趣，又能激发学习兴趣。

（2）在物理探究实验活动中推进实施，将物理学科的学科思维、研究方法、学科精神与航天军事科技相合。

如在讲大气压强知识时，利用"瓶吞鸡蛋"探究实验，可以成功地让学生在集中注意力观察神奇现象的前提下，认真思考瓶子是怎样"吞"掉鸡蛋的。在整个探究活动中能够有效引发学生探究热情和求知欲望，学生积极思考、分析、探究问题，再与航天服能够保持压力平衡（使航天员承受的压力与在地球上的相似）、抽去航天员呼出的二氧化碳功能相结合，不仅可以使学生对物理学科知识有更深刻的理解，可以了解到航天服中的物理知识应用，更能培养学生的创新精神。

（二）与学校航天军事科技教育主题活动融合

1. 物理学科在学校航天军事科技教育活动中的实践性。

2022年版义务教育物理课程标准对课程理念有5点描述：①面向全体学生，培养学生核心素养；②从生活走向物理，从物理走向社会；③以主题为线索，构建课程结构；④注重科学探究，倡导教学方式多样化；⑤发挥评价的育人功能，促进学生核心素养发展。遵循初中学生身心发展规律，贴近学生生活，关注学习生长点，注重时代性，加强与生产生活、社会发展及科技进步的联系，凸显我国科技成就，引导学生增强文化自信，树立科技强国的远大理想。以《课程标准》为指导的物理教学，在实践性上完全能够与学校的航天军事科技教育主题相融合。必将能够发挥学科特点，培养学生适应未来发展的正确价值观、必备品格和关键能力，引导学生明确人生发展方向，成长为德智体美劳全面发展的社会主义建设者和接班人。

2. 物理学科在学校航天军事科技教育活动的跨学科性。

物理学科在学校航天军事科技主题活动中与语文、美术学科融合，能够强化学生人文素养；与化学、生物、地理学科融合，能够强化科学素养；与信息技术、劳动技术学科融合，能够培养兼容意识及动手能力。让学生在跨学科的学习实践中得到德智体美劳全面发展，提升综合素质。

六、结束语

社会要想进步首先是科技的发展，学习物理还有一个很重要的目的，就是通过物理知识的掌握和理解，能够灵活运用这些知识去创新，来探究未知的领域，找到新的答案，使科技发展到一个更高的领域。让学生具备科学知识、科学思想、科学方法和科学精神，科学以探究为最主要的学习方式，以生活中的科学为逻辑起点等都与我们打造学校科技特色的目标相吻合，学校特色需要课程来支撑。以初中物理学科为切入点，让国家课程校本化、开发突出科技特色的学校课程，丰富教学资源、教学形式，构建适合并满足学生个性化发展、凸显学校科技特色的课程。

参考文献

［1］中华人民共和国教育部.义务教育物理课程标准（2022年版）［M］.北京：北京师范大学出版社，2022.

［2］陆启威.学科融合究竟"融"什么［J］.江苏教育，2020，1361（30）：35-37.

基于STEAM教育理念的品牌特色课程的思考与实践

——以"火星着陆"为例

刘 洋 王晓琳

一、项目指导思想与理论依据

在科技迅速发展的今天,大力培养创新型人才已成为各国促进经济发展与科技进步,提升国际竞争力的重要战略举措。STEAM教育将科学、技术、工程、艺术和数学相融合,培养学生的综合能力,是未来教育改革的主流趋势和发展方向。

2021年,"天问一号"航天器着陆火星标志着我国航天科技发展的又一伟大壮举。依托我校"国际视野下的军事航天科技教育特色品牌建设项目"的背景,以"天问一号"着陆火星的情境为例,我们采用STEAM教育的方式,让学生们使用给定的器材来设计并模拟其着陆过程,以此来引导学生进行理性思考,增强文化自信,树立科技强国的远大理想。在设计与实施的过程中,学生们亲自参与着陆系统的设计与制作,这有助于学生们更加深刻理解着陆的关键原理。在不断探索的过程中,提高学生们分析问题、解决问题的实践本领和科学思维能力,发展核心素养。课堂上,以学生为主体,充分激发学生学习的主动性和积极性。通过小组合作,培养学生团队协作能力。本次项目不同于传统套件具有统一的组装流程和结果,学生们需要使用生活中常见的物品来模拟着陆过程,这样增强了学生们积极认真的学习态度和乐于实践、敢于创新的精神。

二、项目教学背景分析

(一)教学内容分析

本节课是在学生刚刚学完"机械运动和力"的相关知识的基础上。学生们知道了多种多样的运动形式,知道机械运动的相对性。学生们已经可以用速度来描述物体运动的快慢。并且,学生们通过常见的事例,认识力的作用效果,可以使物体减速。同时,学生们也知道需要从3个方面来研究力,分别是力的大小、力的方向和力的作用点。最后,学生们已经知道力的作用是相互的,能运用惯性知识来解释生活中的现象。

基于我国近些年来在航空领域的重大突破,以"天问一号"火星探测器着陆火星的故事为背景展开项目式教学,将所学的知识与实践相联系。在这,我们让学生假想自己是"天问一号"的设计师,作为设计师,我们怎样才能使"天问一号"探测器安全地着陆在火星表面。

通过真实问题情境引入,注重"知行合一、学以致用",体现物理课程基础性、实践性等特点。引导学生了解我国现代的相关科技成就,体会中华民族的智慧,培养学生们的科学态度和实现中华民族伟大复兴的责任感与使命感。

(二)学生情况分析

初二的学生进入青春期,他们有很强的好奇心和探究欲。但是,他们缺乏持之以恒、锲而不舍的学习精神。在学习上怕吃苦,怕受累,容易产生应付的心态,造成学习不扎实。大部分学生已经初步形成了良好的学习习惯,并且每个学生都有成为优秀学生的意愿。但是,他们缺乏学习的主动性、积极性和持久性。

云岗,作为中国最早有导弹的地方,在这里长大的孩子有着浓厚的航天情怀。他们的家长有很多都在"航天三院"或"航天十一院"工作。无论地区还是学校,都非常重视航空航天事业的发展宣传。在这样氛围下成长的孩子都有一个航天梦,但是,航空航天事业的科技难度都很大,这些离我们还有一定距离。

本节课采用小组合作的方式,以"天问一号"探测器着陆火星为切入点,通过常见的器材来模拟火星着陆的过程。学生们自主设计并制作着陆系统,模拟其着陆过程,注重"做中学""用中学"。通过真实问题情境引入,吸引学生眼球的同时,激发出他们学习的兴趣和积极性。在活动过程中,让学生们体会物理学对人类生活、工程实践和社会发展的影响,培养学生乐于思考与实践,敢于探索,勇于创新的精神,发展学生的推理论证及交流合作能力。

三、项目教学目标

(1)通过介绍中国航天发展史,增强学生的民族自豪感,并且知道航天器在太空中是由于具有惯性而前进的。

(2)通过视频了解"天问一号"探测器着陆火星时的关键技术点,让学生归纳出增加阻力可以有效地使航天器着陆在火星表面。

(3)在设计并制作探测器的过程中,学生们能够运用极限法的思想尽量减小网格纸的面积。

(4)学生们能够想到可以在杯子底部进行挖坑的方式减小网格纸的面积,从而减少航天器的重力。

(5)通过小组合作,培养团队协作能力。同时,在小组合作过程中,充分发挥各自的优势,集思广益,共同解决困难,培养解决问题的能力和不畏艰难的意志力。

(6)通过探究实践活动,学生们产生了浓厚的学习兴趣,提高创新意识和参与学习活动的积极性。

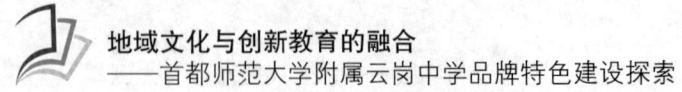

四、项目教学过程设计

（一）情景还原，明确挑战任务

"天问一号"探测器携带着"祝融号"火星车安全着陆在火星表面，首次在火星上留下了中国人的印记，这是我国航天事业发展的又一具有里程碑意义的进展。首先，我们通过视频来了解"天问一号"探测器着陆火星的全过程。从视频上我们可以知道着陆过程中减速是设计的难点之一。"天问一号"探测器主要通过两种方式来减速：①由于火星上具有大气，探测器在距离火星表面还有一定距离时，打开降落伞，通过增加阻力的方式来实现探测器的减速。②在探测器接近火星表面时，探测器通过向下喷气反冲的方式使其安全着陆在火星表面。这两个减速过程中的关键方法给学生的模拟还原提供了指引作用。我们抛砖引玉，让同学们想象自己是天问一号航天器的设计师，并用准备的材料来模拟探测器着陆的过程。

（二）设计并模拟着陆过程

本节课以4人一小组为单位，用塑料杯模拟"天问一号"探测器；乒乓球模拟"祝融号"火星车；用网格纸来设计探测器的减速系统（图1）。其中，网格纸粘贴在塑料杯的底部，通过增加面积的方式增加阻力。除此之外，学生还可以通过折叠网格纸的方式，利用网格纸的形变，在塑料杯落地的瞬间给一个向上的缓冲力。最后，我们将乒乓球放入塑料杯中，从1.2米的高度自由下落，乒乓球不弹出塑料杯则视为挑战合格。其中，乒乓球不允许粘在杯底或被其他物体阻挡。

在真实的情况下，为了顺利让"天问一号"探测器从地球发射到达火星表面。火箭在发射过程中不宜携带质量过大的物体。因此，探测器在满足基本探测任务的前提下，自身的质量越小越好。我们动手设计的着陆系统质量也不宜过大。所以在此次任务中，我们使用的网格纸的面积要尽量减小。

在挑战的过程中，规定此次挑战项目限时为20分钟，20分钟后所有小组停下手头的制作，未按要求的小组视为弃权。每个小组依次上台展示着陆过程，并且只有一次模拟机会。通过限时限次的方式，培养学生们严谨的科学态度与责任意识。

设计和实施的过程中，通过小组合作的方式进行方案设计、动手实施、测试改进等。利用身边的物体来模拟火星着陆的过程，理论与实践相结合，培养学生分析、设计和实践能力，提高学生们的团队协作能力。如图1所示，塑料杯模拟天问一号航天器，乒乓球模拟祝融号火星车，网格纸粘在塑料杯的底部作为减速系统。

物理篇
基于STEAM教育理念的品牌特色课程的思考与实践——以"火星着陆"为例

图1 模拟道具

（三）小组上台交流并展示

在着陆火星的项目最后，学生需要将本组的设计方案及小组的分工情况进行分享。这有助于进一步提高学生对于着陆过程中的难点和重点的认识，增加知识学习的深度和广度。在分享的过程中，学生的逻辑思维和表达能力得到了进一步提升。这培养了学生的勇气、智慧和口才。

学生在分享完自己小组的设计思路之后，就要通过实践来验证自己的设计是否合理。统一将乒乓球放在塑料杯中，从1.2米的高度自由下落。其他小组的成员则作为裁判，塑料杯平稳着陆，乒乓球不弹出则视为合格。每个小组只有一次实践机会，让学生深刻理解科学的严谨性，培养学生们实事求是、持之以恒的品格。

（四）教学评价——对综合能力的评价

评价过程不仅局限于最终成品，还包括参与过程、分享表达。这样全方位、多元化的评价方式，有助于提升学生的综合素养。

成品的评价标准是网格纸的使用面积最小的小组为设计最优小组。这样，明确了学生在设计过程中的目标，提升学生参与活动的积极性，让学生更有逻辑地进行下去。

另外，上台展示分享设计思路最清晰、最科学的小组为本次优秀展示小组。这样有助于让学生有意识地明确设计方案，对于知识的理解和认识更加深入。

除此之外，我们对团队合作、明确问题解决方案、测试改进等方面展开评价。评价的主体也不仅是学生自己，还有教师评价，小组间互评。

五、项目设计及特色融合点说明（表1）

本项目与STEAM教育相融合

通过小组合作来设计并制作火星着陆系统，模拟其着陆过程。过程中注重科学、数学、艺术、工程、技术等知识的综合应用。

科学因素：通过空气阻力可以使物体减速，并且网格纸面积越大，阻力越大。另外，着陆的过程我们还可以利用网格纸的形变来使其有效缓冲。

数学因素：在实际制作的过程中，我们可以采用极限法的思想一步一步缩小网格纸的面积。

工程因素：我们用网格纸来设计减速系统的结构、模型等。并且通过反复试验，保证其下落的过程中稳定性高。并且在试验的过程中一步一步缩小网格纸的面积大小。

技术因素：选取恰当的材料将网格纸紧紧地固定在塑料杯的底部。

艺术因素：减速系统的外观设计与制作。

表1　项目设计及特色融合点

环节名称	作业设计	特色融合点
项目前期	播放视频《我国的航天发展史》	了解中国航天发展史，以真实问题情境引入，明确本节课目标
	观看视频，了解"天问一号"探测器着陆火星的关键点	
项目中期	设计"天问一号"探测器着陆系统	将物理学科与航天科技特色相融合
	模拟"天问一号"探测器着陆火星的过程	
项目后期	分享交流设计思路	学生们通过分享交流，能够更加清晰理解设计及制作过程中的关键点
	总结设计过程中运用到哪些物理知识	采用STEAM教育的方式，学生们在设计和制作之后对知识的理解和感悟能够更加深刻

六、项目的学习效果评价（表2）

表2　学习效果评价

项目	☆☆☆	☆☆	☆	等级
团队合作	团队分工明确合理，各成员积极参与，各司其职，协作良好	团队分工、任务安排较明确，有基本的分工合作	没有分工合作，成员的角色不清晰	
明确问题解决方案	思路清晰并且有很强的科学依据	思路清晰并且有一定的科学依据	思路混乱没有科学依据	
测试改进	对模型进行测试优化，并根据问题及时对设计方案进行修改，改进效果明显	测试改进，及时收集相关数据和问题，设计方案略有改进	在一定程度上做测试改进，但是没有很好的思路	
展示交流	汇报展示详细，设计方案科学合理、清晰、逻辑性强	汇报展示表达较清晰，对设计的阐述较合理，逻辑性一般	汇报展示不够清晰，并且逻辑性不强	

评价主体：学生自评、教师评价、小组间互评。

七、项目教学特色分析

（1）航天科技与 STEAM 教育相结合：2021 年"天问一号"航天器着陆火星标志着我国航空航天事业的一次飞跃。航天器着陆过程中的点点滴滴无不体现了我国航天人的智慧。依托我校"军事航天科技教育特色品牌课程"的背景，将"天问一号"航天器着陆火星的过程搬到课堂上。我们用生活中常见的器材来模拟火星着陆的过程，培养学生利用跨学科知识在真实情境中解决问题的能力；提高学生们的创新意识和参与探究实践活动的积极性。

（2）注重培养学生们的物理学科核心素养：①物理观念：运动观、能量观、相互作用观；②科学思维：形象思维、抽象思维，具有构建理想模型的意识和能力，进行科学推理，找出规律，形成结论，并能解释现象和解决实际问题；③实验探究：培养学生具有科学探究的意识，在实际操作过程中，通过小组合作的形式，让学生可以发现问题，提出合理猜测，培养合作交流的能力；④培养科学态度与责任：在小组展示的过程中，仅给每个小组一次机会，培养学生们严谨的治学态度。

（本项目获"首师大附属学校合作共同体 2022 年跨学科主题探索课程"一等奖）

高中物理学科与学校特色渗透融合策略研究

任竞陵

面对经济与科技的迅猛发展和社会生活的深刻变化，面对新时代社会主要矛盾的转化，面对新时代对提高全体国民素质和人才培养质量的新要求，传统教学中，学科比较注重本学科本位知识，缺乏联系本学校特色诸多因素的联系，不利于学生学习兴趣的激发和核心素养的发展。

我国在航天领域的飞速发展有目共睹，我校所在的云岗地区有着优秀的军事航天积累。作为一所有着63年军事、航天传统的学校，有着发扬航天精神，弘扬中国道路、文化、制度和理论自信不可推卸的责任。《普通高中物理课程标准（2017版2020年修订）》（简称"《2017版课标》"）强调高中物理课程在内容上注重与生产生活、现代社会及科技发展的联系，反映当代科学技术发展的重要成果和科学思想，同时关注物理学的技术应用带来的社会问题，培养学生的社会参与意识和社会责任感。因此在新形势下高中物理教学与学校学科特色渗透融合成为了一种必然的趋势。

一、物理学科与学校特色渗透融合概述

（一）物理学科进行学校特色渗透的必要性

教学活动的成功开展，离不开社会生活、学生经验与学科知识的有效融合。教育部在2014年"关于深化课程改革落实立德树人根本任务的意见"中提出：创建更高水平的物理教学课程为物理核心素养目标之所在，如此方能契合学生多元化全面发展的需求，提升学生解决问题的能力。将国际视野下的军事航天科技融入高中物理课程教学中，是在各种政策和课程标准的引领与推动下，将国家课程校本化,融入本地独有地域文化特色，是树立学生国家安全观和国家认同感、提升学生的科学精神和科技素养的必然结果。

物理学科是一门自然科学，是现代科学技术的基础，在科学素养教育中具有不可替代的地位和作用。高中物理课程是普通高中自然科学领域的一门基础课程，旨在落实立德树人根本任务，进一步提升学生的物理学科核心素养，为学生的终身发展奠定基础，促进人类科学事业的传承与社会的发展。更为值得注意的是，高中物理课程本身蕴含着丰富的军事、航天、科技等诸多知识内容，这些都属于学校特色渗透融合方面契合点，在提升学生的科学精神和科技素养方面优势明显。

在物理的学习过程中，需要在现实生活的认知中扎根，以感知为基础，让学生学会

从具体到抽象概括，再从知识角度出发，解决实际问题，提升综合能力。融入本地区军事、航天和科技元素，能够更好地适应具体的学校和社区环境、突出特色、培养特长，更好地贯彻落实国家的教育方针，更有效地促进学生国家安全观和国家认同感。

（二）物理学科进行学校特色渗透的可行性

《国务院关于基础教育改革与发展的决定》中明确指出："实行国家、地方、学校三级课程管理。""在保证实施国家课程的基础上，鼓励地方开发适应本地区的地方课程，学校可开发或选用适合本校特点的课程"。这一举措为在高中物理课堂教学中融入本地区军事、航天和科技元素提供了实施基础。

因此，高中物理课堂教学过程中，以物理知识学习和物理实验操作为依托，充分挖掘国际视野下的军事航天科技相关元素并融入其中，达到"立德树人"的新时代全面育人要求。

二、物理学科与学校特色渗透融合现状

（一）依托课程，在日常教学中灵活渗透

1. 航天类元素的灵活渗透

我国在现代科学技术领域有诸多成就，其中以航天领域的发展最具有代表性（表1）。近几年，我国在航天领域取得了一项又一项的突破性成绩，不仅成功建设了我国空间站——天宫空间站，还首次完成月球背面的探测活动，为提高我国综合国力奠定了坚实的基础。作为一所有着63年军事、航天传统的学校，更加有责任和义务将这份教育的意义传递给学生们，让学生努力成长为社会主义的建设者和接班人。

表1 航天类在高中物理中的融合举例

知识点	教学设计
失重现象	在天宫空间站中航天员的生活情形
万有引力理论成就	我国神舟五号运行数据计算地球质量
人造地球卫星	爱国科学家钱学森研究"东方红一号"人造卫星
第一宇宙速度	与天宫空间站运行数据比较
地球同步卫星	北斗卫星中地球同步卫星
卫星变轨问题	嫦娥四号卫星是如何登上月球背面问题
动量守恒定律	长征火箭发射

云岗，这片土地有着丰厚的历史人文底蕴，到了现代，更是承载着新中国航天事业

的起步创业之艰辛。我们在教学中要充分挖掘物理学与航天相关的内容，做好灵活融合的研究工作。

2.军事类元素的灵活渗透

习近平总书记在十九大报告中强调，我们的国防是全民国防，加强全民国防教育，对于弘扬爱国主义精神、强化忧患危机意识、传承红色基因血脉、涵育崇军尚武文化、增强全民国防观念，意义重大而深远。《中华人民共和国国防教育法》明确规定，学校的国防教育是全民国防教育的基础，是实施素质教育的重要内容。

三院人乃至云岗人，最引以为豪的莫过于：这里是中国人民解放军第一支导弹部队的诞生地；这里是中国最早有导弹的地方；这里是中国第一代导弹进行地面试验、踏上成功之路的地方；这里也是中国飞航导弹武器装备研制生产的基地。总之，这里的一切，都与中国的导弹事业的创业、发展，有着千丝万缕的关联和深厚的情缘。

因此，我们应该加强国防教育课程的设置，引导学生树立爱国主义精神、忧患意识、崇军文化的观念，提高学生的国防素养。同时，也要鼓励学生参与各种国防活动，增强他们的国防意识，为将来服务国家做好准备（表2）。

表2　军事类在高中物理中的融合举例

知识点	教学设计
位移与坐标系	全球地位系统——北斗卫星
加速度	我国三代自主研发歼10战斗机
运动合成与分解	分析炮筒发射炮弹的速度
平抛运动	无人机玩"投弹游戏"
动能定理	开枪射击的弹丸的初始速度
动量守恒定律	平射时坦克的后坐力
核裂变	原子弹

在高中物理教学中有非常多的知识可以与我国最新的军事科技进行联系，我们只有审时度势的在一些学生易于理解的知识上渗透军事相关的科技内容。通过学习和讨论军事类相关知识，并不意味着学会了破坏和毁灭，而是通过学习国防知识更好的爱好和平。

（二）创设情境，在复习整合中精巧渗透

除了我们在日常教学中对学生进行灵活性的渗透以外，我们还在复习课程环节创设了诸多情境，整合了关于同一主题下的诸多资源，设计成一节完整的课堂，进而培养学生的国际视野，树立学生国家安全观和国家认同感。

刘文涛老师结合航天十一院设计出国际先进型号彩虹无人机这一地区背景，创设了如何合理设计飞机跑道长度这一主题。飞机的起飞需要长直跑道才能顺利起飞执行任务，但是跑道的造价又非常高昂。在节约成本的同时还需满足飞机正常起飞这一现实问题，学生通过读取飞机性能参数，设计出跑道的合理长度。学生通过比较飞机降落时跑道长度比飞机起飞跑道长度要长，从而设计出以飞机降落跑道长度为合理长度。此时，教师又给出一个真实案例：一款飞机在起飞时突然遇到故障，采取了紧急制动才获得了生命财产的安全。由此学生在保证飞机安全的前提下，重新设计了飞机跑道的长度。这节课通过设计飞机跑道长度，让学生尝试了多次建立物理模型的过程，也增加了学生学习文化知识解决实际问题的能力。最后刘文涛老师又提出，如果跑道是固定的长度，又该如何让飞机正常升空？这是在航母起飞的真实情境，让学生联想到国产航母的蒸汽弹射给予飞机初始速度。这不仅学习了匀变速直线运动的模型，还让学生对我国现行服役的航母、彩虹无人机等先进装备有了新的认识，同时培养了学生国家安全观和国家认同感。

任竟陵老师结合大炮开炮时的后坐力，让学生联想到火箭升空时的动力来源，通过分析并计算出最终速度大小的决定因素，从而了解火箭要想获得更高的速度，需要通过减轻负载、火箭质量比值和提高燃料喷射速率。从而引发学生思考火箭外壳材料轻量化研究的必要趋势。最终引出我国多款火箭的定型与发射历史。与学生一起领略我国航天事业发展光辉历程，为了验证理论的正确，还发射了课前让学生准备的水火箭与火药制成的火箭发射器。让学生比较了两种火箭发射的不同瞬间。

（三）创新作业，在课后应用中有机渗透

高中物理作业中最为常见的就是物理习题，最近几年物理习题逐渐脱离了单一的书面作业和物理模型化作业。在习题中可以设计有关我国科技发展、军事航天领域的习题，如求解月球质量时，设计成通过嫦娥一号环月飞行的数据进行计算；导弹末端无动力制导时，可以简化成平抛运动；无人机在天空悬停位置，可以利用三位立体坐标进行定位与导航等。在物理作业的布置上，《2017版课标》要求学生全面发展，这就要求教师不仅有书面作业形式，还有探究式作业。寻找云岗地区的航天感人故事，并且在课堂上讲故事；采访身边的航天人，了解科研工作的艰辛与物理学习的重要性；参观军事博物馆，了解我国新型武器装备，并寻找其中你能解释的物理现象。让学生在相对轻松的环境中掌握物理知识，激发物理学习兴趣。

三、物理学科与学校特色渗透融合资源梳理

物理学科是现代科技的基石，所以物理学科有诸多要素与学校特色可以相融合。我们以高中物理教学中的知识点为蓝本进行逐一梳理与筛选，将按照以下分类方式进行梳理：

（一）物理学科与航天科技相结合内容

在航天领域中，物理学科可以关注火箭从起飞到卫星运行的全过程研究。在尚未起

飞时,我们需要对火箭的质量、起飞瞬间的加速度、发射的位置、发射的时间这一部分进行研究;火箭飞行时,我们对飞行的速度、飞行过程中受力等因素进行研究;航天器环绕地球飞行时,我们对航天器的加速度、速度、位置进行研究,还可以讨论应用航天器可以无动力在太空中飞行的原因,从而应用万有引力相关知识;航天器在太空中变轨时,我们可以对航天器在变轨过程中的离心运动,能量变化进行深入研究。在太空空间站中,我们对电能、光能发电、失重状态也同样可以进行研究。

(二)物理学科与军事科技相结合内容

在军事领域中,物理学科可以研究炮弹的弹道,炮弹的运动轨迹;研究通过安培力进行电磁弹射的相关原理;通过多普勒效应对敌机进行测速;通过对激光的认识,了解激光的军事用途;通过核裂变和核聚变反应的学习,了解核弹的工作原理等。

四、物理学科与学校特色渗透融合的有效策略

通过在校师生对学校特色的了解与实施情况做出归纳与总结后,挖掘和整理出与物理教学相融合的国际视野下的军事航天科技相关元素及融合方式并探索教学,策略与方法,积累物理学科与学校特色渗透融合教学理念的实践案例。将国际视野下的军事航天科技相关元素融合至物理教学中进行教育,对高中物理教学实践提供可行性参考。

结合教材内容与学生的心理特征,要求教师充分挖掘古今中外的资源,提高对时事热点的敏感性,按照不同的融合方式进行分类。

(一)教学设计的融合策略

列举出不同的融合策略并不是完全独立的存在,而是互相包含、互相呼应。比如在"画龙点睛式"中所点出的军事航天科技内容,恰恰是"案例穿插式"的融合方法,在挖掘好与学校特色相融合的点之后,运用不同的策略融入其中,就是策略方法之间相互影响、相互渗透的形式。

1. 画龙点睛式

在教学中,涉及与学校特色相关的知识点时,以画龙点睛的方式直截了当地给出要传递的信息与内容,往往是在经过精准诊断之后,放在某个物理知识的后面进行升华。

此类方法可以直接运用到讲解人造卫星上,"人造卫星"是高中物理必修第二册中万有引力定律应用的一节内容。学生需要通过学习万有引力定律之后,学习人造卫星环绕地球运行的可能性。由于万有引力提供了向心力,从而人造卫星满足一定的速度就可以绕地球进行飞行。在讲解完人造卫星的运动本质后,可以直接引出我国最早的人造卫星是"东方红一号"。进而引申出两弹一星精神,讲述在物质技术基础十分薄弱的条件下,我们的前辈在较短的时间内成功地研制出"两弹一星",创造了非凡的人间奇迹,是中

国人民挺直腰杆站起来的重要标志。通过利用画龙点睛的形式，对本课进行提升和升华，将整个课堂推向高潮，引发学生对良好价值观的共鸣和思考。

2. 案例穿插式

结合我国航天与军事中涌现的一批杰出优秀科学家的事迹，展示我国所取得的科技进步，从中精心挑选出课程有关的案例。从而激发学生的科学精神与创新能力，学好物理以科技报效祖国的责任感，从而提高学习效率，激发学生学习兴趣。

在讲解火箭反冲时，在引入环节播放我国长征五号火箭发射的画面，长征五号火箭在升空的某个瞬间，尾部拖着蓝色的火焰，火箭被给予燃料喷射后的反作用力，一直使得火箭向太空进发。以此来增加学生对物理的学习兴趣，更重要的是激发学生油然而生的民族自豪感，活跃了物理课堂的气氛。

3. 学史讲述式

物理学史作为物理学发展进程的历史记录，将物理现象与物理原理的发现、猜想、探究及总结等一系列发展以时间为线，使物理学的发展进程清晰地呈现出来，凝聚了无数物理学家的智慧与心血，在推翻与被推翻的过程中逐渐接近真理。

在讲述电动机和发电机之间联系时，可以选用新中国成立初期，将电动机改装成为发电机的实例来引入课堂。学生不仅能够了解新中国成立初期的艰苦环境，也能从本质理解这一实例的物理意义。

4. 项目学习式

项目学习模式以学习项目为载体，通过问题的方式来引导学生的思维，提高学生的理解能力，提高学生的自主性。

在高中阶段肯定会遇到学生目前还不能理解的物理知识，我们可以通过设计项目学习的方法，让学生通过实验、动手操作、模拟实验进行学习。例如在火星登陆这一实例中，高中学生只能理解增大空气阻力可以减缓下落过程的加速度，但是如何控制登陆车的姿态、避免旋转等问题考虑不全，我们可以通过让学生用一张A4纸来模拟登陆时用的降落伞，乒乓球为下落的火星探测车，让学习亲自动手进行实验。

（二）作业布置的融合策略

1. 采用多种形式进行作业布置

在物理的学习中，可以布置多种形式的作业。在航天日活动中，不仅要求学生手绘航天日主题的手抄报，同时还要求学生批注好物理要素的说明。例如在描述航天飞船的飞行时，需要批注好航天飞船的轨道、运行的高度、设置知识问答活动等。

2. 突出实践类作业的探索

作业的类型不局限于做一张手抄报或做一份习题类作业。在日常学习中，通过布置实践类作业，不仅能够激发学生学习物理的兴趣，同时还能引导学生关注祖国的发展。例如，同学生一起参观航天十一院的风洞实验、彩虹系列无人机、一同观看神舟系列的发射。通过飞行的数据，利用物理相关的知识进行解释和分析，促进学生持续性的自主学习动力。

3.重视发挥军事航天习题类作业价值

在物理的作业中，还有一类和军事航天相关的习题，例如计算出飞机投弹时的飞机高度及飞行速度；计算一次核裂变能够释放的能量；计算太阳能的能量转化效率等。在教学过程中，要重视发挥此类习题的功能和作用，例如让学生查阅资料进行拓展；或让学生录制讲解小视频、制作微课等来相互学习交流。

五、结束语

本文呈现的是高中物理课程与国际视野下的军事航天科技融合的可能性。随着时代的发展，学校特色及本土文化在高中物理教学中的融合变得更加多元化、立体化。作为教师，应理解课标，深挖教材，从生活走向物理，从物理走向社会。

国际视野下军事航天科技不仅是我校的特色，随着时代的发展，它一定会不断更迭和完善，这需要教师不仅能从教学设计、课后作业这样两个角度来进行融合，还需要教师能在新的实践中，从新的维度促进国际视野下军事航天科技在高中物理教学中融合，能够对我校高中物理教学课程做较好的完善和改进。

参考文献

［1］中华人民共和国教育部．教育部关于全面深化课程改革落实立德树人根本任务的意见［EB/OL］．［2023-04-18］．http：//www.moe.gov.cn/srcsite/A26/jcj_kcjcgh/201404/t20140408_167226.html．

［2］中华人民共和国教育部.普通高中物理课程标准(2017年版)［M］.北京：人民教育出版社，2018．

［3］中国军事百科全书编审室．中国大百科全书·军事［M］.北京：中国大百科出版社，2007．

［4］习近平．习近平谈治国理政（第2卷）［M］．北京：外文出版社，2017．

［5］杨开勇．在物理教学中进行爱国主义教育的探讨［J］．中学物理教学参考，2017，46（2）：8-9．

反冲现象

——火箭

任竞陵

一、课时指导思想与理论依据

根据物理课程标准要求，结合学生认知实际情况，通过理论推导和实验，理解动量守恒定律，能用其解释生产生活中的有关现象——知道火箭的发射利用了反冲现象，进一步领会守恒思想，提高建模能力，拓展学生的国际视野与物理视野，从动量守恒定律的普适性来认识自然界的统一性并从国际的高度去了解当今国际社会。

二、课时教学背景分析

（一）教学内容分析

《反冲现象 火箭》是《普通高中物理课程标准（2017年版2020年修订）》选择性必修课程"动量与动量守恒定律"主题下的内容。课程标准要求为：知道火箭的发射利用了反冲现象。制作水火箭，发展学生的动手实践能力。反冲运动在生产、生活、航天、国防有广泛应用，本节内容既能巩固深化动量守恒定律，又与科技兴国战略相适应，对培养学生的科技意识和学科素养尤为重要。教材首先通过思考与讨论章鱼、乌贼游泳时应用了什么物理原理引入新课，得到反冲运动的定律。然后列举生产、生活中的反冲运动现象，着重介绍我国火箭技术的发展，激发学生的爱国热情。运用火箭喷射燃气研究反冲运动遵循的规律，将反冲运动生活化、实际化。教学可以运用大量的视频和图片资料，呈现火箭发射过程的实况录像，分析多级火箭的工作原理，加深学生对多级火箭的原理和发射过程的了解。

（二）学情分析

知识上，在学习本节之前，学生已学习了冲量、动量及动量守恒等知识，但对动量守恒的应用还不太熟悉，不能很好地把动量守恒的知识与生活现象联系起来，因此在教学中要充分利用学生的自身经验和已有知识，加以引导，使学生积极主动地参与教学过程。

认知上，学生虽然在日常生活中接触过反冲现象，但大多是感性认识，而且反冲运动的受力主要是内力，分析起来比较抽象，所以学生往往在此陷入认知困境，因此要充分利用学生已有的感性认识，在此基础上展开教学。

心理上，高中学生对物理有着较强的因果认知兴趣，他们不满足于单纯的实验现象，而是希望通过思考来理解现象产生的原因，并总结出其中规律。

因此，在教学中，教师应充分设问，引发学生思考，激发学生的认知兴趣，充分调动学生学习的积极性和自主性。

三、课时教学目标

（一）物理观念

（1）学生通过实验认识反冲运动，能举出反冲运动的实例，知道火箭的发射是反冲现象。

（2）学生能结合动量守恒定律对常见的反冲现象做出解释，理解反冲的物理原理。

（3）学生分析、各种反冲现象，加深对守恒概念的认识。

（二）科学思维

（1）学生分析反冲实验现象，抽象概括反冲的含义。

（2）学生观看火箭发射视频，运用微元思想，建构火箭发射的物理模型，运用动量守恒定律分析、推理火箭速度变化量。

（三）科学探究

（1）学生观察反冲实验，归纳反冲现象特征。

（2）课后自制"水火箭"，进一步加深对反冲原理的认识。

（四）科学态度与责任

（1）学生了解我国航天事业的巨大成就，激发学生的民族自尊心和自豪感，增强学生的爱国热情。

（2）学生运用动量守恒定律解释反冲现象，提升用物理知识解释生活现象的意识。

四、课时教学过程设计

环节一：设疑激趣，引入反冲现象

活动一：首先老师展示图片（PLZ-05系列155毫米自行榴弹炮）。

在2009年中华人民共和国成立六十周年阅兵、2015年胜利大阅兵和2017年建军八十周年大阅兵的3次重大阅兵中，PLZ-05系列155毫米自行榴弹炮成为主要明星武器之一。不知道大家有没有关注过，在火炮开炮的过程中，除了炮弹从炮筒中向前飞行以外，炮身有没有运动？

学生自由发表自己的见识。

老师没有办法把真的大炮拉到现场开一次炮，我做了一个简易版的自行火炮，我给这个自行火炮起个名字，它叫"云中"大炮（图1）。

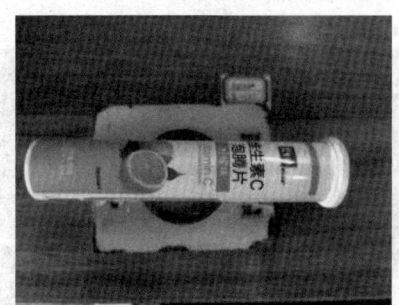

图1　简易"云中"大炮

活动二：演示"云中"大炮发射过程。

老师同时展示实验仪器：你们可别小看我这门"云中"大炮，这门大炮也是可以发射炮弹的（示意瓶盖为炮弹）。"云中"大炮发射时可能需要各位同学耐心等待。注意：观察开炮过程中，炮身如何运动？然后慢慢地把自来水倒进小车后部的圆筒中，塞紧盖子后，将小车静置于水平桌面上。有的学生因为等待太久，有点不耐烦。经过一段时间后，突然间"云中"大炮发出了"呼"的一声，将"炮弹"发射出去了。我猜有些同学可能由于刚刚发射太快了，没有观察到炮身的运动。我们通过课前拍摄的慢镜头，再次观察炮身的运动。通过慢放的视频，学生再次看到炮身向后退（图2）。

图2　两者快速运动过程的一帧图片

环节设计意图：

本环节通过引导学生思考火炮发射时，炮车的运动，到演示"云中"大炮的发射过程，通过慢动作展现炮车的运动,让学生初步了解生活中反冲这一现象。

环节二:释疑解惑,认识反冲运动

我猜你们肯定充满了疑惑:为何加入了水,"云中"大炮就能发射了?倒出车中管子内容物——泡腾片。然后将剩余的泡腾片倒入温水中。泡腾片是一种含有泡腾崩解剂的片剂,通常由有机酸和碳酸氢钠混合而成。泡腾片放入水中后,有机酸和碳酸氢钠在水中发生复分解反应,快速产生大量二氧化碳气体,使片剂迅速崩解和融化。

这一过程释放了泡腾片中的化学能(图3)。

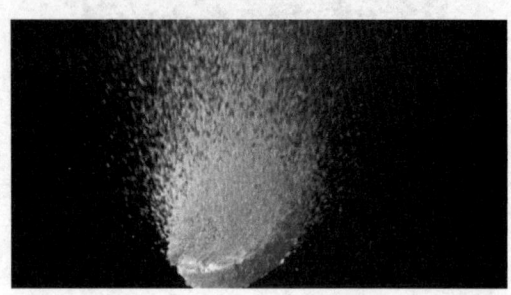

图3 泡腾片进入水中的状态

顺势提问:为何"云中"大炮的炮身会向后运动?从物理学视角来分析并解释"云中"大炮的炮身为何在开炮过程中具有向后运动速度。

学生结合已学的知识回答问题:

(1)从受力角度来分析炮身的运动情况。通过炮身的运动状态改变(静止到向后)→受到向后存在力→施力物体是瓶盖和喷出的气体。

(2)从动量视角,先从系统入手,系统受到外力远小于内力,系统动量守恒。初始动量为零,由于瓶盖向前运动,则炮身向后运动。

(3)从能量视角,在发射的前后系统的机械能是增加的。泡腾片中的化学能转化为了炮身和瓶盖的机械能。

通过刚刚的解释,总结出反冲现象的基本规律。只是由于炮身的质量远大于炮弹的质量,所以炮身向后的速度很小。炮身的这种后退运动叫作反冲(recoil)。

环节设计意图:

本环节通过从3个角度分析反冲现象,让学生更加深入的阐明反冲这一现象。

环节三:理解反冲,列举生活实例

老师继续提问,请你举例说一说生活中存在哪些反冲现象?哪些是利用了反冲现象?哪些是需要减弱反冲现象的影响?

学生通过列举生活中的例子来理解反冲运动,不仅浅显的能够列举出反冲运动,还能够说出哪些是利用,哪些是减弱?

老师通过学生的举例说明,然后进行补充说明:

中国新型履带式自行榴弹炮炮车的履带表面有较深的突起抓地钩型设计是为了增大摩擦力，止退犁和2个液压缓冲器，都是为了在火炮连射时起到"止退"的作用，提高命中精度而精心设计的。

射击时，子弹向前飞去，由于动量守恒，枪身获得向后的动量，发生反冲现象，因此肩膀会感到痛。

灌溉喷水器是利用反冲原理设计的一种自动灌溉装置，转动方向与水的喷射方向相反，水的前进导致管的后退，弯管就旋转起来（图4）。

图4 灌溉喷水器

2017年5月5日，中国第一架国产大型喷气式客机C919顺利完成它的首次飞行。C919是商飞公司按照国际标准研发、制造的大型喷气式民用飞机，最多可以乘坐190人。

现代火箭主要由壳体和燃料组成，壳体是圆筒形的，前端是封闭的尖端，后端有尾喷管，燃料燃烧产生的高温高压燃气从尾喷管迅速喷出，火箭就向前飞去。

环节设计意图：
本环节通过列举生活中反冲现象的实例，让学生应用反冲这一现象。

环节四：深化理解，求解火箭终速

老师提问：通过举例说明，火箭获得速度由什么决定呢？

学生进行猜测：可能是由火箭箭体质量、燃料的种类决定。

老师帮助学生抽象一个具体的物理模型：在极短的时间 Δt 内喷出燃气的质量为 Δm，喷出的燃气相对喷气前火箭的速度大小为 u，喷出燃气后火箭的质量为 m，我们计算火箭在这样一次喷气后增加的速度 Δv？提示：为了研究问题方便，我们可以选取喷气前火箭为参考系。

在火箭向后喷气的极短时间内，内力 > 外力，可近似认为动量守恒，设喷出燃气后火箭增加的速度为 Δv，火箭的速度方向为正方向。

喷气前的总动量为：0；

喷气后的总动量为：$m\Delta v - \Delta mu$；

系统由动量守恒得：$0 = m\Delta v - \Delta mu$。

$$\Delta v = \frac{\Delta m}{m} u 。 \qquad (1)$$

通过最终得出的结论：火箭喷射出的速度由燃气喷射的速度 u、火箭喷出物质的质量与火箭本身质量之比 $\dfrac{\Delta m}{m}$ 决定。

环节设计意图：

本环节通过回答火箭获得速度由什么决定这一命题展开，学生利用反冲这一概念来建立火箭这一物理模型，解释这一命题。

环节五：追根溯源，了解火箭历史

结合最新时事进行播报。

北京时间 2022 年 4 月 16 日 9 时 56 分，神舟十三号载人飞船返回舱在东风着陆场成功着陆。3 名航天员顺利结束"太空出差"，为中国航天迄今最长一次太空载人飞行画上了完美句号。

老师提问：你知道哪一系列的火箭搭载神舟十三号载人飞船去往天宫空间站的？

2021 年 10 月 16 日 0 时 23 分，搭载神舟十三号载人飞船的长征二号 F 遥十三运载火箭，在酒泉卫星发射中心点火起飞。

老师继续提问：你知道新中国航天发展起源自哪里？

新中国航天发源自北京云岗地区的航天三院。中国航天的基石是东风一号导弹，而云岗地区是中华大地上最早有导弹的地方（图 5）。

图 5　航天三院雕塑

环节设计意图：

本环节通过了解火箭在我国的发展历史，结合本地文化精神，厚植学生爱国情怀。

环节六：实践体验，亲手发射"火箭"

利用课余时间，学习兴趣小组制作了水火箭（图 6）。走，我们一起去操场，我们去发射这颗水火箭（图 7）。

物理篇
反冲现象

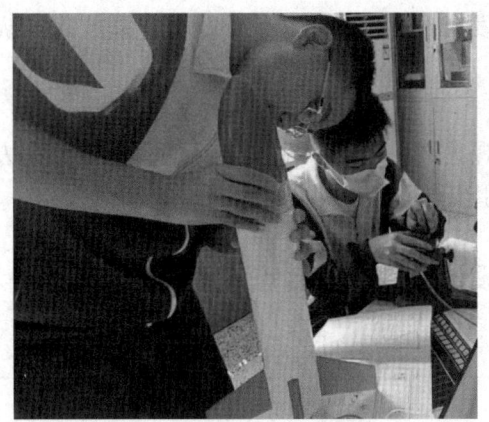

图6 亲手制作水火箭

图7 发射水火箭过程

随着水火箭的成功发射,音乐的声音徐徐展开,播放我国航天五十年的发展历程,结束本节课课程。

环节设计意图:

本环节通过制作和观看水火箭发射过程,体验反冲现象在火箭中的具体应用,增强学生学习兴趣,给予学生更加深层次的体验感。

五、课时的作业设计及特色融合点说明(表1)

表1 作业设计及特色融合点

环节名称	作业设计	特色融合点
设疑激趣,引入反冲现象	思考PLZ-05系列155毫米自行榴弹炮开炮时,炮身运动情况	以军用自行榴弹炮为主题开展项目讨论
理解反冲,列举生活实例	举例说明:中国新型履带式自行榴弹炮	分享军用的各类设备中的反冲现象,让学生更好地理解反冲这一现象
	QBZ95式自动步枪开枪时的后坐力	
	长征2F火箭	
追根溯源,了解火箭历史	追溯火箭的历史	以火箭的制造历史,提升学生爱国情怀
	通过制作水火箭的方式,体验反冲现象	

六、课时的学习效果评价

课时学习前进行调查问卷前测,课时学习过程中通过问答对学生的技能掌握程度进行评价;课时学习对发射火箭过程进行综合评价(表2)。

表2 学习效果评价

环节活动	评价目标	评价方式
前期调查	1. 调查学生对军用设备中反冲运动了解情况 2. 调查学生对中国航天历史的了解情况	调查问卷
问答测评	1. 举例说明生活中的反冲现象 2. 能够说出反冲运动中如何促进、如何避免	问答方式
实践测评	通过制作水火箭的过程,分析如何让水火箭升得更高	综合测评

七、教学特色分析

　　本教学设计的物理核心是反冲这一物理概念的理解，通过多种的方式来引导学生理解反冲这一物理概念。在教学过程中，始终贯穿的是军事类相关的教育材料，从当下我国新式武器等装备入手进行分析，让学生学习物理知识的同时，还渗透我国国防教育内容。通过对反冲这一概念的了解，让学生领略我国航天事业的成就，最终通过制作水火箭和发射火箭体会这节课的学习内容。

匀变速直线运动实例分析

——无人机跑道长度设计

刘文涛

一、项目指导思想与理论依据

中共中央、国务院、中央军委印发的《关于加强和改进新时代全民国防教育工作的意见》提出：要不断丰富实践载体，依托军地资源，加强青少年国防教育，将国防教育要求有机融入课程教材，将国防教育融入普通高等学校和中等学校考试内容，纳入学校绩效考评体系。

《普通高中信息技术课程标准（2017年版2020年修订）》提出的物理学是自然科学领域研究物质的相互作用和运动规律的一门基础学科。通过科学观察、实验探究、推理计算等形成系统的研究方法和理论体系。为促进学生物理学科核心素养的发展，课程学习中要倡导基于项目的学习或整合学习等方法，促进学生基于真实情境下学科和跨学科问题解决能力的发展，促进学生素养的发展。以具体事实为情景，引导学生进行理性思考，提升科学推理探究能力。同时要注重时代性，凸显我国科技成就，引导学生增强文化自信，树立科技强国的远大理想。

根据马扎诺的学习维度框架理论，我们应该以学生为中心，注重学习过程和实践活动。在项目式学习中，学生可以发挥各种智力优势，对自己感兴趣的问题自主进行一定深度和广度的探索和研究。

无人机具有广泛的应用前景，军用无人机可以进行情报侦查、军事打击、信息对抗、通信中继、后勤保障等多种用途，在近年有着广泛的实战案例。而民用无人机在航拍摄影、电力巡检、环境监测、地图测绘、通信支持、运输保障等领域有着丰富的运用前景。我国的无人机发展十分迅猛，其中大放异彩的彩虹无人机的设计制造团队——中国航天空气动力技术研究院就在我校附近。云中办学之初，就是为国家、为军队、为军事航天事业而建。而军事航天也是我校的办学特色之一。

基于以上指导思想和我校办学特色理念，我们设计了本次项目学习活动。旨在通过参观体验、数据分析、理论推导、探究交流等活动，提升学生的信息技术使用能力和物理核心素养。

二、项目教学背景分析

（一）教学内容分析

1. 参考教材

人教版物理必修一第二章"匀变速直线运动的研究"和第三章"相互作用——力"。学习内容为通过实验现象了解匀变速直线运动，能用公式、图像等方法描述匀变速直线运动，能运用相关规律解决实际问题。以地区"军事航天"资源为特色主题，为探秘值得地区骄傲的彩虹系列无人机，设计了《匀变速直线运动实例分析——无人机跑道长度设计》项目学习活动。通过4次课学习认识无人机、使用物理实验传感器分析无人机起飞过程、无人机跑道长度设计、学习汇报总结。

2. 学习内容

第一课时：认识无人机

具体内容：了解我国无人机发展历史和现状，了解无人机中的物理知识，明确研究问题。

学习方法：任务驱动、小组探究。

第二课时：分析无人机起飞过程

具体内容：通过物理传感器和视频分析软件，研究无人机起飞过程的运动特点。

学习方法：任务驱动、小组探究。

第三课时：无人机跑道长度设计

具体内容：利用匀变速直线运动规律分析起飞过程，根据实际需求设计跑道长度。

学习方法：任务驱动、小组探究。

第四课时：学习汇报总结

具体内容：总结学习收获，提出其他研究问题。

学习方法：小组汇报和讨论。

3. 学习任务的作用与地位

本部分内容是高中新课标必修1：机械运动与物理模型。融合航天军事教育，以学校特色发展的主题军事航天科技作为主题，通过无人机起飞过程分析和跑道长度设计，巩固匀变速直线运动的探究过程，也是运用匀变速直线运动的规律解决问题的优质素材。构建模型和理想化处理的物理思维在活动中得到很好的渗透。利用传感器和视频分析运动特点的方式给学生提供了具体的解决思路和实践。活动中培养了学生对数字化学习工具的使用，提升了学生的科学态度与责任，增强了学生的民族自豪感。

（二）学生情况分析

高一年级学生：部分学生家长（祖父辈）从事着军事航天工作，知晓一定的航天军事科普知识，并对航天军事方面具有浓厚的兴趣；结合地区军事航天文化、学校军事航天活动、家庭教育影响等因素，一定比例的学生具有向军事航天领域发展的志向。

学生知识基础：在生活中体验过人工智能的相关应用，熟悉小组合作学习的学习方式，基本掌握匀变速直线运动的分析过程和规律，有使用传感器测量速度的基础。

学生现有认知水平：有一定的动手操作和物理思维能力，能够在老师的引导下完成步骤较简单的学习任务，分析非常简单的情境问题，但还无法完全自主地开展开放性的探究活动。

学生心理特点分析：对军事信息科技表现出浓厚兴趣，思维比较活跃，但是学生的自控能力还不强，注意力不能长时间集中。

三、项目教学目标

通过对无人机起飞过程进行运动分析，进行无人机跑道长度设计。学生能够在活动中结合现代信息技术，经历真实情景模型化的过程，利用所学物理知识解决简单的实际问题。增强学生的科学探究能力和解决实际问题的能力，通过活动培养学生模型建构、科学推理、科学论证、质疑创新的能力，有助于学生逐渐形成科学的思维习惯。

四、项目教学过程设计

本项目以地区"军事航天"资源为特色主题，以设计无人跑道长度为项目。

（一）项目前期

第一课时：
活动一：体验无人机，提出问题。
利用我校信息资源，以小型无人机的操作体验为引入。教师布置任务，头脑风暴关于无人机的物理问题。通过班级优化大师收集信息进行分享，展现真实的问题情境。

活动二：参观科研院所，明确任务。
参观无人机的科研院所，通过讲解员的介绍，学生带着之前提出的问题和讲解员交流，加强对无人机的研发过程、内部结构、主要部件功能的了解。在交流中聚焦物理问题，激发学生对本次项目的学习兴趣；明确项目学习的学习过程。

（二）项目中期

第二课时：分析无人机起飞过程。
活动一：观察篮球下落。
展示通过传感器视频软件处理后的篮球下落视频，类比打点计时器的工作原理，通过参照物明确位移，通过视频帧数确定时间，对比分析篮球下落运动和自由落体运动。

活动二：处理无人机起飞视频。
指导学生类比篮球下落视频的处理方式，处理无人机起飞视频。

活动三：分析无人机起飞过程。

指导学生采用图像法、数据计算法等多种思路分析无人机起飞过程的运动特点。通过分析解决真实问题的过程，体会物理方法在解决实际问题中的重要作用。

第三课时：匀变速直线运动分析——无人机跑道长度设计。

活动一：计算起飞和下落过程加速度。

通过无人机的具体参数，计算无人机在起飞和下落过程中在跑道上的平均加速度。对比视频处理得到的加速度，体会不同处理方法的误差来源，为后面设计跑道长度做铺垫。

活动二：通过参数初步设计跑道长度。

在考虑经济和安全的基础上，设计无人机的跑道长度。要求画出跑道草图，标出必要数据；利用物理规律分析、公式计算等方法，对跑道长度进行说明。

活动三：验证跑道长度是否符合标准。

对比跑道长度计算结果和真实跑道对比，结合因突发情况造成的紧急取消起飞的实际情况。修改跑道长度设计。

活动四：明确发展方向。

我国航母的跑道大约在 200 m。为了让该款无人机能够在航母上起飞，结合设计跑道的过程，思考无人机性能的改进方向。

（三）项目后期

第四课时：学习汇报总结。

活动一：点评无人机跑道长度的设计报告，分享收获。

上交无人机长度设计报告，分析不同小组报告的优缺点。通过相互学习和点评，提高书面表达能力。学生通过活动，体验利用物理思维和工具解决实际问题的过程。活动后的交流分享，加强科学探究的物理核心素养，使学生逐渐形成科学探究的基本过程。

活动二：学习推广，分析高速公路限速和安全车距的关系。

通过交通安全教育的视频，创设新的问题情景。引导学生猜想车速和安全车距的关系，提出合理假设，设计可操作的实验方案。

五、项目作业设计及特色融合点说明（表 1）

表 1 作业设计及特色融合点

环节名称	作业设计	特色融合点
项目前期	结合无人机操作体验和参观活动，填写学案，聚焦研究问题，提出探究方案	结合学生认知水平，明确无人机跑道长度设计为主题。初步明确探究方案

续表

环节名称	作业设计	特色融合点
项目中期	观察篮球下落分析过程，理解分析原理，类比完成无人机起飞过程视频处理分析	分析无人机起飞真实情境，进行模型建构简化问题，进行跑道长度设计。再根据实际情景和需求进行模型修正
	结合无人机起飞视频分析数据，讨论无人机起飞过程的运动特点，完成学案	
	通过无人机起飞参数，计算无人机起飞和制动时的加速度和跑道长度，验证跑道长度是否符合真实要求	
	完成无人机跑道长度的设计报告	
项目后期	总结设计活动的经验	学习无人机团队钻研精神和科学探究方法，提升学生的科学态度与责任
	推广研究思路，猜想车速和安全车距的关系，提出合理假设，设计可操作的实验方案	

六、项目学习效果评价

项目学习前进行调查问卷前测，项目学习过程中通过完成学案，制作视频，分析处理数据，建构并使用模型，修正模型对学生进行过程性评价。同时对学生的探究和参与情况进行自评；项目学习对最后的设计报告和推广设计进行综合评价（表2）。

表2 学习效果评价

项目学习活动	评价目标	评价方式
制订计划	1.调研学生对无人机的了解情况。 2.结合实际，了解学生对无人机的兴趣点	调查问卷 开放问题
活动探究	1.了解学生个人任务完成情况和过程。 2.了解小组探究活动完成情况和过程	阶段性任务完成情况量化评价表
核心素养的培养	1.学习过程中体现探索自然的动力，体现严谨认真、实事求是和持之以恒的科学态度。 2.学习过程中从物理学视角对客观事物的规律进行分析推理。对不同观点有质疑批判的意识。 3.设计报告体现科学探究的完整过程，具有问题、证据、解释、交流等要素	过程性材料 阶段性任务完成情况量化评价表 小组成员互评
成果展示	1.无人机跑道长度设计的设计报告。 2.探究车速和安全车距的关系的初步方案	项目学习 终结性量规表

七、项目教学特色分析

（1）注重军事航天特色渗透：采用单元备课和项目式学习方式，以无人机跑道长度设计为主题，进行课堂情境创设和体验探究活动设计，贴近学生现实生活和地区文化，渗透学习军事航天科技特色和科研精神，更能够引起学生共鸣。

（2）强调学科核心素养：关注学生核心素养提升。注重培养学生针对真实情境进行科学探究的能力，锻炼科学思维，渗透科学态度与责任。

（3）关注信息技术和学科融合：通过信息技术手段，分析处理运动过程。体验物理思想的普适性。

（4）关注多种评价方式：关注学生活动中的过程性材料，结合学案完成情况及时对学生合作探究表现进行过程性评价反馈；结合量化评价表、设计报告和拓展方案进行结果评价。

（5）关注迁移创新：将活动形成的科学探究能力迁移到熟悉的情境中，考查学生的掌握情况，培养学生的迁移创新能力。

专家点评

航天军事融入物理教学 独特视角落实学科素养

为满足时代发展需求，2022版新课标明确更新教学内容，同时指出课程内容要努力呈现经济、政治、科技等发展的新成就、新成果。"国际视野下的军事航天科技"这一具有地域特征的学校特色主题，结合学生年龄特点和学科特征，整合、拓展了国家课程的教学内容，以大概念主题为引领，通过丰富的情境、结构化的问题、设计性的任务和多元化、立体化的融合方式，促进对学生社会责任感、创新精神和实践能力的培养。

王晓琳和任竟陵2位老师关于《物理学科与学校特色渗透融合策略研究》的2篇文章，都站在国家对创新人才需求和培养的高度，一致认同学校特色课程融合的必要性和可行性。两位教师深刻领会课标，从不同角度阐述了物理学科与学校特色渗透融合的价值在哪里，融合的资源有哪些，融合到底要"融"什么，融合的具体策略方法又是什么。初中重点从知识、思维、方法和学科精神融合的视角，提出在学科常规教学渗透和与主题教育结合的融合方式；高中则从与科技和与军事2个视角提出画龙点睛、案例穿插、学史讲述和项目学习等融合策略，两位老师都关注到作业的育人功能和价值导向，提出在作业设计中有效融合的途径，既有素养落地又体现时代特色，值得借鉴。

在课例展示中，初中刘洋、王晓琳老师《基于STEAM教育理念的品牌特色课程的思考与实践——以"火星着陆"为例》的课例，以"天问一号"着陆火星为情境，与STEAM教育相融合，通过小组合作来设计并制作火星着陆系统，模拟其着陆过程。高中任竟陵老师《反冲现象 火箭》的课例，刘文涛老师《匀变速直线运动实例分析——无人机跑道长度设计》的课例，同样融合航天、军事、科技情境，依据学科教学内容和学生认知规律，发展运动与相互作用观及能量观，进一步落实课标理念。3个课例都凸显我国科技成就，引导学生增强文化自信，树立科技强国的远大理想。可以看到教师视野宏大，眼界高远，对国家课程的校本化实施提供了经典范例。

在物理学科与学校特色渗透融合的过程中，学校初、高中物理教师做了大量努力和探索，但也有一些问题值得老师们继续思考和研究，如航天军事内容和所承载的学科思想方法如何有机融合、如何选择恰当主题、如何由真实情境抽象出模型和问题、在实践和活动中如何提高学生的主动性和创造力等。在未来的研究实践中，初中教师依据新课标可以继续设计开发项目活动主题、高中教师可以继续积累大概念主题；教师要做好课程的顶层设计，尝试将主题系列化，并关注主题间的逻辑递进关系，做好对学生能力培养的目标引领。

李凯波

北京教育学院丰台分院副主任，北京市骨干教师

化学篇
化学学科与学校特色渗透融合策略研究

万金伟

一、化学学科与学校特色渗透融合概述

化学是研究物质的组成、结构、性质、转化及应用的一门基础学科，其特征是从分子层次认识物质，通过化学变化创造物质。化学是自然科学的重要组成部分，与化学共同构成物质科学的基础，是材料科学、生命科学、环境科学、能源科学、信息科学和航空航天工程等现代科学技术的重要基础。化学是推动人类社会可持续发展的重要力量，在应对能源危机、环境污染、突发公共卫生事件等人类面临的重大挑战中发挥着不可替代的作用。化学在航天、军事、科技中的应用，使人们认识到化学不仅能使我们的生活更美好，而且化学也与国家安全、科技进步有着紧密关联。在中学化学教学中尝试渗透国际视野下的军事航天科技知识，力求拓展学生的视野，提升学生科技理解能力和科技创新能力。

分析中学化学不同学段的课程标准，融合开展国际视野下的军事航天科技课程设计也有重要的意义。《义务教育化学课程标准》以促进学生核心素养发展为导向，设置5个学习主题，即"科学探究与化学实验""物质的性质与应用""物质的组成与结构""物质的化学变化""化学与社会·跨学科实践"。从中可以感受到认识化学科学、技术、社会、环境的相互关系，了解化学科学对社会发展和人类文明进步的重要价值。感悟科学家崇尚真理、严谨求实的科学态度，勇于质疑、批判和创新的精神；学习科学家爱国、奉献的精神，团结协作、攻坚克难的品格。

《普通高中化学课程标准（2017版2020年修订）》强调化学课程在内容上注重与生产生活、现代社会及科技发展的联系，反映当代科学技术发展的重要成果和科学思想，同时关注化学的技术应用带来的社会问题，培养学生的社会参与意识和社会责任感。因此，在新形势下高中化学教学与学校学科特色渗透融合成了一种必然的趋势。

中国航天不仅研制成功了多种导弹武器系统、运载火箭、应用卫星，还成功地发射了载人飞船，实现了中华飞天梦，为国民经济建设、国防建设、社会发展、科学进步和中华民族的伟大复兴做出了突出贡献，增强了我国的综合国力，扩大了国际影响力，增强了民族自尊心、自信心、自豪感。云岗是我国最早有导弹的地方，作为云岗地区的老师，与学生自豪介绍这份荣耀属于我们脚下这片土地的贡献，树立学生浓浓的爱国情怀，

增强学生的文化自信，以生活中的化学为背景，体现从生活走向化学，从化学走向社会的理念。

二、化学学科与学校特色渗透融合现状

我校作为一所有着63年军事、航天传统的学校，为促进我校高中品牌特色发展，实现学校高品质提升，学校以"国际视野下的军事航天科技教育"为特色主题开展了一系列的特色活动和特色课程，提升了学校办学品质。化学组教师就系统梳理了初高中教学中与军事航天科技教育有关的内容，其中刘志鹏老师于2021年11月率先尝试，成为第一个学科融合的吃螃蟹的人，她上的《载人航天中的能源问题》校级公开课，带领学生用化学视角研究火箭升空、火箭运行、火箭返回中的能源问题，深入剖析火箭是如何升天的，在太空中又是如何利用太阳能转化为电能与化学能，供航天员维持生命活动与科研工作的，揭秘我国航天器的发展，增强学生的民族自豪感。2022年4月，李妍老师尝试将校本教材、化学必修第二册和军事航天科技教育进行有机融合，项目化的学习方式，将车用燃料及安全气囊的工作原理进行合理迁移到火箭的发射原理，通过设计火箭推进剂物质的选择设计，学生设计出的药剂在火箭模型中进行实验，取得了非常好的效果，给学生带来很强的心理冲击，深刻体会所学化学知识的社会价值，从实践层面激励学生勇于创新，进一步揭示了化学学习更高层次的价值追求。2022年10月，万金伟老师在高中三年级开展了《火箭推进剂》研究，将教学内容设计成围绕着对火箭推进剂的选择与发展的研究，应用化学反应与热能的利用与调控，来解决实际问题，教学从定性认识火箭推进剂的热量来源，到定量的认识推进剂的放能，从化学键计算、盖斯定律、设计反应等角度来认识火箭推进剂选择中的各种问题。将化学反应与热能的知识应用到实际复杂问题解决上，既提升学生应用知识解决实际问题的能力，也让学生体会到化学知识的实际应用价值，体现了化学学科的社会意义与价值，培养学生的科学态度与社会责任。2023年3月，刘志鹏老师开展《探月工程与元素周期律》的教学尝试，通过月壤成分元素的分析活动，复习常见元素在周期表的位置，准确理解原子的构成。通过对太阳能电池材料的寻找与认识活动，应用原子结构解释同周期元素性质及其递变规律。通过了解航天育种技术中富硒大米的作用，感受元素周期律对陌生物质性质的预测功能，体会同周期、同主族元素性质的相似性与递变性。通过探月工程中多项科学研究开展的视频介绍，感受我国航天科技的进步，感受航天人的勇于探索未知的精神力量，培育爱国主义情怀。

通过多次尝试，化学组的老师们已经找到了一些化学与航天军事科技很好的融合点，并进行了有益的尝试，但同时也发现在与航天军事科技融合的过程中，存在着由于中学化学知识的局限性，使得融合无法深入，只能停留在表面，航天军事科技成了一节化学课的引课素材，而很难深度融合。当然，这也是我们后期需要继续努力研究的方向。

三、化学学科与学校特色渗透融合资源梳理

（一）与学校特色渗透融合相关的学科知识

1. 初中化学中涉及的军事航天相关的学科知识（表1）

表1　初中化学中与军事航天相关的学科知识

册	章	课题	学科知识要点
九上	第二单元	课题1、3 我们周围的空气制取氧气	空气是一种宝贵的资源、氧气供呼吸、航天
	第四单元	课题2、3 水的净化、组成	水的净化、组成
	第七单元	课题1、2 燃料及其利用	燃烧和灭火 燃料的合理利用与开发
九下	第八单元	课题1、3 金属和金属材料	金属材料 金属资源的利用和保护

2. 高中化学中涉及的军事航天相关的学科知识（表2）

表2　高中化学中与军事航天相关的学科知识

册	章	课题	学科知识要点
必修一	第二章	第三节　氧化还原反应的应用	利用氧化还原反应给航天飞机提供能量，利用氧化还原反应制备物质
	第三章	第三节　氮的循环	制备氢气，合成炸药
必修二	第一章	第一节　原子结构与元素性质	未来的能源——核聚变能
		第二节　元素周期律和元素周期表	稀土元素广泛应用于航空航天领域
		第三节　元素周期表的应用	特种金属材料钛合金用于制造飞机，光导纤维
	第二章	第二节　化学反应与能量转化	氢能作为长征5号运载火箭燃料
		微项目：研究车用燃料及安全气囊	利用化学反应解决实际问题
	第三章	第一节　认识有机化合物	神奇分子器件和分子机器
		第二节　从化石燃料中获取有机化合物	有机高分子材料

续表

册	章	课题	学科知识要点
选必一	第一章	第一节 化学反应的热效应	化学反应与能量变化（反应热）提供热能
	第一章	第二节 原电池	太阳能发电，二次电池发电过程
	第一章	第三节 电解池	电解池，电量储存过程
	第一章	第四节 金属的腐蚀与防护	航天基地建设过程中的金属防护
	第一章	微项目：载人航天器用化学电池与氧气再生	航天用电池的工作原理，电解池用以氧气再生原理
选必三	第三章	有机合成	合成航天中的有机材料（待开发）

（二）教学中与国际视野下的军事航天相关的可用教学资源梳理

1. 初三化学教学中与国际视野下的军事航天相关的可用教学资源（表3）

表3 初三化学教学中与国际视野下的军事航天相关的可用教学资源

册	章	课题	学科知识要点
九上	第二单元	课题1、3 我们周围的空气制取氧气	空气是一种宝贵的资源、氧气供呼吸、航天
	第四单元	课题2、3 水的净化、组成	水的净化、组成
	第七单元	课题1、2 燃料及其利用	燃烧和灭火 燃料的合理利用与开发
九下	第八单元	课题1、3 金属和金属材料	金属材料 金属资源的利用和保护

2. 高中化学教学中与国际视野下的军事航天相关的可用教学资源（表4）

表4 高中化学教学中与国际视野下的军事航天相关的可用教学资源

册	章	课题	资源内容
必修一	第二章	第三节 氧化还原反应的应用	利用氧化还原反应制备物质
	第三章	第三节 氮的循环	制备氨气合成炸药

续表

册	章	课题	资源内容
必修二	第二章	第一节 原子结构与元素性质	未来的能源——核聚变能
		第三节 元素周期表的应用	特种金属材料钛合金用于制造飞机
	第二章	第二节 化学反应与能量转化	氢能作为长征5号运载火箭燃料
		微项目：研究车用燃料及安全气囊	利用化学反应解决实际问题
	第三章	第一节 认识有机化合物	神奇分子器件和分子机器
		第二节 从化石燃料中获取有机化合物	有机高分子材料
选择性必修一	第一章	第一节 化学反应的热效应	化学反应与能量变化（反应热）提供热能
	第一章	第二节 原电池	太阳能发电，二次电池发电过程
	第一章	第三节 电解池	电解池，电量储存过程
	第一章	第四节 金属的腐蚀与防护	航天基地建设过程中的金属防护
	第一章	微项目：载人航天器用化学电池与氧气再生	航天用电池的工作原理，电解池用以氧气再生原理
选择性必修三	第三章	有机合成	合成航天中的有机材料（待开发）

（三）与国际视野下的军事航天相关的问题研究或综合学习主题梳理

1. 初三化学教学中与军事航天相关的问题研究或综合学习主题梳理

第二单元，基于特定需求设计和制作简易供氧器，可以结合航天背景开展项目式主题活动，设计和制作简易供氧器；第七单元，结合所学知识，可以开展调查我国航天科技领域中新型材料、新型能源的应用；第八单元，调查我国探月工程和载人航天工程（如神舟系列飞船）中所研发的新型材料。

2. 高中化学教学中与军事航天相关的问题研究或综合学习主题梳理

必修一第三章，氮的循环中合成氨的方法及用途，辩证利用化学反应创造物质提供能量。必修二第二章，研究车用燃料及安全气囊，利用化学反应解决实际问题，拓展对航天科技技术应用于民用安全气囊的认识。选择性必修一第一章，载人航天器用化学电池与氧气再生，航天用电池的工作原理，电解池用以氧气再生原理，可以设计成微项目探究航天器中的运行原理。选择性必修三第三章，有机合成，可以开发设计合成航天中的有机材料作为项目学习内容。

四、化学学科与学校特色渗透融合有效策略

1. 围绕航天军事科技，开展网络资源学习活动

在互联网的庞大知识宝库中寻找与甄别航天军事科技领域中材料组成、特点及应用实例，转化成与化学相关的学生认知角度的科技小报、科技展板等。此活动可以针对初中生，开启其感知化学、认识化学、学习化学之门，感受化学的社会价值与意义。

2. 围绕航天军事科技，开展小专题学习

在高中阶段，物质结构与元素周期率、热化学、电化学、金属的腐蚀与防护等内容，都可以在学习知识的基础上迁移应用，例如，老师们之前已经开展过的载人航天器中的能源问题、火箭推进剂的研究、探月工程与元素周期律等内容，解决一些与航天军事科技有关的问题，体现化学在国防科技领域的应用价值。

3. 围绕航天军事科技，开展项目学习

在高中阶段，学习了一定的知识内容后，可以设计项目学习内容，使学生置身于真实的生活场景中，调用多方面化学知识，解决实际问题。例如可以进行：载人航天器用化学电池与氧气再生；宇航服面料等有机材料的性能特点与合成等微项目，使学生身临其境，深入了解化学学科在航天军事科技中的应用。

五、结束语

化学学科是研究物质的组成、结构、性质、转化及应用的一门基础学科，本文呈现的是化学课程与国际视野下的军事航天科技融合的可能性。随着时代的发展，学校特色及本土文化在化学教学中的融合变得更加多元化、立体化。航天军事技术在不断地发展更新，化学在其中起着重要作用，随着课题研究的深入，相信我们会找到更多的航天军事科技与化学的结合点，通过老师们后期的资源开发，将航天军事科技更好地融入中学化学的课堂。

火箭推进剂

——利用并调控化学反应的热效应

万金伟

一、指导思想与理论依据

本教学设计是基于深度学习理论，在教师的引领下，学生围绕着具有挑战性的学习主题，全身心积极参与，体验成功、获得发展的有意义的学习过程。在这个过程中，学生掌握学科的核心知识，理解学习的过程，把握学科的本质及思想方法，形成积极的内在的学习动机，高级的社会性情感，积极的态度，正确的价值观，成为既具独立性、批判性、创造性，又有合作精神、基础扎实的优秀的学习者，成为未来社会历史实践的主人。

基于实际问题解决的基础上进行的设计，所谓"问题解决"是指当学习者面对真实复杂问题情境时，综合运用已有知识、技能和经验指向将已知情境转化为目标情境的认知过程。而"实际问题解决"是一系列有目的、指向STS（科学、技术与社会）的认知操作活动。生活中充满了需要解决的各类问题，解决实际问题是人类生活的核心，也理所当然地成为化学教学的出发点和目的地。

2020年修订版课程标准要求化学教学要指向化学学科核心素养，在教学设计中主要体现对学生"宏观辨识与微观探析""变化观念与平衡思想""证据推理与模型认知""科学态度与社会责任"等方面素养的培养，对学生未来发展有重要价值。

二、教学背景分析

（一）教学内容分析

本教学内容主体是选择性必修第一章化学反应与热能这部分知识，经过高二的学习，进入高三综合复习阶段，在知识主体不变的前提下，本教学设计将教学内容设计成围绕着对火箭推进剂的研究，应用化学反应与热能的利用与调控，来解决实际问题，教学从定性认识火箭推进剂的热量来源，到定量的认识推进剂的放能，从化学键计算、盖斯定律、设计反应等角度来认识火箭推进剂应用中的各种问题。将化学反应与热能的知识应用到实际复杂问题解决上，既提升学生应用知识解决实际问题的能力，也让学生体会到化学知识的实际应用价值，体现了化学学科的社会意义与价值，培养学生的科学态度与社会责任。

化学篇
火箭推进剂——利用并调控化学反应的热效应

（二）学生情况分析

2020年修订版课程标准对于化学反应与能量部分高三阶段的学业要求是能辨识化学反应中的能量转化形式，能解释化学反应中能量变化的本质，能进行反应焓变的简单计算，能用热化学方程式表示反应中的能量变化，能运用反应的焓变合理选择和利用化学反应。而学生在必修阶段的认识由初中的宏观感性认识，开始进入微观本质的定性认识，对物质变化伴随着能量变化理解得更本质。选择性必修阶段，学生开始从定量的角度书写化学反应的热化学方程式，认识化学反应的焓变及其影响因素，能进行反应焓变的简单计算。进入高三复习阶段，学生对已有知识有较大的遗忘，同时自主调用角度，应用已有知识解决综合复杂问题的能力还有待加强，所以基于学生的实际情况，教学过程既关注基础知识的唤醒，又有综合解决问题能力的提升，使学生更加深入的认识化学反应与能量的本质关系。

（1）汽车发动机工作时会引发 N_2 和 O_2 反应，其能量变化如下：

$$N_2(g) \xrightarrow{945 \text{ kJ} \cdot \text{mol}^{-1}} 2N(g)$$
$$O_2(g) \xrightarrow{498 \text{ kJ} \cdot \text{mol}^{-1}} 2O(g) \quad \Bigg\} \; 2\times(-630 \text{ kJ} \cdot \text{mol}^{-1}) \longrightarrow 2NO(g)$$

写出该反应的热化学方程式：_____

前测设计及结果分析：
写出计算过程：
（2） CH_4 联合 H_2O 和 CO_2 制取 H_2 时，发生的主要反应如下：
① $CH_4(g) + H_2O(g) =\!=\!= CO(g) + 3H_2(g) \quad \Delta H_1 = +206 \text{ kJ} \cdot \text{mol}^{-1}$
② $CH_4(g) + CO_2(g) =\!=\!= 2CO(g) + 2H_2(g) \quad \Delta H_2 = +247 \text{ kJ} \cdot \text{mol}^{-1}$
则 CO 和水蒸气反应制取氢气的热化学方程式为（写出详细过程）：
（3）由甲烷制备苯的过程中存在如下反应：
芳构化反应：$6CH_4(g) =\!=\!= C_6H_6(g) + 9H_2(g) \quad \Delta H_1$
积碳反应：　$CH_4(g) =\!=\!= C(s) + 2H_2(g) \quad \Delta H_2$
若要用 ΔH_1 计算 ΔH_2，则还需要利用_____（写化学方程式）反应的 ΔH，请写出详细的分析过程。
（4）当前，很多地区倡导用天然气替代煤作为家用燃料。请从物质变化和能量变化的角度对这一倡议进行评价（表1）。

表1

	释放能量	燃烧产物
天然气	55 812 kJ/kg	CO_2、H_2O
煤	20 908 kJ/kg	CO_2、H_2O、SO_2 等

前测结果分析如图1所示。

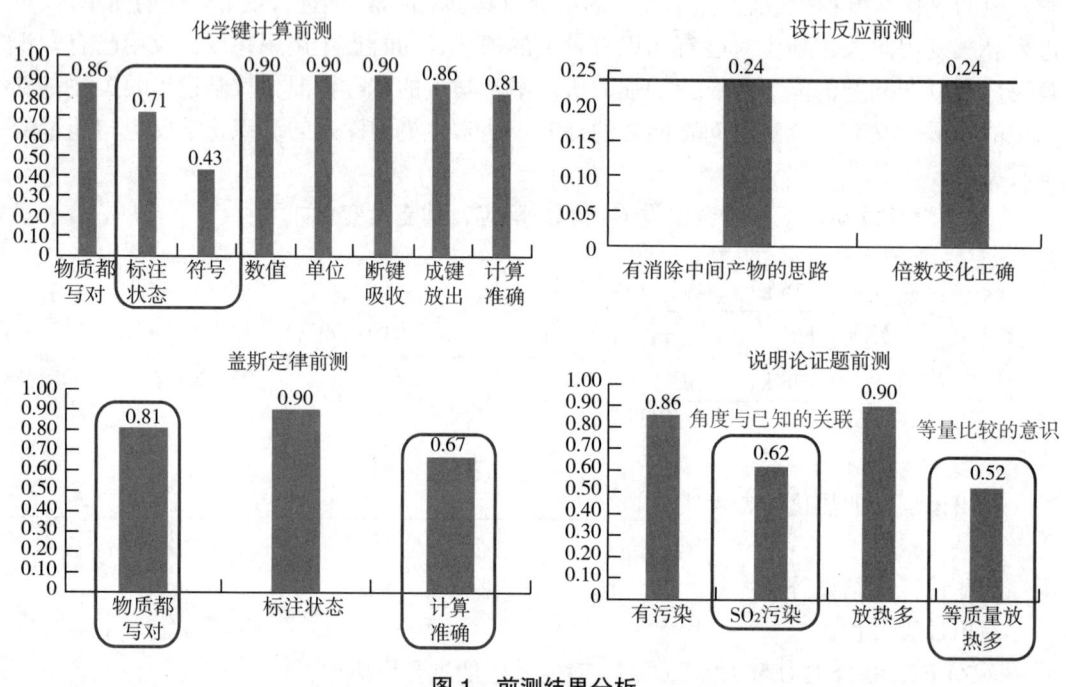

图1 前测结果分析

通过前测,可以发现学生在热化学方程式基本表示方法还有一定的不足;盖斯定律的计算也还有一部分学生不落实;在设计反应方面,学生的能力水平还有很大的提升空间;对于说明论证类问题中,学生对于答题角度与已知信息的关联水平还较低,定性的意识强于定量的意识。

三、教学目标

(1)通过对火箭推进剂放热原因的讨论与交流,调动学生微观认识化学键变化与能量变化的关系,定性的解决问题,诊断并发展学生宏观辨识与微观探析的能力。

(2)通过肼燃烧的热化学方程式的书写与评价,诊断并发展学生对化学键变化与体系能量变化原因的本质认识的水平,落实与化学键有关的计算方法,并能用热化学方程式规范表示反应中的能量变化。

（3）通过肼易分解过程反应热的讨论与计算，诊断并发展学生运用盖斯定律进行反应焓变的简单计算的水平，并将解决思路外显成程序性方法。

（4）通过助燃剂的选择的讨论，诊断并发展学生对于综合复杂的说明论证类问题的解答水平，并将热化学中说明论证类问题的思考角度与思路外显。

（5）通过氢能开发过程中化学反应的设计，诊断并发展学生运用盖斯定律解决问题的思路来分析解决复杂推理类问题的水平。

四、教学过程设计

（一）实际问题情景引入

2022年10月31日，梦天实验舱搭乘长征五号B遥四运载火箭，在中国文昌航天发射场发射升空，梦天实验舱与火箭成功分离并准确进入预定轨道，发射任务取得圆满成功。

活动任务1：你知道哪些火箭推进剂呢？这些物质可以做火箭推进剂的理由是什么？

学生活动：火箭推进剂：氢气、煤油、酒精……

理由：可燃物—燃烧反应放热、易储存—液态的、稳定的、生成物无污染、体积小、质量小、放热多……

设计意图：视频的使用，让学生感受我国航天事业的巨大成就，同时感受火箭推进剂的重要作用。通过诊断发现：学生对于火箭推进剂已有一定的感性认识，知道几种推进剂，但常见的火箭推进剂并不十分清楚。

（二）利用化学反应的热效应

活动任务2：推进剂燃烧时释放的能量从哪里来？请你利用化学反应过程与能量变化的关系图（图2）解释原因。利用能量图，我们从微观定性的认识推进剂燃烧放热的原因，下面我们定量的认识肼这种火箭推进剂的放热情况。

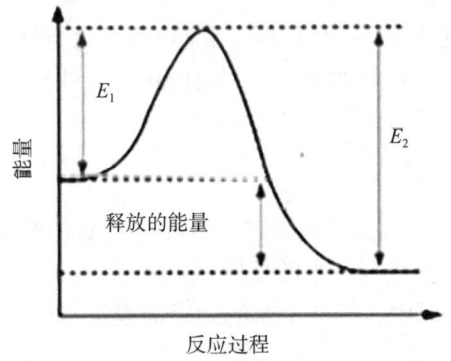

图2 化学反应过程与能量变化的关系

学生活动：反应物断键吸收的能量小于生成物成键释放的能量。

活动任务3：20世纪60年代，肼在常温下是液态，开始成为火箭推进剂。已知气态肼在氧气中燃烧生成氮气和气态水，请你试着写出一定温度下肼燃烧的热化学方程式。梳理热化学方程式书写的注意事项。

$$\underbrace{N_2H_4(g)+O_2(g) \xrightarrow{\text{一定温度}} N_2(g)+2H_2O(g)}_{\text{物质变化}} \quad \underbrace{\Delta H=-577\ kJ\cdot mol^{-1}}_{\text{反应焓变}}$$

设计意图：诊断并发展学生对化学键变化与体系能量变化原因的本质认识的水平，落实与化学键有关的计算方法。通过学生总结书写过程的注意事项，自主寻找到影响反应焓变的因素，使学生能用热化学方程式规范表示反应中的能量变化。从微观本质角度认识火箭推进剂放出能量的本质原因。

活动任务4：由于肼自身的热稳定性比较差，易分解，影响火箭发射时的热效应，所以常用在火箭姿态控制发动机中。

已知200 ℃时：

（1）$3N_2H_4(g)=\!=\!=N_2(g)+4NH_3(g)$　　$\Delta H_1=-32.9\ kJ\cdot mol^{-1}$

（2）$N_2H_4(g)+H_2(g)=\!=\!=2NH_3(g)$　　$\Delta H_2=-41.8\ kJ\cdot mol^{-1}$

请你分析肼分解反应的反应热：

$N_2H_4(g)=\!=\!=N_2(g)+2H_2(g)$　　ΔH

已知：　$3N_2H_4(g)=\!=\!=N_2(g)+4NH_3(g)$　　ΔH_1

　　　$+\ 4NH_3(g)=\!=\!=2N_2H_4(g)+2H_2(g)\ \Delta H_1\times(-2)$

求：$N_2H_4(g)=\!=\!=N_2(g)+2H_2(g)$　　$\Delta H=\Delta H_1-2\Delta H_2=50.7\ kJ\cdot mol^{-1}$

学生活动：

学生自主梳理方法：

（1）关注所求反应的物质变化；

（2）以消掉中间产物为切入点；

（3）调整已知方程式的方向与数目。

设计意图：通过火箭推进剂肼易分解过程反应热的讨论与计算，诊断并发展学生运用盖斯定律进行反应焓变的简单计算的水平，并将解决思路外显成程序性方法。

（三）调控化学反应

活动任务5：由于肼易分解，所以科学家一直在寻找新的推进剂。结合表中数据，请你设计新的推进剂？预测该推进剂发生的反应。

活动任务6：火箭真实情况中，偏二甲肼的助燃剂通常选用有毒的N_2O_4而不用O_2，请结合以下资料分析原因。

N₂O₄ 密度：1443 kg/m³　沸点：21℃

C₂H₈N₂（l）+4O₂（g）=2CO₂（g）+N₂（g）+4H₂O（g）　ΔH=-1803 kJ·mol⁻¹

O₂ 密度：1.429 kg/m³　沸点：-183℃

C₂H₈N₂（l）+2N₂O₄（g）=2CO₂（g）+3N₂（g）+4H₂O（g）　ΔH=-2550 kJ·mol⁻¹

学生活动：密度→体积小；沸点→易液化；单位质量，放热多。学生完整表述：N₂O₄ 相比氧气，密度大，相同质量的推进剂所占体积更小；沸点更高，作为火箭推进剂更容易液化，易储存；单位质量的推进剂和氧化剂放出热量更多（图2）。

图3　答题思路

学生自主梳理方法：有关能量的说明论证题答题思路：

设计意图：通过助燃剂的选择的讨论，诊断并发展学生对于综合复杂的说明论证类问题的解答水平。将热化学中说明论证类问题的思考角度与思路外显。深入理解不同推进剂在实际应用过程中的复杂性，体会化学学科对于航天的意义。

活动任务7：氢能源是最具应用前景最环保的火箭推进剂之一，高纯氢的制备是目前的研究热点。甲烷水蒸气催化重整是制高纯氢的方法之一。

反应器中存在如下反应：

$$CH_4(g) + H_2O(g) = CO(g) + 3H_2(g) \quad \Delta H_1 \quad (1)$$

$$CO(g) + H_2O(g) = CO_2(g) + H_2(g) \quad \Delta H_2 \quad (2)$$

$$CH_4(g) = C(s) + 2H_2(g) \quad \Delta H_3 \quad (3)$$

在利用 ΔH_1 和 ΔH_2 计算 ΔH_3 的过程中，还需另一个反应辅助完成，请你设计一个化学反应实现该过程？

学生活动：自主发现反应过程中能量的变化依托物质的变化，盖斯定律解决问题的切入点也是消除中间物质，进而进行反应的设计。学生设计出不同的路线。

设计意图：通过氢能开发过程中化学反应的设计，属于盖斯定律应用的远迁移，诊断并发展学生运用盖斯定律解决问题的思路来分析解决复杂推理类问题的水平。提升学生证据推理与模型认知能力。拓宽学生对于火箭推进剂的来源认识。

（四）总结提升

1. 知识总结（图 4）

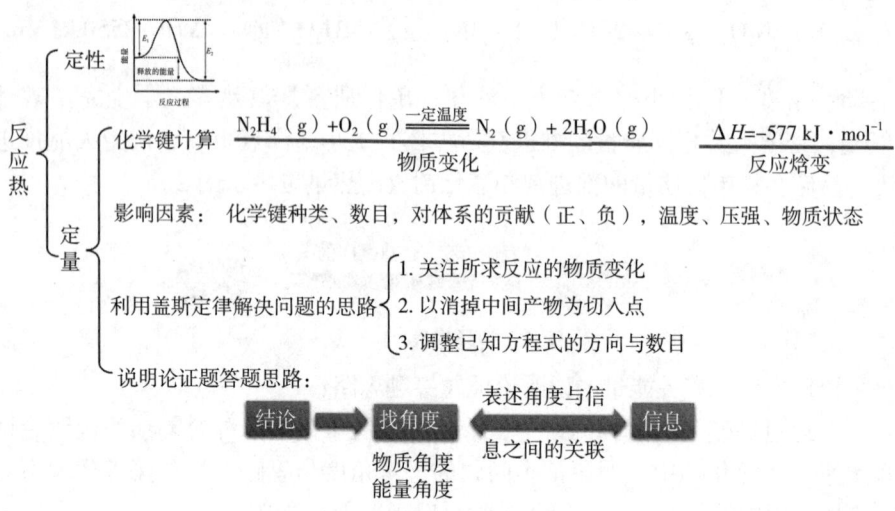

图 4 知识总结

2. 情感提升

视频：航天梦、中国梦。航天人用自己的航天梦，不断助力中国梦的实现，希望你也能拥有自己的梦想，以刻苦努力的学习态度践行自己的梦想，不断追求中国梦的实现。

设计意图：将内容结构化，引领学生思维结构化，从孤立的视角向系统视角发展。引领学生关注化学学科的社会价值，提升学生的科学态度与社会责任。

五、作业设计及特色融合点说明（表 2）

表 2 作业设计及特色融合点

作业设计	特色融合点
化学键计算：利用化学键数据计算火箭推进剂——氢气的反应热	深入理解火箭推进剂的放热本质，深化化学学科宏观辨识与微观探析思想
盖斯定律计算：利用多个反应计算火箭推进剂——氢气的燃烧热	应用盖斯定律，对火箭推进剂燃烧产物不同时的焓变不同进行计算，体会盖斯定律的实际用途
设计反应：火箭中液氢的存储与安全一直是科学家研究的方向。LiH 也可作为火箭的燃料，欲知 LiH（S）在氧气中燃烧的热化学方程式，还需借助什么反应？	以火箭中液氢的存储为切入点，通过设计反应，了解储氢材料释放能量的多少

六、学习效果评价

后测设计及结果分析：

（1）近年来，研究人员提出利用含硫物质热化学循环实现太阳能的转化与存储。过程如图5所示。

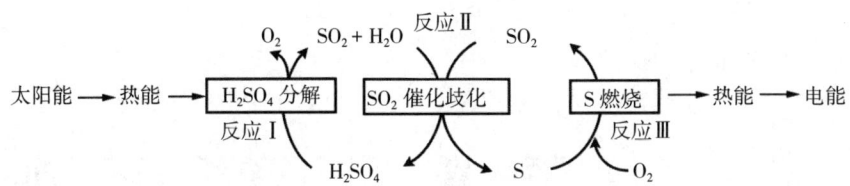

图5 含硫物质热化学循环

（1）反应Ⅰ：$2H_2SO_4(l) = 2SO_2(g) + 2H_2O(g) + O_2(g)$　$\Delta H_1 = 551 \text{ kJ·mol}^{-1}$

反应Ⅲ：$S(s) + O_2(g) = SO_2(g)$　$\Delta H_3 = -297 \text{ kJ·mol}^{-1}$

反应Ⅱ的热化学方程式为：_____

（2）CO_2与CH_4经催化重整，制得合成气：$CH_4(g) + CO_2(g) = 2CO(g) + 2H_2(g)$
已知上述反应中相关的化学键键能数据如表3所示。

表3 相关化学键键能数据

化学键	C—H	C=O	H—H	(C≡O, CO)
键能/kJ·mol^{-1}	413	745	436	1075

则该反应的$\Delta H=$？

（3）丙烷经催化脱氢可制丙烯：$C_3H_8(g) = C_3H_6(g) + H_2(g)$，反应体系中存在如下反应

已知：① $C_3H_8(g) + 5O_2(g) = 3CO_2(g) + 4H_2O(l)$　ΔH_1

② $C_3H_6(g) + 4.5O_2(g) = 3CO_2(g) + 3H_2O(l)$　ΔH_2

……

若要计算反应的$C_3H_8(g) = C_3H_6(g) + H_2(g)$　ΔH_3，则还需要利用哪个反应的ΔH。请写出详细的分析过程。

（4）$FeSO_4·7H_2O$加热脱水后生成$FeSO_4·H_2O$，再与FeS_2在氧气中掺烧可联合制备铁精粉和硫酸。$FeSO_4·H_2O$分解和FeS_2在氧气中燃烧的能量变化示意如图6所示。利用FeS_2作为$FeSO_4·H_2O$分解的燃料，从能源的角度说明该工艺的优点：

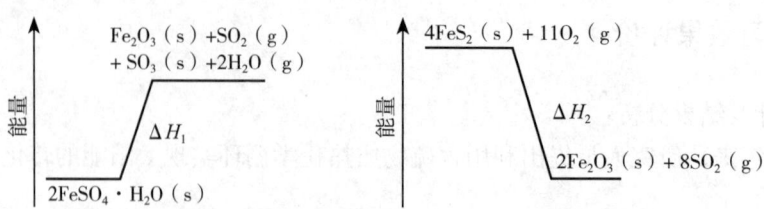

图6 FeSO$_4$·H$_2$O 分解和 FeS$_2$ 在氧气中燃烧的能量变化示意

后测结果分析如图7所示。

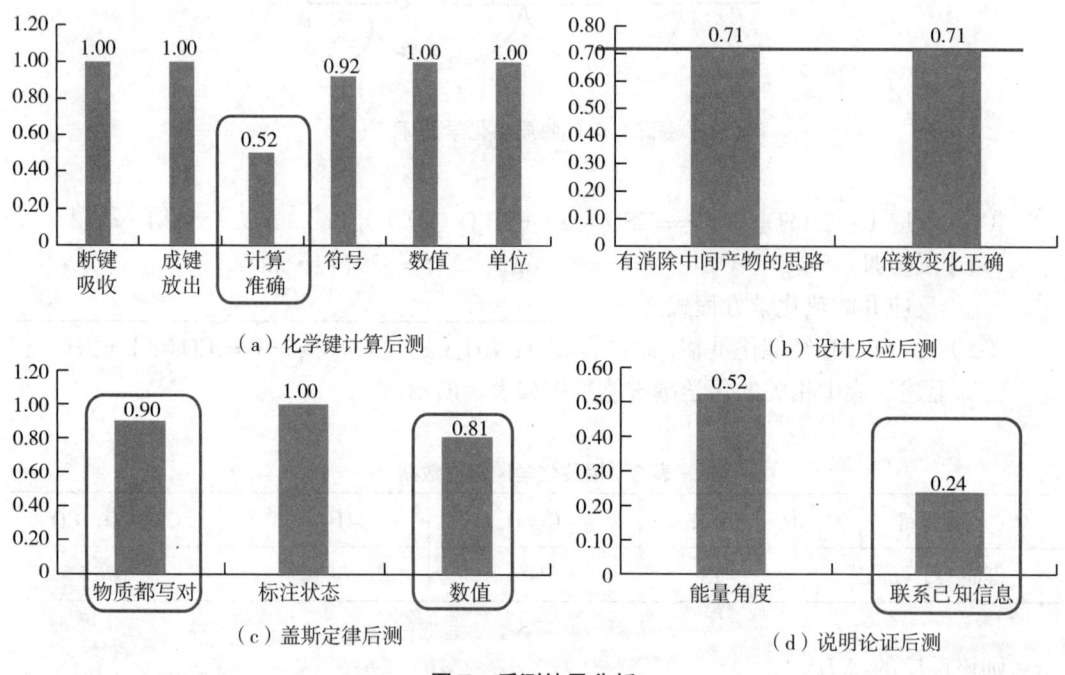

图7 后测结果分析

通过后测，可以发现学生在热化学方程式书写上有很大进步，但基础计算学生还有较多问题；盖斯定律的应用学生落实程度较好，问题还是体现在定量计算上；在设计反应方面，学生的能力水平也有很大的提升；对于说明论证类问题中，一半学生可以找到答题角度，但对于答题角度与已知信息的关联水平还较低，还需后期继续强化练习。

七、教学特色分析

（一）围绕航天素材展开高三复习课，凸显学科知识的应用价值

教学过程一直围绕着火箭推进剂的特点、推进剂放热本质原因，推进剂肼的放热与自身热分解带来的问题，与推进剂的调控、改进与优化，以及推进剂的生产过程中的反

应的设计等实际问题展开教学,既达到知识复习提升的目的,同时让学生感受到化学知识的社会意义。

(二) 针对高考考察方向,层层深入,提炼思路方法并应用

近几年高考对反应热的考察方向就是化学键计算、盖斯定律应用、设计反应与说明论述类问题,本节课巧妙地将这些内容串联,层层深入,从定性到定量,从宏观到微观,从只关注反应的能量计算的盖斯定律简单应用,到深入概念本质,关注物质变化和能量变化来解决问题,过程中不断地将解决问题的思路外显,应用思路解决问题。

(三) 注重问题设计的开放度与深度,提升学生的思维品质

教学设计过程中,问题的难度与开放度逐步打开,从指向性明确的热化学方程式书写,到盖斯定律计算反应热,再到偏二甲肼的助燃剂通常选用有毒的 N_2O_4 而不用 O_2,结合资料分析原因,最后到自主设计反应,问题的开放度与难度逐步提升,逐渐拉长学生的思维链条,打开学生的思考空间,在这个过程中将学科核心素养内化,提升学生的思维品质,实现深度学习。

研究车用燃料及安全气囊

李 妍

一、指导思想与理论依据

普通高中化学课程标准中明确指出,要重视开展"素养为本"的教学。倡导真实问题情境的创设,开展以化学实验为主的多种探究活动,重视教学内容的结构化设计,激发学生学习化学的兴趣,促进学生学习方式的转变,培养他们的创新精神和实践能力。知道可以通过分析、推理等方法认识研究对象的本质特征、构成要素及其相互关系,建立认知模型,并能运用模型解释化学现象,揭示现象的本质和规律。

建构主义的学习理论认为,学习是在一定的情景下,由学生借助于一定的学习资源和与他人协作而实现的意义建构过程。项目教学法是师生通过实施一个完整的项目而进行的教学方法,可以综合提升学生的专业能力、社会能力和其他关键能力。

二、教学背景分析

(一)教学内容分析

随着中国家用小汽车的保有量不断攀升,汽车已经作为一种生活必需品走进了千家万户。以汽车为素材,基于汽车中的真实能量问题进行项目式学习,既能激发学生学习的兴趣,又能很好的解决生活中的实际问题。选择"研究车用燃料及安全气囊"作为本章的微项目,不仅与本章的核心内容契合,还能够在前面三节学习的基础上,进一步促进学生"变化观念与平衡思想""证据推理与模型认知"和"科学态度与社会责任"等化学学科核心素养的发展。

(二)学生情况分析

本课时的教学内容是鲁科版高中化学必修二第2章《化学键化学反应规律》的微项目。在本章前三节的教学中,学生已经完成了相应认识角度的构建任务,也能够基于化学键认识化学反应中物质变化、能量变化的实质,但是怎样整合对化学反应的认识并形成对化学反应的系统认识模型、怎样才能将该模型应用于问题解决是学生认知的难点,也是本节课重要的知识生长点。本节课设计的学生活动从知识到方法层级递进,从应用模型到创新使用模型极大地提升了学生的能力。

三、教学目标

（1）通过设计"选择车用燃料""燃油汽车尾气的消除"两个课堂活动建立化学反应与物质变化、能量变化、反应调控的关联，初步形成利用化学反应中的物质变化和能量变化及反应速率的角度指导生产实践的基本思路。

（2）通过设计"汽车安全气囊气体发生器物质选择"课堂活动，应用化学反应与物质变化、能量变化、反应调控模型，加强学生对化学反应系统模型的认知，将模型应用于解决实际问题。

（3）通过课堂活动设计进一步促进学生"变化观念与平衡思想""证据推理与模型认知"和"科学态度与社会责任"等化学学科核心素养的发展。

四、教学过程设计

（1）整体教学过程设计（图1）

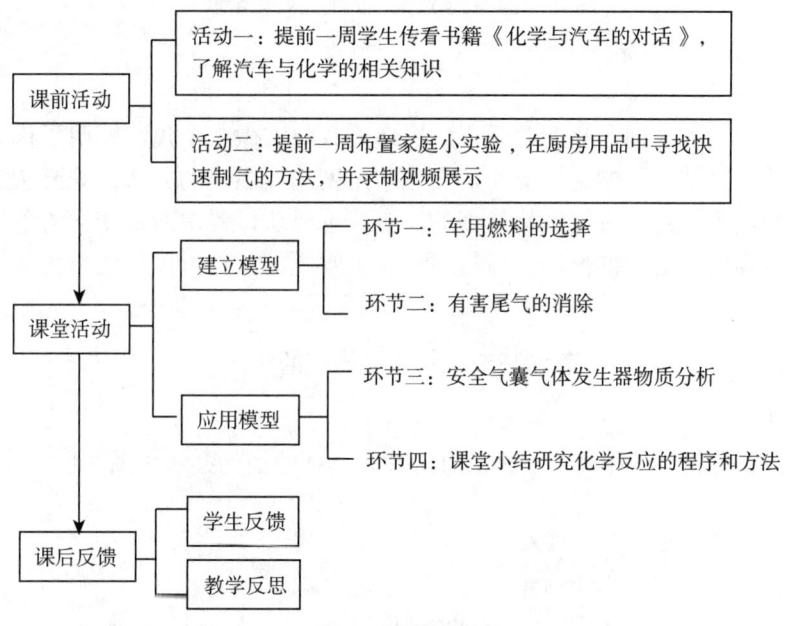

图1 教学过程

（二）课堂教学环节

教学环节一：车用燃料的选择

活动设计：

活动一：提出问题，汽车动力系统中存在哪些能量转化形式？车用燃料经历了从煤到石油的变迁，变迁的原因是什么？

活动二：庚烷（C_7H_{16}）是汽油的主要成分之一，用图示的方法说明庚烷燃烧过程中发生能量变化的原因？某同学根据所查阅的资料，绘制了3种可燃物在空气中发生燃烧反应的能量变化示意图（图2）。根据示意图，你认为哪种物质更适合用作车用燃料？为什么？

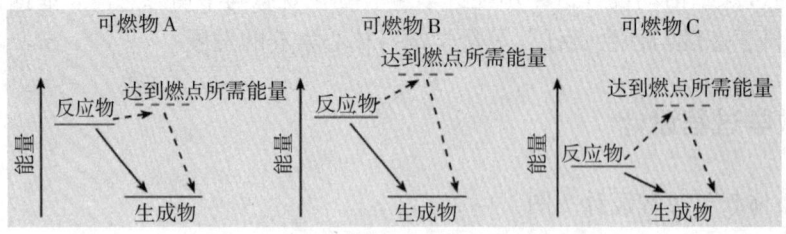

图2　可燃物燃烧反应的能量变化示意

活动设计意图：

本环节设置的4个问题相互关联、层层递进，从宏微2个角度阐明了化学反应中能量变化的实质。总结了从燃烧反应能量变化的角度选择燃料的方法，既要从燃烧反应总能量变化的角度考虑，尽可能选然热多的反应，也要从过程中能量变化的角度考虑选择断裂化学键所需能量适中的反应。通过对这4个问题的分析可以构建出化学反应与能量变化的模型。

教学环节二：有害尾气的消除

活动设计：

活动一：试分析尾气中有害气体 C_xH_y、CO、NO 的消除办法（图3）。

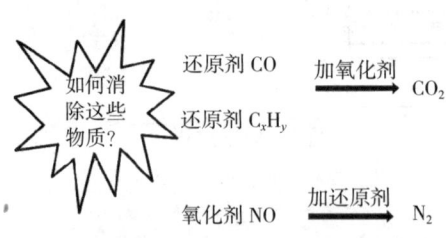

图3　尾气中有害气体的消除办法

活动二：讨论加快反应速率调控反应的方法，介绍三元催化器的催化工作原理（图4）。

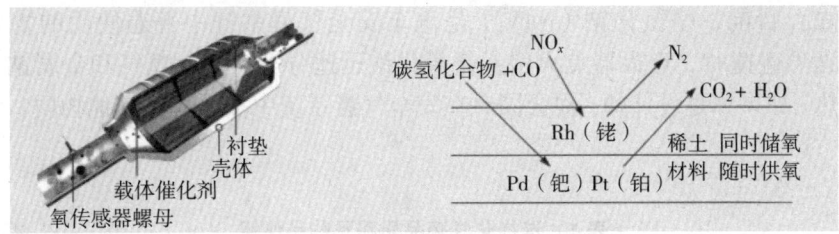

图4 三元催化器及其工作原理示意

活动设计意图：

本环节的2个活动设计从物质转化的2个角度（氧化还原、物质类别）分析汽车尾气中有害气体 C_xH_y、CO、NO 的消除办法。从调控反应改变反应速率的角度寻求加快消除有害气体反应速率的方法，构建化学反应与物质变化、反应调控模型。

教学环节三：安全气囊气体发生器物质分析

活动设计：

活动一：汽车跑得快了，安全问题变得尤为重要，汽车中装有多个安全气囊，安全气囊气体发生器中的物质应具有哪些性质？你能找到哪些符合要求的物质？展示学生课前制作的小视频，分析学生自制产气装置航天小火箭反应原理能否用于制作安全气囊（图5）？

图5 展示学生课前制作的小视频

活动二：目前，叠氮化钠（NaN$_3$）是汽车安全气囊系统中普遍使用的物质之一。汽车受到猛烈碰撞时，点火器点火引发叠氮化钠迅速分解，产生氮气和金属钠，同时释放大量的热。如果你是设计师，你会同时在安全气囊系统中加入哪些其他物质？为什么？（表1）

表1 选择化学药品思路及药品作用

选择化学药品	选择化学药品的思路	每种化学药品的作用

活动设计意图：

本环节设计的2个活动引导学生应用模型解决实际问题。安全气囊气体发生器从物质变化分析要寻求产生无毒无害气体的反应，从速率角度要在瞬间快速制气，肯定学生的某些思考问题角度的合理性。活动二中进一步应用模型从化学反应的3个方面分析实际问题。从氧化还原角度消除金属钠，从能量角度选择吸热反应消除大量的热。

环节四：课堂小结研究化学反应的程序和方法（图6）

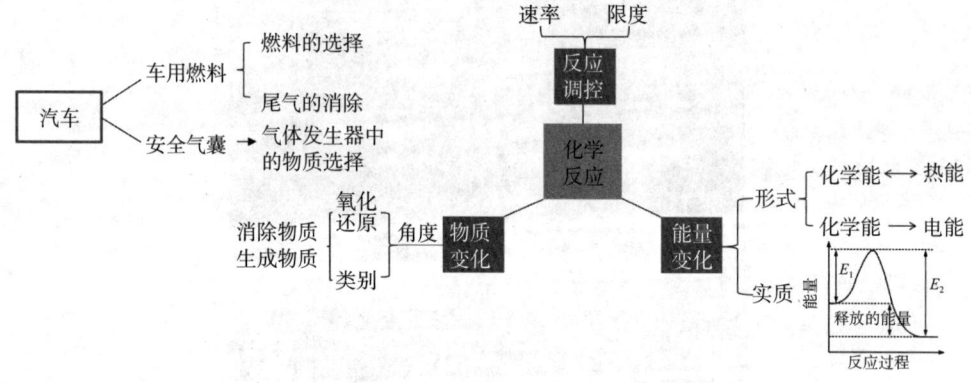

图6 课堂小结研究化学反应的程序和方法

设计意图：

本节课通过对车用燃料和安全气囊的研究学习，我们感受到化学学科在汽车工业发展中的作用，我们运用了化学反应的相关知识建立了解决实际问题的思路和方法。体会到了化学知识是有生命力的。进一步促进了学生化学学科核心素养的发展。

五、作业设计及特色融合点说明

本节课以汽车为素材,以科学技术发展为线索贯穿整节课的多个教学环节。环节一,从汽车燃料发展及能量角度分析选择车用燃料的方法构建化学反应与能量变化的关系。环节二,探究汽车尾气的消除方法,介绍科技产品三元催化器在消除汽车尾气中起到的作用。构建化学反应与物质变化,调控化学反应的基本模型。环节三,设计汽车安全气囊,通过发射自制航天小火箭、航天技术应用于充气马甲知识介绍等活动(图7),发展了学生化学学科核心素养,提升了学生从化学角度分析解决实际问题的能力(表2)。

表2 作业设计及特色融合点

环节名称	作业设计	特色融合点
课前任务	活动一:提前一周学生传看书籍《化学与汽车的对话》了解汽车与化学的相关知识	了解化学科学技术在汽车发展史上的作用
	活动二:提前一周布置家庭小实验,在厨房用品中寻找快速制气的方法,并录制视频展示	发射自制航天小火箭,体验快速制气的原理
课后任务	任务一:了解课堂中介绍的快速充气马甲的工作原理	通过航天技术应用于充气马甲体验化学反应模型在生活中的实际应用
	任务二:从材料、动力、安全等角度制作一份关于"汽车中的化学"手抄报	发展学生化学学科核心素养,提升了学生从化学角度分析解决实际问题的能力

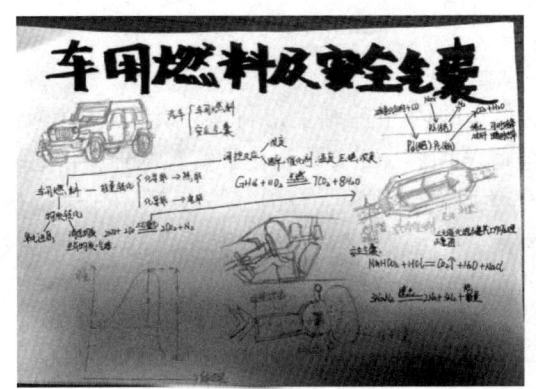
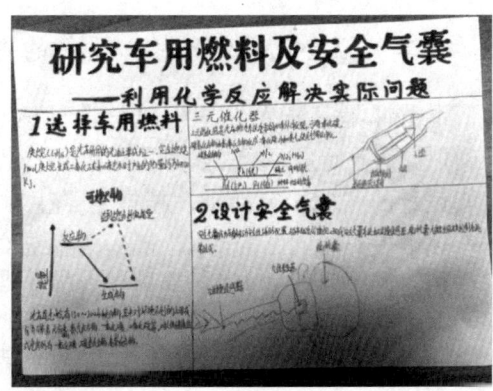

图7 安全气囊手抄报

六、学习效果评价（表3）

表3 学习效果评价

环节活动	评价目标	评价方式
课堂表现评价	通过设计"选择车用燃料""燃油汽车尾气的消除"2个课堂活动建立化学反应与物质变化、能量变化、反应调控的关联，初步形成利用化学反应中的物质变化和能量变化及反应速率的角度指导生产实践的基本思路	说明论证型任务；语言表述；小组讨论；上台展示
	通过设计"汽车安全气囊气体发生器物质选择"课堂活动，应用化学反应与物质变化、能量变化、反应调控模型，加强学生对化学反应系统模型的认知，将模型应用于解决实际问题	推论预测型任务；小组讨论；上台展示
课下作业评价	绘制"汽车中的化学"手抄报，评价学生的认识角度	学生手抄报展示
	应用化学反应与物质变化、能量变化、反应调控模型，将模型应用于解决实际问题，完成课后练习	分析解释类任务；课后练习

七、教学特色分析

（一）项目式教学促教研组教师专业发展

2016年9月，首师大附属云岗中学化学教研组在首师大专家的引领下，开始进行"项目式教学"大胆尝试。经过五年多的摸索和总结，首都师范大学附属云岗中学化学教研团队在项目式教学研究上不断发展和创新，积累了丰富的项目式学习研究经验，总结了许多适合我们自己学情的项目式研究模型并在学校内广泛推广。

（二）领会化学学科核心素养的内涵

本节课是基于发展学生化学学科核心素养的内涵基础上，科学制定教学目标。准确把握学业质量要求，合理选择和组织化学教学内容，充分认识化学实验的独特价值，精心设计的实验探究活动。拓展了学生对化学反应的认识，提升了学生利用化学反应思考、解决实际问题的能力。进一步促进学生"变化观念与平衡思想""证据推理与模型认知"和"科学态度与社会责任"等化学学科核心素养的发展。

（三）以真实问题为情境，促学生学习方式转变

学生对于这样的项目学习非常欢迎，有很高的热情。因为这样的学习过程不但有助于梳理学习过的具体知识，而且能丰富认识化学反应的角度、明确研究问题的思路，更重要的是，传递了化学使生活更美好的学科思想，点燃了学生创造未来美好生活的热情。

（本节课在2022年全国高中化学课程跨区域联合高端备课活动中做说课展示）

探月工程与元素周期律

刘志鹏

一、指导思想与理论依据

我校紧邻航天科技单位,科技教育是我校办学特色之一。在化学教学中以航天科技为素材,将学科教学与航天教育相融合,是本节课的设计背景。

本节课的指导思想是,通过对探月工程中有关月壤元素、航天材料等的探析,以认识元素周期律,建构"位-构-性"的认识模型为重点。旨在帮助学生形成认识陌生元素的视角,提升学科核心素养,感受化学源于科学研究又服务于航天科技的理念。

新理念下的化学教学强调"以学生的发展为本",注重学生的可持续发展。建构主义理论认为"学习不应该被看成是对于教师授予知识的被动接受,而是学习者以自身已有的知识和经验为基础主动的建构活动",即学生的学习过程应该是学生对知识的主动探索、主动发现和对所学知识意义的主动建构。真实、具体的问题情境是学生化学学科核心素养形成和发展的重要平台,学生在具体任务的解决过程中,提升化学学科核心素养、科技意识、爱国情怀。

二、教学背景分析

(一)教学内容分析

本节课是鲁科版必修第二册第一章《原子结构、元素周期律》的单元复习课,课标的学业要求是:能画出1~20号元素的原子结构示意图,能用原子结构解释元素性质及其递变规律,并能结合实验及事实进行说明。能利用元素在周期表中的位置和原子结构,分析、预测、比较元素及其化合物的性质。

元素周期律及其具体表现形式元素周期表是中学化学重要的基础理论知识。元素周期律的认识发展功能在于揭示不同元素之间的联系,帮助学生形成认识元素和物质性质的新视角和系统思维框架。元素周期律的学习过程,是学生重新认识物质性质、发现规律的过程,丰富了学生认识物质性质的角度和方法,发展了学生对于元素观的认识。基于元素周期律学生可以比较、解释和论证不同元素性质的差异,可以由已知元素和物质推知和研究未知元素和物质。这部分的知识需要学生基于物质性质的实验和其他数据、事实证据进行推理和论证。

（二）学生情况分析

学生已经学习了原子结构、元素周期表、周期律，具备相应的概念储备和分析解决陌生问题的能力，对元素周期表结构和周期律有较为清晰的认识，能使用周期律应用于解答简单的问题。但是学生周期表和周期律的综合能力较弱，缺乏大局观，不会利用"位－构－性"来综合分析解决问题，对于多个知识点串接在一个的综合性问题缺乏清晰的解决问题的思维路径，对此类问题有畏惧心理。

在航天知识背景上，由于学校多次多方式开展航天科技教育活动，所以学生航天科普素养较好，且会在生活中有意关注这类新闻，常常能针对教师提供的航天素材补充自己的了解及看法，这也是学校前期航天教育潜移默化的成果。

三、教学目标

（1）通过月壤成分元素的分析活动，复习常见元素在周期表的位置，准确理解原子的构成。

（2）通过对太阳能电池材料的寻找与认识活动，应用原子结构解释同周期元素性质及其递变规律。

（3）通过了解航天育种技术中富硒大米的作用，感受元素周期律对陌生物质性质的预测功能，体会同周期、同主族元素性质的相似性与递变性。培养学生科学态度与社会责任、证据推理与模型认知能力。

（4）通过探月工程中多项科学研究开展的视频介绍，感受我国航天科技的进步，感受航天人勇于探索未知的精神力量，培育爱国主义情怀。

四、教学过程设计

（一）教学流程（图1）

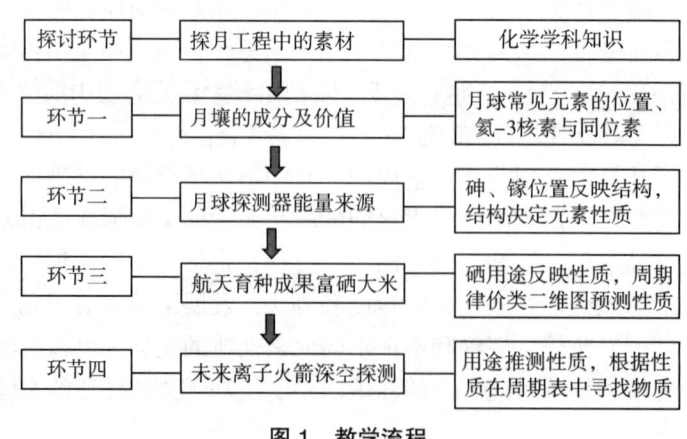

图1　教学流程

（二）教学环节

环节一：认识月壤的成分及价值

教师活动：

创设情境：2020年11月24日，长征五号火箭成功发射了"嫦娥五号"月球探测器。

视频资料：月壤中含有大量的氦-3，做热核聚变发电的清洁能源。

图片资料：月壤的主要成分及含量。

文字资料：氦元素在地球上的同位素。

问题设计：

（1）你知道"嫦娥五号"探月工程的核心任务吗？

（2）请你在元素周期表相应位置画出月球前8种元素的原子结构示意图

（3）氦-3中"3"的含义？该原子的构成？氦的各种同位素原子结构的相同点与不同点？化学性质是否相同？

（4）月壤的意义与价值？

学生活动：观看阅读相关素材，针对老师提出的问题进行思考、回答和在导学案上落笔练习。

设计意图：落实了课标要求中的"知道元素、核素的含义，能画出前20号元素的原子结构示意图，知道元素在周期表中的位置及其与原子结构的关系"等学科内容。

特色融合创新点：月壤中的元素组成均可囊括在元素周期表内，对月壤内的高能原子氦-3的认识，也是加深理解同位素概念契合的素材。

环节二：认识月球探测器的太阳能电池材料——砷化镓

【教师活动】

提出问题：月球探测器所需的电源是如何保证的？

图片资料：常规单晶硅太阳能电池、柔性砷化镓太阳能电池。

问题设计：

（1）在元素周期表的哪个区域可寻找到性能更加优良的半导体材料？

（2）请根据砷、镓两种元素在周期表中的位置写出砷化镓的化学式？

（3）论证镓与砷结合时，前者为正化合价，后者为负化合价的原因？

学生活动：根据元素在周期表中的位置→写出原子结构示意图→聚焦最外层电子数→列出可能的化合价→选择化合价书写化学式→从原子结构的角度说明论证。

设计意图：体会元素周期表对制造新材料的指导作用。落实用原子结构解释同周期元素性质的递变规律。应用位置-结构-性质三者关系进行化学式的书写及解释练习。

特色融合创新点：结合深空探测器中对太阳能电池光电转化效率的高要求，提出半导体材料的改进，体现周期表对寻找新材料的指导作用。同时砷化镓在同一周期，二者化合时化合价的正负，恰好是同周期元素得失电子能力的表现。

环节三：认识航天育种成果富硒大米中含硒物质的性质。

教师活动：

视频资料：嫦娥五号月球探测器携带种子进行航天育种

图片资料：航天育种成果——富硒大米；

富硒大米的抗氧化延缓衰老的作用；

含硒物质在人体内参与代谢的生化原理。

提出问题：

（1）借助周期律预测含硒物质的化学性质

（2）以价类二维图为认识模型预测含硒物质的类别通性及价态变化

（3）常见含硒物质中还原性最强的是什么？

学生活动：了解航天育种的原理，并在导学案上从元素周期律角度、类别角度、价态角度预测含硒物质的化学性质。

设计意图：落实学业要求中的"能利用元素在周期表中的位置和原子结构，分析、预测、比较元素及其化合物的性质"。

特色融合创新点：将月球探测器的育种任务与富硒大米的开发相关联，引出对含硒物质性质的预测，在实际生产实例中体现周期律对认识物质性质的指导功能。

环节四：认识铯离子火箭中用途与性质的关系

教师活动：

视频资料：首个离子推进剂测试成功

图片展示：离子推进剂工作原理、元素周期表

提出问题：根据离子推进剂的工作原理，推进剂原料在周期表的哪个位置？

学生活动：分析思考，回答问题：金属铷、铯具有强失电子能力。

设计意图：将第ⅠA族金属的结构、性质、应用纳入本节课，使知识覆盖更全面。

特色融合创新点：月球探测的价值之一是作为将来深空探测的中转站，而月球上发射离子火箭，是航天科技研究的新方向。

五、作业设计及特色融合点说明（表1）

表1 作业设计及特色融合点

作业设计	特色融合点
工业流程图设计：设计建立月球基地，开发利用月球钛矿资源	钛矿的冶炼原理与氧化还原反应密切相关。本项作业即是学科知识的迁移应用，又能让学生感受到人类探测月球的价值

六、学习效果评价

结合教学目标的达成、活动设计的实施进行教学评价的设计,可直接文字表述(表2)。

表2 教学评价

环节活动	评价目标	评价方式
课堂表现评价	能用原子结构解释元素及其递变规律	说明论证型任务:语言表述
	能结合资料说明元素周期表对合成新物质、制造新材料的指导作用	推论预测型任务:小组讨论、上台展示
课下作业评价	能利用元素在周期表的位置和原子结构,分析、预测元素及其化合物的性质	分析解释类任务:课后练习

七、教学特色分析

本节课教学特色如下:

特色1:探月素材与学科教学融合得特别自然,素材使用的逻辑非常合理、清晰。

特色2:整个教学过程的每一个环节均为:探月素材→学科问题→学生讨论→教师小结,其中,问题的设计紧扣本章学业要求。

特色3:学生活动形式及任务类型多样。有口述型的说明论证任务、有上台板书讲解的推论预测任务、有导学案落笔的分析解释任务等,这些多样的任务有利于培养学生的化学学科核心素养。

专家点评

发展特色教学　做好学科育人

"学科育人"是指在显性知识传授的同时，对受教育者在理念确立和价值观特别是道德价值观养成等隐性影响方面产生有益而长久的影响。通过发挥不同学科的特色和优势，促进学生在知识增长、能力提升的同时健全人格，为其提供丰富生命内涵、体验幸福人生的思维和视野。首都师范大学附属云岗中学选择"国际视野下的军事航天科技"为特色项目载体，将学科育人、化学学科教育与学校特色渗透融合；能基于实际问题或项目教学的方式，很好地将国家发展、科技发展、社会责任、重新意识、学科知识和学生的素养能力培养交织在一起，达成更优化的教学效果，促进学生的全面发展。

在《化学学科与学校特色渗透融合策略研究》中万金伟老师分析了《义务教育化学课程标准》、《普通高中化学课程标准》中学习主题和学习要求，说明了新形势下高中化学教学与学校学科特色渗透融合是一种必然的趋势。分析了学校地域特点、学生情况和教师教学研究情况，找到了一些化学与航天军事科技很好的融合点，并进行了有益的尝试，同时也发现在与航天军事科技融合的过程中中学化学知识的局限性。进一步细致梳理了初高中可以与军事航天科技结合的具体教学知识点和教学内容，归纳了目前已经完成的主题学习项目，并在最后给出了经过实践得出的教学策略。研究中有背景依据、有理论分析、有实际操作和策略总结，研究扎实，有成果。

在课例展示中，万金伟老师的课例《火箭推进剂——利用并调控化学反应的热效应》，是基于实际问题解决的基础上进行的教学设计，细致地分析了化学能与热能部分课程标准对知识和能力的具体要求，结合具体推进剂的发展和寻找，融合了等级考试中考查的方式、角度、学生思维的障碍等，多角度设计了教学环节。在教学中根据不同的任务设置了不同能力水平的学生学习活动，很好的达成了教学评一体化的教学目标。李妍老师的课例《研究车用燃料及安全气囊》中通过设计"选择车用燃料""燃油汽车尾气的消除"2个课堂活动建立化学反应与物质变化、能量变化、反应调控的关联，初步形成利用化学反应中的物质变化和能量变化及反应速率的角度指导生产实践的基本思路。通过设计"汽车安全气囊气体发生器物质选择"课堂活动，应用化学反应与物质变化、能量变化、反应调控模型，加强学生对化学反应系统模型的认知，将模型应用于解决实际问题。通过课堂活动设计进一步促进学生"变化观念与平衡思想""证据推理与模型认知""科学态度与社会责任"等化学学科核心素养的发展。可以看到教学素养能力目标和教学活动联系紧密，目标设置合理，达成度高，并让学生体会到化学的社会价值。在刘志鹏老师的《探月工程与元素周期律》中，立足于学生化学学科核心素养的发展，将化学教学与航天科技相融合，充分发挥化学课程的整体育人功能，将弘扬科学精神落到实处。教学设计中将教学环节、实际问题和学科知识与能力很好的融合，体现了学科技助力科技发展。

在后续的研究中可以自主的研发教学内容，紧密联系航天不同维度的发展，进行学科知识与航天科技研究各维度的系统融合，例如，材料、能源（电能、热能等）、食品、安全等维度。

秦 林

北京教育学院丰台分院教研员，北京市正高级教师

生物篇

生物学科与学校特色渗透融合策略研究

朱会娟

一、生物学科与学校特色渗透融合概述

生物学科是自然学科中的一门基础学科，是研究生命现象和生命活动规律的科学，其研究对象是具有高度的复杂性、多样性和统一性的生物界。同时，生物学是集农业、医药、环境科学等多学科知识为一体的综合学科，具有较强的综合性。当今生物学在微观和宏观2个方向的发展都非常迅速，而且与信息技术和工程技术的结合日益紧密，在人类健康与疾病防治、粮食和食品安全、生态环境保护等方面产生越来越大的影响。

当今社会，科学技术的不断进步已成为推动世界经济发展的主要力量，生物科学随着与物理学、数学及其他学科之间不断交叉、渗透和融合，已经日益呈现出主导学科的地位。现行教学中，学科与学科之间的交流与沟通比较缺乏，大大影响了学生思维品质及学生个性发展，很难满足课程改革的需求。对于初中学生来说，学生本身身心发育未成熟，知识理解能力有限，基础知识薄弱，学生对于生物学科的接受能力有限。因此，在生物教学中融合军事航天相关的知识，对于提升学生学习兴趣是十分有必要的。在生物教学中，适当地进行军事航天知识的渗透，对学生来说，可以学习应用多学科知识分析和解决某些生活、生产和社会实际问题，建立多学科间的融合贯通的知识体系，提高综合素质。对教师来说，可以借助军事航天科技为背景解决某些教学难点，开拓教学思路，让教学过程更生动活泼，从而提高学生创新能力。随着时代的进步与变迁，教师的教育理念和教学模式需要不断地创新和改变，才能满足当代学生活跃的创新思维。在这样的教学环境下，更需要一线教师改变单一的学科教学现状，实现军事航天科技教育，力求教师从多个角度去增强学生的核心素养和创新能力。

生物学科教育与国际视野下的军事航天科技教育有很多融合点，能够在课上开展特色融合渗透。当前，生物技术的军事应用已经扩展到武器操作、战场感知、新概念武器等诸多领域，应用于基因武器信息探测、军事生物材料伪装隐身等方面。其中，力学仿生、分子仿生、能量仿生、信息与控制仿生等将掀开军事科技领域创新发展的新篇章。在航天飞行中，我们可以进行生物相关的实验及生物新品种的培育，并带回地球做相关研究；在生物研究方面，我们需要航天技术的支持，在航天的基础上探索新的突破口，由此推动生物的发展。在航天飞行中，我们进行了生物实验、生物新品种的培育

及基础生物学理论的探索。同时，我们也通过空间站等平台，进行了大量实用性的生物实验，例如在微重力、辐射、磁场环境中生命的生活规律等。由此可见，我们在讲生态系统、种子萌发和遗传变异时与航天知识相结合，在讲细菌、病毒、基因和动物的运动时与军事知识相结合，同时引导学生用国际眼光或者国际视角，站在全球或更广阔的角度上认识军事和航天相关问题，培养学生的大国意识，从全世界的角度来处理国际事务。

二、生物学科与学校特色渗透融合现状

作为一所有着63年历史的军事、航天传统学校，为促进我校高中品牌特色发展，实现学校高品质提升，学校以"国际视野下的军事航天科技教育"为特色主题开展了一系列的特色活动和特色课程，提升了学校办学品质。生物教研组也积极参与到这一大主题，先后2次进行课例展示。

田欣老师结合生态系统和人体主要营养等知识为航天员设计太空家园，同学们根据生态系统的成分设计主体构成，再依据航天员的营养需求添加个别成分，每组都呈现一份完美的设计，同时也寄托了学生们对航天员健康的关切之心。本节课不仅提升了学生知识的综合应用能力，同时也开拓了学生的创新视野。

路蒙蒙老师也结合肺通气知识，带领学生为航天员设计航天服，本节中气压与体积对于初一学生理解较有难度，为了帮助学生正确理解二者之间的关系，我们邀请物理老师刘洋参与讲解，刘老师通过2个小实验让学生能够准确说出二者之间的变化关系。路老师接着分析肺通气与航天服之间的联系。最终，学生们从航天员健康的角度为航天员设计了一件舒适而安全的航天服。虽然成果略显稚嫩，但也凝聚了学生们对航天员健康安危的牵挂。路老师这节课初步尝试了跨学科融合，借助物理学科帮助教师解决教学难点，应用知识设计构建航天服，实现了知识解决实际问题的螺旋式上升的教学效果。

通过这2节课的学习，首先，学生对于太空环境也有了进一步的了解，从而初步实现了我们学校的大主题"国际视野下的军事航天科技教育"；其次，学生也深刻理解航天员是冒着生命危险去探索太空，进而对航天员产生了深深的敬佩之意；最后，从教师角度，我们教研组对于学科融合的度也做了深度交流，我们一致认为引入其他学科主要是为了帮助我们解决生物教学中的重难点，让我们的教学环节更加顺畅，而不是为了融合而融合。我们最终明确，军事航天科技及跨学科融合，都是要依托生物知识，解决实际问题，提升学生的国际视野。

三、生物学科与学校特色渗透融合资源梳理

生物学科因其综合性较强，能够在很多点与学校特色渗透融合。生物学科主要在以下4个方面与学校特色相融合：

第一，太空生存环境与生态系统相结合。通过课例设计火星生态系统，为航天员提

地域文化与创新教育的融合
——首都师范大学附属云岗中学品牌特色建设探索

供可持续的充足的食物储备，满足航天员的生存需求，这部分主要的资源是课例展示。

第二，空间站生物生长环境的装置设计。与航天相关的太空生物很多，如太空稻由种子到种子的质的飞跃，结合绿色开花植物的一生相关知识渗透航天科技知识，又如蚕宝太空旅行记中，设计制作适合蚕一生生存需求的太空舱，这部分的资源主要有项目式学习系列课例、太空稻和蚕宝太空装置作业设计等。

第三，航天员身体健康与生物圈中的人相结合。这部分涵盖的内容相对比较多，主要是研究太空环境下航天员的饮食健康、血液循环、呼吸系统、泌尿系统和神经系统是否有所不同，如何才能让航天员健康探索太空成为我们主要的研究方向。这部分主要的资源是《肺通气与太空服》课例，作业设计《为航天员设计食谱》等。

第四，微生物与军事相结合。众所周知，在历次世界大战中，生化武器令各国闻风丧胆，而这些生化武器主角是细菌、真菌和病毒等。在讲解《细菌和真菌》这节时，主要以历次军事事件为背景，介绍这些微生物的杀伤力，同时号召学生珍惜现在的和平生活，坚决抵制生化武器。这部分的资源主要是作业设计和相关视频。

总之，在不断梳理教材与学校特色渗透融合点中，发现生物学科的结合点很多，我们在一步步实践中引发学生深度思考，通过成果展示激发学生的综合分析能力和创造能力，最终实现提升学生的生物核心素养。

四、生物学科与学校特色渗透融合有效策略

（一）在课堂教学中贯彻

纵观中学生物教材中的内容有不少涉及军事航天知识的章节。作为生物教师应当适时、适度地挖掘教材中的军事航天知识。这样既可以调动学生的探奇心理，激发学生生物学习的兴趣和热情，又可以培养学生的科学意识和航天报国的决心。

如在教授初中生物《生物与环境组成生态系统》这一节中，我们以火星为背景为航天员设计一个火星生态系统，保证航天员的生存需求。学生的使命感很强，积极应用所学生态系统知识，结合火星条件设计一个实现能量流动、物质循环的生态系统。通过这节课学生对航天知识有了初步的了解，对世界及我国航天科技发展现状有了感性的认识。

（二）在作业设计中巩固

"双减"之后，我们生物教研组开展作业设计，主题为"优化作业设计 提升科技素养"。通过优化作业设计，落实减负增效，提升学生的军事航天科技核心素养。

比如，在学习第四单元第二章第三节《合理营养和食品安全》时，我们让学生为航天员设计一份一日三餐食谱，旨在让学生关注航天员的饮食健康，同时提升学生的航天知识储备。高中学生针对航天员的饮食设计，追加问题：航天员是否可以补充核酸保健品，你的科学解释是什么？实现初高中衔接及航天知识的渗透。

（三）在项目式学习中强化

通过项目式学习，学生能够认识生物学与社会的关系，能够理解科学、技术、工程学、数学等学科的相互关系，并尝试因为多学科知识和方法，通过设计和制作解决现实问题或生产特定的产品，发展核心素养。因此，我们在教学中也尝试开展项目式学习《蚕宝太空旅行记》，该项目式学习共计3节课，意在通过蚕的一生复习节肢动物的发育过程、生物与环境、生物多样性和生物的遗传变异，通过对蚕宝太空中旅行的装置设计和制作。在核心问题的驱动下，学生变被动为主动的学习，展开深度思考，设计出舒适而安全的太空舱，为蚕宝太空发育历程保驾护航。通过该项目式学习渗透航天知识，提升学生的生命观念，科学思维和探究实践能力。

（四）在实践活动中感悟

生物学知识大都源于实践探索，教学中只有通过实践环节，才能促使学生更好地理解和感受这些生物学知识，体验和感悟其中隐含的科学思想、科学方法，以及发现问题、解决问题的路径。如在讲授《生物的生殖和发育》，我们带领学生一起养蚕，一起就蚕的生存条件设计并实施探究实验，设计制作蚕的太空舱。生物选修课上我们和学生种植太空种子，了解太空种子的由来，观察太空种子成长的点点滴滴，探究地面番茄和太空番茄杂交。学生在不断的实践中感悟隐含在太空种子背后的科学思维，实验的完成学生体验了科学方法。总之，在生物实践过程中，学生对于航天知识的理解更加深入，设计并制造蚕宝太空舱也提升学生解决问题的能力。

五、结束语

生物教师在教学中引入国际视野下的军事航天科技教育，结合生物学科特点进行生物知识与学校特色渗透融合尝试，使得生物学科成为军事航天科技教育的有效载体，为提升学生核心素养形成提供有效支撑。教师作为教学活动的发起者和驱动者，应当基于学校特色融合教育转变教学理念，教师应注重课堂渗透与课后实践，把理论和实践相结合，告别传统教育理论与实践分离的研究状况，让学生能够学以致用，让航天科技教育能够在实践中得以显现，促进学生健康全面发展。

其中，生物学科与学校特色融合结合过程中也存在一些问题，比如我们生物教研组更多注重航天知识的渗透和实践，而对于军事相关知识的渗透相对较少，希望在后面的教学中继续加强这方面的渗透。关于学校特色融合有效策略中，整体觉得项目式学习比较能够激发学生，但需要老师高度整合教材资源，结合主题开展系列活动，让学生真正成为学习的主体。而本阶段研究中，项目式学习方式相对较少，后面教师们需要继续深挖教材，设计与学校特色融合相关的主题式学习，继续将融合课程进行下去。

参考文献

［1］中华人民共和国教育部.生物学课程标准（2022年版）[M].北京：北京师范大学出版社，2022.

［2］中华人民共和国教育部.义务教育生物学课程标准（2011版）[M].北京：北京师范大学出版社，2012.

［3］周子榆.试论未来航天事业与生物科学的关系[J].健康之路，2018（12）：2.

肺与外界的气体交换 揭秘航天服制作原理

路蒙蒙 刘 洋

一、课时指导思想与理论依据

教育部制定的《义务教育生物学课程标准（2022年版）》指出，生物学课程高度关注学生学习过程中的实践经历，强调学生的学习过程是主动参与的过程，选择恰当的真实情境，设计学习任务，让学生积极参与动手和动脑的活动。通过实验、探究类学习活动或跨学科实践活动，使学生加深对生物学概念的理解，提升应用知识的能力。激发探究生命奥秘的兴趣，进而能用科学的观点、知识、思路和方法探讨或解决现实生活中的某些问题。

新课标亦指出"生物学与社会·跨学科实践"学习主题约占总课时的10%，要根据教学内容，进行跨学科实践。

作为一所有着63年军事、航天传统的学校，如何让学生形成国际视野下的中国道路、文化、制度和理论自信是至关重要的。我国在航天领域的飞速发展有目共睹，我校所在的云岗地区有着优秀的军事航天积累，国际视野下的军事航天科技教育特色正是非常好的教学情境切入口，既能够树立学生国家安全观和国家认同，又能够提升学生的科学精神和科技素养。

二、课时教学背景分析

（一）教学内容分析

本节课内容为《发生在肺内的气体交换》第一课时《肺与外界的气体交换》，是人体各大系统学习中非常难理解的知识。航天员在太空探索时为了保障生命活动必须穿航天服，如舱外航天服，其主要作用之一便是提供呼吸过程中的气压。因此借助最新最热的神舟十三号返回地球视频，观察分析航天员的航天服作用。在教学过程中，通过探究呼吸运动实质，来揭秘航天服的制作原理。探究完原理部分后，让学生结合本节课所学内容及外界环境一起参与设计舱外航天服，这个过程中充分考虑航天员生命安全，渗透载人航天技术中的生命观念。最后通过展示真正的航天服设计，让学生增强自信，并认同中国航天的科技水平已经处于世界领先地位，增强民族自豪感。

（二）学生情况分析

有一部分学生家庭是航天事业系统，因此对于本节课的情境设计很有共鸣，容易代入课堂。同时通过一学期的生物学习学生科学思维得到了一定的发展和提高，也已经具有一定的自主探究能力和推理能力。上节课学生学习了呼吸系统的组成，这对于本节内容的学习做了很好的铺垫。由于这节课内容涉及物理压强部分知识，以前讲的时候学生理解起来非常吃力。所以本节课尝试与物理学科融合，以生物视角解析肌肉、胸廓与吸气呼气的关系，从物理角度解析胸廓体积与压强的关系，运用2个学科的知识去解决同一个问题，在实践活动中培养学生获取和处理信息的能力、分析和解决问题的能力。

三、课时教学目标

（1）通过构建模型，能够说出膈肌的收缩和舒张导致胸廓上下径的变化，肋间肌的收缩和舒张，导致胸廓前后左右径增大，将抽象知识具体化，提高推理能力，认同结构与功能的统一性。（探究实践，科学思维）

（2）通过体验感受呼吸的小游戏，结合压强部分，能够理解胸廓的变化与吸气呼气的关系，进而初步阐述航天服制作原理。（科学思维，生命观念）

（3）通过设计航天服，增强自信心，认同术业有专攻，要学有所专，增加社会责任感。（探究实践，态度责任）

教学重点：

（1）膈肌的收缩和舒张导致胸廓上下径的变化，从而导致肺体积的变化。通过构建模型来落实突出。

（2）肋间肌的收缩和舒张，导致胸廓变化。通过演示实验、测量实验来落实突出。

教学难点：

胸廓的变化导致吸气呼气的原理、航天服加压原理。通过学科融合，物理演示实验来突破。

四、课时教学过程设计（图1）

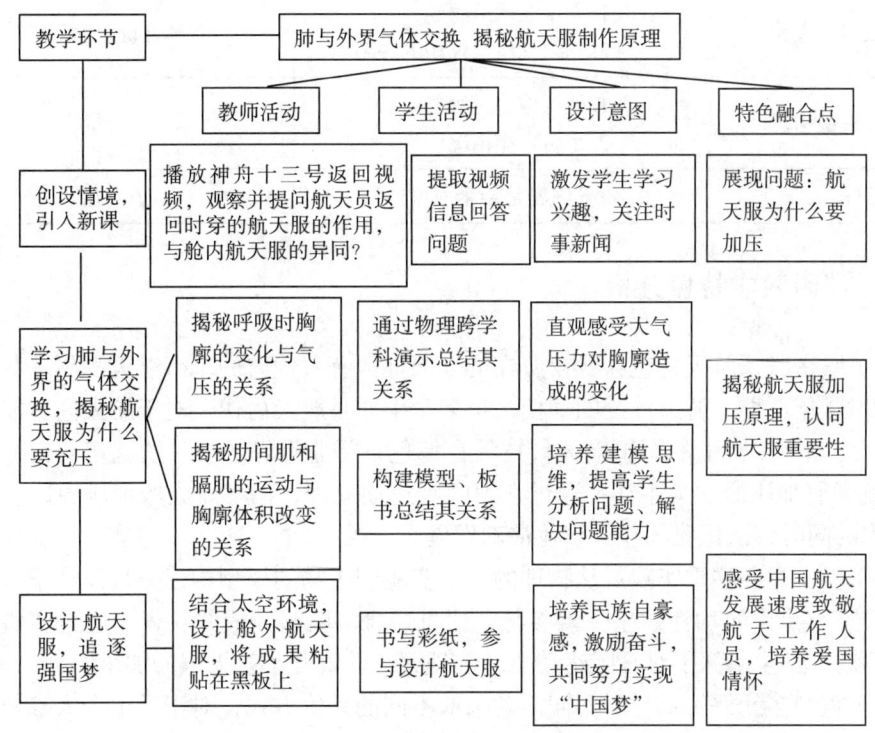

图1 教学过程设计

五、课时的作业设计及特色融合点说明（表1）

表1 作业设计及特色融合点

环节名称	作业设计	特色融合点
第一课时	我们已经了解了航天服的加压原理，通过设计航天服，我们发现航天服还需要有氧瓶和净化装置，这是为什么呢？课下查阅相关资料，小组分工，形成PPT文稿，下节课由小组代表汇报	航天服的制作是非常复杂的过程，通过我们一系列的课程学习，共同揭秘航天服的主要制作原理。在习得知识的同时，亦认识到国家的航天事业发展水平，增加民族自豪感

六、课时的学习效果评价（表2）

结合教学目标的达成、活动设计的实施进行教学评价的设计，可直接文字表述。

地域文化与创新教育的融合
——首都师范大学附属云岗中学品牌特色建设探索

表2 教学评价

环节活动	评价目标	评价方式
物理演示实验	1. 学生演示后感受 2. 总结气压与体积的关系	教师评价，学生评价
呼吸模型构建	1. 模型构建过程 2. 小组合作情况	评价量表
设计航天服	设计内容是否全面可行	小组互评

七、课时教学特色分析

（1）紧密联系航天特色：我校所在的云岗地区有着优秀的军事航天积累，我校又是一所有着63年军事、航天传统的学校，很多学生亦是航天后代，对于航天内容能够引起共鸣。因此国际视野下的军事航天科技教育特色正是非常好的教学情境切入口。本节课以揭秘航天服加压原理为主线，通过学习呼吸运动原理，揭秘航天服加压原因。让学生习得知识的同时，认识我国航天事业最新发展。

（2）教学过程注重实践：从物理的气压实验到生物的模型构建，从设计学习任务到实践操作，重点内容均让学生主动参与，通过亲身实践来完成并获得。通过实验和跨学科实践活动，学生加深了对呼吸运动概念的理解，并解开了航天服的加压原理。

（3）重视多元评价：对于不同活动采取不同的评价方式，对于学生个人参与与小组活动及时进行评价，以促进学生的学习与发展，发挥评价对于课堂教学的作用，促进核心素养的形成。

（本教学设计获"2022中小学教师信息技术创新与实践活动"基于多媒体交互设备的教学课例项目示范教学成果奖）

宇航员的食品生产基地

田 欣

一、项目、单元（或课时）指导思想与理论依据

《义务教育生物学课程标准（2022年版）》提出，全面贯彻党的教育方针，落实立德树人根本任务，发展素质教育，培养具备适应终生发展和社会需要的必备品和关键能力的人。生物学课程期待学生主动地参与学习过程，倡导探究式学习，引导学生主动参与、乐于探究、勤于动手。建构主义学习理论认为，学习过程包含对新信息的意义的建构和对已有知识的重组，学习者以自己的方式构建对于事物的理解。因此，本次设计以探究航天员在太空的生存保障为背景，学生通过了解太空环境与地球环境存在的差异，分析生物生存所需的环境条件，探讨提供满足生命所需的必须设备，在节约能源的前提下，应用生态系统具有物质循环功能的原理构建小型生态系统，亲历解决问题的过程。

二、项目、单元（或课时）教学背景分析

（一）教学内容分析

本节课的内容包括生态系统的概念，生态系统的组成，生态系统的物质循环过程，生态系统的调节能力。食物链和食物网是生态系统的营养结构，物质循环是生态系统的功能，一定的调节能力是生态系统的特性。这四部分内容在引导学生了解生态系统的概念、组成、功能、特性四方面的过程中，由表及里，由浅入深，环环相扣，层层递进，使学生在探讨问题的同时逐步加深对生态系统的认识。

（二）学生情况分析

学生在初一上学期学习过被子植物的生长发育过程和生态系统相关知识，对生态系统的结构和功能已经有了一定的认识，知道生态系统具有物质循环的功能，但部分同学不能理解物质循环过程和原理，同时，初二年级的学生具有一定的分析和解决问题能力，因此，通过创设情景，在太空环境构建稳定的生态系统，帮助学生理解生态系统的物质循环过程。课堂设计较多小组交流合作任务，快速回顾知识，提高课堂效率。

三、项目、单元（或课时）教学目标

（1）说出植物生长发育所需的环境条件，说出生物在生态系统中的作用，理解生态系统内部。

（2）物质循环过程，举例说明生态系统如何维持平衡。（生命观念，科学思维）

（3）分析太空种植面临的困难，提出解决办法，应用所学知识，构建小型生态系统，设计食品生产基地。（生命观念，科学思维，探究实践）

（4）从航天科技发展角度认识我国的发展和进步，感受中国航天精神和大国担当，树立保护环境和人类命运共同体的意识。（态度责任）

教学重点：生态系统的结构和功能。

教学难点：利用物质循环原理构建稳定的生态系统。

四、项目、单元（或课时）教学过程设计

教学环节一：

教师活动：提出任务目标和内容，合理利用资源，建立太空种植和养殖场，满足宇航员日常营养物质需求。生物的生存方式与地球环境相适应，绿色植物的生长发育需要哪些条件？

学生活动：分析植物生长过程所需的环境条件。分析哪些条件是火星环境不能满足的。明确太空环境可通过人工设备为植物生长发育提供条件。

设计意图：回顾被子植物的生长发育过程，分析如何在太空满足植物生长发育条件，将知识进行迁移应用，解决实际问题。

特色融合创新点：感受航天技术发展所面临的困难，渗透航天精神。

教学环节二：

教师活动：动植物的遗体和不可食用部分，如何进行处理？生态系统内部，物质和能量是如何流动的？有何特点？

学生活动：分析生态系统内部物质流动，小组合作构建物质循环过程。

设计意图：应用所学知识，构建小型生态系统。

特色融合创新点：理解生物与其生活环境是相互适应的，在太空环境中要保障生物生存的基本条件，需遵循生物学规律。

教学环节三：

教师活动：设计太空食品生产基地。提出任务要求：呈现基地完整结构，表示生物之间的关系和物质流动过程，在内部实现物质循环。

学生活动：选择适合生物建立食品生产基地，构建生态系统，分析生物在生态系统中的作用，完成设计图。

设计意图：应用所学知识，构建小型生态系统，设计食品生产基地，解决实际问题。

特色融合创新点：切实感受生物学知识与航天技术的联系，体会应用所学知识解决实际问题。

五、项目、单元（或课时）的作业设计及特色融合点说明（表1）

表1 作业设计及特色融合点

环节名称	作业任务	特色融合点
环节一	分析绿色植物生长发育所需的基本环境条件。	分析如何在太空满足植物生长发育条件。
环节二	小组合作构建生态系统内部物质循环过程。	除人工设备提供一定的环境条件外，稳定的生态系统可以实现物质循环，节约能源。
环节三	设计小型生态系统，保证在内部实现物质循环。	应用所学知识解决实际问题，满足长期太空探索的食品需求。

六、项目、单元（或课时）的学习效果评价

通过课堂展示和评价量表进行组内互评（表2）。

表2 组内互评

评价细则	1组	2组	3组	4组	5组	6组
说明基地内部应用哪些设备满足生物生存所需的无机环境条件5′						
说明基地能为宇航员提供哪些营养物质5′						
写出生态系统的组成成分，分析生物与生物之间的关系5′						
说明基地内部如何完成物质循环5′						
设计美观，有观赏性5′						
语言清晰流畅5′						
总分						

七、项目、单元（或课时）教学特色分析

通过分析植物生长发育所需的环境条件，了解太空种植箱，感受进行太空种植的困难和我国航天技术的先进，了解航天技术在生物学的主要应用及航天技术与生物学研究的相互促进，渗透航天精神，理解太空种植的目的是满足长期太空探索的食品需求。设计食品生产基地，并能够说明内部成分之间的关系和物质流动过程，明确太空探索的方向，结合疫情期间中国勇于承担责任，地球环境恶化，资源枯竭，积极探索寻求生存空间，第二家园，体现中国大国担当，人类命运共同体意识。

专家点评

航天特色融入生物学科　项目实践提升学科素养

《义务教育生物学课程标准（2022年版）》提出，生物学是自然科学中的一门基础学科。当今，生物学在微观和宏观两个方向的发展都非常迅速，并且与信息技术和工程技术的结合日益紧密，生物学课程高度关注学生学习过程中的实践经历，强调学生的学习过程是主动参与的过程。

首都师范大学附属云岗中学毗邻航天三院，多年来学校结合航天精神及时代特点，形成了集航天、军事、农业三位一体"云创"科技特色课程体系。开展"国际视野下的军事航天科技"这一具有地域科技文化特征的主题，不仅能扩大学生的视野，而且能满足学生的个性化需求，最大限度地激发学生学科学、爱科学的热情。

朱会娟老师在《生物学科与学校特色渗透融合策略研究》一文中阐述了在新课程背景下，如何结合教材找到生物学与航天科技教育的结合点，通过项目学习、实践活动和特色作业设计等多种渠道进行融合渗透。通过开展"为航天员设计航天服""为航天员设计一日三餐食谱"和"太空稻和蚕宝太空装置设计"等活动，激发了学生探索科学的欲望，并将课堂上学到的生物学知识在实践中得以应用。

路蒙蒙、刘洋两位老师撰写的课例《肺与外界的气体交换　揭秘航天服制作原理》，以学习航天服加压原理为主线，通过学习呼吸运动原理，探究航天服加压原因等内容，让学生在习得知识的同时，感受中国航天事业的发展速度，培养学生的爱国情怀。整个教学过程学生参与度很高，无论是从物理的气压实验到生物的模型构建，还是从设计学习任务到实践操作，都充分发挥了学生学习的主动性。

田欣老师《宇航员的食品生产基地》是一个单元教学设计，难度较大。田老师通过设计3个教学环节帮助学生构建植物生长发育所需的环境条件、生态系统内部物质循环的知识体系，最后完成太空食品生产基地设计的教学目标。3个环节层次分明，循序渐进，让学生在学习过程中不仅构建了生态系统的知识体系，同时也感受中国航天精神和大国担当。

在生物学科教学中，如何将航天科技与学校特色更好地融合，需要老师们在未来的教学中进一步探索。例如，结合新课标，如何在初、高中教材中挖掘出与航天科技相结合的内容并形成教学案例？如何依据真实学情设计学生活动？初中新课标

地域文化与创新教育的融合
——首都师范大学附属云岗中学品牌特色建设探索

如何开展跨学科主题活动？在项目学习活动中如何帮助学生运用科学的观点、知识、思路和方法探讨或解决现实生活中的具体问题，这些值得我们进一步思考。

李 媛

北京市第十中学副校长，北京市生物学科特级教师

政治篇

政治学科与学校特色渗透融合策略研究

徐晓林

一、政治学科与学校特色渗透融合概述

时代发展呼唤创新。科技创新能力已经成为综合国力竞争的决定性因素。党的二十大报告指出,教育、科技、人才是全面建设社会主义现代化国家的基础性、战略性支撑。谋未来就要谋创新。建设创新型国家,必须落实科教兴国战略、人才强国战略,将科技和教育摆在经济社会发展的重要位置。

思政课是落实立德树人根本任务的关键课程。办好思政课,是习近平总书记非常关心的一件事。2019年3月18日,总书记在学校思想政治理论课教师座谈会上的讲话中指出,改革创新是时代精神,青少年是最活跃的群体,思政课建设要向改革创新要活力。办好思政课,就是要开展马克思主义理论教育,用新时代中国特色社会主义思想铸魂育人,引导学生增强中国特色社会主义道路自信、理论自信、制度自信、文化自信,厚植爱国主义情怀,把爱国情、强国志、报国行自觉融入坚持和发展中国特色社会主义、建设社会主义现代化强国、实现中华民族伟大复兴的奋斗之中。

道德与法治课程是义务教育阶段的思政课,旨在提升学生思想政治素质、道德修养、法治素养和人格修养等,增强学生做中国人的志气、骨气、底气;高中思想政治课程具有学科内容的综合性、学校德育工作的引领性和课程实施的实践性等特征,力求构建学科逻辑与实践逻辑、理论知识与生活关切相结合,即通过一系列活动及其结构化设计,实现"课程内容活动化""活动内容课程化",引导学生经历自主思考、合作探究的学习过程,培育政治认同、科学精神、法治意识和公共参与等核心素养,逐步树立共产主义远大理想和中国特色社会主义共同理想,坚定中国特色社会主义道路自信、理论自信、制度自信、文化自信。

党的十八大以来,我国航天事业不断刷新纪录,进入创新发展"快车道"。"祝融"探火、"羲和"逐日、"天和"遨游星辰,重大工程成就举世瞩目。我校毗邻航天高科技单位,具有科技教育优势,将政治学科与学校的特色课程——国际视野下的军事航天科技教育相互渗透融合,具有必要性和可行性。

二、政治学科与学校特色渗透融合现状

学校品牌特色课程建设开展以来,政治教研组全体老师经过多次交流研讨,分年级完成教材中与国际视野下的军事航天相关的学科知识梳理,并推出两节展示课。

李晓敏老师以高中思想政治必修模块4《哲学与文化》第三单元第七课第三框"弘扬中华优秀传统文化与民族精神"为学科主题,以"神舟十三号"成功发射作为时事导入,通过学生讲述航天人物故事、给英雄航天员群体写信等系列活动,引导学生感悟航天精神,增强爱国情感,自觉传承和弘扬民族精神,培养创新意识,做到知行合一。

程赫老师设计的《九天圆梦 摘星揽月——我们的集体生活》以七年级下册第八课第二框"在集体中成长"为学科教学内容,用"神舟十三号"返回着陆的视频导入,通过阅读材料、图片展示、讲述故事等形式,让学生认识到航天员们是一个美好集体,感受航天英雄的无私奉献,学习航天员的优秀品质,努力建设美好集体。

两位老师的课例设计都能够巧妙将航天精神融入学科教学,使学生于潜移默化中增强民族自豪感,自觉树立实现中华民族伟大复兴的远大理想。

另外,教研组其他老师也积极根据学情做了特色融合课的教学设计。

三、政治学科与学校特色渗透融合资源梳理(表1)

表1 政治学科与学校特色渗透融合资源

教材	教学内容	融合点
七年级《道德与法治》(上)	1.1"中学序曲"	可以通过介绍我校军事航天科技和"STEM+"课程等特色内容,使学生了解新环境、新起点,从而树立新目标;结合一些军事航天领军人物的中学时代故事,如钱学森等,让学生感受到中学时代的奠基作用
	1.2"少年有梦"	选取相关的科学家故事,感受"为中华之崛起而读书",中国航天事业从无到有,从有到强,感受航天梦及为之努力拼搏
	9.2"增强生命的韧性"	可以通过航天科研、两弹一星等研制过程中的困难与挑战,引导学生懂得如何面对挫折
七年级《道德与法治》(下)	第三单元"在集体中成长"	可以将航天员的个人努力及团队合作事例与教材内容"建设美好集体"做有效融合
八年级《道德与法治》(上)	8.2"坚持国家利益至上"	结合中国军事科技能力的增强、航天事业的发展成就等增强学生维护国家利益的责任感和使命感,正确处理国家利益和个人利益之间的矛盾和冲突,合法有序表达爱国情感,提高社会实践能力
	9.1"认识总体国家安全观" 9.2"维护国家安全"	选取相关的科学家故事,使学生感受到国家安全与我们每个人的生活息息相关,自觉承担维护国家安全的责任,履行维护国家安全的义务

续表

教材	教学内容	融合点
九年级《道德与法治》（上）	第二课"创新驱动发展"	可融合的学科知识要点为"我们科技发展的现状、创新的意义、如何建设创新型国家"等
	第五课"守望精神家园"	可融合的学科知识为"中华民族精神、中国共产党人的精神谱系"
	第八课"中国人中国梦"	可融合的学科知识为"如何实现中国梦？如何做自信的中国人？"等
九年级《道德与法治》（下）	1.2"复杂多变的关系"	可融合的学科知识为"当今世界正经历百年未有之大变局，当今世界国际竞争的实质是以经济和科技实力为基础的综合国家的较量"等
	2.1"推动和平与发展"	可融合的学科知识"人类为维护世界和平采取了哪些措施？"
	3.1"中国担当"	可融合的学科知识"中国积极有作为，向世界贡献中国智慧"
	5.2"少年当自强"	可融合的学科知识为"青少年如何认识历史责任？如何承担时代重任？"
高中《思想政治》必修1《中国特色社会主义》	4.1"中国特色社会主义进入新时代"，4.2"实现中华民族伟大复兴的中国梦"	可融合的学科知识为"新时代的内涵和意义、如何实现中国梦"等
高中《思想政治》必修3《政治与法治》	1.2"中国共产党领导中国人民站起来、富起来、强起来"	可融合的学科知识为"社会主义初步实践，我国基本上建立了独立的、比较完整的工业体系"
	第三课"坚持和坚强党的全面领导"	可融合的学科知识为"中国共产党是最高政治领导力量，总揽全局、协调各方，党政军民学、东西南北中，党是领导一切的"
	4.2"坚持人民民主专政"	可融合的知识点为"人民军队是人民民主专政的坚强柱石"
高中《思想政治》必修4《哲学与文化》	第四课"探索认识的奥秘"	可融合的学科知识为"实践是认识发展的动力、追求真理是一个过程"
	7.3"弘扬中华优秀传统文化和民族精神"	可融合的学科知识为"弘扬中华民族精神"

续表

教材	教学内容	融合点
高中《思想政治》选择性必修1《国际政治与经济》	第一单元探究"国家安全与核心利益"	可融合的学科知识为"坚持总体国家安全观、国家安全人人有责、坚定中国特色社会主义制度自信"
	3.2"国际关系"	可融合的学科知识为"维护国家利益的有力保障是强大的国家实力。我国应该坚持以经济建设为中心,大力推进科技创新,增强核心竞争力,提升国家实力"
	4.2"中国特色大国外交"	可融合的学科知识为"顺应和平与发展的时代主题,奉行独立自主的和平外交政策,推动构建人类命运共同体"
高中《思想政治》选择性必修3《逻辑与思维》	第11课"创新思维要善于联想"	可融合的学科知识为"面对新情况和新问题,需要我们开动脑筋、积极创新。善于联想、学会迁移、发挥想象"
	第12课"创新思维要多路探索"	可融合的学科知识为"学会发散思维与聚合思维的方法,辩证把握逆向思维与正向思维的互补关系,提高创新思维的水平"
	第13课"创新思维要力求超前"	可融合的学科知识为"学会综合运用逻辑思维、辩证思维等多种思维方法,立足现实,用超前思维规划美好的未来"
	综合探究"结合社会实践,勇于开拓创新"	可融合的学科知识为"在这个'惟创新者进,惟创新者强,惟创新者胜'的大变革时代,创新已成为引领社会发展的第一动力。需要我们积极训练联想思维,灵活运用发散思维与聚合思维,辩证使用正向思维与逆向思维,要有超前意识,学会下好先手棋,切实提高我们的创新思维能力和水平。我们要学会把知识创新与实践创新紧密结合起来,以实践问题为导向开展创新,为满足人民日益增长的美好生活需要贡献自己的聪明才智"

四、政治学科与学校特色渗透融合有效策略

(一)加强理论学习,提高思想认识

通过参加校本培训,邀请专家讲座,组内教师合作研讨等方式,了解开展学科融合教学的目的及预设由此产生的育人价值等,统一思想认识,提升理论素养。

(二)梳理书本知识,挖掘特色契合点

高中思想政治课程与初中道德与法治、高校思想政治理论等课程相互衔接,与时事政治教育相互补充,与高中其他学科教学和相关德育工作相互配合,共同承担立德树人的任务。通过梳理教材知识,找到适合与学校特色融合的关联点,构建以培育思想政治学科核心素养为主导的活动型学科课程,使学生在自主辨析的思考中感悟真理的力量,

学习航天精神，自觉践行社会主义核心价值观。

（三）创设有效情境，丰富课堂教学

学贵有思，教重在引。情境教学是课程改革中的一项重要环节，要从学生的兴趣出发去设计教学过程，引导学生积极主动地参与到学习过程中。航天领域许多生动活泼的案例充满了教育意义，容易引起学生共鸣，可以采用学生时事播报、讲航天故事，精选小视频、图片等方式，运用现代信息技术等手段打造智慧课堂，拓宽学生的知识面，让学生学习航天精神、认识大国重器、了解航天应用、超越自我局限、培养严谨态度、提升科学素养。

（四）精心设计作业，践行航天精神

课后作业是课堂教学的有益补充。学校毗邻航天高科技单位，不少学生的父母都是航天科工人员。利用这个教育优势，可布置学生近距离采访身边的科学家、父母家人，了解我国航天技术史及英雄人物事迹，以微视频、手抄报、演讲稿等方式在课上分享，增强民族自信心，厚植家国情怀，自觉践行航天精神。

五、结束语

中学生是祖国的未来和希望。实现中华民族伟大复兴的中国梦需要年轻人作为后备力量，"特别能吃苦、特别能战斗、特别能攻关、特别能奉献"的航天精神更需贯穿其一生，政治学科与学校军事航天特色的融合教学，对于引领学生树立航天报国理想、提升科学精神核心素养、坚定"四个自信"，最终实现全员全过程全方位育人具有重要意义。

参考文献

［1］中华人民共和国教育部.义务教育道德与法治课程标准（2022年版）［M］.北京：北京师范大学出版社，2022.

［2］中华人民共和国教育部.普通高中思想政治课程标准（2017年版2020年修订）［M］.北京：人民教育出版社，2020.

［3］母国新，张国航.中国航天精神谱系蕴含的家国情怀［J］.企业文明，2021（10）：72-73.

［4］吉铠东，廖晨宏.航天精神及其德育价值［J］.桂林航天工业学院学报，2016，21（2）：241-243.

［5］亓清清.高中思想政治课情境教学研究［D］.武汉：华中师范大学，2019.

九天圆梦　摘星揽月

——我们的集体生活

陈　赫

一、课时指导思想与理论依据

首都师范大学附属云岗中学位于最早有导弹的地方——丰台云岗，学校办学思想、办学特色、品牌特色校建设主题共同指向了科技航天教育。科技航天教育有助于养成学生关心国家大事的习惯，有助于培养学生创新精神和集体意识等。

《义务教育道德与法治课程标准（2022年版）》在课程目标上提出，要培育学生家国情怀，即热爱伟大祖国，热爱中华民族，自觉铸牢中华民族共同体意识，有以实现中华民族伟大复兴为己任的使命感；要培养学生健全人格，做到友爱互助，即真诚、友善，拥有同理心，相互支持，相互帮助，具有互助精神。在教学方法上建议，教学要围绕课程内容体系，及时跟进社会发展进程，结合国内外影响较大的时事进行讲解。要密切联系社会生活和学生生活实际，用富有时代气息的鲜活内容，以学生喜闻乐见的方式，增强道德与法治教育的时效性、生动性、新颖性，让道德与法治课成为有现实关怀和人文温度的课堂。

结合学校军事航天教育特色，在初中道德与法治教学中进行融合渗透，能够更好地激发学生政治认同，建构良好认知，发展核心素养。

二、课时教学背景分析

（一）教学内容分析

本课选自统编教材《道德与法治》七年级下册第八课"美好集体有我在中"的第一框"憧憬美好集体"。在义务教育道德与法治课程标准（2022版）中指出：七~九年级是初中年级段，是小学高年级的延续，与高中阶段衔接，是培养道德品格，形成世界观、人生观、价值观的重要时期。本课对应的学习主题为"生命安全与健康教育"，对应的内容要求为：能正确认识和处理自己与同学、朋友的关系，个人和集体的关系，在团队活动中增强合作精神。结合载人航天课程情境，对学生进行以科技创新为主的国情教育，在憧憬美好集体的过程中，埋下践行社会主义核心价值观的暗线。

航天领域的工作既复杂又精细,从研究、设计,到组装、试验,再到成功发射,每一个步骤都需要相关领域的专业技术人才及各部门的团结合作才能完成,而且这些步骤环环相扣,各个部门的技术人员需要舍弃小我,在工作中一丝不苟、平等互助、互相信任,如此,这一庞大的工程才得以一步一步走向成功。这与本课时所讲的"集体"十分契合。此外,中国航天取得诸多成就,与本课时涉及的"美好集体"相互印证。

本框主要借助学生建设集体的已有经验,让学生憧憬美好集体,发现美好集体的理想状态,结合神舟十三号乘组的任务经历,总结美好集体所应具备的特征,引导学生回忆集体生活中共同愿景所发挥的作用,实现共同愿景所需要的条件,从而形成建设集体良好氛围的动机,将小的集体扩展到国家层面的大集体,引导让学生感受自己身上的责任和重担。

(二)学生情况分析

从学生生活经验看,本框题是七年级下册第八课第二框的内容,学生经过将近一年的初中生活,对于集体有自己的理解和期待,对于美好集体有自己的憧憬。

从教学资源看,学校航天教育逐层推进,学生对航天知识、航天故事有比较多的了解。因此,可以借由航天事业中的美好集体让学生"择其善者而从之"。

从学生发展阶段看,与初一学生正处于价值观形成的重要时期,需要在情感态度和价值观方面进行引领指导。

三、课时教学目标

政治认同:通过了解中国航天取得的历史性成就,理解中国梦的内涵,树立远大理想,增强民族自信心和自豪感。

道德修养:团结同学,宽容友爱,体会集体的力量来自团结,增强集体观念。

健全人格:主动建立良好的人际关系,学会合作,树立团队意识;能够学会在集体中发挥自己的作用,建设美好集体。

责任意识:关心社会,在团队合作互动中增强合作精神。掌握美好集体的特征,知道美好集体的作用,懂得美好集体的建设和维护离不开每个人的努力。

四、课时教学过程设计(图1)

整体设计思路					
		导入	环节1	环节2	环节3
情感态度价值观		感受载人航天事业的伟大成就,产生自信心和自豪感	感受载人航天事业的伟大成就,产生自信心和自豪感	感受航天员及航天事业的不易,体会集体力量来自团结,想要建设美好集体	感受祖国发展的共同愿景、中国青年的责任和担当
航天背景线		回顾神舟十三号着陆精彩瞬间	分析故事材料,航天人为了实现航天梦付出努力,航天梦指引、凝聚航天人	航天员的温馨故事;航天员的授课故事;航天员的筛选故事	许多如神舟十三号飞行乘组一般的"美好集体"故事
知识脉络线		结合时事,选取"美好集体"实例,创设情境	知道共同愿景的含义,体会共同愿景的作用	掌握美好集体的特征,知道美好集体的作用	懂得美好集体的建设离不开每个人的努力

图1 课时教学过程设计

环节一 ——导入

教师:【视频】回顾神舟十三号成功着陆的过程。

【提问】你知道神舟十三号乘组完成了哪些任务?

学生:观看视频,并回答

(预设:天宫课堂、出舱活动、长期在轨驻留、科研实践等)

设计意图:导出本课的情境线索,让学生迅速进入到学习情境中来。

环节二 ——共同的愿景

教师:【过渡】中国载人航天起步虽晚,但在一代代航天人的努力下,中国的载人航天事业逐渐与其他世界强国比肩,甚至在诸多方面做到世界领先。

【提问】结合材料,试着说一说航天系统单位做了哪些努力?播放PPT,阅读材料,学生小组合作探究。

学生:【阅读材料】航天事业发展历程。

【小组讨论】航天系统各部分的工作分工与合作情况。

(预设:各个航天部门各司其职,为航天事业做出贡献。)

教师:【追问】他们的攻坚克难、潜心付出是为了什么呢?

学生:思考并回答。

(预设:为了我国科技发展,为了打破其他国家的技术垄断;为了实现国家富强,民族复兴，对发展掌握更多的主动权等。）

教师：【小结】集体与个人的发展都离不开共同的愿景。美好的集体拥有共同的梦想，向往美好的前景，承担共同的使命，认同正确的价值观，形成一致的目标和追求。美好的集体是成员共同学习，共同生活的精神家园，引领成员成长。从事载人航天事业这些人们有共同的愿景，形成一个集体，一个美好的集体。

学生：理解、整理笔记。

设计意图：通过学生合作探究，回顾载人航天的历史，感受我国实现载人航天的决心，了解载人航天近期和长远目标。体会正是航天从业者们组成了美好的集体，拥有共同的愿景，才能推动我国航天事业的蓬勃发展，进而理解共同愿景的作用。

环节三——良好的氛围

教师：【过渡】神舟十三号乘组是航天从业者大集体的一个缩影，我们试着从他们身上感受美好集体的特质吧！

（1）美好集体是充满关怀与友爱的

教师：【图片展示】航天员春节太空吃饺子；带着家人的照片，与家人视频连线等。

【提问】在执行任务中创造这些条件对航天员有何帮助？

学生：思考，回答。

（预设：感受到关注和温暖；增强精神力量等）

教师：【小结】美好的集体是充满关怀与友爱的，在集体生活中，人与人应友善相待、相互礼让、相互包容、相互关心、相互帮助，要让每个人都感受到集体的温暖。

（2）美好集体是善于合作的

教师：【过渡】你还记得我们收看的两次天宫课堂吗？我们一起来回顾一下。

【图片展示】天宫课堂补充资料：天宫课堂的开展还要依靠空间站的稳定运行和图像、音频的稳定信号传输等。

【提问】天宫课堂上3位航天员是如何分工的呢？

学生：思考，回答。

（预设：王亚平老师负责讲解、叶光富负责协助、翟志刚负责拍摄）

教师：【小结】美好的集体是善于合作的。

教师：不仅在航天员间，在整个航天大集体中也充满着合作共赢。阅读教材75页相关链接，并思考我们应当如何合作？

学生：阅读，回答问题。

（预设：分工合作，团结一心等）

教师：【小结】在美好的集体中，我们分工协作，优势互补，相互帮助，共同进步，充分发展各自的能力。合作意味着每个人都发挥自己最大的作用，同时又避免个人英雄主义；每个人都努力实现自己的价值，而不消极依赖或袖手旁观。

美好集体是充满活力的

地域文化与创新教育的融合
——首都师范大学附属云岗中学品牌特色建设探索

【材料】航天员背后的故事：翟志刚、王亚平、叶光富是神舟十二号备份航天员。翟志刚在执飞神舟七号任务，成为中国太空漫步第一人之前，还曾经担任神舟五号备份航天员（执飞：杨利伟）、神舟六号备份航天员（执飞：费俊龙、聂海胜）。翟志刚和其他航天员一道刻苦训练，攻坚克难，最终在航天员中脱颖而出。

教师：【提问】航天员共同训练，良性竞争上岗对于航天员队伍发展有什么重要作用？

学生：阅读材料并思考回答。

（预设：个人越来越好，集体不断壮大等）

教师：【小结】美好的集体是充满活力的，集体成员间和而不同，相互激励和竞争是集体发展的动力，也是集体活力的重要表现，在集体生活中，竞争是以承认和尊重为前提的，集体成员相互借鉴，合作学习，共同提高。美好的集体是民主的，公正的。对于集体事物，每个人都可以提出意见和建议，每个人的意见和建议都应得到尊重和重视，每个人都应该遵守共同的规则，在规则面前没有特权和例外；每个人都享有公平发展的机会，没有偏见和排斥。

设计意图：通过航天员的生活环境、工作内容、选拔流程，感受到以航天员乘组为代表的"集体"来阐释"美好集体"的特征。以小见大，为后面国家层面的美好集体做铺垫，在讲述航天故事的同时完成教学目标。

环节四——未来的主人

教师：【提问】你在生活中看到哪些美好集体？他们有哪些特征呢？

学生：思考，回答。

（预设：奥运会的运动员、抗击疫情的医护人员、悉心指教的人民教师、坚守岗位的社区工作者……）

教师：在描述美好集体的时候，我们从中感受到了一些熟悉的词语：民主、和谐、平等、公正、敬业、友善……这些特质也是社会主义核心价值观的重要组成部分。建设美好集体就是践行社会主义核心价值观的体现。美好集体是我们对于自己所在集体的美好憧憬。

【提问】我们能做哪些事情让我们的集体成为美好的集体呢？

学生：思考，回答。

（预设：认同集体愿景，有集体意识，主动承担集体责任，互帮互助。）

学生：【为你而歌】朗诵学生原创演讲稿《对话航天英雄翟志刚》

教师：【小结提升】神舟十三号航天员是载人航天大集体的一个缩影，而航天人又是无数中国人的缩影，载人航天事业的成功亦是蓬勃发展的中国的缩影。勤劳勇敢的中国人，一代又一代用劳动创造财富，用劳动创造奇迹。面对灾难，西方的故事是诺亚方舟，而东方的故事是精卫填海、愚公移山。我们所处的中国就是一个大的美好集体，我们共同的愿景便是实现伟大的中国梦，天下兴亡，匹夫有责！加油吧，中国少年！

设计意图：总结提升，升华情感。结合实例，让学生感受美好集体的普遍性特征，进而推进到国家层面的大集体上，弘扬社会主义核心价值观。同时，也落实到行动中，引导学生既要仰望星空，更要脚踏实地，为实现中华民族的伟大复兴而共同奋斗！

附：原创《对话航天英雄翟志刚》演讲稿

女1：叔叔，您好！您是？

男1：我是2008年，42岁的翟志刚，神舟七号航天员！

女2：叔叔，您好！您是？

男2：我是2022年，56岁的翟志刚，神舟十三号航天员！

女1：2008年，我第一次来到这美丽的世界，呱呱坠地，牙牙学语，蹒跚学步；

男1：2008年，中国人第一次来到飞船外面浩瀚的宇宙，茫茫夜色，藏不住一抹中国红。

女2：2022年，我已是一名中学生了，在美丽的云岗中学，掌握很多知识，懂得很多做人的道理；

男2：2022年，我国自主建造的空间站，实现了产品全部国产化，部组件全部国产化，原材料全部国产化，关键核心元器件100%自主可控！

女1：您还记得神舟七号出舱的情景吗？

男1：我已出舱，感觉良好！（播放视频）

女2：您还记得神舟十三号出舱的情景吗？

男2：我已出舱，感觉良好！（播放视频）

女1：2008年，北京奥运会举世瞩目，无与伦比……

男1：2008年，中国人的首次太空出舱活动，同样震惊了世界！

女2：2022年，北京冬奥会胸怀大局，迎难而上……

男2：2022年，中国载人航天事业再创新高，引领世界，共创未来！

女1：那2035年呢？

男1：我是69岁的翟志刚，早在2030年左右，月球上就不仅有"嫦娥""玉兔"、环形山，还会有中国人的脚印，飘扬的五星红旗，到2035年，会建立月球基地，不用"举头望明月"而是"望地思故乡"，伟大的祖国在那时将基本实现社会主义现代化。

女2：那2050年呢？

男2：我是84岁的翟志刚，载人登火顺利开展，我也想到火星上去看一看，荧惑不仅是古人笔下的天问，更是中国人脚下的新篇。鸿鹄、鲲鹏、嫦娥、万户，自古中国人就有对天的向往，世界一流的技术、世界领先的航天品质，一代代航天人，为航天梦插上翅膀，从航天大国飞向航天强国，伟大的祖国在那时将建成富强民主文明和谐美丽的社会主义现代化强国。

女1：2035年，我27岁，我可能像高健一样在指挥大厅喊着"北京明白"，也可能在发射场组装火箭。

女2：2050年，我42岁，我可能像黄伟芬一样在训练场培训航天员，也可能在实验室研究神舟飞船的下一次飞天。

男1：从一人一天到多人多天，从舱内实验到太空行走，从短期停留到中期驻留，

地域文化与创新教育的融合
——首都师范大学附属云岗中学品牌特色建设探索

祖国未来的发展需要我们不忘初心！

男2：从一穷二白到应有尽有，从望尘莫及到遥遥领先，从并跑追逐到领跑世界，祖国未来的复兴需要你们中流砥柱！

女合：请党放心，强国有我！

男合：请党放心，强国有我！

合：请党放心，强国有我！

五、课时的作业设计及特色融合点说明（表1）

表1 作业设计及特色融合点

环节名称	作业任务	特色融合点
基础作业	学习新中国成立以来的美好集体故事，形成文字感受。	深入感受美好集体的特点，了解新中国成立以来国家发展的奋斗历程。
拓展作业	将故事以电子小报或短视频方式呈现出来。	

六、课时的学习效果评价（表2）

表2 学习效果评价

评价内容	优	良	一般
课前搜集资料能否积极参与			
课堂上的精神状态			
课堂讨论能否积极参与			
课堂发言是否积极主动			
课后作业能否按时保质完成			

七、课时教学特色分析

（1）立足时事创设学习情境。以中国航天事业的发展为学习情境，贯穿全课。在导入环节利用神舟十三号返回着陆视频导入本节课内容，调动学习积极性，激发好奇心和民族自豪感。在讲授新课环节，让学生了解我国航天事业发展历程，认识到航天员们是一个美好集体，进而概括出美好集体的特征。同时感受航天员的奉献和不易，树立学习榜样。在课堂的结尾环节，从神舟十三号到载人航天事业，再到中国人民的逐级提升，感受中国人勤劳勇敢、实干兴邦的优秀民族品质。

（2）落实立德树人的教育目标。通过本节课的学习，引导学生感受航天英雄无私奉献、迎难而上、敢于牺牲的精神，激发学生学习航天员的优秀品质，努力建设美好集体。将美好集体的特征同社会主义核心价值观建立联系，在践行社会主义核心价值观的过程中，发挥个人优势，实现个人价值。在国家层面的"大集体"中，守好本职，接力前辈，成为民族复兴的中流砥柱。

构筑中国价值

贾 婧

一、指导思想与理论依据

立德树人是中国特色社会主义教育事业的根本任务。道德与法治课程以社会主义核心价值观为指导，引导学生践行和弘扬社会主义核心价值观，坚定理想信念，厚植爱国情怀，用理想之光照亮奋斗之路，用信仰之力开创美好未来。

《义务教育道德与法治课程标准（2022年版）》在课程目标上提出，要培养学生学科核心素养。培养学生政治认同，引导学生具备热爱祖国、中华民族、中华文化、中国共产党、中国特色社会主义的情感，以及为中华民族伟大复兴而奋斗的志向，能够自觉践行和弘扬社会主义核心价值观，坚定共产主义远大理想和中国特色社会主义共同理想，增进中华民族价值认同和文化自信。

二、教学背景分析

（一）教学内容分析

本课时在前面学习内容的基础上，使学生理解，生而为中国人，我们有自用而不觉的价值观，这一价值观在当今的集中体现就是社会主义核心价值观。本课时首先阐述了社会主义核心价值观的形成，接着教材从国家、社会、个人3个层面，明确提出社会主义核心价值观的具体内容，社会主义核心价值观的内涵和重要意义，最后重点落在"培育和践行社会主义核心价值观，要与日常生活联系起来，做到落细、落小、落实""构筑中国价值，中国少年当争先"。

本课时内容是九年级上册第三单元第五课第二框第二目内容，本教材以社会主义核心价值观国家层面的价值要求为主线，第三单元"文明与家园"主要讲文化建设，它是五位一体总体布局中的重要组成部分。上一目学习了民族精神，社会主义核心价值观是当代中国精神的集中体现，本目重在培育和践行社会主义核心价值观。

（二）学生情况分析

（1）教学对象：九年级学生，思维活跃，有求知欲，正处于价值观形成的关键时期。

（2）知识准备：通过七、八年级的学习，学生已经对社会主义核心价值观有一定的了解，但还停留在认知、记忆层面，对其具体内容的内涵和意义思考不多，理解较浅。

（3）能力准备：九年级学生受到心理发展水平、认知能力及辨别是非能力的限制，缺乏对中华传统文化价值的认识。

三、教学目标

（1）通过回顾已知和阅读经典名言，使学生理解社会主义核心价值观的内容和形成。

（2）通过学习英雄人物事迹，聆听父辈故事，使学生理解社会主义核心价值观的意义，提高政治认同的核心素养。

（3）通过思考并分享如何在生活中践行社会主义核心价值观，将社会主义核心价值观内化于心、外化于行，培养责任意识。

（4）通过齐诵少年中国说，升华情感，树立民族自信心和自豪感。

四、教学过程设计

新课导入：

教师：2022年是新中国成立73周年，在国庆假期中，大家去观看升旗仪式了吗？我们现在用视频的方式重温一下。请大家结合视频说说你的感受。

学生：观看视频，回答问题。

设计意图：观看视频，引发学生兴趣，导入本课内容。

教学环节一：认知篇

活动一　品传统文化

教师：【问题1】同学们，你们能说出社会主义核心价值观的基本内容吗？

【问题2】这些内容分别包含哪些方面？

【小结】富强、民主、文明、和谐是国家层面的价值目标；自由、平等、公正、法治是社会层面的价值取向；爱国、敬业、诚信、友善是公民个人层面的价值准则。

【播放视频】播放《平语近人》节选视频。

【问题3】社会主义核心价值观与中国传统文化之间有什么联系呢？

【小结】社会主义核心价值观植根于中华文化沃土中。

学生：学生回顾已知和观看视频，回答问题，深入理解社会主义核心价值观的内涵。

设计意图：通过观看视频和思考问题，引发学生兴趣，增强学生课堂参与感，理解社会主义核心价值观的内涵。

教学环节二：感悟篇

活动二　学英雄事迹

教师：【出示资料】展示新民主主义革命时期、社会主义革命和建设时期、改革开放和社会主义现代化建设新时期及中国特色社会主义新时代的英雄人物图片。第一组图片：方志敏、刘胡兰、狼牙山五壮士、董存瑞。第二组图片：雷锋、王进喜、焦裕禄、孔繁森。第三组图片：于敏、申纪兰、孙家栋、杨善洲。第四组图片：神舟十三号航天乘组、袁隆平、张桂梅、钟南山。

【问题4】虽然他们所处时代在变化，但不变的精神品质是什么？

【小结】爱国、敬业……

【教师总结】不同的历史时期有着不同的精神，但这些精神随着时代进步而不断丰富与发展。正是我们一代一代传承、发展、创新和践行，才铸成了我们的民族之魂。社会主义核心价值观是当代中国精神的集中体现。

活动三　听父辈故事

教师：【指导活动】同学们，课前我们做了问卷、探寻和采访，收集了我们父辈的故事，接下来请3个小组的同学为我们讲述。

【问题5】这些故事中体现了社会主义核心价值观中的什么品质？

【问题6】结合父辈故事谈谈，为什么他们要弘扬社会主义核心价值观？

【教师总结】社会主义核心价值观凝结着全体人民共同的价值追求，是坚持和发展中国特色社会主义的价值导向，也是实现中华民族伟大复兴的价值引领。社会主义核心价值观促进人的全面发展，引领社会全面进步。

学生：讲述父辈故事，思考并回答问题。

设计意图：聆听父辈故事，感悟社会主义核心价值观的力量，进一步理解社会主义核心价值观的意义。

教学环节三：践行篇

活动四　辨观点正误

教师：【组织活动】组织学生表演自己对培育和践行社会主义核心价值观的不同看法。

学生：进行短剧表演

教师：【问题7】你同意他们的看法吗？请说说理由。

【问题8】我们应该如何在生活中落实社会主义核心价值观呢？

【教师总结】培育和践行社会主义核心价值观，要与日常生活紧密联系起来，做到落细、落小、落实，我们应该做到勤于学习、敏于思考，注重修养、勇于实践，明辨是非、善于选择，认真做事、踏实做人。

活动五　诵《少年中国说》

学生：诵读《少年中国说》

故今日之责任,不在他人,而全在少年。少年智则国智,少年富则国富,少年强则国强。少年独立则国独立,少年自由则国自由,少年进步则国进步,少年胜于欧洲,则国胜于欧洲,少年雄于地球,则国雄于地球……

美哉我少年中国,与天不老;

壮哉我中国少年,与国无疆。

设计意图:在短剧表演中让学生通过真实情景辨析社会主义核心价值观,自觉将社会主义核心价值观与自己的日常行为结合起来;通过诵读《少年中国说》,激发学生践行社会主义核心价值观,承担中华民族伟大复兴重任的责任感。

课堂总结

教师:【总结】培育和践行社会主义核心价值观,要与日常生活紧密联系起来,做到落细、落小、落实。少年强则国强,少年有志则国振兴。构筑中国价值,中国少年当争先。

学生:对本目内容有一个整体的把握。

设计意图:总结本节内容,让学生对本目内容有全面整体把握。

五、作业设计及特色融合点说明(表1)

表1 作业设计及特色融合点

课题名称	作业设计	特色融合点
《构筑中国价值》	向全校师生发出"践行社会主义核心价值观,弘扬载人航天精神"的倡议	航天工作者矢志航天,埋头苦干,勇挑重担。在他们奋斗的人生轨迹上,凝聚着对航天精神的传承与弘扬。践行航天精神是每个航天人的终身追求,是社会主义核心价值观的生动写照。通过这一作业,使学生更加深刻理解社会主义核心价值观,并自觉弘扬和践行社会主义核心价值观。

六、学习效果评价(表2)

表2 学习效果评价

环节活动	评价目标	评价标准	评价方式		
			自评	互评	师评
教学环节一	理解社会主义核心价值观的内容和形成	是否能较好掌握新学知识,准确运用观点进行问题分析。			
教学环节二	理解社会核心价值观的意义	积极参与小组合作与学习探究,能够进行协作学习。			

续表

环节活动	评价目标	评价标准	评价方式		
			自评	互评	师评
教学环节三	在生活中自觉践行社会主义核心价值观	关注生活，能够发现问题、分析问题，具有正确价值观，并能自觉践行社会主义核心价值观			

七、教学特色分析

（1）坚持问题导向。联系当前时政热点，联系学生的生活和学习实际，从问题出发，以学生为主体，以课堂内容为主线，引导学生思考、讨论，感受到学生思维的张力和学生的探究能力，使学生达到理解和践行的目的。

（2）坚持内化于心、外化于行的教学设计。本节课以"英雄事迹—父辈故事—学生"的主线展开，由认知核心价值观、感悟核心价值观和践行核心价值观三大板块构成，思路清晰，脉络通畅，达到"内化于心、外化于行"的教学目标。

（3）发挥学生主体作用。学生们通过榜样的力量感受核心价值观的导向作用，通过讲故事与情景剧表演的形式，体会如何践行核心价值观，不断地改进过程中有了真思考、真讨论、真想法，也有了真的行动。

（本教学设计荣获"2022中小学教师信息技术创新与实践活动"优质教学成果）

弘扬民族精神

李晓敏

一、指导思想与理论依据

《普通高中思想政治课程标准（2017年版2020年修订）》中指出，高中思想政治课程是落实立德树人根本任务的关键课程，以培育社会主义核心价值观为目的，是帮助学生确立正确的政治方向、提高思想政治学科核心素养、增强社会理解和参与能力的综合性、活动型学科课程。

课程的理念是坚持正确的思想政治方向，实现学科知识和价值引导的统一；注重促进学生学科核心素养的发展；培养德智体美劳全面发展的社会主义建设者和接班人；尊重学生身心发展规律，把基本学科知识的呈现与学生的生活实际相结合。

二、教学背景分析

（一）教学内容分析

"弘扬中华优秀传统文化与民族精神"是高中思想政治必修模块4《哲学与文化》第三单元第七课第三框的内容。本框所述的"弘扬中华优秀传统文化与民族精神"与第一框所述的"文化的内涵与功能"、第二框"正确认识中华传统文化"是从理论到辨析再到行动，逐层递进、前后呼应的逻辑关系。这一框的主要内容包括两目。第一目"创造性转化与创新性发展"，阐述如何实现中华优秀传统文化的创造性转化、创新性发展。第二目"弘扬中华民族精神"，阐述了以爱国主义为核心的中华民族精神，党领导人民在革命、建设、改革过程对民族精神的继承和发展，中华文化集中体现为民族精神，民族精神植根孕育于中华文化。第二目是第一目内容的深化与聚焦。结合本课内容，联系我们党在长期奋斗中形成的一系列伟大精神，如建党精神、航天精神、抗疫精神等，来学习领悟民族精神的内涵、重要性和如何传承，这些宝贵精神跨越时空，代代相传，始终是激励我们不懈奋斗的精神动力，通过设计相关活动，激发学生感悟精神伟力，担当历史重任。

（二）学生情况分析

1. 学生心智特征分析

本课的教学对象是高二学生，通过一个阶段的学习，学生已经初步具备分析社会现象的心智和能力，能够初步形成对社会现象的评价和理解。教师充分利用现代信息技术，拓展教育资源和空间，通过问题的引导和讨论，全方位、多角度给予学生参与学习的机会，在合作探究中培养学生搜集信息、解读信息和知识迁移的能力，同时增强学生对中华民族精神的认同感，树立起高度的文化自信。

2. 学生已有知识经验分析

一方面，学生在学习本框内容之前，已经学习了"我们的中华文化"相关知识，为本课的学习打下了一定的基础；另一方面，学生通过课下资料的搜集，已经获得了一些与本课相关的时政材料，为课堂活动的开展提供了方便。但是，学生对中华民族精神理论知识的掌握相对还比较零散，需要教师通过课堂活动引导学生去归纳、总结，深化。

本框题是哲学与文化的第七课第三框，是整个课本内容的升华，高中学生正是世界观、人生观和价值观逐步形成的特殊时期，科学理论的正确引导是不可或缺的，这一框题，正是针对高中学生的具体情况，积极引导学生感悟精神伟力，弘扬中华民族精神，担当历史重任。

三、教学目标与教学重难点分析

教学目标：

（1）通过学生讲述自己搜集的航天英雄故事，感悟航天精神，明确"两弹一星"精神、航天精神的内涵，深刻理解爱国主义始终是激励各族人民团结奋斗的精神支柱。

（2）通过"两弹一星"精神、航天精神的具体表现，总结中华民族精神的内涵，理解民族精神的时代性和先进性。

（3）结合现实生活，联系实际归纳如何弘扬和培育包括"两弹一星"精神、航天精神在内的中华民族精神。

核心素养目标：

（1）政治认同：认识到弘扬中华民族精神的必要性，认同以爱国主义为核心的民族精神，明确中国人民是具有伟大创造精神、伟大奋斗精神、伟大团结精神和伟大梦想精神的人民，增强爱国爱人民的情感。

（2）科学精神：理解中华民族精神的含义、感悟中华民族精神是与时俱进，不断发展的。

（3）公共参与：弘扬中华民族精神需要全员参与，要引导广大青少年大力弘扬中华民族精神，践行社会主义核心价值观，培养担当民族复兴大任的时代新人。

教学重点：

（1）"两弹一星"精神、航天精神的内容。

（2）中华民族精神的内容、作用、特点、做法。

教学难点：

（1）中华民族精神的内容、作用。

（2）中华民族精神不断丰富发展。

（3）弘扬中华民族精神。

四、教学过程设计

环节一：观看视频，导入新课

教师活动一：播放神舟十三号航天员太空朗读视频

出示文字：我无论在什么地方总看见那一股生活的激流在动荡，在创造它自己的道路，通过乱山碎石中间。我知道生活的激流是不会停止的，且看它把我载到什么地方去！

伟大事业孕育伟大精神，伟大精神托举伟大梦想，今天我们就以航天精神为例来学习第七课第三框《弘扬中华优秀传统文化与民族精神》第二目《弘扬民族精神》。

学生活动一：观看视频，了解神舟十三号的相关成就

设计意图：用神舟十三号航天员太空朗读的视频导入新课，激发学生的学习兴趣，调动学习积极性，激发好奇心和民族自豪感

环节二：听航天故事，悟航天精神

教师活动二：播放视频

出示问题：通过视频，你看到我国航天事业发展取得了哪些重大成果？

总结："两弹一星"、神舟飞天、嫦娥奔月、天问探火、神舟遨游，一项项伟大成就展示了中国航天事业跨越式发展的实力。

出示探究与分享一：

（1）根据老师课前布置的任务，搜集我国航天事业发展背后的感人故事，代表分享故事，感悟航天精神。

（2）其他同学听故事，记录关键词，深入分析这些故事分别体现了航天人的哪些精神特质，这些精神有哪些共同之处，小组合作汇总，代表汇报。

教师总结：

航天传统精神：无私奉献，自力更生、艰苦奋斗、大力协同、勇于登攀、严谨务实。

"两弹一星"精神：热爱祖国、无私奉献，自力更生、艰苦奋斗、大力协同、勇于登攀。

载人航天精神：特别能吃苦、特别能战斗、特别能攻关、特别能奉献。

航天精神不仅是中国航天人的实践结晶，也是中华民族在长期奋斗中培育、继承、发展起来的伟大民族精神的具体体现，更是爱国主义的生动展示。

学生活动二：观看视频、分享故事

回顾我国航天事业发展历程，课堂展示，感悟航天精神，交流分享感悟。

设计意图：通过观看视频，了解我国航天事业取得的巨大成就，激发民族自豪感和自信心；通过搜集资料，制作 PPT，分享航天人物故事，了解航天精神的内涵和作用，感悟航天精神在我国航天事业的发展过程中的作用，进一步思考航天精神和民族精神的关系。

环节三：忆民族精神，解奋斗密码

教师活动三：讲授中华民族精神

在 5000 多年的发展中，中华民族形成了以爱国主义为核心，团结统一、爱好和平、勤劳勇敢、自强不息的伟大民族精神。

爱国主义的地位：无论什么时候，爱国主义都是动员和鼓舞中国人民团结奋斗的一面旗帜，是各族人民风雨同舟、自强不息的精神支柱。

中国人民是具有伟大创造精神、伟大奋斗精神、伟大团结精神、伟大梦想精神的人民。

出示探究分享二：我们党领导人民在长期实践中不断结合时代和社会的发展要求，丰富着民族精神。说一说除了"两弹一星"精神和载人航天精神，你还知道我国不同时期还有哪些精神？

总结：100 年前，中国共产党的先驱们创建了中国共产党，形成了坚持真理、坚守理想、践行初心、担当使命、不怕牺牲、英勇斗争、对党忠诚、不负人民的伟大建党精神，这是中国共产党的精神之源。

100 年来，中国共产党弘扬伟大建党精神，在长期奋斗中构筑起了中国共产党人的精神谱系。在新民主主义时期，形成了红船精神、井冈山精神、长征精神、延安精神、西柏坡精神等，在社会主义建设和改革时期形成了雷锋精神、焦裕禄精神、铁人精神等，还有近些年的特区精神、抗洪精神、抗震救灾精神和抗疫精神，正是这些伟大的精神，让中华民族在饱经磨难中始终坚强屹立、生生不息，成为中华民族不懈奋斗的精神密码。

总结：民族精神作为民族文化的结晶，其形成和发展既是长期历史积淀的过程，也是随着时代变化而不断丰富的过程，"两弹一星"精神、航天精神正是中华民族精神在一定时期的具体表现。

出示材料：5000 多年灿烂文明，170 多年不屈抗争，70 多年高歌行进，是什么给了中华民族取之不尽的动力？是什么给了我们国家绝处逢生的支撑？是伟大的人民，是伟大的民族，是中国人民在长期奋斗中培育、继承与发展起来的伟大民族精神。

追问：中华民族精神有何作用？

总结：伟大民族精神为中国发展和人类文明进步提供了强大精神动力，中华民族精神体现了中华民族的整体风貌和精神特征，体现了中华民族共同的价值追求，是中华民族永远的精神火炬。

学生活动三：回顾、总结中华民族精神的内容，并思考回答问题。

理解爱国主义的作用、总结不同时期的不同精神、理解不同精神的内涵、理解民族精神的时代性和先进性。

设计意图：明确爱国主义是中华民族精神的核心；引导学生用发展的眼光认识民族精神，理解中华民族精神是在中国共产党的领导下不断丰富和发展的，由此正确理解民族精神的时代性和先进性；引导学生思考民族精神的作用，感悟民族精神对一个民族的支撑作用，从而弘扬民族精神，做到知行合一；理解民族精神始终是中华民族在饱经磨难中始终坚强屹立、生生不息，不懈奋斗的精神密码。

环节四：扬民族精神，助复兴梦想

教师活动四：播放视频。

习近平2020年4月给"东方红一号"任务的老科学家回信。强调，不管条件如何变化，自力更生、艰苦奋斗的志气不能丢。新时代的航天工作者要以老一代航天人为榜样，大力弘扬"两弹一星"精神，敢于战胜一切艰难险阻，勇于攀登航天科技高峰，让中国人探索太空的脚步迈得更稳更远，早日实现建设航天强国的伟大梦想。

联系实际谈一谈今天我们如何弘扬和培育包括"两弹一星"、载人航天精神在内的中华民族精神？

教师总结：

国家：制度保障、对各类先进事迹和人物大力宣传表彰，发挥引领示范作用。

学校：注重教育养成开展一系列活动：航天专家进校园、社区红色故事宣讲、学校公众号推出党的精神谱系系列故事、国旗下演讲等活动。

青年：树立远大理想，增强社会责任感；学习中华民族精神，以积极的态度自觉接受民族精神教育；积极参加社会实践活动，增强爱国主义情感；努力学习，提高自身素质，做担当民族复兴大任的时代新人；不在口号，而在行动，从点滴小事做起……

学生活动四：观看视频，从国家、学校和自身角度进行小组讨论如何弘扬民族精神，并联系实际畅谈弘扬民族精神的具体行动。

见字如面：今天我们以实际行动致敬英雄，给正在太空执行任务的神舟十三号航天员写一封信，表达敬意。

设计意图：引导学生回归生活，在思考、讨论中深入理解，弘扬和培育民族精神需要从国家、学校和自己日常生活中的小事做起，重在践行；学生通过给航天员写信读信，升华情感，增强政治认同，坚定责任担当。

课堂小结：引用党的二十大报告寄语青年：

青年强，则国家强。当代中国青年生逢其时，施展才干的舞台无比广阔，实现梦想的前景无比光明。

广大青年要坚定不移听党话、跟党走，怀抱梦想又脚踏实地，敢想敢为又善作善成，立志做有理想、敢担当、能吃苦、肯奋斗的新时代好青年，让青春在全面建设社会主义现代化国家的火热实践中绽放绚丽之花。

实现中华民族伟大复兴是一场接力跑，通过本节课的学习，希望同学们汲取精神力量，踔厉奋发，奋进新时代，为实现中华民族伟大复兴贡献青春力量。

五、作业设计及特色融合点说明（表1）

表1　作业设计及特色融合点

环节名称	作业设计	特色融合点
课前	以小组为单位搜集资料，制作PPT，分享航天人物故事，了解航天精神的内涵和作用，感悟航天精神在我国航天事业的发展过程中的作用。	设计了学生讲述航天英雄故事活动，通过学生的讲述，感悟航天精神，进而思考航天精神和中华民族精神的关系，激发爱国情感和民族自豪感。
课后	与小组同伴合作，根据本课的相关知识，查阅相关资料，根据航天精神，设计一款文创产品。可以通过电脑绘图、手工制作、文字描述等方式来呈现，设计稿件中必须阐明设计理念。	通过设计和航天精神相关的文创产品，激发学生发挥想象力和创造力，把精神产品转化为物质产品，让航天精神不仅存在于记忆中，而是变成可视化产品。

六、学习效果评价（表2）

表2　学习效果评价

评价内容	优	良	一般
课前搜集资料能否积极参与			
课堂上的精神状态			
课堂讨论能否积极参与			
课堂发言是否积极主动			
课后作业能否按时保质完成			

七、教学特色分析

（1）紧扣时政，聚焦新时代十年伟大变革：在导入环节利用神舟十三号成功发射事例和航天员太空朗读的视频，引导学生感悟新时代十年伟大变革，激发学生的学习兴趣，调动学习积极性，激发民族自豪感。

（2）坚持学生主体，活动设计聚焦学生的成长：在讲授新课环节，播放视频，让学生了解我国航天事业发展历程，设计了学生讲述航天人物故事活动，通过学生的讲述，感悟航天精神，通过对不同时期精神的梳理，深刻理解民族精神始终是党带领人民不懈奋斗的精神密码，激发爱国情感和内生动力。在感悟伟大民族精神的基础上，继续引领学生结合自身实际思考如何弘扬包括航天精神在内的民族精神，学生回答过程中联系我校作为北京市科技示范校和毗邻航天三院的资源优势,结合学校开展的一系列活动,感悟到我们时时处处在弘扬航天精神,在用行动践行航天精神,做到知行合一。

(3)聚焦核心素养,注重立德树人:在课堂的结尾环节,设计了给航天员群体写信的活动,通过本活动升华情感,致敬航天人群体,引导学生结合课堂内容积极传承民族精神,增强责任感与使命感,提升公共参与意识与能力。

根本立场：坚持以人民为中心[①]

宋 慧

一、指导思想与理论依据

（一）特色内容设计背景

科技创新、科学普及是实现创新发展的两翼，要把科学普及放在与科技创新同等重要的位置。深入贯彻落实习近平总书记重要论述，《全民科学素质行动计划纲要（2021—2035年）》落实工作进入攻坚期，对未来科学教育工作提出新的时代要求。而作为国家重要的科学教育基地，学校充分发挥着提升学生的探究能力和创新能力，发展学生的核心素养的作用。另外，中国航天事业发展史是党史的重要组成部分，航天精神在中国共产党伟大精神谱系中发挥着重要作用。为此，思想政治学科教育与军事航天科技课程的融合课程具有重要研究价值。

（二）指导思想与理论依据

习近平总书记在《思政课是落实立德树人根本任务的关键课程》中指出，未来30年，我们培养的人要能够完成"两个一百年"的伟业。这就是教育的历史责任。我们党立志于中华民族千秋伟业，必须培养一代又一代拥护中国共产党领导和我国社会主义制度、立志为中国特色社会主义事业奋斗终身的有用人才。

《普通高中思想政治课程标准（2017年版2020年修订）》在课程性质中指出，高中思想政治课程是落实立德树人根本任务的关键课程，以培育社会主义核心价值观为目的，是帮助学生确立正确的政治方向、提高思想政治学科核心素养、增强社会理解和参与能力的综合性、活动型学科课程。在教学建议中提出，教学设计能否反映活动性学科课程实施的思路，关键在于确定开展活动的议题。因此，我们需要设计适切的议题，实现立德树人的教育目标。

《习近平新时代中国特色社会主义思想学生读本》（高中）（简称"《读本》"）围绕习近平新时代中国特色社会主义思想的核心内容展开，共8讲，阐述了习近平新时代中国特色社会主义思想的指导思想、目标任务、根本立场、根本保证、总体布局、战

[①] 《习近平新时代中国特色社会主义思想学生读本》（高中）第4讲。

略布局、安邦定国、和平发展等专题内容，其在小学、初中分册对习近平新时代中国特色社会主义思想的感性认识和统编《思想政治》必修教材分散讲述的基础上，进行系统的理论归纳总结，对统编《思想政治》必修教材的学习起到先导性的作用，对于落实立德树人根本任务，开启铸魂育人的新局面，学习习近平新时代中国特色社会主义思想等具有重要意义。

据此，本讲"根本立场：坚持以人民为中心"通过选择适切的议题，构建活动型学科课程，引导学生感受个人成长与民族文化，以及国家命运之间的联系，提高文化认同感、民族自豪感，落实立德树人根本任务。

二、教学背景分析

（一）教学内容分析

历史充分证明，江山就是人民，人民就是江山。党的百年历史是一部践行党的初心和使命的历史，党性与人民性是高度统一的。这一点在习近平新时代中国特色社会主义思想中占有重要地位。

本课第 4 讲"根本立场：坚持以人民为中心"，含 3 个方面内容，分别是"中国共产党的根本立场、宗旨和使命""以人民为中心的科学内涵""依靠人民创造历史伟业"（图 1）。这 3 个内容阐述的是"我是谁、为了谁、依靠谁"这个问题。

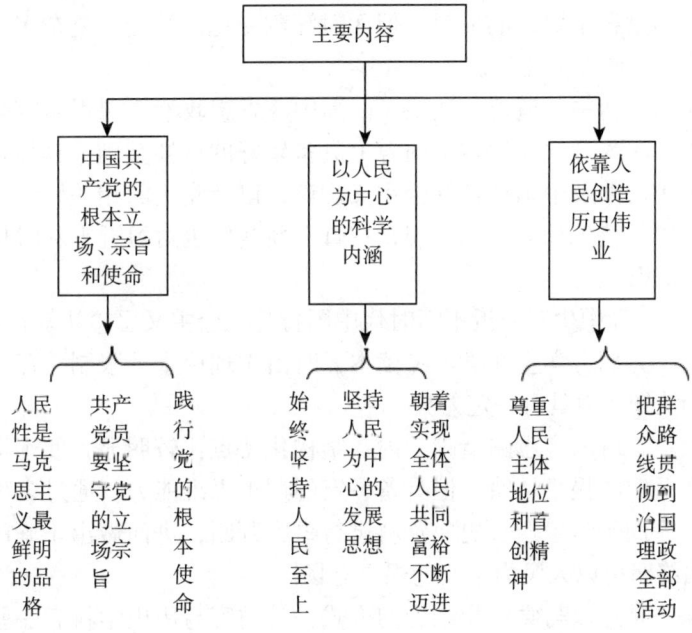

图 1　教学内容

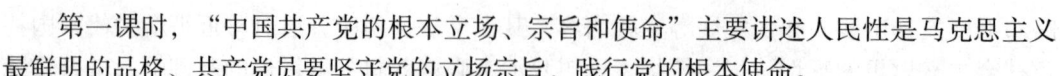
地域文化与创新教育的融合
——首都师范大学附属云岗中学品牌特色建设探索

第一课时，"中国共产党的根本立场、宗旨和使命"主要讲述人民性是马克思主义最鲜明的品格、共产党员要坚守党的立场宗旨，践行党的根本使命。

第二课时，"以人民为中心的科学内涵"主要讲述坚持以人民为中心的发展思想、朝着实现全体人民共同富裕不断迈进。

第三课时，"依靠人民创造历史伟业"主要讲述尊重人民主体地位和首创精神、把群众路线贯彻到治国理政全部活动之中。

党的十八大以来，习近平总书记引领航天事业迈上了建设航天强国的新征程，彰显了新时代中国特色社会主义的生机活力，满足了人民美好生活的向往。云岗学子父辈中有很多飞航榜样，因此航天教育可以和本节课教学进行有机融合，其融合点就在于"中国航天事业的发展史是一部全心全意为人民服务的历史"，航天人有理想、有情怀，航天梦助力中华民族伟大复兴梦的实现。航天教育和本节课教学的融合有利于引导学生厚植爱党、爱国、爱人民的思想情怀，自觉把个人理想熔铸到国家富强、民族振兴、人民幸福的历史伟业中。

（二）学生情况分析

家庭背景层面：云岗学子的父母以航天工作者居多，文化素质较高，能够形成一种积极而和谐的家庭氛围，并能对学生进行言传身教。在这样的环境下，学生对"特别能吃苦、特别能战斗、特别能攻关、特别能奉献"的航天精神有深切体会。

知识基础层面：在中国特色社会主义新时代，当代中学生较为关注社会生活，了解党在为人民服务的过程中取得的成就。但面对深刻变化的社会、复杂多元的思潮，学生需要培育政治认同，增强责任意识。

认知水平层面：初中《道德与法治》、高中《思想政治》课程内容与本课时的主题密切相关，学生在深入理解《读本》内容上具备较好的认知基础。具体言之，初中道德与法治中，九年级已涉及中国特色社会主义理论，以及党史的相关知识。学生初步了解了习近平新时代中国特色社会主义思想，在日常新闻中也对习近平新时代中国特色社会主义思想有一定认识。

学习能力层面：高中生对习近平新时代中国特色社会主义思想认知存在零散、片面、不系统等问题。一方面，学生在学习《读本》时由于理论水平限制，存在一定的难度。另一方面，学生认知能力具有一定差异。

突破点层面：本讲内容思路清晰，内在结构化特点比较明显，便于学生学习。学生对文本阅读存在一定的畏难情绪，但具备一定的逻辑思维能力。通过多种方式帮助学生突破阅读困难，有助于学生透过史实资料进行事实判断，进而做出正确的价值判断，认同中国共产党始终坚持以人民为中心的根本立场。

因此，本课一是选取与党史相结合的方式，其内容与历史学科有一些重合，在一定程度上降低了学生理解难度。二是课前锻炼学生整合资料能力，精心选择典型红色故事、英雄人物、平凡人物及中国特色社会主义建设的伟大实践等相关文本材料、图片材料、视频，调动学生学习的积极性和主动性。

三、教学目标

政治认同：通过学生自读和情境设置、问题驱动，学生深刻理解和领悟党的立场、宗旨和使命，坚定党的领导；树立人民至上的理念，形成依靠人民、为了人民、发展成果由人民共享的理念，增强对坚持党的领导、坚持和发展中国特色社会主义的政治认同，坚定使命担当。

科学精神：通过教师讲授和师生讨论，学生准确理解人民性是马克思主义最鲜明的品格，全面理解以人民为中心的内涵、地位、作用，学生培养辩证思维和科学精神。

公共参与：通过收集分享不同时期的红色故事及自己父母的故事，梳理中国共产党人百年精神谱系，学生深入体会党的宗旨、使命和以人民为中心的思想，同时也能够提升深入生活调查研究的能力，增强社会责任感和历史使命感，坚定理想信念，在新时代伟大的社会主义建设实践中放飞青春梦想，在为人民利益的不懈奋斗中书写人生华章。

四、教学过程设计（图2）

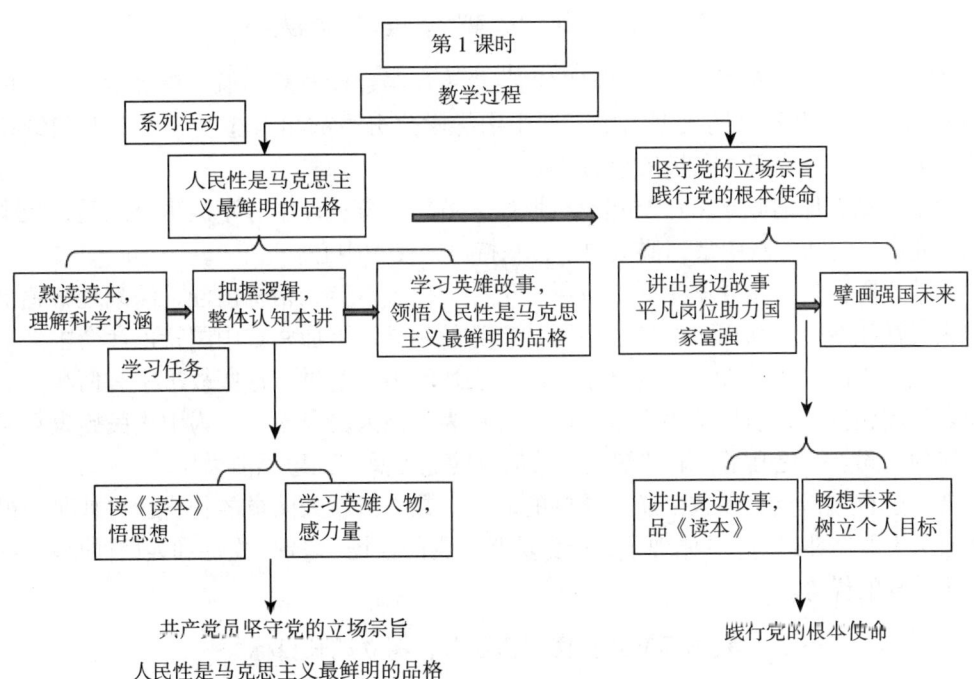

图2 教学过程

教学环节一：创设情境，课堂导入

教师活动：播放宣传片：《百年大党何以风华正茂？》。

提出问题：观看视频，思考近百年来世界最大的政党——中国共产党何以始终保持凝聚力和生机活力？

学生活动：观看视频并回答问题。

设计意图：播放视频一是创设情境导入教学，二是帮助学生对中国共产党的领导建立起初步直观认识。

教学环节二：熟读读本，理解科学内涵

教师活动：引导学生阅读《读本》，结合提示，完成表格，梳理文本，自主探究全文的逻辑顺序。

学生活动：朗读《读本》，基于具体内容，理顺逻辑关系；理解"人民为中心"科学内涵；厘清"中国共产党的根本立场、宗旨和使命"。

设计意图：通过引导学生熟知《读本》内容，厘清"中国共产党的根本立场、宗旨和使命""以人民为中心的科学内涵""依靠人民创造历史伟业"，这3个内容阐述背后的主线，即"我是谁、为了谁、依靠谁"这个问题，深化学生的认知。

教学环节三：讲"故事"，学习英雄人物

教师活动：课前布置作业，鼓励学生收集革命与建设时期的航天英雄事迹，并依据时间和内容筛选出各时期典型人物。课中引导学生分享故事及感受，思考并归纳得出结论：人民性是马克思主义最鲜明的品格。

学生活动：课前收集革命与建设时期航天英雄事迹；课中分享故事及感受，从中悟出党员先锋始终从群众中来到群众中去，坚持以人民为中心。

设计意图：通过指导学生收集资料，引导学生了解航天精神内涵，深刻理解感悟党性与人民性相统一，从而更加拥护中国共产党的领导，更加坚定中国特色社会主义道路自信；通过讲故事活动设计，提升学生语言表达能力；通过"这些故事中有何相同点、不同点"问题探索，引导学生理解共产党员在为中国人民谋幸福、为中华民族谋复兴中所坚持的共同点，提升了获取和解读有效信息的能力及辩证思维能力。

特色融合创新点：无数个航天英雄的故事，数不清航天队员的誓言："甘愿为祖国载人航天事业奋斗终身！"体现了共产党员坚守党的立场、宗旨，党性和人民性是一致的，彰显了政党的优势。

教学环节四：悟"责任"，树立成长目标

教师活动：围绕"飞航榜样·党员故事"这一主题，引导学生讲述身边航天人和最美逆行者的故事，感悟出平凡党员的伟大力量。通过父辈各行各业榜样人物，引导学生明白新时代下，未来在各行各业的青少年应践行党的根本立场。

政治篇
根本立场：坚持以人民为中心

学生活动：分享父母的航天故事，感悟平凡党员日常工作和生活中的默默付出；明白新时代下，未来在各行各业的青少年应立志努力拼搏，奉献国家，助力国家持续发展。

设计意图：依托真实情境，引导学生从身边平凡党员的奋斗中看到力量，激发学生努力学习、向党员看齐的意识，明晰青少年应立足实际，参与社会主义现代化建设。

特色融合创新点：航天人有理想，有情怀，但并非生活在"真空"中。聚焦云岗学子父辈中的飞航榜样等，身边党员的故事透露出平凡党员的伟大力量，学生自然激发出以个人梦助力国家持续发展，实现中华民族的伟大复兴这一意识。

教学环节五：畅想未来，庄严宣誓

教师活动：解读国家战略安排时间轴，引导学生做出青春宣誓。

学生活动：总结课堂、畅想未来、庄严宣誓，用习近平新时代中国特色社会主义思想武装头脑、指导实践。

设计意图：通过解读国家战略安排时间轴，学生体会建设社会主义现代化强国是一场接力跑，新时代的青年将是未来中华民族实现伟大复兴征程上的中坚力量，从而增强学生的民族自信心和自豪感。

五、作业设计及特色融合点说明（表1）

表1　作业设计及特色融合点

环节名称	作业设计	特色融合点
第三环节	搜集航天事业发展历史	中国航天事业的发展史是一部全心全意为人民服务的历史。回顾中国航天事业发展历程，其发展史凝聚成了一股强大的向心力，汇聚成为载人航天精神。
	分享航天英雄感人故事	无数个航天英雄的故事，数不清航天队员的誓言："甘愿为祖国载人航天事业奋斗终身！"体现了共产党员坚守党的立场、宗旨，党性和人民性是一致的，彰显了马克思主义政党的优势。而从一无所有到目前居于世界前列的航天大国的发展历史，"特别能吃苦，特别能战斗，特别能攻关，特别能奉献"的航天精神，一次次地向世界展示着中国航天力量。
第四环节	讲述云岗学子父辈中的"飞航榜样"	航天人有理想，有情怀，但并非生活在"真空"中。聚焦云岗学子父辈中的飞航榜样等，身边党员的故事透露出平凡党员的伟大力量。引导学生理解：新时代各行各业的党员不忘初心、牢记使命，青少年应以其为榜样，以个人梦助力国家持续发展，实现中华民族伟大复兴。

六、学习效果评价（表2）

表2　学习效果评价

环节活动	评价内容	评价方式 （自评、互评、师评）		
		优秀	良好	一般
熟读读本，理解科学内涵	教师知识储备运用灵活，课堂气氛活跃，师生互动产生新的知识，创新效果明显。	√		
讲"故事"，学习英雄人物	通过情境创设，学生能够独立思考，思维具有一定深度；充分尊重学生的个性，观察、记忆能力培养到位，养成良好学习习惯。	√		
悟"责任"，树立成长目标	拓宽学生学习的途径，能够调动起学生学习热情；教学过程中突出思想品德教育，使学生获得感悟。	√		
畅想未来，庄严宣誓	教材挖掘深刻富有创新性，能够实现知行统一。	√		

七、教学特色分析

第一，逻辑清楚。本讲首先从《读本》梳理内涵，其次从英雄人物、平凡人物、青少年自身3个方面帮助学生理解党的性质、宗旨，根本立场。最后从历史脉络的角度梳理了我国远景目标，激发青年学子践行初心和使命。

第二，以小见大。本讲从红色谱系的英雄故事谈到身边群众的力量，最后回到"以人民为中心"与个人力量紧密相连。小切口，大内容，引导学生以小见大，认识党性与人民性相统一，增强国家认同感和使命感。

第三，深度认同。本讲通过革命、建设、改革时期不同时间段先辈斗争、百姓生活变迁、榜样人物奋进的真实人物和事迹，感染学生，激发学生真情实感和真切感受，增强学生对党的深度认同，让爱国情感落地生根。

（本教学设计获2022年北京市中小学《习近平新时代中国特色社会主义思想学生读本》优秀教学设计征集与评选二等奖）

专家点评

在守正创新中上好思政课

思政课是落实立德树人根本任务的关键课程。办好思政课，要放在世界百年未有之大变局、党和国家事业发展全局中来看待，要从坚持和发展中国特色社会主义、建设社会主义现代化强国、实现中华民族伟大复兴的高度来对待。引导学生树立正确的世界观、人生观、价值观，把实现个人价值同党和国家前途命运紧紧联系在一起，这是教育的历史责任，也是思政课的培养目标。

首师大附属云岗中学的政治教研组将政治学科的教学内容与学校的特色课程——"国际视野下的军事航天科技教育"相互渗透融合，在守正创新中上好思政课，实现立德树人的教育目标。在实践中，政治教研组的老师们在课程设计中做到了：

"求真"。思政课要用科学理论培养人，遵循不同学段学生的认知规律，把马克思主义基本原理讲清楚、讲透彻，把马克思主义理论的先进性、科学性、革命性、实践性、人民性以"润物细无声"的方式嵌入到学生头脑中，讲出真理的味道。政治教研组的老师们，通过引导学生调研访谈、查阅资料等方式，从航天精神中感悟中华民族精神、中国共产党人的精神谱系；从航天梦中感悟中国梦、理解个人梦与中国梦的关系；从航天事业发展中理解新发展理念，领悟国际竞争与大国担当……让学生们在历史逻辑、理论逻辑、实践逻辑中认识中国共产党的领导、坚定"四个自信"。

"求实"。思政课教师要勤于思考，将思政小课堂同社会大课堂有机结合起来。要基于社会现实把理论阐释通俗化、生动化、具体化和生活化；要引导学生把学习奋斗目标与民族伟大复兴的目标结合起来，立鸿鹄志，做奋斗者。政治教研组的老师们通过引导学生讲述航天人物故事、给英雄航天员群体写信等系列活动，引导学生感悟航天精神，增强爱国情感，自觉传承和弘扬民族精神，做到知行合一。

青年强，则国家强。当代中国青年生逢其时，施展才干的舞台无比广阔，实现梦想的前景无比光明。思政教师有责任不断增强思政课的思想性、理论性和亲和力、针对性，引导青少年坚定不移听党话、跟党走，怀抱梦想又脚踏实地，敢想敢为又善作善成，立志做有理想、敢担当、能吃苦、肯奋斗的新时代好青年，让青春在全面建设社会主义现代化国家的火热实践中绽放绚丽之花。

李 同

北京市大成学校高中副校长，正高级教师，丰台区政治学科兼职教研员，北师大珠海校区兼职教师

历史篇

历史学科与学校特色渗透融合策略研究

万稚文　魏玉宏

历史是一门综合性学科，融合了历史、人文地理、社会、政治、经济等多学科的知识，具有很强的综合性，有利于促进学生思维品质的发展。《普通高中历史课程标准（2017年版）》就学科的融合教育提出了明确要求："历史课程的设计，既要注意与思想政治、语文、艺术（或音乐、美术）、地理、信息技术等课程的关联，又要有助于学生对其他课程的学习，力图使其与相关课程发挥整体作用。"因此在历史教学中要使历史学科综合性这一特点发挥到最大，就应加强历史与其他学科之间的联系，以历史知识为主干，建立各学科之间较为紧密的联系，模糊具体知识所涉及的学科界线，从而促使学生在学习的过程中掌握其学习方法，对知识进行联想与迁移，拓展思路做到举一反三、融会贯通，从而培养学生思维的宽广性、深刻性与综合性，促进学生思维品质的发展和创新。

一、历史学科与学校特色渗透融合概述

（一）历史学科进行学校特色渗透的定位

我国在航天领域的飞速发展有目共睹，我校所在的云岗地区有一批优秀的军事航天事业单位，我校前身为0683部队子弟学校，后为航天三院子弟学校。云岗中学办学初衷，就是为周边军队、军事航天单位服务。伴随着军事航天社区发展，服务科技、崇尚科学也成为学校教育的重要元素。作为一所有着63年军事、航天传统的学校，为促进我校高中品牌特色发展，实现学校高品质提升，依托学校"科研引航 文化立校 特色兴校"的办学思路，学校以"国际视野下的军事航天科技教育"为特色主题开展了一系列的特色活动和特色课程，提升了学校办学品质，这成为我校的办学特色。"国际视野下的军事航天科技教育"特色与学科教育融合，既能够树立学生国家安全观，增强国家认同，又能够提升学生的科学精神和科技素养。

历史课程作为大思政课的主要内容，发挥着立德树人的重要作用，旨在培养学生唯物史观、时空观念、历史解释、史料实证、家国情怀的学科素养。历史课程涉及范围广，包括古今中外的历史脉络及发展规律，利于学生养成大历史观的思维视角。历史课程设计领域多，包括政治、经济、文化、民族关系、中外交往，当然，也包括军事、航天科技。军事航天科技这些要素不但体现在历史发展上，是历史教材内容把中华传统优秀文化、

革命文化和社会主义先进文化作为主题和载体的具体内容的表达和呈现。可以说这些得天独厚的优势使得历史课程与我校特色融合项目有着高度的切合。贴近学生现实生活和地区文化，渗透学习军事航天科技特色，更能够引起学生共鸣。

（二）历史学科进行学校特色渗透的价值与意义

在"四新"的背景下，新的课程模式调整可以很好地发挥历史学科横亘古今综合性强的学科的特点。历史教研组结合我校"国际视野下的军事航天特色品牌建设"活动，研究历史学科推进项目学习的现实路径，更好地促进校本课程和学校特色与国家课程整合。挖掘学校的军事航天的时空特色，凸显历史学科的综合性和纵横性，从而更好地服务学生，为学生的成长提供更广阔的空间。历史课程的融合发展突出关注注重资料的物化过程和共享建设。尤其是面对新教材丰富的内容，长时段的跨度和专题史专业化程度，可以让历史组依托备课组和学科组的集体力量，做到教学设计、教学案例、课件制作、学案编订、题库整理等多方位教学资源的整合，在积累中传承，在传承中完善，促进历史教研组持续不断的创新与发展。

在新一轮教育改革强调"立德树人"的宗旨下，全体历史教师在日常的教学点滴中不断加强自身的理论学习，认真践行"学史明理、学史增信、学史崇德、学史力行"的理论。历史教研组一直立足于我校学生情况，以及课程标准要求和课堂实践，在历史教学中实施"学科融合教学"，主张在历史学科教学中通过融合多门学科知识与方法，全面培养学生的历史学科核心素养与综合能力。尤其是在"国际视野下的军事航天科技教育"特色品牌建设行动研究，其实历史学科可以很好地与思想政治、语文、地理、美术等多门学科融合，彰显学校特色，可以很好地发挥历史课程与其他相关课程的整体作用，丰富历史课堂教学内容，激发学生学习兴趣。

二、历史学科与学校特色渗透融合现状

2023年我国迎来第8个"中国航天日"，为了使学生了解中国航天光辉的发展历史，探索航天技术与学科知识的联系，传承科学家的智慧与品质，提高创新思维和实践能力。在课程设置中结合古往今来中华民族探索宇宙的脚步从未停歇。一次次，我们仰望浩瀚的星空，乘着想象的风帆，探索星辰的奥秘，渴求的目光汇聚成千百年来的航天梦。结合相关主题与学生一起回望中国航天荣耀的30年。结合新中国成立后不同阶段的时代特征解读航天精神，航天精神是勇于攀登、敢于超越的勇气；航天精神是科学求真、严谨认真的执着；航天精神是不顾生命、舍身为国的奉献。

历史学科结合学校的特色课程，历史组陆续开展了历史与军事航天科技融合的公开课，其中李知红老师在初一年级进行的"宋代的科技"和李雪峰老师在初二年级进行的"解放战争"参加了全校展示课活动。"宋代的科技"一课，宋元时期我国科技处于世界领先地位。在造纸术的基础上，活字印刷术的出现，降低了制书成本，加快了出书速

地域文化与创新教育的融合
——首都师范大学附属云岗中学品牌特色建设探索

度,推进了教育发展和文化传播。指南针应用于航海,大大促进世界远洋航海技术的发展,为郑和下西洋和地理大发现准备了条件。火药的使用,改变了作战思维与方式,影响了世界历史发展进程。宋元时期的海陆交通使东西方交往交流更加频繁,既传播了中国先进的科技文化,让世界了解中国,加速了世界文明发展,同时也将世界优秀文化带到中国,促进中国进步与发展。学生对学习历史知识的积极性强、热情度高、可塑性强。教学要引导学生学习古代科学家勤于探索、勇于创新的精神。通过对比古今的科技成就,引导学生认识创新是一个民族进步的灵魂,是一个国家兴旺发达的不竭动力,也是中华民族最深沉的民族禀赋,鼓励学习古今科学家的创新精神,树立"科技强国、奋斗有我"的信念,为实现科技强国之梦而努力奋斗,充分体现了军事特色、科技特色和航天特色在教学中的渗透。

"解放战争"一课,在敌我军事科技力量对比悬殊的态势下,经过百折不挠的斗争,赢得了来之不易的胜利,认识到加强军事科技的重要性。也认识到革命之所以能够取得胜利,是中国共产党凭借强大的政治领导力,成功运用各种政策和策略的结果。在解放战争初期,中国共产党以"敌进我退,敌驻我扰,敌疲我打,敌退我追"的十六字作战原则为指导,西北野战军在彭德怀、习仲勋的领导下取得青化砭、羊马河、蟠龙等战役的胜利,粉碎了国民党对陕北解放区的重点进攻;华东野战军在陈毅、粟裕领导下取得了孟良崮战役的胜利,粉碎了敌人对山东解放区的重点进攻。不打无准备、无把握之仗,每战都要力求有准备,力求在敌我条件对比下有胜利的把握。发扬英勇战斗、不怕牺牲、不怕疲劳和连续作战的作风。毛泽东同志揭示的"一切为了新中国,一切为了人民"的"解放战争精神"。

总之,历史教研组不同学段教师结合军事航天事业的热点问题进行历史教学工作,学科融合式教学法取得了一定的教学成果,提升了师生对军事科技重要性的认识。

三、历史学科与学校特色渗透融合资源梳理

(一)学科教材内容梳理

历史组从6个年级梳理历史学科与学校特色融合的科目,整体得出中国古代、近代、现代3个部分和世界史进行整合,归纳出相关的内容进行分类。

1. 中国古代史部分

军事类:春秋战国时期的战争局势;秦朝的统一;北击匈奴南击百越;汉朝大一统;北征匈奴;三足鼎立(赤壁之战);两宋的政治和军事(北宋辽西夏、南宋金战争);元明清的统一;古代民族关系(如康熙相关战争),古代对外交往(蒙古西征、戚继光抗倭)。

航天类:宋元时期的科技与中外交通;明朝的科技、建筑与文学。

2. 中国近代史部分

军事类:鸦片战争,认识鸦片战争对中国近代社会的影响,英法联军火烧圆明园的

侵略史实；人民解放战争的胜利；钢铁长城。

航天类：近代科技文化成就，如近代中国工业进步，飞机等交通工具的应用。

3. 中国现代史部分

军事类：改革开放以来的巨大成就，科技军事的发展。

航天类：新中国航天发展，航天精神。

世界史部分（国际视野下的军事航天相关的学科知识梳理）：

国际法的形成与发展；亚历山大远征；美国独立战争；欧洲拿破仑战争；欧洲殖民者侵略战争；第一次世界大战与战后国际秩序；第二次世界大战与战后国际秩序。

（二）课堂资源梳理

信息技术与历史学科融合，更好地展示历史学科的学习资源整理，注重资料的物化过程和共享建设。在课件教案的共享方面，在高中新课改的实施过程中，高中教师面对新教材丰富的内容、长时段的跨度和专题史专业化程度，依托备课组和学科组的集体力量，做到教学设计、教学案例、课件制作、学案编订、题库整理等多方位教学资源的整合，在积累中传承，在传承中完善，促进历史教研组持续不断的创新与发展。此外，充分利用属地范围内现存的军事遗址遗迹，融合到历史教学中。如长辛店二七大罢工遗址，记录了近代新民主主义革命阶段的"京汉铁路工人大罢工"事件。中国共产党领导的第一次全国工人运动高潮中罢工斗争的顶峰，二七工人大罢工与二七厂的走向，从新中国的重工业到今日的产业文化创新园；长辛店的共产党小组与革命斗争道路；卢沟桥抗日战争纪念馆等场馆了解抗日战争的始末等。又如历史学科作为思政一体化的实施主体课程，深入研究学生年龄特征、心理特点，研究其知识储备、理论基础、思维能力和素养状况，研究其关注点、兴趣点和兴奋点。

（三）活动设计的特点

教师要善于整合学生已有的历史知识、学习能力、思维方法等基础性资源，在此基础上引导学生进行的深层次历史学习，以提高历史教学效率。以历史教学主题为内容，融入军事航天主题，同时与更多学科交叉地进行相关设计。

在涉及军事航天科技层面的知识，让学生利用各种博物馆资源查阅文献资料，自行整理并简单加工，得出初步认识。

在学科交叉方面，历史学科更多的是与语文和政治学科的交叉。历史是大思政的一部分，同时也是一门政治性、思想性很强的学科，内容涉及大量的政治知识，因此历史和政治联系十分密切。以历史逻辑呈现理论逻辑，帮助学生深刻领会历史和人民是怎样选择了马克思主义、选择了中国共产党、选择了社会主义、选择了改革开放。二门学科都以坚持正确的思想导向和价值判断为基本理念，以促进学生核心素养的提高为共同目标，以立德树人为根本任务。同时从教学内容和指导思想来看，高中历史和思想政治两

地域文化与创新教育的融合
——首都师范大学附属云岗中学品牌特色建设探索

门学科可契合的点、面较多。依据政治学科中唯物史观的学习强化历史学科的思维方法和核心素养。从历史自信来源于对历史的正确认知和评价,来源于对历史发展规律的深刻洞察出发,强化历史自信与"四个自信"是相互联系、不可分割的统一整体。弘扬中国精神的教育,要强化历史自信既是对奋斗成就的自信,也是对奋斗精神的自信,中国精神是历史自信的动力之源。

文学作品的创作离不开特定的历史环境,科学、合理地利用文学作品来解读历史事件、历史人物能使学生树立正确的唯物史观,培养学生的家国情怀。例如《烛之武退秦师》可以让学生充分理解春秋时期秦国、晋国、郑国三者之间强弱、敌友的关系;《邹忌讽齐王纳谏》叙说了战国时期齐国一场重要的政治改革的由来;《荆轲刺秦王》记述了战国时期荆轲刺秦王的悲壮历史故事。这些文学作品在一定程度上补充了历史教材所没有书写的故事,学生也更容易理解春秋战国时期的社会动荡;同时还塑造了烛之武有勇有识、荆轲英勇无畏、邹忌善于进谏、越王勾践卧薪尝胆等生动的历史人物形象,从而使学生明白春秋战国期间这些"士"为捍卫国家,忍辱负重、义无反顾奔赴敌营的爱国情怀。如在讲解安史之乱时,可以补充唐朝诗圣杜甫《春望》中的名句"国破山河在,城春草木深。感时花溅泪,恨别鸟惊心。"和《闻官军收河南河北》中的名句"剑外忽传收蓟北,初闻涕泪满衣裳。却看妻子愁何在,漫卷诗书喜欲狂"。这些诗句既反映了安史之乱发生后当时的人们厌恶战乱、热爱国家、渴望和平的美好愿望,又展示出诗人感时伤怀、挂念亲人、心系国家的高尚情感。这些诗句的引用对培养和提升学生的社会责任感将产生积极的影响。

"历史地图"是历史学科与地理学科融合的产物,对于辅助历史教学,促进历史教学的有效性有着不可替代的作用。学习历史自然少不了对地图的解读,尽管历史地图在高中历史教学中起到了关键性作用,但许多教师仍会忽视它的使用。《普通高中历史课程标准(2017年版)》规定五大核心要素之一的"时空观念"是指学生需要在特定的时间联系和空间联系中对事物进行观察、分析的意识和思维方式。而教师如何将学生带入这个特定的时间与空间,相信历史地图是一个很好的选择。通过历史地图可以使我们直观地了解人类在各个历史时期自然和政治、经济、文化、军事等方面的变化,能使我们确切地了解一切与人类社会活动有关的空间分布和地域差异现象。进行七年级下册第18课《统一多民族国家的巩固》的教学时,最后提到清朝的疆域。清朝的疆域基本奠定了今天中国的版图,此时教师便可以利用地理知识,将清朝的疆域和今天中国的疆域都呈现出来,进行对比,这样的教学可以让学生从空间上对历史知识有更清晰的认识。

四、历史学科与学校特色渗透融合有效策略

（一）在日常教学中的渗透

历史组教师做好观念上的转变，将老中青的优势发挥起来，重经验重学情分析，同时利用优势发挥研究作用。

在学科融合方面，教师们要做好充分的准备，第一部分为教师层面的准备：一是从宏观、中观、微观层面对特色渗透的聚焦角度进行充分解读；二是对教材与学校特色的组合式的具体内容探究。第二部分为学生层面的进一步思考与实践，主要是关注学科融合的点线面的设计，积极调动学生融合参与，激发兴趣调动学生学习的积极性从而提升学生的综合素养和中学生核心素养的提升。探索课程思政的切入点；做好课程大纲，挖掘课程思政元素；精心设计教学内容，准确传递民族精神、时代精神。

教师根据教学目标确定创设情境的内容，由学生或师生在课前利用信息技术围绕教学目标把相关的历史学习资源整合加工处理为数字化资源，并在课堂上进行展示，从而创造出丰富的历史学习情境，引导学生自主学习、合作探究。

（二）在社会实践中的落地

校园学习会有很多的社会实践，在社会实践过程中，历史学科教师要将学生的学习内容与其生活、社会实际进行密切联系，基于创新意识，以体现活动设计的现实意义和价值引领，并设计出形式多样，能够检测学生审辨思维水平，以及能够提出独到见解，能对自己的观点进行有力论证的创新性实践任务。航天领域是多学科融合集成的高科技领域，航天活动涉及材料、电子信息、制造、能源、医学等众多学科领域。这些领域出现的诸多颠覆性技术均具有航天应用潜力。具有创新性、前瞻性、突破性、影响深远性等特点。如以航天活动日为主题进行航天发展历史的演讲稿、调研报告、展板等方式呈现历史实践的设计，引导学生能够从学科融合层面，多角度、开放式地思考与探究历史问题，提高学生历史学科思维能力与核心素养。

（三）在课后作业中的落实

"双减"旨在要求学校设计科学有效的作业，减轻学生负担、发挥作业的正向职能，引导学校实施素质教育。历史作业的设计需要借助语文等其他学科相关材料，创设综合情境，提升历史作业的思维含量，以发展学生的学科核心素养。

作业设计案例：中外历史纲要（上）第27课《社会主义建设在探索中曲折发展》作业。

材料：以钱学森、李四光、钱三强、华罗庚、邓稼先、茅以升等为代表的一批著名科学家辛勤工作，为祖国的科技事业和经济文化建设做出了重大贡献，成为知识分子的杰出代表。那时开始形成的"两弹一星"精神，至今仍给人们勇攀科学高峰以强大动力。

——中共中央党史研究室《中国共产党的九十年》

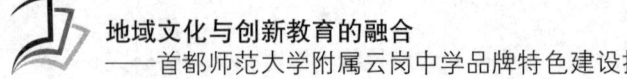

查找相关资料，完成以下学习研讨任务。

（1）以"两弹一星"精神为主题，写一篇学校升旗仪式上的演讲稿。

（2）学校学生会学习部邀请你为同学们做一次关于"中华人民共和国成立以来的航天技术发展"知识讲座策划，请写出策划稿。

在日常了解作业设计的学科融合程度与水平等。教师在分析学生完成作业中反映出的综合能力与学业水平的基础上，一方面将学生完成作业情况及时准确地反馈给学生，另一方面调整完善作业的设计，引导学生的学习朝着预定的学习目标前进，将作业变成推动学生学业持续成长的引导因素，促进学生的学业进步和全面发展。

（四）在日常生活中的应用

课程标准中明确指出：普通高中历史课程，是进一步运用历史唯物主义观点，揭示人类历史发展的基本规律和大趋势，促进学生全面发展的一门基础课程。《普通高中历史课程标准（2017年版2020年修订）》指出：历史课程的设计，既要注意与思想政治、语文、艺术（或音乐、美术）、地理、信息技术等课程的关联，又要有助于学生对其他课程的学习，力图使其与相关课程发挥整体作用，共同促进学生人文素养的发展。

项目化学习是在对传统的机械操练的教学的批判中产生的，相对于无结构的教学、无明确的任务或无问题驱动的教学、琐碎的知识点教学和没有体现学习和探究过程的教学，它有自己核心的理念和追求。很适宜在学科融合中应用，因为他是通过活动探寻寻找核心知识，此外设计驱动性问题，比如：哪些历史决策推动了中国航天的发展？航天人物如何践行航天精神？通过问题激发学生的学习兴趣。通过一系列活动重点培养学生的高级思维能力，分析、问题解决、决策、创建问题，进一步关注学生的态度、投入程度、主动性等，以引发更深层次的学习和理解。

五、结束语

在我校"学科与学校特色渗透融合策略研究"课题研究的大背景下，历史组教师要认清客观现状，各种课题的交融的落脚点实际上是对教师素养、能力、思维的多方面的提升的契机，我们要提高自身素质，熟练掌握历史学科知识，还要熟悉相关政治、地理、语文等学科知识，开阔视野，摸索学科融合的方法和措施，创新教学模式，将核心素养落到实处，促进学生的全面发展。还要认识到学科融合的目的仍然是以培养历史学科能力和学科素养为主，如果渗透太多其他学科知识，甚至干扰到学生对历史学科的认知，就得不偿失。

参考文献

[1] 于西友.中学历史教学法[M].北京：高等教育出版社，2003.

[2] 中华人民共和国教育部.普通高中历史课程标准（2017年版）[M].北京：人民教育出版社，2018.

[3] 吕涛宇，易谦柳.历史学科融合式教学法的应用策略[J].教学与管理，2021（15）：6.

[4] 刘彦芬.在历史地图教学中培养"时空观念"[J].教育现代化，2019，6（81）：87-88.

[5] 戴维·珀金斯.为未知而教，为未来而学[M].杨彦捷，译.杭州：浙江人民出版社，2015.

[6] 夏雪梅.项目化学习设计：学习素养视角下的国际与本土实践[M].北京：教育科学出版社，2018：14.

[7] 徐蓝.历史核心素养统领下统编高中历史教科书的编写[J].课程·教材·教法，2019，39（9）：33-39，20.

[8] 於以传.统编高中历史教材《中外历史纲要》的教研实施策略[J].课程·教材·教法，2019，39（11）：17-22.

[9] 李卿.回归历史学科本质　凸显历史育人价值：统编高中历史教科书编写思路、体例结构及教学建议[J].中国民族教育，2020（11）：42-46.

宋元时期的科技与中外交通

李知红

一、学科指导思想与理论依据

（一）指导思想

习近平总书记提出，贯彻落实总体国家安全观，必须既重视外部安全，又重视内部安全，对内求发展、求变革、求稳定、建设平安中国，对外求和平、求合作、求共赢、建设和谐世界。

"双减"背景下，在学校品牌特色建设过程中，以国际视野下的军事航天科技教育特色主题为核心，在历史学科教育中渗透军事、航天、科技教育，培养学生的科学素养。

（二）理论依据

历史课程是落实立德树人根本任务的重要课程，通过发掘人类优秀文化遗产的育人功能，使学生树立正确的历史观、民族观、国家观、文化观，增强责任意识和社会担当，成为德智体美劳全面发展的社会主义建设者和接班人。

《历史课程标准》提出，要发挥历史学科的教育功能，以培养和提高学生的历史素养为宗旨。历史学科核心素养包括核心理论唯物史观、核心思维时空观念、核心方法史料实证、核心能力历史解释、核心价值观家国情怀。

二、教学背景分析

（一）教材分析

本课是教育部2016年审定统编教材七年级下册第二单元第13课内容，重点介绍宋元时期的科学技术与中外交通。

宋元时期科技处于世界领先地位。在造纸术的基础上，活字印刷术的出现，降低了制书成本，加快了出书速度，推进了教育发展和文化传播。指南针应用于航海，大大促进世界远洋航海技术的发展，为郑和下西洋和地理大发现准备了条件。火药的使用，改变了作战思维与方式，影响了世界历史发展进程。宋元时期的海陆交通使东西方交往交流更加频繁，既传播了中国先进的科技文化，让世界了解中国，加速了世界文明发展，同时也将世界优秀文化带到中国，促进中国进步与发展。

本课在中国古代史的发展中占有十分重要的地位，上承隋唐时期科技文化与对外交往，为学生学习后面明清时期的科技文化与对外交往的内容起到铺垫作用。

（二）学情分析

（1）知识方面：学生对中国古代科技发明和古代丝绸之路有初步了解。教学将通过活字印刷术、指南针、火药的发明、应用及传播的历史史实，引导学生充分认识中国对人类文明的杰出贡献。

（2）能力方面：学生有较强的动手能力。教学要通过多种互动的方式提高学生课堂参与度，提高历史教学的趣味性，激发学生体验活动，发挥集体的智慧，突出重点，突破难点。

（3）情感方面：学生对学习历史知识的积极性强、热情度高、可塑性强。教学要引导学生学习古代科学家勤于探索、勇于创新的精神。

三、教学目标及重难点

（一）教学目标

（1）唯物史观：引导学生从政治、经济、民族融合、对外交往的角度，引导学生认识宋元时期科技发达的原因。

（2）时空观念：引导学生梳理活字印刷术、指南针和火药发明和应用的历史，引导学生观察元朝交通路线图，了解陆上和海上的交通线。

（3）史料实证：引导学生阅读史料，培养分析史料的能力。

（4）历史解释：引导学生解释丝绸之路，认识丝绸之路是东西方之间交流融合之路。

（5）家国情怀：引导学生认识中华民族对人类文明的杰出贡献，激发民族自豪感。学习科学家勤于探索、勇于创新的精神，树立"科技强国、奋斗有我"的信念。

（二）重点、难点

重点：活字印刷术、指南针和火药的发明、应用及向世界的传播。

难点：充分认识中国古代四大发明对世界历史的影响。

四、教学过程设计

环节一：科技之梦，不懈追求

教师活动：伟大的中华民族对飞天之梦一直在不懈追求，请观看视频，了解万户飞天的故事。万户火箭飞天使用的火药是中国的四大发明之一。在学习两汉的科技成就时，我们了解了造纸术。今天我们将学习另外三大发明及它们的传播方式。

学生活动：观看视频了解中国古代火箭飞天万户的故事。阅读关于三大发明的材料。

设计意图：让学生感受中华民族对飞天之梦的不懈追求。通过阅读材料，整体感知本课重点学习内容是宋元的科技成就。认识中国古代重大发明对世界文明的重要贡献，培养民族自豪感和自信心。

环节二：科技之光，点亮生活

1. 活字印刷术的发明

教师活动：出示图片并介绍唐时期发明了雕版印刷术，促进了文化的发展。辽、宋、西夏、金时期，雕版印刷技术进一步发展。为了解决雕版印刷术的弊端，人们一直在不断探索，在北宋有了技术上的突破。请观看视频，了解活字印刷术的发明和演变。展示活字印刷术体验小组的作品。请根据视频内容、课前体验和材料研读，分小组进行讨论，说说活字印刷术有什么妙处？活字印刷术是如何传播到世界各地？请根据地图和示意图进行描述。活字印刷术对世界产生了什么影响？通过材料阅读，说说活字印刷术的影响。

学生活动：思考雕版印刷术的优点和缺点。了解活字印刷术的发明。体验活字印刷术作品《静夜思》。学生梳理印刷术发明时间、传播路线、影响。活字印刷术降低了制书成本，加快了图书的普及和文化的传播，对人类文明的发展产生了重大的影响。

设计意图：小组展示激发学生参与学习的动力。通过活字印刷术的作品展示提高学生的学习兴趣，培养学生的动手能力。通过史料研读提高学生史料实证能力。培养学生的识图能力、阅读材料能力和口头表述能力。

2. 指南针的应用

教师活动：演示实验，磁铁有指南的特性。请观看视频，了解指南针的原理、战国和北宋的指南工具名称及指南针的传播。请同学们体验罗盘指南针，尝试使用罗盘指南针确定方位。中国古代很早就认识到磁石指南的特性。请说说指南针的发明经过。人们如何应用指南针呢？请进行材料研读。指南针是如何传播到世界各地？乘坐中国海船的阿拉伯商人将指南针传到阿拉伯国家，后来又传到欧洲。指南针对世界产生了什么影响？

学生活动：观看演示磁铁指南的实验。观看视频了解指南针的发明与应用。宋代开始用人造磁铁制成指南的工具。人们把这种带有磁性的钢针安置在刻有度数的盘中，于是就制成了罗盘。体验罗盘指南针。材料研读小组展示：材料1说明北宋时开始在航海中应用指南针。材料2说明南宋时指南针广泛应用于航海，非常重要。学生梳理指南针应用、形式、传播路线、影响。指南针应用于航海，大大促进世界远洋航海技术的发展，为郑和下西洋、新航路的开辟和地理大发现准备了条件。

设计意图：通过体验指南针的特性，提高学生的学习兴趣，培养学生的动手能力。通过史料研读提高学生史料实证能力。学习小组展示激发学生参与学习的动力。

3. 火药的应用

教师活动：请观看图片，火药由古代炼丹家发明。请阅读史料，说说火药如何制造？唐朝末年，火药开始运用到军事领域。宋元时期，火药武器广泛用于战争。那时的火药武器有火箭、突火枪和火炮等。请同学根据图片了解宋元时期的火器。介绍枪炮始祖突火枪。介绍火炮前身火铳。小组研讨：请根据刚才所学，并阅读教材，说说火药的发明、应用和传播。请大家思考火药的发明有什么重大的历史影响？

学生活动：唐朝时，中国人已发明了火药。将硫黄和硝石燃烧，会产生爆炸，火药因此发明。中国的火药和烟火在13世纪传入阿拉伯地区，14世纪初又经阿拉伯人传到欧洲。火药在民用领域也有广泛的应用，如烟花和工程爆破。学生完成学案，梳理火药发明时间、应用方式、传播路线、影响。在军事上，推动冷兵器向热兵器的转变。火器制造和热兵器作战方式推动了欧洲社会的变革，影响了世界历史发展的进程。

设计意图：通过史料研读，提高学生史料实证能力。通过图片介绍火药的应用，提高学生的军事素养。通过时间轴梳理火药的发明、应用和传播，培养时空观念的学科素养。学习小组展示激发学生参与学习的动力。

环节三：科技之旅，沟通世界

发达的中外交通

教师活动：宋元先进的科技发明传播到世界，并产生重要影响，这有赖于宋元时期发达的中外交通。观看视频，了解宋元时期的陆路和海路交通，了解中外的交流。请同学根据地图，阅读教材，介绍陆上丝绸之路的路线。请同学根据地图，介绍海上丝绸之路的路线。请同学通过课堂活动互动游戏理解中西方科技交流情况。科技成就与发达交通之间是什么关系呢？古有丝绸之路，今有"一带一路"。请观看视频，了解习近平总书记提出"一带一路"战略构想的意义。

学生活动：通过视频了解发达的中外交通。理解陆路和海路畅通使得中西方科技交流十分广泛。思考科技成就与发达交通之间的关系，认识科技成就促进交通发达，发达交通传播科技成就。领会教材内容的逻辑关系，认识"一带一路"续写了古代丝绸之路的新篇章。

设计意图：根据陆上和海上丝绸之路地图进行描述，培养学生的识图能力和口头表达能力。课堂游戏提高学习兴趣，加深对中西方科技交流的理解。通过游戏结果分析比较中国传到西方的科学技术和西方传到中国的数量对比，说明了宋元时期的科技在世界上的领先地位。培养学生的分析比较能力。认识古今丝绸之路是东西方之间交流之路、对话之路、融合之路，体现国际视野下的科技教育在教学中的渗透。

环节四：科技之思，启迪未来

教师活动：根据材料，结合所学，从政治、经济、民族交融和对外交往等方面说说宋元科技进步的原因。现在中国政治稳定、经济发展、民族和谐、对外交流广泛，我国在科技上也取得了巨大的成就。从古代的四大发明到中国现在取得的科技成就，大家能够感受中华民族的创新精神。创新是中华民族最深沉的民族禀赋。希望同学们学习古今科技家的创新精神，树立"科技强国、奋斗有我"的信念。

学生活动：小组研读材料，完成宋元科技发达的原因分析。联系当今的政治、经济、民族交融和对外交往的实际，了解中国现在取得的科技成就的原因，增强民族自豪感和自信心，培养家国情怀。理解科技强国的重要性，增强为实现科技强国之梦而努力奋斗的动力。

设计意图：从政治、经济、民族融合、对外交往的角度分析宋元科技进步的原因，提高学生的历史解释的学科核心素养。介绍当今中国科技方面的成就，充分体现了军事航天科技特色在教学中的渗透。通过对比古今的科技成就，引导学生认识创新是一个民族进步的灵魂，鼓励学生学习发明家的创新精神。

五、特色融合点说明

（一）科技之梦，不懈追求

通过观看视频，了解中国古代火箭飞天第一人万户的故事，让学生感受中国人民对飞天之梦的不懈追求，体现航天特色在教学中的渗透。

（二）科技之光，点亮生活

学生通过聆听讲解、观看视频、小组展示、史料研读等方式了解印刷术、指南针、火药的发明与运用。通过课前的活字印刷操作认识活字印刷在技术上的突破，通过课上对罗盘指南针的实物体验，培养学生的动手能力。通过认识火药的发明对火器制造和作战方式产生巨大影响，推动了社会的变革，体现军事特色在教学中的渗透。

（三）科技之旅，沟通世界

学生通过识读地图，了解元代的陆上丝绸之路和海上丝绸之路的路线图，体会宋元发达的中外交通，认识中外交通与科技进步之间的互相促进关系。通过希沃白板的课堂游戏了解中外科技交流情况，提高学生的学习兴趣，认识古代丝绸之路和习近平总书记倡导的"一带一路"的重要意义，充分体现了国际视野下的科技教育在教学中的渗透。

（四）科技之思，启迪未来

引导学生从政治、经济、民族关系、对外交往等方面分析宋元时期科技发达的原因，认识到科技取得重大成就来源于政治稳定、经济发展、民族和谐、对外交流广泛。通过对比古今的科技成就，引导学生认识创新是一个民族进步的灵魂，是一个国家兴旺发达的不竭动力，也是中华民族最深沉的民族禀赋，鼓励学习古今科学家的创新精神，树立"科技强国、奋斗有我"的信念，为实现科技强国之梦而努力奋斗，充分体现了军事特色、科技特色和航天特色在教学中的渗透。

六、教学特色分析

在本课的课堂教学实践中，紧扣学校的品牌特色建设"国际视野下的军事航天科技教育"主题，以培育历史学科五大核心素养为目标，熟练运用信息技术手段，同时发挥传统教学方式的优势，激发学生踊跃参与课堂活动。

（一）体现品牌特色

本课紧扣学校在品牌特色建设"国际视野下的军事航天科技教育"的主题。

（1）国际视野：本课介绍了宋元时期的陆上丝绸之路和海上丝绸之路，强调了习近平总书记倡导的"一带一路"让古代丝绸之路焕发生机，体现了国际视野在教学中的渗透。

（2）军事特色：本课介绍了火药的发明对火器制造和作战方式产生巨大影响，体现军事特色在教学中的渗透。

（3）航天特色：在本课中，通过万户飞天故事引入和载人航天飞天梦圆为结尾，体现了航天特色在教学中的渗透。

（4）科技特色：本课通过对比古今的科技成就，引导学生认识创新是中华民族最深沉的民族禀赋，鼓励学生学习古今科技家的创新精神，树立"科技强国、奋斗有我"的信念，为实现科技强国之梦而努力奋斗，体现了科技特色在教学中的渗透。

（二）培育核心素养

历史学科五大核心素养包括唯物史观、时空观念、史料实证、历史解释和家国情怀，本课在教学中充分体现注重培育历史学科五大核心素养。

（1）唯物史观：从政治、经济、民族融合、对外交往的角度，引导学生认识宋元时期政治稳定、经济繁荣、各民族之间经济文化的交流、吸收外来文化、继承隋唐时期文化等，都是宋元时期科技发达的原因。

（2）时空观念：引导学生梳理活字印刷术、指南针和火药的发明和应用的历史，引导学生观察元朝交通路线图，了解陆上和海上的交通线。

（3）史料实证：引导学生阅读《梦溪笔谈》《萍洲可谈》等史料，培养史料分析能力。

（4）历史解释：引导学生解释丝绸之路，了解陆上丝绸之路和海上丝绸之路开通的意义，认识丝绸之路是东西方之间交流融合之路。

（5）家国情怀：认识宋元时期我国居世界领先地位的科技成就，展现我国古代的重大科技发明，颂扬中华民族对人类文明的杰出贡献，激发民族自豪感。学习科学家勤于探索、勇于创新的精神，树立"科技强国、奋斗有我"的信念。

（三）构建融合平台

信息技术与传统课堂教学方式相结合，构成了融合创新的新平台，在教学中发挥着重要作用。

（1）信息技术：注重借助信息技术，如希沃白板、视频剪辑、动画演示等，将信息技术应用于各个教学环节之中，紧跟信息时代的步伐，充分发挥信息技术的优势。

（2）传统教学：注重发挥传统教学的优点，如精心设计板书、指导学生进行小组研讨、注重师生之间的情感交流、利用实物教学增强学生的动手能力等。

（3）融合平台：注重信息技术与传统教学取长补短，构建融合平台，全面提高历史课堂教学质量，培养学生的科技素养和人文素养。

七、评价方式

（一）学习效果评价量规（表1）

表1 学习效果评价量规

课标要求	教学目标	学习内容	小组探究材料研讨	小组探究结果	自我评价
掌握活字印刷术、指南针和火药的发明、应用及传播；了解宋元时期的陆路和海路交通	认识四大发明对世界文明发展的贡献。认识发达的中外交通对科技传播的促进作用。在教学中渗透国际视野下的军事航天科技特色教育	活字印刷术	材料1：（泥活字印刷术）若止印三二本，未为简易；若印数十百千本，则极为神速度。 ——北宋沈括《梦溪笔谈》	活字印刷术优点	
		指南针	材料2：舟师识地理，夜则观星，昼则观日，阴晦则观指南针。 ——北宋朱彧《萍洲可谈》 材料3：渺茫无际，天水一色，舟舶来往，惟以指南针为则。昼夜守视惟谨，毫厘之差，生死系矣。 ——南宋赵汝适《诸蕃志》	指南针的应用 北宋： 南宋：	
		火药	火药的发明、应用和传播： 唐　唐末　　宋元　13世纪末　14世纪		

续表

课标要求	教学目标	学习内容	小组探究材料研讨	小组探究结果	自我评价
掌握活字印刷术、指南针和火药的发明、应用及传播；了解宋元时期的陆路和海路交通	认识四大发明对世界文明发展的贡献。认识发达的中外交通对科技传播的促进作用。在教学中渗透国际视野下的军事航天科技特色教育	宋元科技进步原因	宋元时期是我国古代发展的高峰时期，这一时期的科技，是在隋唐经济高度繁荣基础上的延续。宋朝结束了五代十国以来长期分裂割据和混战的局面，那时经济发展、城市繁荣，航海和对外贸易空前活跃。元朝实现了全国性的统一，各民族之间和中外经济文化交流频繁。各种因素的结合，使宋元文化突飞猛进，涌现出一批著名的科学家、文学家、艺术家，反映宋元时期我国科学技术在世界上的领先地位。 ——《宋元时期科技成就》	政治： 经济： 民族交融： 对外交往：	
教师评价					

（二）反馈练习

活动方式：利用希沃白板中比拼练习激发学习兴趣。

（1）北宋沈括在《梦溪笔谈》中写道："若止印三二本，未为简易；若印数十百千本，则极为神速。"这主要得益于（ A ）

　　A.活字印刷术的发明　　　　　　B.雕版印刷技术的推广

　　C.造纸术的改进　　　　　　　　D.书籍销售的扩大

（2）被誉为"水手的助手"的是我国古代哪一重大发明（ B ）

　　A.造纸术　　B.指南针　　C.印刷术　　D.火药

（3）《宋史》记载："……又造突火枪，以巨竹为筒，内安子窠，如燃放，焰绝然后子窠发出，如炮声，远闻百五十余步。"它描绘的是我国"四大发明"中哪一项的应用（ C ）

　　A.造纸术　　B.印刷术　　C.火药　　D.指南针

（4）2013年，习近平总书记访问东盟国家时提出"建设21世纪海上丝绸路"。我国古代海上丝绸之路进入鼎盛时期是（ D ）

　　A.唐朝　　B.北宋　　C.南宋　　D.元朝

（5）历史影视作品是历史事实的艺术加工，其情节必须尊重历史事实。下列情节与史实不相符的是（ A ）

A. 汉朝时，人们过节放鞭炮　　　　　B. 科举考试时用纸答题

C. 宋朝时，远航的船上装有指南针　　D. 元朝时，阅读活字印刷的书籍

反思本课的教学，还有进一步改进、进一步优化的地方。如学生的课堂参与度还应该加强，要留有更多的时间和空间让学生进行思考。教学中有些细节还应该更完善，如板书的方式、课件的播放、语言的表述等。

总之，通过本次公开课，我的教学能力和信息技术水平都有了很大的提升。课堂教学没有最好，只有更好。在今后的教学中，我将继续勇毅前行，不断提高教学水平，让历史课堂具有思想性、人文性、综合性、基础性，落实立德树人根本任务，培养有理想、有本领、有担当的时代新人。

（本教学设计获"2022中小学教师信息技术创新与实践活动"示范教学成果奖）

两弹一星

张 华

一、教学背景分析

（一）指导思想

教育部颁发的《基础教育课程改革纲要（试行）》明确指出："为保障和促进课程适应不同地区、学校、学生的要求，实行国家、地方和学校三级课程管理。"我国现行的学科教材属于国家课程标准，它的特点是学科体系完整，知识结构逻辑性强，可以培养学生较为全面、系统学习知识的能力。而地方课程和校本课程可以更好地体现地方和学校特点，为学生的全面发展做更好的补充。

（二）理论依据

建构主义认为，知识不是通过教师传授得到的，而是学习者在一定的情景，即社会背景下，借助于他人（包括教师和学习伙伴）的帮助，利用必要的学习资料，通过意义建构的方式获得的。也就是说，学生是信息加工的主体、是意义的主动建构者。这一理论可以指导教师在三级课程的实施过程中，充分考虑学生的特点和主动性，以及主体作用，以便更好地进行课程整合。

（三）学校实际

首都师范大学附属云岗中学毗邻航天部三院和装甲兵工程学院，曾隶属航天部三院，是其子弟学校。因此无论从地理位置上还是历史渊源上，都拥有国防教育得天独厚的条件。同时，国防科技教育是我校的一大特色课程，自开设以来深受学生喜爱。

二、教学内容分析

（一）教学内容

本课的教学内容分为两部分：第一部分了解"两弹一星"科技成就；第二部分认识科学技术的重要作用。

（二）学生情况

学生对于国防、科技比较感兴趣。学生课前分组观看纪录片《"两弹一星"元勋》很好地调动了学生的积极性。

（三）教学方式

情境教学法、自主学习与合作探究。

三、教学目标分析

（一）教学目标

唯物史观：通过本节课的学习，认识到科学技术的发展是新中国成立初期政治、经济发展的必然要求，科学技术的进步也增强了我国的国防实力、提高了我国的国际地位。

时空观念：通过背景资料的补充介绍及学生自主学习纪录片《"两弹一星"元勋》，学生认识到"两弹一星"成就的取得是新中国成立初期国内、国际环境相互作用的结果。既离不开国内外环境的稳定、也离不开社会制度的优越、国家的大力支持，以及科技工作者的智力保证。

史料实证：通过"两弹一星"图片、数据、视频的搜集与解读，学生初步学会依靠可信史料了解和认识历史。

历史解释：通过对纪录片《"两弹一星"元勋》的学习、记录及对记录信息的分类整理与表达分享，学生有理有据的分享对科学技术重要作用的认识。

家国情怀：从老一辈科技工作者为振兴中华自力更生、艰苦奋斗的创业历程中，体会"两弹一星"精神，启发学生学习他们的优秀品质，继承和发扬他们的光荣传统，进一步增强建设中国特色社会主义的决心和信心。通过整合云岗地区"最早有导弹的地方"及我校军事、科技特色品牌建设项目的内容，学生形成对家乡、对学校的认同与热爱。

（二）重点、难点

重点："两弹一星"的研制。
难点：认识科学技术的重要作用。

四、教学过程设计（表1）

表1　教学过程

教学阶段	教师活动	学生活动	设置意图	媒体使用与特色渗透	时间安排
导入	播放背景音乐《马兰谣》。导语：马兰是一个神秘的地方，因为没有几个人知道，但美国的卫星却时时刻刻在关注着它；马兰又是一个神圣的地方，因为它凝聚着几代人的梦想，托起了民族的脊梁。马兰在哪呢？让我们随着这段视频走进马兰	学生感受歌词带来的冲击与震撼，体会科研条件的艰苦	通过歌词使学生直观感受大漠的荒凉与科研条件的艰苦	音频 军事特色	3分钟
（一）原子弹	播放视频《横空出世》片段。设问： 1. 视频中提到的是我国科技领域中的哪一项成就？ 2. 中国第一颗原子弹爆炸成功，人们的心情如何？ 3. 人们为什么如此高兴？（补充材料，指出当时美苏争霸的国际形势，且都拥有核武器，威胁中国的安全） 4. 原子弹研制成功，克服了诸多困难，如新中国成立时的"一穷二白"、1960年苏联撤走全部专家和带走所有资料等。即使这样，新中国依然要研制原子弹，究其原因是什么呢？	学生认真观看视频，结合教材及教师补充的资料，回答问题。 1. 第一颗原子弹爆炸成功。 2. 高兴、喜悦。 3. 震惊了世界，打破了超级大国的核垄断，提高了中国的国际威望。 4. 加强国防力量，维护国家安全	影像资料可以调动学生多感官感知历史。 问题的设置，具有梯度，可以满足不同层次学生的学习需求。 困难的存在反衬了新中国要研制原子弹的力度和决心，更加凸显了科技成就的取得是多么的不易	视频 军事特色	8分钟
过渡	原子弹研制成功后，西方嘲笑中国"有弹无枪"，不过很快，西方人笑不出来了	思考	质疑，引发兴趣		20秒

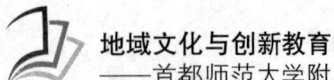

地域文化与创新教育的融合
——首都师范大学附属云岗中学品牌特色建设探索

续表

教学过程					
教学阶段	教师活动	学生活动	设置意图	媒体使用与特色渗透	时间安排
（二）导弹	出示图片，第一颗核导弹爆炸成功。设问：何谓导弹？出示书籍《中国最早有导弹的地方》及国旗下系列讲话图片。介绍学校特技特色品牌建设成果	学生观察，回答问题。学生：运送核弹头到达指定位置的工具。学生回忆，说一说云岗地区为我国国防科技所做的贡献。了解学校科技特色发展及学生全面成长	通过观察使学生直观明白所谓"枪"是指导弹，说明具有了可用于实战的核导弹。树立学生爱国、爱校、爱家的精神品质	多媒体设备 军事特色 科技特色	2分钟
过渡	第二年，我国又成功地爆炸了第一颗氢弹				10秒
（三）氢弹	PPT展示氢弹爆炸时的照片。对比氢弹爆炸时与太阳的对比照片，感官认识氢弹的威力。补充材料，从原理和实验数据对比原子弹、氢弹的不同	学生识图，回答问题。学生：氢弹爆炸时可与太阳争辉。理性认识不同，得出科技取得的进步	识图，得出感官认识，教师在此基础上突破难点。也说明我国核科技方面不断取得进步	多媒体设备 军事特色	2分钟
过渡	正当我国突破导弹、原子弹技术的时候，世界大国的较量和竞争已由陆地扩展到了太空，这让还没有完全从喜悦中恢复过来的中国又迎来了一个新的挑战		说明世界科技迅猛发展既为我国科技发展提供了机遇，更是一种挑战。而我国科技成就正是在不断克服困难、迎接挑战下取得的		30秒

历史篇
两弹一星

续表

教学过程					
教学阶段	教师活动	学生活动	设置意图	媒体使用与特色渗透	时间安排
（四）卫星	播放视频，我国第一颗人造地球卫星"东方红一号"发射成功。 设问：当《东方红》乐曲响彻寰宇的时候，你的心情如何？ 出示东方红一号图片。 教师讲述天线的收放实验过程	观看视频，回答问题。 学生：激动。 观察，卫星上的四根短波拉杆天线。 了解一颗小小卫星所承载的科技工作者们的梦想及为此付出的艰辛探索	激发学生的民族自豪感和爱国热情。 涵养为科技进步而探索的精神	视频 科技素养渗透	5分钟
小结	"两弹一星"指什么？	学生：核弹（原子弹、氢弹）、导弹、卫星	这是学生易混淆的概念。帮助学生形成正确的认识		1分钟
提升	认识科学技术的重要作用	课前准备（一周）：学生分为5组，每组承担一节《"两弹一星"元勋》纪录片的观看及记录。记录采用共享文档，允许所有学生实时分享，分享内容不能重复，每人每条信息最多50字，不限次数，内容包括但不限于功勋人物取得成就，以及成就取得的背景介绍、影响等。 课堂活动： （1）学生根据课前准备，从背景、成就、影响、感受等方面分类整理文档中所做的记录，并以关键词概括。 （2）小组代表分享。 （3）史实论证：科学技术的重要作用。	青少年学生应该继承和发扬"两弹一星"精神，进一步增强科技兴国、科技强国的信心和决心	科技素养渗透	10分钟

续表

教学阶段	教师活动	学生活动	设置意图	媒体使用与特色渗透	时间安排
		（4）在科技日新月异的今天，作为中学生，如何应对？			
	教师寄语： 每一项科技成果的取得都令我们欢呼和骄傲。但是，我们必须与时俱进，不断创新，永不止步。因为创新是一个民族进步的灵魂，是一个国家兴旺发达的不竭动力。我们要不断提高自主创新能力，为早日实现中国梦强国梦提供强大的科技支撑	学生总结			3分钟
反馈	发放、讲评活页练习题	学生巩固练习			5分钟

教学板书

"两弹一星" { 原子弹、氢弹导弹   振奋民族精神
　　　　　　　　　　　　　　　 打破核垄断
　　　　　　　　　　　　　　　 增强国防实力　　科学技术是第一生产力
　　　　　　　　　　 人造地球卫星　　提高国际地位

五、教—学—评（表2）

表2　评价标准

活动方式	评价标准	表现	自评
1. 学生根据课前准备，从背景、成就、影响、感受等方面分类整理文档中所做的记录，并以关键词概括。 2. 小组代表分享。 3. 史实论证：科学技术的重要作用。 4. 在科技日新月异的今天，作为中学生，如何应对？	1-2. 能够从本课所学及课前准备文字材料中提取相关信息，概括出国防科技成就及原因等；并能够有条理表达观点。 3. 能够结合具体史实，说明科学技术的重要性。 4. 能结合时代背景和自己的实际情况，涵养科学素养，树立科教兴国的理念		

六、特色融合点说明

观看视频《横空出世》，了解原子弹爆炸成功；对比氢弹与原子弹的不同，体现科技进步；有了导弹，我国就具备了用于实战的核武器。这些都是国防军事教育的内容。其中，本课整合《云岗地区——中国最早有导弹的地方》和云岗中学"国际视野下的军事航天科技教育"特色品牌建设项目内容，既落实军事科技教育，又整合了三级课程资源。我国第一颗人造地球卫星"东方红一号"研制细节的讲述，以及学生分享《"两弹一星"元勋》都在渗透军事航天科技教育。

七、教学特色分析

（一）体现品牌特色

本课紧扣学校在品牌特色建设"国际视野下的军事航天科技教育"的主题。

1. 国际视野

本课在学习原子弹研制的背景时，补充资料介绍了新中国初期的国际环境，体现了国际视野在教学中的渗透。

2. 军事特色

本课介绍了原子弹、导弹、氢弹的研制成功及影响，体现了军事特色在教学中的渗透。

3. 航天特色

本课学习了我国第一颗人造地球卫星"东方红一号"发射成功，体现了航天特色在教学中的渗透。

4. 科技特色

本课"两弹一星"的学习内容都体现了科技特色。

（二）构建融合平台

信息技术与传统课堂教学方式相结合，构成了融合创新的新平台，在教学中发挥着重要作用。

1. 信息技术

借助信息技术，如音频、视频剪辑、共享文档等，实现教学环境的烘托、教学内容的直观感受、线上线下学习成果的整合，在教学环节中发挥信息技术的优势，提升教学效果。

2. 传统教学

注重发挥传统教学的优点，如讲述历史细节、精心设计板书、组织学生小组讨论等，注重课堂生成问题及解决，关注学生课堂投入。

3. 融合平台

注重信息技术与传统教学的融合，注重三级课程的衔接，注重线上线下的结合，注重课堂师生、生生资源的整合。

专家点评

探索有效融合路径　建构大思政育人特色

《义务教育课程方案（2022年版）》强调，要加强课程内容与学生经验、社会生活的联系，强化学科内知识整合，统筹设计综合课程，注重培养学生在真实情境中综合运用知识解决问题的能力。义务教育新课程进一步增强了课程的综合性和实践性，倡导探索大单元教学，积极开展主题化、项目式学习等综合性教学活动，设置"跨学科主题"学习活动，要求占比本学科总课时10%，同时提出强化学科间相互关联，促进知识结构化。同时结合学生从小学到初中在认知、情感等方面的发展特征，呈现课程深度、广度变化，进而体现学习连续性和进阶性。

《普通高中历史课程标准（2017年版）》就学科的融合教育提出了明确要求："历史课程的设计，既要注意与思想政治、语文、艺术（或音乐、美术）、地理、信息技术等课程的关联，又要有助于学生对其他课程的学习，力图使其与相关课程发挥整体作用。"

《义务教育历史课程标准（2022年版）》强调，"历史课程是落实立德树人根本任务的重要课程，注重培育学生核心素养。通过发掘人类优秀文化遗产的育人功能，使学生树立正确的历史观、民族观、国家观、文化观，增强责任意识和社会担当，成为德智体美劳全面发展的社会主义建设者和接班人。""历史课程的教学以学生为本，充分考虑学生学习历史、认识历史的特点，通过学生自主探究的学习活动，体现学生在教学中的主体地位，实现历史课程育人方式的变革。提倡选择多样化的教学资源，探索多样化的教学方式和方法，鼓励将现代信息技术与历史教学深度融合。培养学生学会学习、发现和解决问题的能力，为创新型人才成长奠定基础。"

紧扣课改背景，围绕学校特色，历史组进行了积极的思考与探索。

万稚文和魏玉宏两位老师的"历史学科与学校特色渗透融合策略研究"，明确了历史学科进行学校特色渗透的定位，分析了历史学科进行学校特色渗透的价值与意义，举例说明了历史学科与学校特色渗透融合现状，进行了历史学科与学校特色渗透融合资源梳理，从学科教材内容到课堂资源梳理，进一步提炼了历史学科与学校特色渗透融合有效策略，在日常教学中渗透、在社会事件中落地、在课后作业中落实、在日常生活中应用。

李知红老师的《宋元时期的科技与中外交通》教学案例，在课堂教学实践中，紧扣学校的品牌特色建设"国际视野下的军事航天科技教育"主题，以培育历史学科五大核心素养为目标，熟练运用信息技术手段，同时发挥传统教学方式的优势，激发学生踊跃参与课堂活动。

张华老师的《两弹一星》教学案例，既整合了三级课程资源又融合了学校军事航天科技特色教育。在学习原子弹研制的背景时，补充资料介绍了新中国初期的国际环境，体现了国际视野在教学中的渗透；原子弹、导弹、氢弹的研制成功及影响，体现了军事科技特色在教学中的渗透；第一颗人造地球卫星东方红发射成功，体现了航天特色在教学中的渗透。

历史组可进一步探索有效融合路径，建构大思政育人特色，建议：

（1）随着基础教育课程改革的深入发展，加强综合课程建设和完善综合课程科目设置成为基础教育课程改革的新突破口，因而综合学习、融合学习成为新课程改革中重要的学习方式，可以进一步关注培养学生在真实情境中综合运用知识解决问题的能力，探索有效融合路径。

（2）历史学科与思政理论同向同行的优势尤其体现在核心本质上，"课程思政"理念与"家国情怀"的学生素养共同指向立德树人。历史学科的核心素养蕴含思政元素，应该挖掘和利用这些资源，充分发挥历史课堂教学的育人功能，打造内涵丰富、形式多样的历史"课程思政"体系，进一步建构大思政育人特色。

（3）形成历史学科融合的教学、活动评价体系。"科学量化历史课程思政教育学习评价"；进一步发掘学校及周边资源优势，注重学生参与，开展丰富的历史实践活动。

刘 婧

北京教育学院丰台分院课程发展中心主任，北京市骨干教师

地理篇

地理学科与学校特色渗透融合策略研究

孔德婧

核心素养是个人在信息化、全球化、学习型社会，面对复杂的不确定的情境时，综合运用所学的知识、观念、方法，在解决实际问题时所表现出来的价值观。科学精神和实践创新是核心素养的重要内容。地理课程贴近生活，关注自然与社会，具有很强的实践性，对培育学生的人地协调观、家国情怀、全球视野，以及批判性思维、创新精神和实践能力具有重要价值。学校以创建航天科技教育特色学校为契机，进行"国际视野下的军事航天科技教育"特色品牌建设，不仅能激发学生对航天科技的兴趣，也能提升学生的探究能力和创新能力，发展学生的核心素养。

一、地理学科与学校特色渗透融合概述

近年来，我国载人航天事业迅猛发展，"天宫课堂"更是引爆了学生对航天科技的热情，激发了学生探索宇宙的兴趣。本校建于1959年，前身为航天部（原七机部）第三研究设计院子弟学校，毗邻航天高科技单位，我校作为全国国防特色校、北京市科技示范校、丰台区国际理解教育基地校，学校有着科技教育优势并形成了优良的科技教育传统，学生有着较为丰富的航天知识和较为浓厚的航天兴趣，有利于我校"国际视野下的军事航天科技教育"特色品牌建设。

《普通高中地理课程标准（2017年版2020年修订）》中要求，通过高中地理学习，有助于人们从整体的角度，全面、系统、动态地分析和认识地理环境，以及它与人类活动的关系，使学生强化人类与环境协调发展的观念，提升地理学科方面的品格和关键能力，具备家国情怀和世界眼光，形成关注地方、国家和全球地理问题及可持续发展问题的意识。

《义务教育科学课程标准（2022年版）》提出，选择对学生生活有重要影响的、具有时代特征的最新科技内容，使学生能接触和接受反映时代特征的新思想与新事物，增强学生对科学技术与现实生活之间关系的体验和理解。

所以地理学科与军事科技密切相关，在中学阶段开展地理与军事科技的融合项目的研究是非常必要的，对学生军事科技素养的培养具有深远的影响。本校以国际视野下的军事、航天科技教育为切入点，进行地理学科、科学课程与其的融合，有利于培养学生的家国情怀和世界眼光，提升学生的科学素养。

二、地理学科与学校特色渗透融合现状

课程的目的是育人，地理教研组根据学生的兴趣爱好与个性需求，将航天科技与五育融合的目标结合起来，开展了一系列的创新素养探索与实践，在课程活动中激发激活创新意识。

（一）情境主题化，激发兴趣

地理教研组提前谋划，在课堂上精心选取了能让学生自由探索的航天科技主题情境，如航天服的作用、航天基地选址的区位条件等。老师们在课堂上化身为探索科学素养与地理学科知识与技能融合的这一全新"宇宙"的"宇航员"，和学生开展互动，让学生沉浸其中，尽情体验地理学科与航天科技的魅力。

（二）任务驱动化，解决问题

基于学生蓬勃的求知欲，老师们结合航天科技主题情境，在课堂上创设了不同的闯关任务（如归纳航天发射基地选址的区位因素、分析文昌航天发射基地选址的区位条件、为文昌航天发射基地的建设献计献策等），把航天知识与闯关游戏融合，引导学生运用地理学科的知识和技能完成项目挑战，促使他们在这一过程中应用知识，发展技能。这不仅能引导学生关注航天科技，还能提高学生的参与性，提高学习的真实性。

三、地理学科与学校特色渗透融合资源梳理

（一）学科课程体系梳理

1. 教材中与国际视野下的军事航天科技相关的学科知识梳理

教材中，地球所处的宇宙环境、天体和天体系统、地球的自转和公转、地球运动的地理意义、太阳对地球的影响、大气及其运动、天气与气候、海水的性质及运动、地理信息技术、人口迁移、产业区位、国家安全、世界热点区域等知识点与军事航天科技融合较深。

2. 教学中与国际视野下的军事航天科技相关的可用教学资源梳理

纪录片，如《The Known Universe》《航拍中国》；重大航天项目，如中国探月工程——嫦娥工程、中国行星探测——天问系列、首次火星探测任务被命名为"天问一号"、载人航天——神舟系列、空间站建设——天宫系列、天文望远镜——中国最大天文望远镜、中国天眼、中国空间望远镜巡天号；网站，如中国北斗卫星导航系统；时事，如国家版图意识、南海九段线；书籍，如《海洋权益》；各类辨识图，如全球图、半球图、两极俯视图、竖版地图等；各类地图，如世界气温和降水分布规律及一些极端和热点地区的气温和降水特点等。

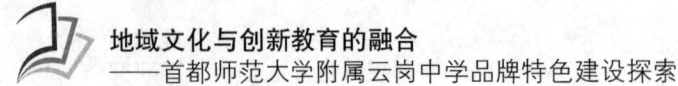

（二）与国际视野下的军事航天科技相关的问题研究或综合学习主题活动开展

1. 渗透科学教育内容的学科教学尝试

初二年级王秀菊老师借助 AR 沙盘，进行了主题为《地图》的尝试；初二年级张晓旋老师借助 VR，进行了主题为《地图专题复习》的尝试；高一年级郭诗钰老师利用情境高空跳伞，进行了主题为《大气的组成和垂直分层》的尝试；高二年级孔德婧老师进行了主题为《来文昌，开启一场星辰大海之旅》的尝试，围绕"归纳航天发射基地选址的区位因素，分析文昌航天发射基地选址的区位条件。"高三年级孔德婧老师借助 UMU 互动学习平台，进行了主题为《河流专题复习课》的尝试。

2. 渗透科学教育内容的项目化学习尝试

王佐地区旅游资源丰富，临近本校，但由于地理位置和基础设施等限制，王佐地区丰富的旅游资源还有很大的可开发空间。学生通过课堂学习，学会在地图上辨别方向，判别经纬度，量算距离；通过问卷调查、实地访谈、绘制王佐地区旅游景点分布图等实践，学会电子地图、遥感图像等在生产、生活中的应用；通过王佐地区旅游宣传册、王佐地区旅游吉祥物等创意设计，增强学生对王佐地区的热爱，培养学生的审美情趣。借助区域资源与信息技术，提升了学生的地理实践力，增强了学生对家乡的了解与热爱。

经过梳理、探索与实践，地理教研组经历颇多，收获颇多。"国际视野下的军事航天科技教育"特色品牌建设为我校的教学提供了新的方式，展现了新的可能性，体现了课程的地域性。学生在参与课堂学习与项目化学习的过程中，不仅落实了地理学科的知识与技能，也学习了运用信息技术获取资料、分析数据、展现学习结论的方式方法。但在后续探索与实践的过程中，从学生的真实问题出发，如何将其与军事航天科技特色与地理学科知识更有效地整合与融合，依托真实情境，促进学生的真实学习发生，是需要我们思考的问题。"国际视野下的军事航天科技教育"特色品牌建设是一次教育教学创新的开始。

四、地理学科与学校特色渗透融合有效策略

"国际视野下的军事航天科技教育"具有时效性、启发性、项目性、综合性的特点。经过探索与实践，地理学科与学校特色渗透融合的有效策略如下：

（一）以学科内的核心知识或技能为载体，创设真实的航天情境，解决真实问题

以建构知识、迁移运用为中心的学科学习，必须锚定学科的核心知识和技能。涉及地理学科内容的知识往往是大量的，但指向学科内容本质的核心概念却只占少数，国际视野下的军事航天科技教育与地理学科融合，必须以地理学科内容的核心知识和技能为圆心去进行设计、开发和实施，真实的航天情境能够激发学生的学习兴趣，促进学生产生真实的学习问题，在探究和解决真实问题的过程中，学生会逐步建构起学科核心知识，并且这样的知识是学生能够随着情境的变化而主动迁移运用以解决实际问题的，在这个过程中，学生的学习过程会延长，学生学习的独立性和自主性会增强。

（二）以核心素养的培育为关键指向，跨学科项目化学习，深化综合学习

青少年是开展航天科技教育的重点人群，需要在活动中结合学生的学习特点，启发方式为主，激发学生的学习动力，拓展课堂教育的内涵与外延。航天领域涉及多学科知识和技术，航天科技教育活动天然具备项目属性、学科综合属性，非常适合采用项目化的学习方式，在解决问题中启发学生思维。在学习过程中，可以围绕一个航天科技应用背景，让学生学会综合使用各学科知识解决问题，让学生在已有知识的基础上，发挥基于科学的想象力，体会发现问题、分析问题、解决问题的过程，培养坚毅的科学品质。

五、结束语

科学精神和实践创新是学生核心素养的重要内容。本校利用航天相关科研院所丰富的科技资源，开展系列航天特色实践活动，能够提升本校的科技教育在区域的知名度和品牌影响力。将区域历史、人文特色的校园文化中融入航天精神、航天文化、航天科技等特色元素，加强国防爱国主义教育，形成独特的校园文化。打造区域特色的航天校园文化，开展基于航天科技的具有普及性、选择性、提高性的拓展性实践活动，吸引学生全员体验，激发学生主动参与，促进学生深度学习，让学生通过合作探究，解决真实情境中的复杂问题，不仅能够丰富学生的课内外科学知识和地理知识，满足学生不同层次的需求，而且能够提高学生的探究能力和创新能力，有利于学生传承和发扬科学精神和航天精神，提升核心素养。

参考文献

[1]中华人民共和国教育部.普通高中地理课程标准(2017年版2020年修订)[M].北京：人民教育出版社，2020.

[2]中华人民共和国教育部.义务教育地理课程标准（2022年版）[M].北京：北京师范大学出版社，2022

[3]韦志榕，朱翔，等.《普通高中地理课程标准（2017年版2020年修订）》解读[M].北京：高等教育出版社，2020.

[4]张丰.重新定义学习：项目化学习15例[M].北京：教育科学出版社，2020.

[5]陈咏梅，张柳，张乃新.区域研修赋能航天STEM教育的实践探索：以北京海淀区"月球基地"系列课程为例[J].中国科技教育，2021（7）：18-20.

[6]王丽萍.指向科学创新素养培养的航天项目化校本实践[J].教学月刊：小学版（综合），2022（9）：23-25.

[7]姜军.在"双减"背景下开展中小学航天科技教育的思考[J].中国科技教育，2021（10）：19-22.

来文昌，开启一场星辰大海之旅

孔德婧

一、指导思想与理论依据

《普通高中地理课程标准（2017年版2020年修订）》中指出，要鼓励学生独立思考和相互探讨，发现并提出问题，要辅以必要的直观手段和生活经验，在地理情境中，强化学生的思维训练，鼓励教师更多地运用问题式教学、实践教学、信息技术支持下的教学等。所以本节课借助文昌航天发射基地这一真实地理情境，依托希沃白板和PPT等信息技术手段，以问题链为思维过程提供线索，为学生进行案例探究提供了素材和方法。

《普通高中地理课程标准（2017年版2020年修订）》中要求，通过高中地理学习，有助于人们从整体的角度，全面、系统、动态地分析和认识地理环境，以及它与人类活动的关系，使学生强化人类与环境协调发展的观念，提升地理学科方面的品格和关键能力，具备家国情怀和世界眼光，形成关注地方、国家和全球地理问题及可持续发展问题的意识。所以本节课以航天发射基地区位分析为切入点，进行国际视野下的军事、航天科技教育，培养学生的家国情怀和世界眼光。

杜威主张"从做中学"，提倡在活动中实现学生生活、生长和经验的改造。由于所任教班级的孩子活泼好动，乐于表达但表达的学科准确性须加强，所以本节课设计了丰富多样的学生活动，让学生从多样的学生活动中学习知识，在创设的情境中自愿地投入讨论探究，从活动中不知不觉地培养人地协调观、区域认知及综合思维等地理学科核心素养，与杜威的观点不谋而合。

二、教学背景分析

（一）教学内容分析

《来文昌，开启一场星辰大海之旅》这节课是地理人教版选择性必修2《区域发展》的导航课，以认识区域地理条件、区域特征和发展方向为线索组织教学内容。本节课围绕文昌航天发射基地设置了4个学习内容：航天发射基地区位分析、文昌航天发射基地区位分析、文昌航天发射基地建设、文昌发展航天科技旅游的影响，通过独立思考、小组合作、小组代表发言展示、班级代表发言展示等学生活动，从活动中完成学习内容，

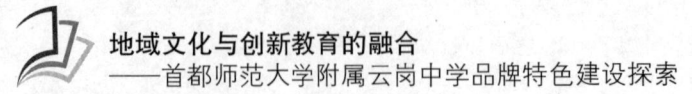

从活动中提升学生能力，从活动中培养学生素养。学生本节课的分析思路可以为地理人教版选择性必修2《区域发展》的学习进行铺垫。

（二）学生情况分析

我校建于1959年，前身为航天部（原七机部）第三研究设计院子弟学校，毗邻航天高科技单位，我校作为全国国防特色校、北京市科技示范校、丰台区国际理解教育基地校，学校有着科技教育优势并形成了优良的科技教育传统，学生有着较为丰富的航天知识和较为浓厚的航天兴趣，有利于我校国际视野下的军事航天科技教育特色品牌建设。

本课的教学对象是高中二年级的学生。本校学生的学习能力、专注力都属于中等偏下水平。他们的学习问题更多为学习习惯较差、听课方法不当、认知风格大多数属于受环境影响较大的"场依存型"。学习特征受家庭环境、班级环境、朋友关系影响显著。高二地理选考班的学生，注重交流与讨论，但在表达自己的思想与想法时缺乏地理语言的科学性，读图提取材料中有效信息的能力较弱，考虑问题偏向表面化，缺乏深度，地理思维科学性的培养需加强。笔者认为，在进行提问过程中，针对这种学生的认知特点，提出问题要由浅入深，能够有效调动学生积极性，既存在一定梯度，又不能过难，使学生把握不住问题的方向。学生活动方式要多样，充分调动学生的参与积极性，给予学生充分的语言表达机会，发现表述中的科学性错误，给予学生发现问题、改正问题的机会。

三、教学目标

（1）通过对比分析我国4个航天发射基地的区位差异，归纳航天发射基地选址的区位因素，提升综合思维能力。

（2）读取图文材料，分析文昌航天发射基地选址的区位条件，并为其建设献计献策，提升提出问题解决问题的能力。

（3）通过文昌航天科技旅游的案例分析，认识航天科技旅游对区域发展的影响，树立人地协调观。

四、教学过程设计

（一）教学过程实施流程（图1）

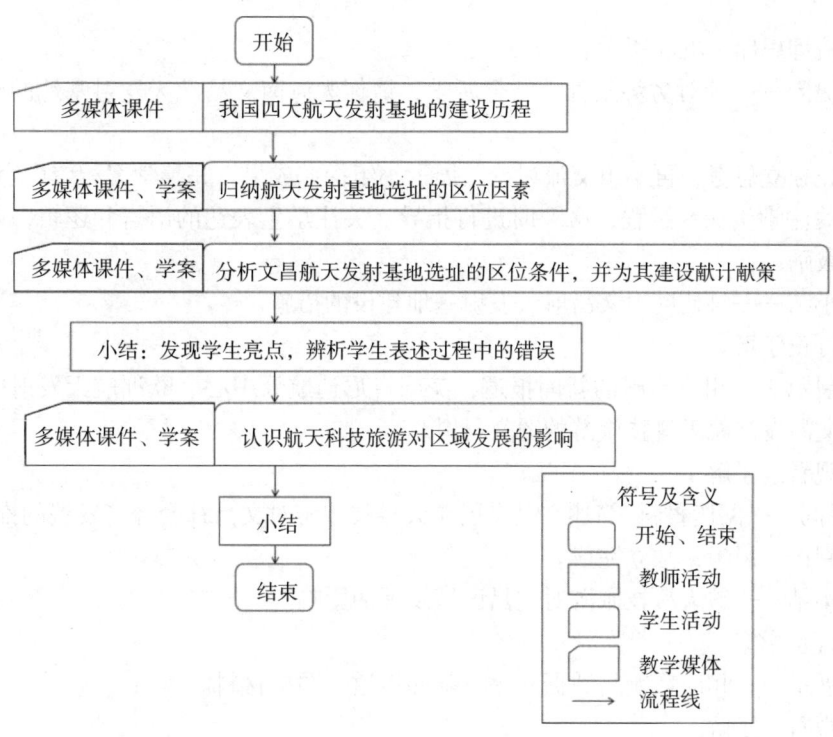

图1　教学过程

（二）具体教学过程

1. 真实情境引入

师：展示——回顾中国60多年的航天史诗视频、我国四大航天发射基地的建设历程。

生：观看、思考。

设计意图：创设情境，调动学生的学习兴趣。

特色渗透：了解航天发射基地的建设历程。

2. 具体问题分析

师：展示——我国四大航天发射基地的地理位置、我国气候类型分布图、海南岛地貌图、文昌航天发射基地的文字材料。

师：提问——归纳航天发射基地选址的区位因素。

生：举手回答。

师：提问——简析文昌航天发射基地选址的区位条件。

生：先独立思考，再小组交流讨论，展示小组探究成果，完善学案相应内容。

师：关注学生探究过程，必要时进行指导。关注学生表达的语言和逻辑，及时纠正引导表扬鼓励。

师：小结——航天发射基地选址的区位条件的分析思路（审设问—调方法—读材料—写答案）。

生：梳理思路，巩固所学。

师：提问——针对劣势条件，结合所学，请你为海南文昌航天发射基地的建设献计献策。

生：先独立思考，再小组交流讨论，展示小组探究成果，完善学案相应内容。

师：关注学生探究过程，必要时进行指导。关注学生表达的语言和逻辑，及时纠正引导表扬鼓励。

师：小结——科技助力文昌航天发射基地建设的措施。

生：订正学案。

师：展示——相应措施的新闻报道，美国肯尼迪航天中心、欧洲航天发射中心的相应图片，文昌发展航天科技旅游的图文材料。

生：观看、了解。

师：提问——阅读材料，简述文昌发展航天科技旅游对文昌社会经济发展的推动作用。

生：阅读，思考，独立完成。

师：小结——航天科技旅游对文昌区域发展的影响。

生：订正学案。

师：展示——相应影响的数据支撑、新闻报道、图文材料。

生：观看、了解。

设计意图：从要素综合的视角促进区域认知。促进辩证思维能力、读图能力、迁移应用能力、小组合作能力、语言表达能力的提升。从时间变化的视角探究区域发展。以动态变化的视角探索区域未来发展。

特色渗透：从国防、社会、经济等角度，促进航天大国的认知。传承航天精神，传递航天情怀，传播航天文化。

3. 总结提升强化

师：梳理——区域认知与区域发展的思路。

生：回顾、反思。

师：展示——杨利伟和36名来自中西部地区的中小学生在文昌观看天舟三号货运飞船发射及其感想的视频。

生：观看、思考。

师：提升——航天点亮梦想，航天成为梦想，为我国从航天大国转向航天强国助力！

生：内化、提升。

设计意图：强化学习方法，培养学生的家国情怀。

特色渗透：培养学生的家国情怀和航天梦想。

五、学习效果评价（表1）

评价方式：本节课采用课堂观察法评价方式和学案反馈相结合的方式。
评价量规：学习效果评价表。
姓名：_____ 班级：_____ 总分：_____。

表1 学习效果评价

评价项目	具体内容	评价等级与分值				自评	组评	师评
		优	良	中	差			
课堂表现	提前做好课前准备，严格遵守上课纪律	5	4	3	1			
	上课注意力集中，听课情绪饱满	5	4	3	1			
	学习主动，积极与小组成员讨论	10	8	6	4			
	思维活跃，充分展现自己的认识和见解，对他人回答能够做出合理的补充	10	8	6	4			
学案完成情况	学案书写完整，字迹整洁	5	4	3	1			
	能够完整准确的分析文昌航天发射基地选址的区位条件，并为其建设献计献策	5	4	3	1			
	能够结合图文资料在学案的引导下准确评价航天科技旅游对区域发展的影响，表达清楚简洁	10	8	6	4			
	课堂练习环节分析思路明确，答案准确	10	8	6	4			
	总计							

注：考核满分60分，总分 = 自评分 ×30%+ 小组成员评分 ×30%+ 老师评分 ×40%。

六、教学特色分析

（1）切实研究学情，针对学生的问题设计教学活动，起到了提升学生语言表达能力和信息提取能力的作用。

（2）学生活动充分多样，在活动中展现学生的思维过程，起到了锤炼学生思维和落实核心素养的作用。

（3）素材新鲜丰富，扩展了学生的视野，培养学生的家国情怀和世界眼光，传承航天精神。

（4）在学生的长链思维培养、学生活动的多样性、学生感悟述说方面有所尝试。

专家战平

区位优势助力学校特色　航天元素浸润地理课堂

　　首都师范大学附属云岗中学利用毗邻航天高科技单位——航天研究院（原七机部）第三研究设计院的区位优势和前身是该院的子弟学校、今天仍有大量子弟就读于该校的现状，创建了以科技教育为特色的全国国防特色校、北京市科技示范校、丰台区国际理解教育基地校，将社会资源开发利用并融入到校本课程中，积极探索适合本校学生的、融科技教育和科学素养提升于学科课程的道路。这种校外课程资源的开发利用很好地践行了新课改所倡导的"学校要高度重视校内外课程资源的开发"这一课程理念。同时，借学校开发利用社会资源创办特色校的东风，地理学科积极探索，将航天研究院这一社会资源与学科课程融合，进行学科课程资源建设，形成具有地方特色的地理课程，以满足学生兴趣和个体发展的需要。整个研究过程无不体现着地方与学校、学科融合，形成新的课程资源、将地方课程纳入学校课程体系的新课程理念。

　　正如孔老师在"地理学科与学校特色渗透融合策略研究"一文中提到的那样，地理学科诸多课程内容均可与军事航天科技融合，且这些内容均是从宇宙或全球尺度、国际视野下的可与军事航天科技深度融合的内容，可以说学校地理组为国际视野下军事航天科技融入学科知识并进行学科教学奠定了坚实的内容基础。同时，地理组关于大量纪录片、重大航天项目、相关热点时事与书籍、地图等资料的搜集与资源梳理，使学科组基本形成了具有学校特色的学科课程内容体系。在此基础上学科组以中学阶段开展地理与军事科技的融合项目研究为抓手，以问题研究、项目式学习及学习主题活动等一系列航天科技与五育融合为目标的探索与实践，使特色校园里地理学科融合国际视野下军事航天科技从理论走向实践，推动学校特色与学科课程融合向纵深发展。

　　在《来文昌，开启一场星辰大海之旅》一课的教学中，孔老师基于高中区位选择原理的学习和运用，从分析航天基地选址的区位条件、归纳影响航天基地选址的区位因素再到从国际视野看文昌航天基地的进一步发展及其对区域发展的影响的学习过程中，引导学生学会区位条件分析的思路和方法，增加了对我国四大航天基地特别是文昌航天基地的区域认知，也从地理学科特有的人地关系角度对航天基地乃至所在地区可持续发展过程的分析中提升了学生综合思维和人地协调观素养。同时，地理组每一位老师在地理课堂上创设以航天科技为主题的教学情境，设置航天科技主题情境下的闯关任务，并采取适当的教学策略，让学生在完成任务的过程，帮助学生形成了地理概念、理解了地理原理，拓宽了航天知识视野，增加了对航天科技的兴趣和好奇心，提升了地理核心素养与科学素养。

诚然，融合之路虽然很漫长，但是大家已经在路上，相信一路上还会有很多新的理念、内容、形式等逐渐被纳入。例如，可以将航天研究院建设成为校外地理实践基地，增加学生地理实践机会、组织师资开设与地理及军事航天科技相关的地方课程和校本课程，还可以打通学科壁垒，设计跨学科的相关主题活动，并将课堂从课上延伸到课下，从室内延伸到室外甚至校外等。相信在学校师生的共同努力下，本校的地理学科课程与学校特色渗透融合之路一定会走出更鲜明的特色，与学校其他学科、与特色校的发展相互促进，最终为学生的发展开拓出一片新天地！

郑春花

北京教育学院丰台分院教研员，教育硕士，中学高级教师

体育篇

体育学科与学校特色渗透融合策略研究

任廷啸

随着教育改革发展，学科融合成为教育发展趋势，将学校特色融入学科教学是学科融合教育的重要手段之一。我校是全国篮球特色校、北京市花式篮球基地校和北京市科技示范校，背依国家军事和航天事业发展，将军事、航天、科技定位为我校特色教育学科。本文将通过阐释体育学科与学校特色渗透融合的背景和现状来探析体育学科与学校特色渗透融合的教学资源和有效策略，从而助力我校特色教育发展，打造学校特色教育品牌。

一、体育学科与学校特色渗透融合概述

（一）体育学科融合学校军事航天特色的定位

进入21世纪以来，随着我国社会的飞速发展，各行各业迎来更多机遇，也面临着新的挑战。习近平总书记在党的二十大报告中指出，教育、科技、人才是全面建设社会主义现代化国家的基础性、战略性支撑。自21世纪初至今，基础教育课程的改革不断进行着，多学科渗透融合是我国当前教育的重要趋势。在2022年修订的《普通高中体育与健康课程标准（2017版）》中指出，我国需要重视培养学生的学科核心素养，并将其作为一切课程的出发点和落脚点，通过各种方式，来促进学科核心素养的形成。由此可见，培养学生的体育学科核心素养，有效地渗透融合则必不可少，同时，对于学生的德智体美劳全面发展也具有重要意义。

我校自建校之初，就是为国家，以及军事和航天事业而建立。近年来，我校同周边社会资源紧密合作，依托周边如航天三院、陆军装甲兵学院等科研单位，积极探索学校军事航天科技特色品牌的建设发展。经过多年来不断积淀总结经验与不足，我校特色品牌建设与各个学科相互渗透，相互影响，有效提升了我校的教育质量与办学品质，更好地促进了云中学子的全面发展。

体育学科作为教育的组成部分，具备独特的健体作用、协作意识培养和规则养成等教育功能，体育学科的核心素养"运动能力、健康行为、体育品德"，这也解释了体育学科能带给学生的绝不仅是教会学生走、跑、跳、投等基础运动技能，而是在体育教学中的每一个环节中都渗透着行为的培养、品格和意识的塑造。在体育教学中，投篮需要

考虑到物理学科的力度和角度等原理，跑道站位需要运用到数学知识等，体育项目之繁多，知识范围之广，意味着体育学科几乎与其他学科都密不可分。依据体育学科的学科特性，融合渗透其他学科是十分必要的。因此，体育学科渗透融合我校军事航天科技特色品牌，不仅可以进一步培养塑造学生的体育核心素养，还能帮助学生学习了解更多军事航天专业知识，助力学生综合素质的提升，培养出"乐学和美"可持续发展的中学生。

（二）体育学科融合学校军事航天特色的价值与意义

1. 有利于培养学生创新思维能力

体育学科的教学当中，在多数情况下，学生都是处于被动地接受来自教师知识和技能的传授，长期以来，学生对于体育课的学习锻炼兴趣有所降低，同时，学生主动思考问题的意识和能力比较受限制，进而影响学生的学习效果。然而任何一门学科所涉及的内容，都与其他学科存在或多或少的联系，体育学科亦是如此，区别于其他学科的教学场所和教学形式，更具备在教学过程当中渗透多样化内容的条件。从体育的外在表现来看，体育教会学生各种运动技能和相关理论知识，而在这学习的过程中，培养学生养成健康行为，塑造和完善体育品格，则是体育的内隐功能。因此，体育教学融合军事航天等方面，使教师在进行教学和活动设计时，更具创新性，这样不仅可以提高学生的兴趣，还有助于塑造学生的思维能力，使学生能够在学习中多方面地思考，促进学生从多个维度思考和理解问题，从而提升学生的思维能力。

2. 助推学校特色品牌建设

近年来，我校一直以"适合教育"的办学发展方向为指引，通过我校特色主题"国际视野下的军事航天教育"，以"云"课程体系为基础，不断优化我校的特色课程，旨在将航天精神、军事素养、国防安全等教育知识与各学科深度渗透，提升学生的综合素质水平，深化五育并举，努力实现学生的全面发展。通过体育学科渗透军事国防知识、航天知识等相关内容，一方面有助于学生体育知识和技能的学习掌握，促进学生的身心健康和全面发展；另一方面，通过渗透融合教学，能够进一步助推学生学习领会航天精神，树立国防安全意识，培养社会责任感和担当意识等，通过融合帮助"以体育人"，从而助力学校的特色发展。

3. 发挥体育学科的育人价值

体育学科有着特殊的育人功能，体现在诸多方面。首先，体育课堂大多是在户外较为开阔的场地进行的，场地条件决定了教学活动过程当中，师生的活动更加灵活机动，需要身心都参与其中，有助于学生调动积极情绪，收获良好的情绪体验，对学生的心理产生积极影响；其次，体育课程当中还涉及与我们日常生活相关的知识内容，帮助我们了解如何养成健康的生活方式；最后，体育项目都是在规则的约束下所进行，对于学生规则意识、公平竞争意识的养成发挥着重要作用。中学阶段的学生，正处于身心发展最快的阶段，在这一阶段通过体育教学，融合航天军事特色，对于学生体育品德、人格塑造等方面具有重要意义。

二、体育学科与学校特色渗透融合现状

（一）渗透融合实践性探索特色

1. 与航天科技的渗透融合

定向越野是一项新兴运动，在校园开展定向越野不仅可以提升学生耐久跑的能力，而且对合作意识、思维能力的培养也能起到重要作用。教师以《太空探险——定向越野》为教学内容，在教学过程中渗透运用神舟系列型号的航天知识，从而起到激发学生练习兴趣的同时，培养学生的航天精神和科学素养。

在课堂的导入环节，教师运用游戏"穿过太空舱"的形式，通过学生间的合作，利用呼啦圈进行游戏，为之后的内容做了较好的铺垫；随后进行游戏"假如我是一名宇航员"，通过趣味转圈刺激学生的前庭器官，制造适度眩晕的感觉，来让同学们感受宇航员在航天飞船上的实际状态，使学生理解宇航员在太空舱生活的艰辛，培养学生艰苦奋斗、坚持不懈的精神。随后教师在足球场内，设置了20余个点位，每个点位对应一个航天神舟系列型号，学生可以借助定向越野地图和Pad等工具，运用在Pad上设置的航天相关知识问题，寻找正确答案，依据地图依次完成各标志点，进行定向越野比赛，同时在这过程当中，伴随航天主题音乐进行活动竞赛，让学生感受航天精神。

2. 与军事知识的渗透融合

篮球教学在中学阶段既是体育教学中的重要内容，也是学生们参与度高、很感兴趣的运动项目。教师在高中模块教学中，以篮球内容结合军事战略知识，在提高篮球技战术运用能力的同时，培养学生的军事意识，使学生了解军事战略思想在战争中所发挥的重要作用，增强学生的国防意识，培养团结作战的集体主义精神。

教师主要以篮球基础配合中的快攻内容为主进行授课，根据篮球的攻防特点，结合军事战略思想进行设计和教学。在进行授课之前，教师通过军事案例向学生灌输攻守中需具备的战略思想，引导学生思考篮球训练和军事战略中有何相关之处。在课的导入环节，采用相对行进的形式进行专项脚步训练，配合军事主题背景音乐，在此情境中增强学生的配合意识。随后进行攻（运传突）防组合基本训练，帮助学生体会快速攻防转换下的选择性，为随后的训练做好准备。在基本部分，先播放军事视频"娄山关大捷"，配合讲解为何我军能在被动局面下取得胜利，引导学生树立战略思想，进而思考在接下来的训练中应如何借鉴其战略思想，高质量地完成练习内容。首先复习"快攻二打一"，巩固"攻强守弱"情况下的进攻把握性。随后进行全场"快攻三打二"的练习，在练习前，向学生明确"集中优势兵力，以多打少""审时度势，避实就虚""知己知彼，百战不殆"等军事战术，通过实践让学生体会军事战略在战争中的重要性和有效性，从而有效将篮球与军事进行融合，起到渗透融合的预期效果。

（二）渗透融合实践性探索中存在的问题

1. 教学思维较保守，学科融合意识不强

长期以来，体育学科的教学模式比较固定，并且在传统的体育教学中，主要是单一的围绕学生的技能学习为主展开教学，因此教师的教学观念和思维比较局限。在教学活动的组织过程中，对于各个环节中融合的思考还比较欠缺，因此，学生除掌握了必要的技能之外，在健康行为的养成、体育品德的塑造等方面所得到的提升比较有限，没有充分将学科融合渗透在教学过程中。

2. 学生对于学科融合的认识有限

虽然在课堂上经过教师的引导，学生能够基本按照教师的预定教学目标完成课堂学习任务，但是在实际的学习过程中，由于学生受年龄、学段、经历、家庭背景等因素的影响，往往对于应该结合哪些知识内容进行思考相对比较孤立，从而导致运用学科融合解决学科问题和实际问题的能力相对一般。因此，需要教师在学科融合时选取合适的教学内容、活动形式和融合点，在教学中努力寻找与学生实际生活贴近的例子进行讲解，争取达到"1+1＞2"的学科融合教学效果。

3. 缺乏学科融合的整体性（单元）设计思路

在"双减"政策和新时代背景下，对于体育学科教学而言，发展进程走到了一个新的起点。学科融合教学虽然是一个旧理念，但是其对于我校的文化传播和文化传承而言是一个较新的实践探索。因此，就我校特色教育发展而言，体育学科的特色融合教学仍然处于一个起步阶段，仅有一个课时或几个课时的特色融合教学是不够的。教师应该结合实际教学情况和学情发展酌情节选至少一个教学单元进行学科融合的思考和设计，提升体育学科特色融合的整体性、逻辑性和设计性。

三、体育学科与学校特色渗透融合资源梳理

（一）教材内容与学校特色融合

我校作为全国篮球特色校和北京市花式篮球基地校，一直重视篮球教学与篮球活动。在人教版《体育与健康》教材中，篮球基本战术是重要教学内容之一。其中包括快攻与防守快攻、半场人盯人与进攻半场人盯人防守等战术教学。这些与军事战术中"集中优势兵力，以多打少""知己知彼，百战不殆""审时度势，避实就虚"等战术方式有很大的相似之处，将篮球战术教学结合军事战术，能够有效提升学生的战术意识和团队配合精神，可以较好地达到特色融合的目的。

（二）课堂资源与学校特色融合

心率监测手表作为一项较新的科技成果，可以有效监测学生在不同运动时的心率指

数和健康状况。我校作为北京市科技示范校，一直以来都鼓励教师将实际教学与科学技术相结合，有效提升教学的准确性和科学性，从而更好地落实教学成果。体育学科可以运用心率检测手表更加合理地把控运动强度和训练强度，及时对课程教学作出调整和规划，使教学内容和课堂形式更加合理化、科学化、规范化。

（三）课堂活动设计与学校特色融合

课堂活动设计是体育学科教学中至关重要的部分，是实现教学目标、体现教学成果的重要环节。因此，在体育学科教学中将课堂活动设计与学校特色融合是必要的。例如，在篮球模块中的快攻与防守快攻、半场人盯人与进攻半场人盯人防守等基本战术教学中，就可以设计组合练习、固定站位练习、机动站位练习等多种活动设计，将篮球战术教学与军事战术教学有效结合，达到课堂活动设计与学校特色相融合的效果。

四、体育学科与学校特色渗透融合有效策略

（一）深入学习学校特色品牌建设，积极寻求可融合点

我校本着"科研引航、文化立校、特色兴校"的办学发展思路，以"适合教育"为办学思想，培养"乐学·和美"可持续发展中学生为培养目标，积极探索军事航天科技教育特色品牌建设。学校伴随着军事航天社区发展，服务科技、崇尚科学也成为学校教育的重要元素，为科技示范校和科技课程的研发奠定基础。在科技特色教育开展过程中，学校有效促进学生具备一定的科学素养，知晓一定的航天军事科普知识，并让一些学生对科技、军事、航天产生了浓厚的学习兴趣。

体育学科有着独特的学科特点，除了传授给学生体育知识和技能，更能不断增强学生的意志品质和科学精神。在我校教育特色品牌建设内容中，"航天精神""国防知识""强体报国"等内容都与体育教学有着紧密的融合关系。通过体育教学能够有效塑造学生以爱国主义为核心的团结统一、爱好和平、勤劳勇敢、自强不息的伟大民族精神；培养学生拼搏进取、团结协作、创新争先、健康向上的体育品格；与此同时，向学生传递能吃苦、能战斗、能攻关、能奉献的航天精神。

（二）主动转变教学观念，培养主动融合意识

想要提升学科教学与学校特色教育的融合，除了通过宣传、培训等外部促进方式，教师自身主动吸收特色教育融合理念，转变教学观念，建立、形成良好的主动融合意识是更为主要的。体育学科与我校特色教育的融合需要体育教师积极寻找体育教学内容与军事、航天、科技的可融合点，包括理论知识、活动形式、拓展练习等方面。无论是传统体育教学，还是现代体育教学，都围绕教学内容本身，即注重理论知识和实践水平的锻炼，而对于拓展教学较为忽略。将学校特色教育融入体育教学中，既能推动学校开展

特色教育，又能在教学中拓展知识。

例如，在篮球教学中除了能够教授给学生相应的理论知识和篮球技术，教师还可以在教学中有意识地融入军事战术、航天精神等拓展知识。军事战术中的"知己知彼，百战不殆""集中力量办大事"，航天精神中能吃苦、能战斗、能攻关、能奉献的品格都与体育运动精神有异曲同工之妙，能够较好地融入体育教学中。

（三）发挥体育学科素养优势，以融合教学促育人目标

根据《义务教育体育与健康课程标准（2022年版）》中的要求，体育学科核心素养为运动能力、健康行为和体育品德3个维度。运动能力是体能、技能和心智能力的综合表现，健康行为是学生增进身心健康和积极适应外部环境的综合表现，体育品德的培养是立德树人根本任务在体育学科育人工作中的重要体现。

在我校教育特色品牌建设中，军事、航天、科技是核心要素，以军事要素为例，军事战术与篮球训练有着异曲同工之妙，既可以提升学生运用篮球技能的能力（即体育学科核心素养中的运动能力），促进学生了解和运用篮球运动与身体健康之间的关系（即体育学科核心素养中的健康行为）又能有效锻炼学生的团队协作精神和勇于拼搏的意志品质（即体育学科行为中的体育品德）。同时，在达到体育学科的3个核心素养的基础上，还能重点培养学生"知己知彼百战不殆""审时度势""集中力量办大事"等军事战术意识，能够比较有质、有量、有效地做到将特色教育融入体育学科教学，从而更好地达到体育学科的育人目标。同理，航天精神、科技创新等学校教育特色融合点也能参考上述例子较好地融入体育学科教学中，进而更好地实现教学育人目标。

（四）家校社协同育人，推进教育特色融合

近年来，家校社协同育人成为教育的重要热点问题之一。虽然学校、家庭、社会共同肩负着为党育人、为国育才的职责，但三者职能定位并不相同：学校教育旨在立足校园，通过有目的、有计划、有组织的知识教育和理性熏陶，培养德智体美劳全面发展的社会主义建设者和接班人；家庭教育则在于通过家庭生活，促进家庭成员特别是未成年人的全面健康成长；社会教育是以社会所有成员为对象，在社会生活和体验实践中，培养有理想、有本领、有担当的社会人。家庭、学校、社会通过互补权责边界才能够更好地实现育人目标。

就与学校教育特色融合而言，家庭教育需要从日常生活中向孩子传播军事知识、讲解红色故事、航天精神等，通过生活小事树立学生对于军事、航天、科技的学习兴趣，将特色教育渗透到日常生活中，是家庭教育的主要职责。就体育学科而言，学校主要就文体活动、体育教学活动、日常宣传等方面进行特色教育融合，可以在学科作业或学科活动中将特色教育有意识地向家庭教育传递。学校和家庭也应该合理、有效地运用社会教育中有关军事、航天、科技的社会资源，例如带领学生走进相关的博物馆、基地、实

践地，利用社会教育资源促进学校特色教育的融合。

五、结束语

综上所述，学科融合教育和学校特色教育发展不是一朝一夕就能完成的，需要各学科教师充分投入到教学实践中，深入思考本学科与学校特色教育的融合点和融合策略。就体育学科而言，更需要体育教师从学科核心素养优势和体育特殊的育人价值出发将教学内容、活动形式、环节设计至少以一个单元的体量与学校特色教育融合，在设计中注意合理运用社会教育资源和家庭教育关系，尤其是向学生传递军事意识和航天精神。相信在学校、家庭和社会的多方合力下，学科教育与学校特色教育能够达到理想目标和预期效果，助力打造学校特色教育品牌。

参考文献

［1］于素梅.新要求　新挑战　新课堂：落实《义务教育体育与健康课程标准（2022年版）》需把握的"三新"：从体育教师发展的视角解读［J］.福建教育，2022（17）：25–29.

［2］霍雨佳.健全家校社协同育人实践机制　推动家庭教育协调发展［J］.中华家教，2022（6）：14.

［3］冯伟娟.家校社协同育人视角下初中生体育品德培养研究［D］.北京：首都体育学院，2022.

［4］李瑞瑞.基于新课标的学生体育学科核心素养培育路径研究［J］.现代教学，2022（23）：52–53.

［5］李倩峰.基于体育学科核心素养的多样化教学探析［J］.拳击与格斗，2022（9）：28–30.

［6］门建.创建体育特色教育学校的理论与实验研究的初探［J］.现代交际，2015（6）：254.

［7］杨海博，谢彬，王亚东.学科融合视域下体育教学方法创新路径研究［J］.体育风尚，2022（11）：71–73.

［8］王自清.学科融合视域下的中小学体育育德研究［D］.上海：上海师范大学，2018.

［9］唐胜群.融军体于特战　铸战力于精兵：对军事体育与特种作战学科融合发展的思考［J］.军事体育学报，2013，32（3）：1–5.

［10］宋彦梁，徐超，冯遥舟，等.军事体育课程"体育、智育、德育"融合培养的课程思政研究［J］.体育视野，2021（19）：37–38.

太空探险

——定向越野

陈小庆

一、课时指导思想与理论依据

本节课依据国家基础教育课程改革指导纲要的要求，认真贯彻"健康第一"的指导思想，全面推进素质教育，以育人为宗旨，以学生为主体，重视教学方法，加强对学生学法的指导，创造合作学习的氛围，提高学生自学自练的能力。用校园定向越野的形式去体验、挑战和探究。在此过程还融入神舟系列型号的相关航天知识，学习中国航天事业的发展，激发学生热爱科学，崇尚科学的热情，从而不断丰富体育与健康课的教学内容。

本课主要通过小组合作的形式进行各个环节的练习，培养学生团结协作、相互鼓励、集体克服困难后达到的锻炼效果。

二、课时教学背景分析

（一）教学内容分析

融合课一般以生活中的实际问题为出发点，使学生在自主或合作实践探究的过程中主动整合、建构知识、深入思考并寻找解决问题的方法，对实现体育与德育、智育、美育、劳动教育和国防教育等的交叉融合具有重要意义和价值。而校园定向越野是一项新兴项目，它不但要求学生有一定的耐力跑基础，而且要求学生有快速读懂地图的能力。通过采用定向越野的锻炼方法和手段来消除学生害怕中长跑练习的心理特点。让学生认识到耐久跑练习对增强心肺功能，尤其是意志品质锻炼的重要性。同时在教学中将中国航天神舟系列知识融入定向越野跑步中，传递中国航天事业的发展和发扬载人航天精神。本次课目标是发展学生耐久跑的能力，通过定向越野跑的练习，使学生从被动学习转向主动学习，激发学生锻炼的兴趣，调动学生练习耐久跑的自觉性和积极性。同时综合运用国防教育、语文、音乐、信息技术等知识，让学生了解中国航天事业的发展。

（二）学生情况分析

本次课的教学对象是八年级五、六班女生，共32人。八年级的学生活泼好动，有较强的理解和模仿能力，喜欢新兴事物。但意志品质和耐性较差，对于耐久跑这种单调而枯燥的运动项目兴趣不大，还可能有抵触情绪。绝大部分学生是因为"累"而怕长跑，并且多数学生属于被动练习。在教学中主要采取校园定向越野的方式锻炼，并在各个点位设置航天知识，得出答案后去寻找下一个点位的位置，同时还在某些点位设置一些身体素质练习，从而锻炼学生克服阻碍的能力。鼓励学生在练习中多观察、多学习，从而提升自己。

三、课时教学目标

（1）认知目标：通过用定向越野的方式了解中国航天事业的发展，并使85%左右的学生能够掌握运用科学合理的方法提高耐久跑的能力。

（2）技能目标：通过游戏，感受航天员对前庭器官系统的高要求，同时发展学生的平衡能力和跳跃能力。

（3）情感目标：培养学生顽强、锲而不舍的意志品质和团队合作的意识。

四、课时教学过程设计（图1、表1）

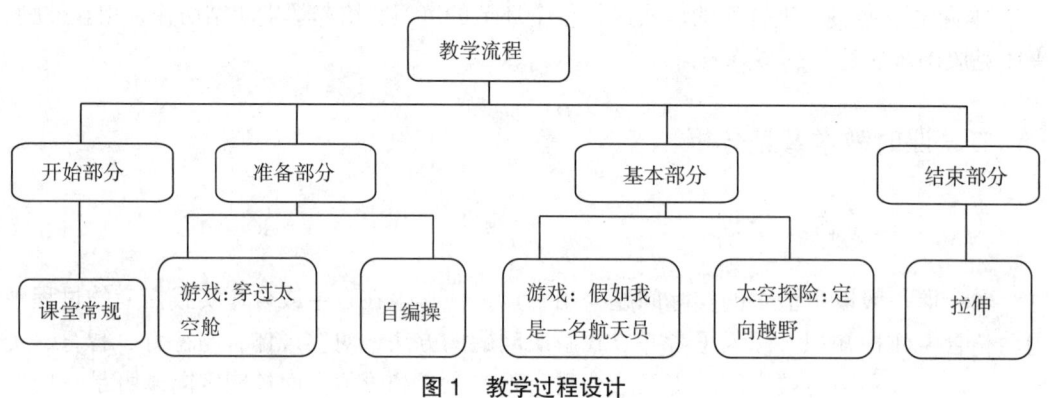

图1 教学过程设计

表1 教学过程设计

教学阶段	教师活动	学生活动	设计意图	特色融合创新点
开始部分 课堂常规	1.介绍课的目标和教学内容，鼓励学生达成学习目标 2.教师口令学生做队列练习 ——原地三面转法	积极参与、认真练习、听从指挥、注意安全	了解本节课学习内容并以精神饱满的态度参与到本节课中	人工智能运动手环监测学生运动心率

体育篇
太空探险——定向越野

续表

教学阶段	教师活动	学生活动	设计意图	特色融合创新点
准备部分 1. 游戏——穿过太空舱	1. 教师讲解游戏方法、规则 2. 强调安全事项 3. 组织学生练习	1. 认真听取游戏方法和规则 2. 在规定场地内进行游戏活动 3. 积极参与，注意安全	通过钻过呼啦圈体会穿过太空舱的游戏方式导入本节课	1. 人工智能运动手环监测学生运动心率。 2. 体会航天员穿过太空舱的感觉
准备部分 2. 自编操——《摘星少年》	教师边示范边提示动作	1. 随音乐与教师一起做准备活动 2. 动作舒展，有力度	将太空步融入自编操中，让学生达到热身目的，并以愉悦的心情参与其中	1. 人工智能运动手环监测学生运动心率。 2. 利用音频在航天音乐背景下体会太空漫步
基本部分 1. 游戏——假如我是一名航天员	1. 提问航天员主要需要哪些最常见身体素质 2. 教师讲解游戏方法、规则 3. 强调安全事项 4. 组织学生练习	1. 认真听取游戏规则 2. 积极举手回答问题 3. 相互鼓励、有团队意识 4. 注意安全	利用游戏让学生体会眩晕感觉，感受航天员对前庭器官要求很高。并锻炼学生的平衡能力、跳跃能力和跑的能力。 培养学生团结协作精神及克服困难、坚韧不拔的意志品质	1. 人工智能运动手环监测学生运动心率。 2. 简单了解入选航天员的标准和平日艰苦训练和学习精神，并通过游戏体验锻炼航天员需要的平衡能力和跳跃能力
基本部分 2. 太空探险——定向越野	1. 教师讲解怎样正确使用地图及 Pad 2. 讲解本次课的练习方法和要求 3. 学生分4组练习（两块练习场地，每个场地两组） 4. 第二次练习时交换场地进行 5. 在两组练习之间，提示学生正确呼吸方法和合理分配体力	1. 认真听取练习要求和注意事项 2. 拿到Pad后快速读懂本组地图了解自己所跑路线 3. 点开Pad中航天知识点，做出答案后确定神舟型号找出正确的跑进方向 4. 小组长带领本组同学完成相关任务，本组成员相互合作，相互鼓励	采用自主探究合作式学习、寓玩于学的方式，让学生尝试、体验在Pad上回答航天知识并确认点位，提高趣味性。并在跑步过程中加入素质练习（跳绳、绳梯、跳小栏架）和航天主题音乐，让学生感受航天员克服重重困难完成艰巨任务。 培养学生开动脑筋、团结互助、顽强拼搏的优良品质	1. 人工智能运动手环监测学生运动心率。 2. 利用Pad查看地图。 3. 在Pad任务表中做出神舟系列型号的答案寻找相应点位。 4. 用App记录运动轨迹

续表

教学阶段	教师活动	学生活动	设计意图	特色融合创新点
结束部分 拉伸	1. 教师组织放松 2. 学生认真听取教师总结评价 3. 师生相互再见	1. 学生随教师一起充分放松 2. 小组自评 3. 收拾器材和场地用品	轻松愉快、充分放松	1. 人工智能运动手环监测学生运动心率。 2. 利用音频在航天音乐背景下充分放松

五、课时的作业设计及特色融合点说明（表2）

表2 作业设计及特色融合点

环节名称	作业设计	特色融合点
课前	搜集相关资料了解航天员出舱时刻所经历的过程和完成的任务	以中国航天员出舱任务了解相关知识
课前	搜集相关资料各组讨论并确定中国航天神舟系列知识问答题	以中国航天神舟系列领域为讨论点 序号｜问题｜答案｜判断正误 1｜首次与天宫二号对接的是｜神舟十一号｜√ 2｜在哪个神舟飞船上，中国人首次完成太空行走｜神舟七号｜√ 3｜我国第一艘载人飞船是什么｜神舟五号｜√ 4｜首次开展面向青少年的太空科学讲座科普教育活动的是｜神舟十号｜√ 5｜首次实现多人空天飞行的是哪个神舟飞船｜神舟六号｜√ 6｜哪个神舟无人飞船首次完成多项科学实验｜神舟三号｜√ 7｜航天员在哪个神舟飞船上驻留长达三个月｜神舟十二号｜√ 8｜最近一次升空的神舟飞船｜神舟十三号｜√ 9｜哪个神舟飞船上首次进行细胞融合试验｜神舟四号｜√ 10｜中国载人航天工程首次飞行是什么飞船｜神舟一号｜√ 11｜中国载人航天工程的第二次飞行试验｜神舟二号｜√ 12｜首次与天宫一号对接的是｜神舟八号｜√ 13｜首次有女航天员升空的是｜神舟九号｜√
课前	了解太空步的由来，并模仿练习	用太空步感受航天员在太空中行走的视觉感
课后	各组总结中国航天事业及中国航天员的选拔标准和日常锻炼	分享中国航天事业的发展和中国载人航天精神

六、项目、单元（或课时）的学习效果评价

结合教学目标的达成、活动设计的实施进行教学评价的设计，可直接文字表述（表3）。

表3 学习效果评价

环节活动	评价目标	评价方式
小组评价	学习了解每次练习的参与性、合作性和完成情况	自评和互评完成量化评价表
教师评价	观察表扬各组的完成情况和团队意识	完成量化评价表

七、课时教学特色分析

（1）中国航天特色渗透：本课在耐久跑中运用定向越野的形式渗透中国航天神舟系列型号相关知识。各小组能利用Pad中任务表积极思考答案然后找到相应点位。既体现了小组的合作能力、探究能力，也培养了学生自主学习、动手动脑能力，充分展示跑的才能，使学生身心得到发展。在游戏过程中的跨过太空舱和大象转圈环节，学生充分体会到了航天员选拔的高标准。也感受到特别能吃苦、特别能战斗、特别能攻关、特别能奉献的载人航天精神。

（2）强调学科核心素养：耐久跑项目对于学生来说相对比较枯燥且害怕。采用定向越野形式大大提高了趣味性，从而提高心肺功能和耐久跑能力。同时培养学生吃苦耐劳、艰苦奋斗、永不放弃的意志品质。

（3）信息技术的运用：课堂中通过运动手环的使用，能让师生在课堂上实时了解每个运动阶段的运动心率、运动负荷、运动密度，对学生锻炼有促进和挑战作用。学生也能由被动练习转向主动练习。课后能通过数据分析得知相应的教学手段是否安排合理及学生在本节课的课堂表现。在此过程中，各小组利用Pad中Excel任务表积极思考答案去寻找相应点位来完成本节课任务。这种方式简单可操作，给学生带来很多挑战性和趣味性。同时运用悦动圈App记录运动轨迹，让师生了解到每组学生跑步距离和路线。这样能提高学生的跑步兴趣。

（本教学设计获"2022中小学教师信息技术创新与实践活动"基于移动终端的教学课例项目示范教学成果奖）

篮球技战术中的军事意图

任廷啸

一、课时指导思想与理论依据

在新时代强军梦的背景下，推进培养中学生的国防意识和爱国主义精神具有重要意义，军事教育是对中学生开展国防教育的重要环节。任何战争都需要军事谋略的存在，它对于一场战争的胜利至关重要。与军事谋略相同，篮球比赛也是在同对手的制约和反制约、限制和反限制中进行的。因此，一方面要求执行人员必须在统一的思想支配下统一协调的行动；另一方面又要根据场上实际形势的变化机动灵活地做出相应调整。

本课坚持"健康第一"，依据"以学生为中心，强调学生对知识、技能的主动探索"的观点，选取篮球技战术中的快攻三打二和阵地三打三授课，根据循序渐进、因材施教的原则，以合作、探究学习为主要方法，通过"学""练""赛""评"，使学生建立攻防意识，提高战术配合能力，树立敢打敢拼、勇敢顽强的战斗作风，引导学生树立国防意识，培养学生的爱国主义精神。

二、课时教学背景分析

（一）教学内容分析

1. 参考教材

人教版《体育与健康（高中全一册）》第八章第二节"篮球"，学习内容为篮球快攻与防守快攻。以我校特色品牌建设"军事航天"资源为特色主题，为使学生通过篮球运动，更加直观理解军事谋略思想对于军事行动的重要性，从而提高国防意识，培养学生团结作战的集体主义精神。

2. 学习内容

具体内容：篮球技战术中的快攻与防守快攻（一）全场三打二攻防配合。
学习方法：小组合作探究、情境教学法。

3.学习任务的作用与地位

篮球项目是高中体育教学的重要内容之一,作为同场对抗类项群的典型项目,不仅需要体能、技能等作为保证,还需要集体合作,运用特定的战术配合进行攻守,深受高中学生的喜爱。军事谋略是对战争的策划与部署,是夺取胜利的关键所在,而在篮球比赛中,同样需要根据对手的情况来制定相应的战术配合,并且根据场上形势的变化快速作出合理的选择,因此与军事谋略具备高度的相关性。

将军事谋略运用在篮球教学当中,不仅有利于提高学生的学习积极性,而且可以加深学生对于篮球技战术更进一步的认识与了解,提高判断与把握能力。通过融合军事内容,引导学生运用军事谋略来解决篮球攻守当中的问题,对于培养学生主动思考、团结合作的意识起到重要作用,同时有助于学生树立正确的国防意识,促进学生综合素质的全面提高。

(二)学生情况分析

学生背景分析:受我校区位影响,部分学生家长从事着军事航天的相关工作,因此对于军事方面有较为浓厚的兴趣。同时多数学生对于篮球运动有极高兴趣,以篮球结合军事内容,更好激发学生的学习兴趣。

学生知识基础:对于篮球运动知识有一定的了解,能够自发地组织有规则的竞赛活动,同时可以运用简单基础的攻防配合进行比赛。

学生现有认知水平:具备一定的技术能力,能够按照教师要求基本完成较简单的攻防练习。

学生心理特点:此阶段学生较易兴奋,且好胜心强,渴望学习篮球技术及战术配合,具有较好的理解领悟能力。但这一年龄段的学生,自控能力一般,不能长时间保持专注,需要给予较多关注和提醒。

三、课时教学目标

通过将军事谋略知识结合到篮球技战术配合中,体验运用军事谋略来解决篮球对抗中的攻和守,使学生们进一步了解军事谋略在战争中所发挥的重要作用,增加对于军事知识的了解与认识,增强学生的国防意识,培养团结作战的集体主义精神。

四、课时教学过程设计（图1）

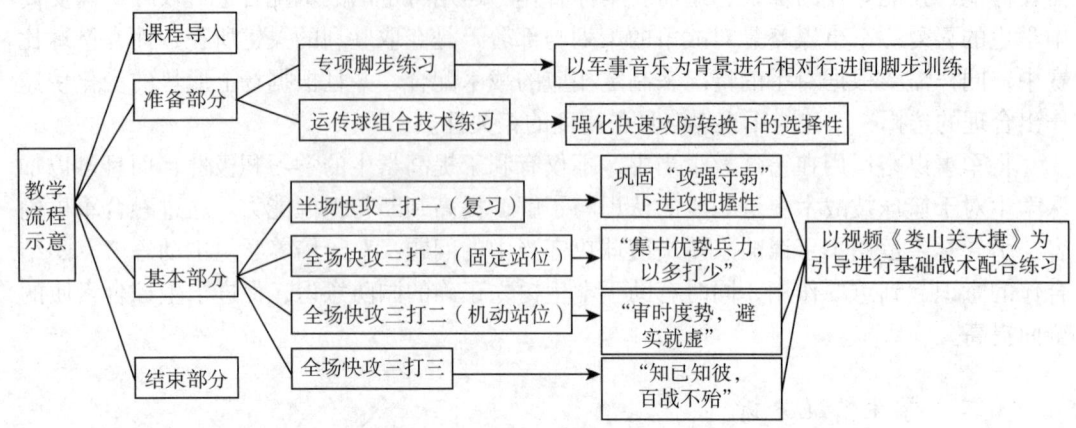

图1 教学流程示意

（一）课程导入部分

教师活动：教师宣读本节课内容，安排见习生，进行运动安全提示。

学生活动：按照图示（图2）进行站队，见习生酌情参与练习。

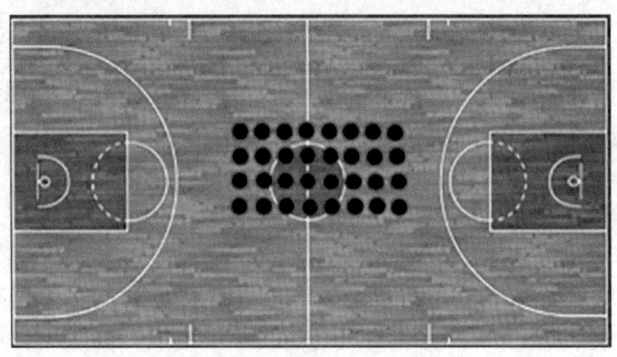

图2 学生站队

（二）准备部分

1. 专项脚步练习（2次）

教师活动：以军事音乐为背景组织学生进行相对行进间专项脚步练习。内容包括（跳步跨下击掌、交替提膝摆臂、跨步跳、侧身交叉步、横滑步、行进间拉伸）（图3）。在教学中应注意动作规范，拉伸充分，注意力集中，跳动有力。

体育篇
篮球技战术中的军事意图

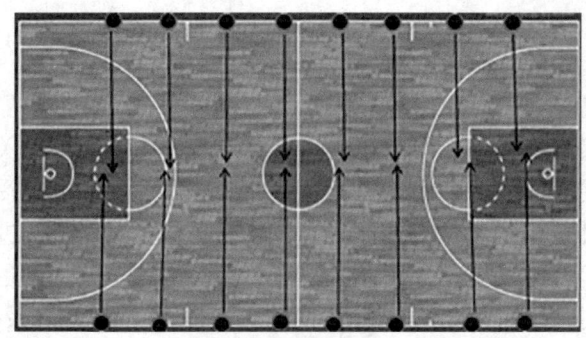

图3 脚步练习

学生活动：按照教师要求结合音乐节奏进行配合练习。

设计意图和特色融合创新点：结合军事音乐进行热身练习，热身内容包含相对行进间脚步训练，能够有效提升学生的学习积极性，增强学生的贯通类思维和配合意识。

2. 运传球组合技术练习（4～6次）

教师活动：教师按照图示要求组织学生进行运传球组合技术练习。组织学生3人一组，3人分别于两边线和中间站立，中间人持球；将球传给一侧后，迅速跑至持球人处，配合防守；持球人做突破至中间，再传球给另一侧同伴，以此重复练习（图4）。教师在组织好学生分组后应进行动作示范，讲解动作要求，在学生练习时给予及时的提醒和指正。

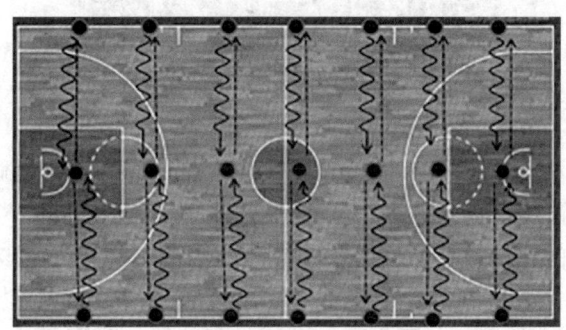

图4 运传球组合技术练习

学生活动：学生在教师指引下按照要求进行运传球组合技术练习。在练习过程中应该保持集中注意力，听从教师指令，规范练习，注意持球突破和传球时机。

设计意图和特色融合创新点：通过组织学生进行运传球组合技术练习强化学生快速攻防转换下的选择性，能够结合相关练习有效锻炼到学生的团队协作能力和团体责任感。

339

（三）基本部分

1. 复习：半场快攻二打一（3~5次）

教师活动：利用大屏幕播放军事视频《四渡赤水》中的"娄山关大捷"，为学生讲解军事中"攻强守弱"的战术使用。引导学生在篮球训练中同理感受"攻强守弱"的进攻时机和进攻把握性。组织学生按照图示（图5）要求3人一组，进行半场快攻二打一练习。要求①、②、③为一组，分别站于端线3点；②和①分别做运球跑和冲刺跑至中场线，变为进攻人；同时③加速至中圈，变为防守人，进攻人通过运球及传球配合完成进攻。教师在组织好学生分组后应进行动作示范，讲解动作要求，在学生练习时给予及时的提醒和指正。

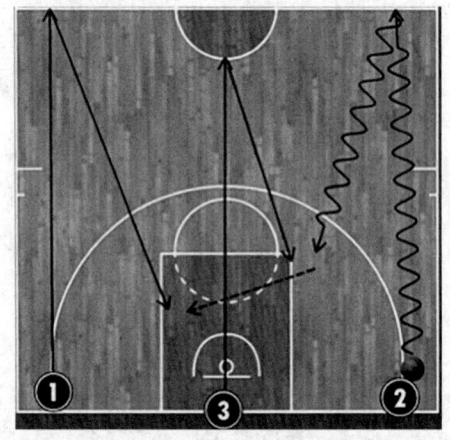

图5 半场快攻二打一

学生活动：学生按照教师指令进行半场快攻二打一练习，训练过程中应在保证安全的前提下移动迅速、路线正确，主动进攻吸引防守。避免出现当防守人做假动作堵截时，过早停球而延误战机的错误，在防守者不积极上前堵截时要做好突破投篮准备。

设计意图和特色融合创新点：通过播放军事视频"娄山关大捷"引导学生理解篮球训练中的战术练习与军事战术有异曲同工之处，可以将一些军事战术灵活运用于篮球训练中。

2. 全场快攻三打二（防守固定站位）（4~6次）

教师活动：教师按照图示（图6）要求组织学生进行全场快攻三打二练习，将学生按照6个人一组进行划分，其中①、②、③为进攻组，以运球或传球的方式推进到前场；根据防守站位情况（④和⑤防守，要求纵向落位，⑥在边线外暂不参与防守）快速选择合理的进攻方式。进攻结束后排在队尾，防守结束变为进攻方，3人先按照既定阵型（中路、两侧翼）落位，再推进前场开始进攻，各组以此循环重复进行练习。教师在组织好学生分组后应进行动作示范，讲解动作要求，在学生练习时给予及时的提醒和指正。表现优秀的组别可以进行示范。

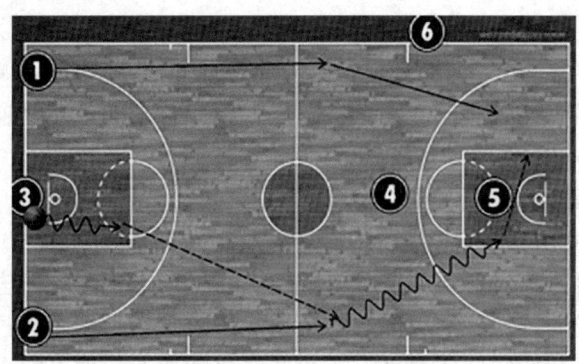

图6　全场快攻三打二（防守固定站位）

学生活动：学生按照教师要求进行全场快攻三打二（固定站位）练习，传接球要合理，跑动路线正确。当由守转攻时要迅速，提高攻守转换速度。当进攻时要注意空间性，落位明确，始终保持"三角形"站位。注意进攻位置要分散，传球推进时应拉开距离。

设计意图和特色融合创新点：结合军事视频和相关练习，引导学生体验以个人进攻来吸引防守，将军事训练中"集中优势兵力，以多打少"的战术结合运用在篮球训练中，提升学生的团队协作能力和战术应用能力。

3.全场快攻三打二（防守机动站位）（2～3次）

教师活动：教师通过画战术路线图进行讲解（图7），组织学生按照相关要求进行全场快攻三打二（机动站位），将学生分为4个大组，两两对抗，进攻结束后马上转为防守，记各组的总得分，先到规定分数组获胜。在教学中教师应注意为学生讲解快速移动中的传接球技术。

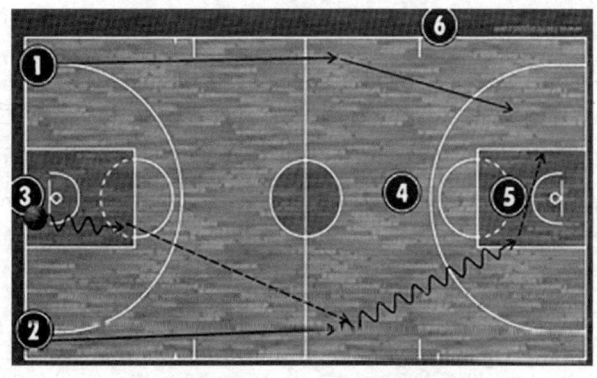

图7　全场快攻三打二（防守机动站位）

学生活动：学生按照教师要求进行全场快攻三打二（机动站位）练习，在练习中应学会合理运传球吸引防守，合理进攻。当进攻完成后，应立即转入防守，抓住敌方薄弱环节，进攻灵活机动。

设计意图和特色融合创新点：结合军事视频和相关练习，引导学生保持进攻阵型进行协调配合式训练，找准敌方薄弱环节，抓住进攻时机。结合军事谋略中的"审时度势，避实就虚"，学生能够灵活地根据场上情况采取相应合理的策略，避开对手的长处，攻击对手的软肋。

4. 全场快攻三打三（2次）

教师活动：教师通过画战术路线图讲解三打三攻防方法（图8），组织学生按照相关要求进行分组练习，练习形式同上，进攻结束后迅速退回半场防守，合理组织分工，充分发挥个人及本队的特长，利用基础配合完成进攻。教师在讲解过程中应注意强调练习时要根据防守情况选择传球或移动，进攻队员之间要互相磨合、配合，尽量在行动上达到一致，在思想上达到统一，避免失误。

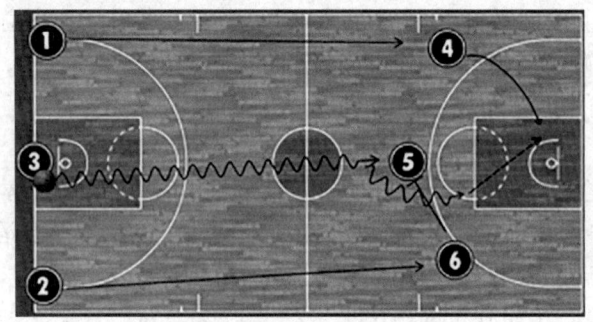

图8　全场快攻三打三

学生活动：学生通过教师指导，按照教师指令进行全场快攻三打三练习。学生在练习过程中应注意利用传球和配合进攻，根据己方和防守情况选择合理的进攻方式，在移动中注意相互配合，有目的地进行掩护、换位等。学生在教师指导下应能够互相理解、互相配合、主动沟通、统一思想。

设计意图和特色融合创新点：结合军事视频和相关练习，引导学生保持进攻空间，把握进攻时机。结合军事谋略中的"知己知彼，百战不殆"，学生能够根据情况选择调配阵容、有针对性地进攻或防守，尽力发挥出己方的长处，限制对方的特长，力争局部和全局的主动性。

（四）结束部分

教师活动：教师引领学生进行拉伸练习（图9），内容包括站立体前屈、拉伸大腿前侧和拉伸臀大肌，在拉伸时要及时讲解动作要领及拉伸意义，及时纠正学生动作，保证学生安全。拉伸结束后教师组织学生自评，随后教师进行讲评总结，结束本课。

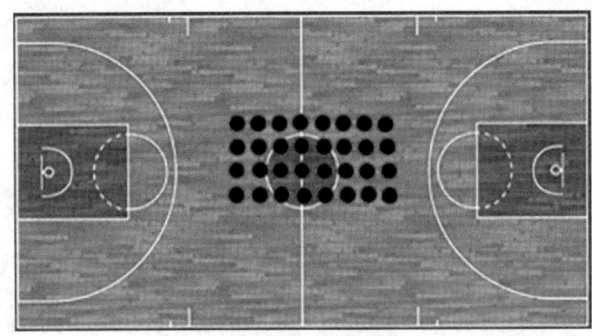

图 9　拉伸练习

学生活动：学生按照教师讲解有序进行拉伸放松，动作应充分认真、拉伸到位，学生应积极自评，认真听取教师讲评，课后进行反思总结。

设计意图和特色融合创新点：课堂的结尾部分，教师通过讲解和学生共同回顾本节课的各项练习内容与军事谋略思想的相关性，有引导性地培养学生的军事意识，使学生认识到军事思想和篮球战术的共通性。

五、课时作业设计及特色融合点说明（表1）

表 1　作业设计及特色融合点

环节名称	作业设计	特色融合点
课程导入	倾听教师课前讲解，思考本节课有关快攻三打二练习、阵地三打三练习与军事战略之间的关系及应用	引导学生有意识思考篮球训练与军事战略之间的关系
准备部分	结合军事背景音乐和专项脚步练习时相对行进间脚步训练，体会贯通思维和配合意识	以军事音乐为背景塑造训练氛围，在节奏和情境中使学生增强配合意识和贯通思维
	通过运传球组合技术练习思考体会快速攻防转换下的选择性	
基本部分	通过半场快攻二打一练习，巩固"攻强守弱"下的进攻把握性，体会并运用军事战术	结合军事视频"娄山关大捷"，通过篮球训练，使学生建构起篮球训练与军事战术之间的联系。通过实践，使学生体会并在训练中结合运用了"集中优势兵力，以多打少""审时度势，避实就虚""知己知彼，百战不殆"等军事战术，从而有效进行特色融合，达到教学目标
	通过全场快攻三打二的固定站位练习和机动站位练习，体会并运用军事战术	
	通过全场阵地三打三练习，体会并运用军事战术	
结束部分	课堂总结引导学生通过本次课的练习和实践，思考篮球训练与所学军事战术的相关性和应用性，形成总结	引导学生对课前教师抛出的问题进行思考和总结，通过实践使学生真切体会到篮球训练与军事战术之间的有效联系

六、课时学习效果评价

评价方式:教师评价与学生小组评价相结合。

1. 教师评价:教师根据学生练习过程中完成技术动作的规范性、完成技术配合的连贯性和流畅性,传接球质量;在对抗中的空间性、进攻处理球的选择性、防守的针对性及是否能依据形势来合理地运用技术配合(表2)。

表2 学习效果评价

评价内容	评价标准	是	否
发现问题	在学练中发现问题,积极思考		
解决问题	能够发现问题,解决问题,相互帮助		
知识和认知	建立攻防意识,了解军事战略的作用		
认真程度	注意力集中,积极练习		
与他人合作	与不同组合作,相互帮助,有团队意识		
心理健康	不畏困难,勇敢顽强,有成就感		
满意度	达到目标完成任务		
军事意识	了解军事战略战术和攻防意图,运用的时机		

2. 学生小组评价(表3)

表3 评价标准

评价量规	优 秀	良 好	合 格
评价标准	1.组合技术标准规范,能够顺畅连贯的支配球,没有走步和非法运球等违例。 2.移动路线正确,落位清楚,处理球合理,失误球很少,快速高效地完成进攻或防守。 3.配合娴熟默契,能做到互相协作,互相鼓励,主动沟通,善于发现并提出问题,有独立思考和解决问题的能力。 4.能够很好地理解军事谋略思想,并能够在实践中与篮球技战术练习结合进行思考并实践	1.组合技术基本标准规范,基本能够顺畅连贯地支配球,很少出现走步和非法运球等违例。 2.移动路线正确,多数情况能做到拉开空间,落位比较清楚,处理球基本合理,失误球比较少,能较快速地完成进攻或防守。 3.配合较为娴熟默契,基本能做到互相协作鼓励,主动沟通,多数情况下能发现问题,有一定解决问题的能力。 4.能够较好地理解军事谋略思想,在实践中能够较好地与篮球技战术练习结合进行思考并实践	1.组合技术基本正确,基本能做到不失误,较少出现走步和非法运球等违例。 2.移动路线基本正确,移动及落位意识一般,完成进攻较慢,比较容易发生失误。 3.与同伴配合默契度一般,基本能做到互相协作,在练习过程中发现问题、解决问题的能力一般。 4.理解军事谋略思想较为一般,在实践中与篮球技战术练习结合思考欠缺,实践效果一般

七、课时教学特色分析

（1）将"篮球训练"与"军事教育"有效进行特色结合：我校前身为0683部队子弟学校，后为航天三院子弟学校，云中办学之初，就是为国家、为军队、为军事航天事业而建。我校亦是全国篮球特色校、北京市花式篮球基地。将"篮球训练"与"军事战术应用"进行结合教育，能够展现我校教学特色，贴近学生现实生活和地区文化，有效渗透特色教育。

（2）重视体育学科核心素养：篮球作为高中生体育课程中的重要内容，综合了体育运动所需的走、跑、跳、投等必备运动技能，因此对于发展学生的运动能力起到至关重要的作用；另外，篮球训练有利于培养学生健康的生活方式，进而融合军事知识，帮助学生们塑造体育品德，从而较为全面的培养学生的体育学科核心素养。

（3）注重学习方式和学习内容的实践意义：在新时代强军梦的背景下，推进培养中学生的国防意识和爱国主义精神具有重要意义，军事教育是对中学生开展国防教育的重要环节。与军事谋略相同，篮球比赛也是在同对手的制约和反制约、限制和反限制中进行的。因此，结合篮球训练对学生进行军事教育使学生建立攻防意识，提高战术配合能力，树立敢打敢拼、勇敢顽强的战斗作风，能够有效培养学生主动思考、团结合作的意识，同时有助于学生树立正确的国防意识，促进学生综合素质的全面提高。

专家点评

以体育人，探寻特色融合中的素养培育策略

《义务教育体育与健康课程标准（2022年版）》强调，将体育与德育、智育、美育、劳动教育和国防教育等学科交叉融合，开展跨学科主题学习。首都师范大学附属云岗中学开设的体育与健康课程，与国防教育开展跨学科主题学习，融合学校开发的"国际视野下的军事航天科技"主题，在体育运动项目学习中，以航天精神、航天知识探索为主线，立足于培养学生核心素养，以体育人，促进学生身心健康、全面发展。

初中陈小庆老师的体育课例《太空探险——定向越野》，依据《义务教育体育与健康课程标准（2022年版）》，坚持"健康第一"的教育理念，围绕体育与健康课程要培养的核心素养，以学生为主体，在教学过程中，面向全体学生，结合八年级学生身心发展特点及所学的耐久跑运动项目，开展定向越野，并在点位上设置航天知识，引导学生了解中国航天事业的发展史和选拔航天员的标准，进而提高学生耐久跑能力和综合素质。

高中任廷啸老师的体育课例《篮球技战术中的军事意图》，依据《普通高中体育与健康课程标准（2017年版2020年修订）》，以"健康第一"为指导思想，围绕体育与健康学科核心素养，突出以学生发展为中心，强调学生对知识、技能主动探索的观点，通过小组合作、情境教学，将"篮球训练"与"军事战术应用"进行结合教育，健身育人，充分展现学校教学特色，有效渗透国防教育。

体育教研组《体育学科与学校特色渗透融合策略研究》一文，充分认识融合教育，阐明体育学科与学校特色渗透融合的背景和现状，从培养学生创新思维能力和育人价值，阐述体育学科融合学校军事航天特色的价值与意义；从寻求可融合点和融合意识，探索体育学科与航天科技、军事知识等渗透融合的教学资源和有效策略，进而助力学校特色教育发展，打造学校特色教育品牌。本文研究具有科学性、系统性和全面性，值得借鉴学习。

在贯彻落实2022年版课程方案和义务教育体育与健康课程标准上，体育老师探索开展跨学科主题学习，起到很好的引领作用。今后还可以依据课程标准，将运动项目和学校特色结合，开展更多的跨学科主题学习，在实践中探索，在活动中探究，有效落实义务教育体育与健康课程理念，充分发挥体育与健康学科立德树人的根本任务，让学生在跨学科主题学习中"享受乐趣、增强体质、健全人格、锤炼意志"。

路媛媛

北京教育学院丰台分院初中体育教研员，高级教师，丰台区中学体育与健康学科带头人

信息技术篇

信息技术学科与学校特色渗透融合策略研究

王 涛

一、信息技术学科与学校特色渗透融合概述

作为信息技术学科，当代高速发展的信息科技对全球经济、社会和文化发展起着越来越重要的作用。《义务教育信息科技课程标准（2020年版）》中提出，信息科技课程旨在培养科学精神和科技伦理，提升自主可控意识，培育社会主义核心价值观，树立总体国家安全观，提升数字素养与技能。信息科技课程具有基础性、实践性和综合性，为高中阶段信息技术课程的学习奠定基础。高中信息技术课程旨在全面提升学生信息素养，帮助学生掌握信息技术基础知识与技能、增强信息意识、发展计算思维、提高数字化学习与创新能力、树立正确的信息社会价值观和责任感的基础课程。

我校提出的国际视野下的军事航天科技教育特色，是基于我校60多年的军事、航天传统，以及几十年传承下来的文化基因所提出的新时代学校发展需求，是实现学校高品质提升的有效切入口，既能够树立学生国家安全观和国家认同，又能够提升学生的科学精神和科技素养。信息技术作为学校众多学科中的一门课程，在育人功能上很好地契合了学校特色中提出的培养需求。基于此，信息技术教育与学校航天军事特色的渗透融合不仅拓展了教学实例选择的方向，也是一种润物无声的教学实践，更是实现学校特色教育的有效途径。

首先，信息技术学科与航天军事的渗透融合，有利于教育教学根本目标的达成。信息技术学科中的核心素养就是基于国际发展趋势的大背景下制定的，无论是培养数据意识及合格的数字公民，还是发展计算思维、具有信息社会责任，这些育人目标的达成必须植根于适切的案例中。我国航天军事领域中信息技术的应用已经相当广泛，信息技术的发展推进了我国航天军事领域的技术革新，与之融合的教学，学生学习视野会更加广阔而深远，教学目标的达成也会水到渠成。其次，信息技术学科与航天军事的渗透融合，有利于提高学生的学习兴趣和热情。我校地处航天三院地区，航天事业的传承也在代代中接续，航天知识具有一定的普及性。在信息技术教材所涉及的教学内容中，其实都与航天军事有着千丝万缕的联系，如果教师能够有效结合地区特色，以航天军事作为教学的切入口，对于学生而言是亲切且自豪的，必然能激发出学生的学习热情。最后，信息技术学科与航天军事的渗透融合，有利于培养学生的创新能力。学生创新能力的培养需

地域文化与创新教育的融合
—— 首都师范大学附属云岗中学品牌特色建设探索

要理想的教学和学习环境的支持，信息技术融合教学中，航天军事特色教育就是一种良好的学习外部环境，它不仅与学生生活环境贴合，也可以充实学生的学习氛围，学生可以更真切地去感受前沿科技的应用原理或模拟实践信息技术在航天军事中的应用，有利于学生用学科知识迁移到解决生活中的实际问题。

信息技术课程本身就是一门与时代发展紧密相关的课程，信息技术的应用无论从国家层面还是社会层面再到个人发展层面，都能彰显出其无处不在的功能。信息技术不仅是国防现代化的技术基础，而且是军事高技术的核心。选择航天军事题材的案例教学，有利于学生对国家国防事业的了解，厚植爱国情怀，砥砺强国之志。

二、信息技术学科与学校特色渗透融合现状

为促进我校品牌特色发展，实现学校高品质提升，学校以"国际视野下的军事航天科技教育"为特色主题开展了一系列的特色活动和特色课程。信息技术作为技术学科，参与了初高中各一节融合课的设计与实践。其中，杨琳玲老师以项目学习的方式设计了高中融合课程。课程选自人教中图版《信息技术》必修一《数据与计算》第四章"走进智能时代"，学习内容为认识人工智能、利用智能工具解决问题及人工智能的应用与影响。以地区"军事航天"资源为特色主题，以探秘彩虹系列无人机，设计了"走进智能时代——军用无人系统设计项目"学习活动。7次课的学习涵盖应用体验、原理探究、程序实现及辩论展示，从而引领学生进入智能时代，思考军事领域人工智能应用的利与弊，进而提升人工智能应用意识和信息社会责任感。初中融合课，选自初中《信息技术》第五册第五章《图像处理》第五节《简单图像合成》，本节课由高丹丹老师完成。这一节的教学内容是了解图像合成、理解选区、学会简单的抠图技术及图像合成的基本思路和方法，这节课理解、操作、体验的知识点较多。为了让学生真正学有所用，在制作主题上，选择了航天日海报制作，一则是学校航天日活动的宣传需求，用学科技能解决生活中的实际问题。二则结合学校的特色教育，通过航天日海报的制作，了解我国航天事业的发展。

就融合而言，以上两节课能有效选取课程内容与航天军事主题结合，都注重了航天军事的渗透。从特色上看，高中融合课从使用平板电脑进行移动学习，通过畅言智慧课堂、畅言智AI、小飞机器人等资源的探究活动设计，引导学生开展项目学习，注重了新技术应用及学科素养的培养。初中航天海报的制作，是近年来我校的一个传统学习项目。依托每年我校航天日活动的开展背景，将学习、学校活动有机结合，既能提升学生学习乐趣也能学用结合，提升综合应用能力。就问题而言，高中全新的课程实践，需要老师精细设计的同时要关注学生为主体的落实，无论是原理探究还是编程实践，对我校学生都有一定的难度。因为只是依托了教材的大主题，很多知识点对师生而言都是全新的，如何取舍、如何设计、如何落实，仍需要进一步的打磨。初中的课相对传统，也是比较常规的一节课，在以学生为主体的活动设计上仍需思考，打破僵化的教师教点学生学点的局面，在设计上应更关注如何调动学生学得积极性和作品成果的达成，在资

源准备上还可以多角度拓展，给不同层次学生以更大的学习空间，真正将主题学习与技能学习有机地融为一体，让学生成为资源准备的主动者、技能运用的娴熟者、作品制作的创意者。

三、信息技术学科与学校特色渗透融合资源梳理

初高中信息技术在前期做了与航天军事融合的资源梳理，下面针对初高中教材梳理内容做如下介绍。

初中教材的梳理是以单元为大的框架来设计，主要以航天有关的主题为切入，通过应用软件的实践，完成对相关主题的关切，引导学生用学科知识技能去解决生活中的实际问题，具体内容如下：

（1）文字处理软件方面可以制作航天宣传海报。

（2）使用图像处理软件 Photoshop 制作航天日主题海报或航天人物简介海报。

（3）利用音频、视频处理软件创作航天主题宣传视频。

（4）运用运动补间动画模拟火箭发射运动轨迹。

（5）通过中国载人航天飞船发展数据分析，提升学生对航天知识了解情况的调查分析能力。

以上课堂资源教师可提供一部分，也可以在前期的课程中有目的地让学生完成后续任务中素材的搜集与整理。

高中信息技术的梳理，主要包括必修1和必修2两部分内容，必修1为数据与计算，必修2为信息系统与社会，从主题上不难看出其重点所在。因此，在梳理中我们更侧重于学科大概念的理解，将融合设计与大概念中的相关知识结合，将知识建构、技能培养与思维发展融入运用数字化工具解决问题和完成任务的过程中，具体内容如下：

（1）程序基本结构及字典列表部分，可以设计航天知识问答小程序、从航天器里看浪漫的神话。

（2）数据预测及数据采集与分析部分，可以设计从导弹发射看世界局势。

（3）机器视觉识别部分，可以设计智能军事应用项目学习。

（4）信息系统的组成与功能部分，可以设计从军事或航天应用的角度来谈信息系统发展趋势的看法及设想。

（5）信息获取与控制部分，设计的是神舟号飞船通信系统中包含哪些主要任务。

以上课程资源以学生搜索与整理为主，部分数据资源及视频资源教师准备。

四、信息技术学科与学校特色渗透融合有效策略

对于信息技术与学校特色融合，我们仍在不断的尝试和总结中，通过对信息教材的梳理及课堂实践，结合我校特色、资源现状及学生学情，以下3种策略在教学中达到了良好的效果。

（1）创设数字化学习环境，设置丰富的任务情境，构建具有时代特征的学习内容。信息技术学科的发展是迅猛的，吸纳学科领域的前沿成果，是每位信息教师应具备的基本素养。我校一直是科技特色校，数字化学习平台及设备相对而言比较丰富。高中融合课中，应用了小飞机器人和畅言智AI数字平台去探究人工智能在军事无人机中的应用，既是学科内容的体现，也是学校特色教育的有效融合。开发利用好现有教学资源，既能营造良好的数字化学习环境，也能为学生设计更符合时代特征的教学内容，切实提高学生的数字化学习能力，培养科学精神和科学素养。

（2）把握项目学习本质，挖掘特色资源内容，将项目学习与特色融合有机结合。项目学习很大程度上还原了学习的本质，这种基于真实情境的学习能促进学生对信息问题的敏感性、对知识学习的掌控力、对问题求解的思考力。在上面提到的高中融合课，就是以项目学习的方式设计的"走进智能时代——军用无人系统设计项目"的课程。从原理探究到编程实现，模拟了整个无人系统的设计过程，让学生真切地体会到人工智能技术在军事中的应用过程，项目实施中各种能力的综合促进了信息技术学科核心素养的形成。

（3）关注学生主体地位，设计多元的课堂教学组织形式，加强学生探究性学习。领会学科核心素养内涵，才能真正将学生的发展放在首位，才能达成"形成学科核心素养"的价值诉求。初高中的两节实践课中，无论是自主学习、小组探究、辩论赛还是海报设计中的模仿到创新，都充分体现出教学活动的多元性。只有发挥学生的自主探究能力，才能使学生在解决问题的过程中整合知识的学习，将知识建构、技能培养与思维发展融入运用数字化工具解决问题和完成任务的过程中，全面提升学生信息素养。

五、结束语

信息技术沿着以个人计算机为核心到以互联网为核心，再到以数据为核心的发展脉络，逐步改变着社会的经济结构和生产方式，加快了全球范围内的知识更新和技术创新，催生出现实空间与虚拟空间并存的信息社会。信息技术教育在改革中，其目标转向从信息常识到数字素养与技能，其内容转向从关注工具特征到关注学科本体，其方式转向从知识技能学习到解决问题能力发展，其价值转向从应用行为到学科思维。应该说这些转变强调信息技术方面的核心能力和必备品质，指出人、技术、社会之间的关系，直接指向的是"人"的素养的培养，最终落在人的素养的达成，人们才可以更好地生存在信息社会中。在国际发展大趋势下，信息教师更应关注学生素养的达成：培养数据意识、发展计算思维、提高解决问题的能力、具有信息社会责任是每位信息技术教师的担当和使命。学校航天军事特色教育，为学科素养的培养提供了更广阔的外部学习环境，我们将持续跟进学校特色融合课的研究，更好地挖掘与应用，提升信息技术课程的建设。

参考文献

[1] 任友群，黄荣怀.《普通高中信息技术课程标准（2017版）》解读[M].北京：高等教育出版社，2018.

[2] 中华人民共和国教育部.普通高中信息技术课程标准（2017版2020年修订）[M].北京：人民教育出版社，2020.

[3] 中华人民共和国教育部.义务教育信息科技课程标准（2020年版）[M].北京：北京师范大学出版社，2022.

走进智能时代

——军用无人系统设计项目学习

杨琳玲

一、项目指导思想与理论依据

国务院《关于印发新一代人工智能发展规划的通知》提出:实施全民智能教育项目,在中小学阶段设置人工智能相关课程。

《普通高中信息技术课程标准(2017年版2020修订)》提出的培育以学生为中心的教与学关系,在问题解决过程中提升信息素养的基本理念,实现了解人工智能的新进展、新应用,并能适当运用在学习和生活中,增强利用智能技术服务人类发展的责任感的课程目标。注重计算思维、数字化学习与创新两项核心素养的提升。

建构主义学派维果斯基提出的"最近发展区",教学应着眼于学生的最近发展区。

计算机是20世纪最先进的科学技术发明之一,世界上第一台通用计算机"ENIAC"是一台用于炮弹弹道轨迹计算的"电子数值积分和计算机",它的应用领域从最初军事科研应用扩展到社会的各个领域,对人类的生产活动和社会活动产生了极其重要的影响,并以强大的生命力飞速发展。人工智能最初来源于计算机技术,随着计算机技术的不断发展,高性能运算、大容量存储等让人工智能向我们走来,让我们走进了智能时代,智能军事也不再是科幻片里的场景而成为现实技术发展很重要的研究方向。实施学校前身为0683部队子弟学校,后为航天三院子弟学校,云中办学之初,就是为国家、为军队、为军事航天事业而建,伴随着军事航天社区发展,服务科技、崇尚科学也成为学校教育的重要元素。

二、项目教学背景分析

(一)教学内容分析

1.参考教材

人教中图版《信息技术》必修一《数据与计算》第四章"走进智能时代",学习内容为认识人工智能、利用智能工具解决问题及人工智能的应用与影响。以地区"军事航天"资源为特色主题,为探秘值得地区骄傲的彩虹系列无人机,设计了"走进智能时代——

军用无人系统设计项目"学习活动，通过 7 次课学习应用体验、原理探究、程序实现及辩论展示来思考和创意进入智能时代，军事领域人工智能应用的利与弊，从而提升人工智能应用意识和信息社会责任感。

2. 学习内容

第 1 课时：认识人工智能——决胜未来战场的"人工智能"

具体内容：人工智能的产生与发展、人工智能在军事运用中的实例、人工智能应用体验、Python 编程界面基础体验。

学习方法：任务驱动、小组探究。

第 2 课时：利用智能工具解决问题——无人系统功能设计

具体内容：编程解决问题的一般过程，分析问题、制定计划、解决思路设计。

学习方法：自主学习、小组探究。

第 3～4 课时：利用智能工具解决问题——为无人系统装上智慧的眼睛

具体内容：图形分类的概念、图形分类的工具、程序实现图像分类模型的应用、目前无人机侦察、精确制导实现的方式。

机器学习的基本原理、机器学习、深度学习和强化学习相关算法的军事应用。

学习方法：任务驱动、小组探究。

第 5～6 课时：编程开发智能工具——无人系统程序实现

具体内容：机器视觉识别程序探究、图形分类的挑战、人工智能程序调用、实现无人系统功能。

学习方法：任务驱动、小组探究

第 7 课时：人工智能应用与影响——人工智能：福兮，祸兮？

具体内容：人工智能在军事中的未来应用领域、发展趋势和挑战、人工智能伦理思考。

学习方法：辩论赛。

3. 学习任务的作用与地位

本部分内容是高中新课标必修课程模块 1：数据与计算的内容，通过人工智能典型案例的剖析，了解智能信息处理的巨大进步和应用潜力，认识人工智能在信息社会中的重要作用。融合人工智能与程序设计的相关内容，以学校特色发展的主题军事航天科技作为主题，通过军用无人系统的项目设计，引导学生体验智能程序解决问题的一般过程，辩证地看待人工智能给时代发展带来的优势与影响；主题的选择贴近学生现实生活，激发学生学习兴趣作用，同时尝试信息技术课堂使用 Pad 进行移动学习，为后面开展项目成果设计提供了基础技术操作保障。着重关注的是学生核心素养提升，注重培养同学们对不同数字化学习工具的使用，是注重体现学科思想和技术元素的创新教学项目。

（二）学生情况分析

高一年级学生：部分学生家长（祖父辈）从事着军事航天工作，知晓一定的航天军事科普知识，并对航天军事方面具有浓厚的兴趣；结合地区军事航天文化、学校军事航天活动、家庭教育影响等因素，一定比例的学生具有向军事航天领域发展的志向。

学生知识基础：在生活中体验过人工智能的相关应用，多次使用平板电脑开展学习，能够基本熟练进行课堂互动；

学生现有认知水平：有一定的动手操作能力，能够在老师的引导下完成步骤较简单的学习任务，但还无法完全自主地开展开放性的探究活动。

学生心理特点分析：对信息科技表现出浓厚兴趣，思维比较活跃，但是学生的自控能力还不强。

三、项目教学目标

通过军用无人系统的项目设计，了解人工智能的基本知识，理解图像分类和机器学习基本原理，体验智能程序解决问题的一般过程，辩证看待人工智能给时代发展带来的优势与影响（图1）。

图1 教学目标

四、项目教学过程设计

本项目以地区"军事航天"资源为特色主题，以设计军用无人系统为项目，使用平板电脑进行移动学习，通过畅言智慧课堂、畅言智AI、小飞机器人等资源的探究活动设计，引导学生开展项目学习（图2）。

信息技术篇
走进智能时代——军用无人系统设计项目学习

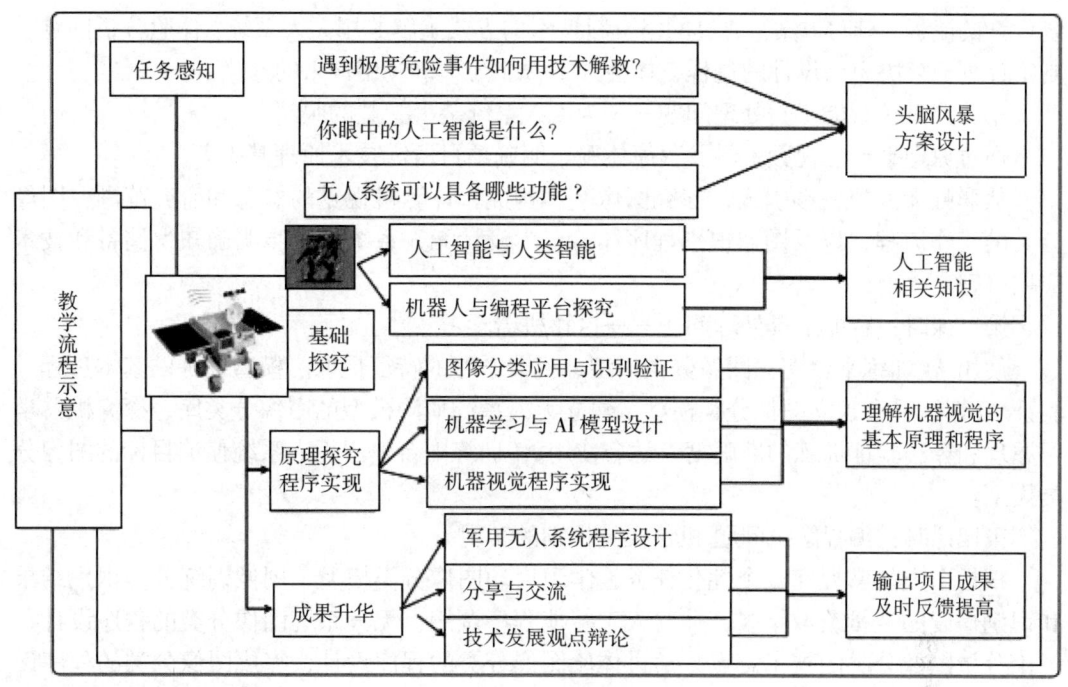

图2 教学过程

（一）项目前期

活动一：任务介绍

以打捞氢弹为引入，发布项目任务；教师布置任务，头脑风暴军用无人系统的功能，通过智慧课堂白板收集信息进行分享。展现真实的问题情境，激发学生对本次学习的学习兴趣；明确项目学习的学习过程。

活动二：人工智能基础知识学习

教师播放视频，讨论、思考和学习人类智能的概念与人工智能的关系、显著特征和发展层次，能够说出其研究领域。明确课堂学习内容，承前启后，对知识进行内化，为下面项目开展做知识铺垫。

活动三：人工智能工具和平台的体验

开展小飞机器人和畅言智AI的探究体验：机器人的基本构造，学会小飞机器人的基本操作；畅言智AI的编程界面，体验小飞机器人简单程序编写。从而了解学习工具的基本操作，对技能进行内化，为下面项目开展做技能铺垫。

（二）项目中期

第一课时：编程解决问题的一般过程 无人系统功能设计

从无人系统名称和简要介绍、无人系统需要解决的问题、整体结构设计、无人系统功能描述、设计关键技术等方面设计方案，体验编程解决问题的一般过程，分析无人系统设计的流程，撰写方案。通过网络资料搜索的方式了解军用无人系统、体验分析问题、制定计划、解决思路设计的过程，体会人工智能为军事应用带来的意义。

第二课时：智能工具处理问题——为无人系统装上智慧的眼睛

通过原理平台、视频资料及程序体验，明确项目所需技术原理基础。

从彩虹无人机视频引入，探究图像基本构成，计算机视觉的概念和研究范围，图像分类的工作流程，以及图像识别程序体验，为设计无人系统进一步明确知识储备和技术应用原理。

第三课时：智能工具处理问题——探秘机器学习

使用 AI 训练平台建立图像分类模型、机器学习的特征提取、模型训练的基本过程、验证 AI 训练平台建立图像分类模型，建立无人系统侦测模型的图像分类库，探究机器学习原理和算法验证训练的准确度。学会使用 AI 训练平台建立无人系统侦测目标的图像分类模型。

第四课时：编程解决问题 机器视觉识别的实现

根据个人的掌握完成个性化任务，学习启动图像分类模型、图像训练分类识别结果和识别信度的变量获取结果，体验人工智能程序调用，无人系统图像分类的程序设计，讨论分析图像分类的技术难点。通过体验图像分类的程序设计，完成图像分类的程序设计实现，从而对技术形成辩证的思考。

第五课时：编程解决问题 无人系统程序实现

根据个人计划，调用人工智能程序模块，设计至少 2 项无人系统所需功能，学会人工智能程序调用，综合运用程序设计知识解决无人系统个性化问题。调用人工智能程序模块，编写个性化程序，实现创意作品设计。

（三）项目后期

第一课时：作品展示

上交展示个性化设计作品，并进行评价；展示作品，项目实施评价。通过展示分享成果，提升对程序设计解决问题的成就感。

第二课时：人工智能应用与影响：人工智能武器：福兮，祸兮？

通过辩论赛的形式，对人工智能技术用于军事进行辩证的思考，学习人工智能在军事领域的具体应用、是否应该限制人工智能武器开发的辩论赛、人工智能发展的基本原则和伦理；提升合理使用人工智能技术的社会责任感。

五、项目作业设计及特色融合点说明（表1）

表1 作业设计及特点融合点

环节名称	作业设计	特色融合点
项目前期	头脑风暴军用无人系统的功能	以军用无人系统为项目主题开展项目讨论
	播放视频，讨论，思考，填写学案	以军事航天领域人工智能应用作为讨论点
	通过小飞机器人和畅言智AI的探究体验，填写学案，填写反馈作业	
项目中期	从无人系统名称和简要介绍、无人系统需要解决的问题、整体结构设计、无人系统功能描述、设计关键技术进行方案设计	以军用无人系统为主题进行项目方案设计
	通过原理平台、视频资料及程序体验，明确项目所需技术原理基础。填写学案，填写反馈作业	将军用无人系统的视频、图片作为活动开展的重要资源，特色主题贯穿主线
	建立无人系统侦测模型的图像分类库。探究机器学习原理和算法。验证训练的准确度。填写学案，填写反馈作业	
	学习启动图像分类模型、图像训练分类识别结果和识别信度的变量获取结果。根据个人的掌握完成个性化任务。讨论分析图像分类的技术难点。填写学案，填写反馈作业	
	根据个人计划，调用人工智能程序模块，设计至少2项无人系统所需功能	以军用无人系统为主题，编写个性化程序，实现创意作品设计
项目后期	展示作品，项目实施评价	分享军用无人系统成果，提升对程序设计解决问题的成就感
	通过辩论赛的形式，对人工智能技术用于军事进行辩证的思考。填写反馈作业	以军用无人系统为主题，提升合理使用人工智能技术的社会责任感

六、项目学习效果评价

项目学习前进行调查问卷前测，项目学习过程中通过闯关体验对学生的技能掌握程度进行评价，同时对学生的探究和参与情况进行自评；项目学习最后对作品进行综合评价（表2）。

表2　学习效果评价

项目学习活动	评价目标	评价方式
制定计划	1. 调研学生对军用无人系统了解情况； 2. 了解学生的学习兴趣点	调查问卷
活动探究	1. 了解学生个人任务完成情况； 2. 了解小组探究活动完成情况	阶段性任务完成情况量化评价表
技能的学习	1. 学会图像分类AI应用、机器学习的掌握程度； 2. 学会编程界面、程序设计一般过程的了解程度	调查问卷
成果展示	评价程序设计的效果与方案的匹配度，分析人工智能程序功能完整度	项目学习终结性量规表
辩论赛	了解人工智能发展的基本原则和伦理要求	辩论赛评价

七、项目教学特色分析

（1）注重军事航天特色渗透：实施学校前身为0683部队子弟学校，后为航天三院子弟学校，云中办学之初，就是为国家、为军队、为军事航天事业而建，伴随着军事航天社区发展，服务科技、崇尚科学也成为学校教育的重要元素。采用单元备课和项目式学习方式，以军用无人系统设计为主题，进行课堂情境创设和体验探究活动设计，贴近学生现实生活和地区文化，渗透学习军事航天科技特色，更能够引起学生共鸣。

（2）强调学科核心素养：着重关注的是学生核心素养提升，注重培养同学们对不同数字化学习工具的使用，是注重体现学科思想和技术元素的创新教学项目。

（3）学习支架灵活创新：注重原理验证和过程探究素材的挑选和整合，以平板电脑和小飞机器人作为学习工具能够降低课堂教学的距离感和学习难度；以畅言智AI和畅言智慧课堂作为学习的支架，让学生更容易与自己现有的学习经验进行同化，能够激发学生学习兴趣，探究氛围活跃，课堂参与度比较高。

（4）评价手段多元：能够及时对学生合作探究表现进行反馈，同时也利用畅言智慧课堂的测验功能实时测出学生在项目学习上的收获和不足。

专家点评

军事特色融入信息科技 项目实践提升数字素养

在全球化的大趋势下，基础教育作为教育的重要阶段，应该培养中学生具有批判性思维、创新能力、沟通合作能力及多元文化的理解能力等，具备国际视野是培养上述能力的前提。首都师范大学附属云岗中学选择"国际视野下的军事航天科技"这一具有地域科技文化特征的主题，是革新与拓展教学内容，培育高中生国际视野的独特视角。

2022版新课标的课程改革方向是跨学科、项目制、综合性、实践性，核心是发展学生的核心素养。在新课程改革中，信息科技课程的学科内涵除了提升数字素养与技能，还增加了思想性外延。在课程中要培养科学精神和科技伦理，提升自主可控意识，培育社会主义核心价值观，树立总体国家安全观等，这需要精选和优化设计课程内容，将学科性内涵与思想性外延更好地有机结合，增强课程的综合性和实践性，既贴近学生生活实际，体验解决问题的过程，又能在提升学科核心素养的基础上落实新课标的思想性导向。

从"技术"到"科技"是质的跨越，也是教学理念的跨越。《信息技术学科与学校特色渗透融合策略研究》一文中，王涛老师深刻领悟课标理念，将信息学科与学校特色渗透融合，从简单的加法变成了事半功倍的乘法，从目标达成、学习兴趣和创新能力培养的角度阐述了渗透融合的价值，又从学科实际教学中挖掘单元活动和项目学习主题，从而提出设置丰富的任务情境、挖掘特色资源内容及设计多元的课堂教学组织形式这些行之有效的策略，既有学科德育的高度，又有与时俱进的广度，值得推广。

在课例展示中，杨琳玲老师以《走进智能时代——军用无人系统设计项目学习》为主题，结合地区"军事航天"资源特色，探秘值得云岗人民骄傲的彩虹系列无人机，设计了军用无人系统系列项目学习活动。该教学案例使用平板电脑进行移动学习，通过畅言智慧课堂、畅言智AI、小飞机器人等教学资源设计探究活动，引导学生开展项目学习。将学科内容与思想外延紧密融合，既能激发学生热情，又能提升学科核心素养，真正实现由"技术导向"到"素养导向"的课程目标转变。

当然，在信息科技学科与学校特色渗透融合中也有一些问题值得学校老师进一步思考，例如，如何结合初中新课标设计开发跨学科活动主题、在项目活动中如何

地域文化与创新教育的融合
——首都师范大学附属云岗中学品牌特色建设探索

更好地引导学生创新性思考、如何在高中特色项目中强化学科间的相互关联以及如何对特色作品进行交流展示……在未来的实践中,老师们可以尝试对教学内容进行重新建构,结合"国际视野下的军事航天科技"主题继续挖掘学生身边的实际案例,将课堂进行延展,在项目探究中将教师的引导性与学生的主动性相结合,注重培养学生的创新精神和实践能力,真正落实新课标理念。

郭君红

北京教育学院信息技术与劳动学院系主任,中国教育学会中小学信息技术专委会理事。北京教育学会中小学信息技术专委会秘书长

综合篇

艺术学科与学校特色渗透融合策略研究

刘 璐

一、艺术学科与学校特色渗透融合概述

艺术是人类精神文明的重要组成部分，是运用特定的媒介、语言、形式和技艺等塑造艺术性形象，反映自然、社会及人的创造性活动。艺术教育以形象的力量与美的境界促进人的审美和人文素养的提升。艺术教育是美育的重要组成部分，其核心在于弘扬真善美，塑造美好心灵。

同时，义务教育艺术课程以立德树人为根本任务，培育和践行社会主义核心价值观，着力加强社会主义先进文化、革命文化、中华优秀传统文化的教育；坚持以美育人、以美化人，引领学生在健康向上的审美实践中感知、体验与理解艺术，逐步提高感受美、欣赏美、表现美、创造美的能力，抵制低俗、庸俗、媚俗的倾向；引导学生树立正确的历史观、民族观、国家观、文化观，增强爱党、爱国、爱社会主义的情感，坚定文化自信，提升人文素养。艺术课程标准里还指出，以各艺术学科为主体，加强与其他艺术的融合；重视艺术与其他学科的联系，充分发挥协同育人功能；注重艺术与自然、生活、社会、科技的关联，汲取丰富的审美教育元素，传递人与自然和谐共生理念，促进学生身心健康全面发展。现行教学中学科与学科之间的交流与沟通比较缺乏，大大影响了学生思维品质及学生个性发展，很难满足课程改革的需求。

随着课程改革的不断发展，初中艺术类课程的教学也在不断创新发展，课堂教学不仅是传授知识和技巧，更要培养学生的兴趣，激发学生学习美术的主动性，促进学生不断进步和全面发展。正所谓"兴趣是学生最好的老师"，学生参与任何类型的教学活动，都要浓厚兴趣作为支持。兴趣教学法能够增进教师和学生之间的交流，促进美术教育质量的提升。因此，在艺术教学中融合军事航天相关的知识，就像是打开另一扇窗户，对于提升学生学习兴趣是十分有必要的。例如，在美术教学中，适当地进行军事航天知识的渗透，通过科幻画的大胆创作，可以丰富同学们的想象力、创新能力；在音乐教学中，欣赏一些军歌，感受它的震撼力和优美的旋律。这样可以建立多学科间的融合贯通的知识体系，提高综合素质。对教师来说，可以借助军事航天科技为背景解决某些教学重难点，开拓教学思路，让教学过程更生动活泼，从而提高学生创新能力。

地域文化与创新教育的融合
——首都师范大学附属云岗中学品牌特色建设探索

国家相继出台《关于全面加强和改进新时代学校美育工作的意见》《关于新时代推进普通高中育人方式改革的指导意见》系列文件，直接指导高中课程改革。在诸多教育教学改革中，学科融合成为素质教育的一种创新教学模式。尤其是"五育并举""双减"等举措相继提出并落地后，在引导学生全面发展、深度学习方面，学科融合成为一个趋势，很多有教育敏锐度的老师开始了最初的尝试与探索。

二、艺术学科与学校特色渗透融合现状

2016年4月24日，习近平总书记在首个"中国航天日"作出重要指示，指出，探索浩瀚宇宙，发展航天事业，建设航天强国，是我们不懈追求的航天梦。我组美术教师积极组织学生参与了"第七届'中国航天日'主题创意海报设计大赛"，借此契机激发青少年崇尚科学、探索未知、敢于创新的热情。学生们通过此次活动对我国航天事业的发展历程有了更全面的认识。

2022年11月，我组美术教师积极组织学生参与了"2022年丰台区中小学生航天科技体验与创意设计大赛"。此次大赛是以航天技术、航天应用、航天热点事件等航天知识为主题，综合运用科学技术与艺术表现相结合的实践活动。大赛将"科技+艺术+设计"作为核心，凸显跨学科科普教育中设计思维与创造力的重要性，以达到核心素养提高的最终目的，为学生终身的精神追求和科学素养奠定基础。此次比赛航天科幻画部分是结合长征八号火箭这一时事进行的科幻画的创作。同学们通过笔下的美术作品展现出中国日新月异的高新技术发展，表达对未来科学发展的畅想和展望，反映当代中学生热爱祖国家园、热爱生活、热爱学习，敢于创造、健康向上的精神风貌。同学们将以航天精神为激励，以航天时代英模为榜样，抱定爱国志向，持续奋发努力，不懈追求卓越，实现人生价值，为祖国和人民增光添彩。

作为一所有着63年军事、航天传统的学校，为促进我校高中品牌特色发展，实现学校高品质提升，学校以"国际视野下的军事航天科技教育"为特色主题开展了一系列的特色活动和特色课程，提升了学校办学品质。综合教研组也积极参与到这一大主题，由音乐老师韩熠和美术老师刘璐与语文老师魏冰青共同上了《首飞英雄杨利伟的太空一日》这样一节跨学科融合课例。

在美术方面，起初从老师到学生都有点理不清头绪，不知如何构思下笔。有语文老师、美术老师和学生智囊团组成的团队开启第一次会议，经过反复沟通，最终确定为课文绘制插图，根据文章内容选取了5个主题画面：①《火箭升空》；②《从太空看地球》；③《太空垃圾回收机》；④《畅想太空漫步》；⑤《飞船返回地球》，构成了杨利伟飞天的完整过程。但是，真正在课堂上绘制的时间很紧促，如果现场作画，时间不够，而且我们也不是"美术太空专题展"。为解决这个问题，老师在课前多次与小组同学们进行讨论并辅导，初步形成"预制品"。学生们一听为课本绘制插图，个个摩拳擦掌，都想成为被选入的幸运儿。学生们确实不负所望，用想象和色彩点亮太空。最终画面中呈现出的一点一滴的小细节，无不体现出学生们对课文的理解与自

己的思考。为了让每一位同学的作品都能及时展示在同学面前，老师们借助希沃授课助手，投放在屏幕上，大家互相交流分享，再次形成思想的交流碰撞。

在音乐方面，韩老师缓缓弹奏出熟悉的前奏旋律，原来是《彩色的中国》。正当学生疑惑为什么老师要让大家重温上学期所学唱的歌曲时，老师对学生提出新的要求，邀请学生进行歌词的改编，赞扬我国的航天事业，展现我国的航天精神。经过热烈的讨论，小组成员各显其能，最终汇总出一份最满意的"定稿"。这大大出乎老师的意料，学生的创作不仅描绘美丽的太空，而且表达了对太空的敬畏和我国对宇宙探索的初心。此时熟悉的旋律又在耳边响起，同学们再次演唱自己改编的歌曲《美丽的太空》。琴声悠扬，歌声含情，这时的同学们眼神中充满了光芒，他们全情投入，用声传情，以情感人。此刻的歌声中是对祖国，对航天人的崇敬，更是对太空探索的向往。从诵读文章到美丽画面再到余音缭绕，是从感官到心灵的升华，音乐是人类的另一种表达方式，它可以缓缓道来也可以淋漓尽致。总之，本次跨学科的融合课程巧借东风，充分发挥跨学科学习的整体育人优势，增强跨学科学习的计划性和目标意识，以学生学习为主体，充分激发学生的兴趣和能力，带给学生全新的学习方式和学习体验。课程实施过程中，注重策划多样的学习活动，在落实学科素养的同时，有机融合渗透社会主义核心价值观，弘扬和践行航天精神，培育学生的文化自信和审美创造能力。

三、艺术学科与学校特色渗透融合资源梳理

艺术学科因其综合性较强，能够激发智慧的火花，激发科学创造的想象力，引领科学技术向更高更远的方向发展。因此，艺术学科在很多点能够与学校特色渗透融合。艺术学科主要在以下几个方面与学校特色相融合：第一，航天主题的科幻画、海报招贴等活动比赛。从市级到区级、校级，每年都有一些固定的航天主题比赛。教师组织学生积极参与，可以留存电子画稿等物化材料作为资源。第二，在美术课堂中普及航天航空知识，以美术形式的活动结合航空科普知识进行课程设计，进行单元课程的教学。这部分可以形成的资源主要有项目式学习系列课例、作业设计等。第三，音乐课堂中对于军歌、航天歌曲等的欣赏学习。这部分的资源主要是歌曲演唱和相关视频。

总之，在不断梳理教材与学校特色渗透融合点中，发现艺术学科的结合点很多，我们在一步步实践中引发学生深度思考，通过成果展示激发学生的综合分析能力和创造能力，最终实现提升学生生物核心素养。

四、艺术学科与学校特色渗透融合有效策略

（一）在课堂教学中渗透

中学美术教材中也有不少涉及军事航天知识的内容。作为美术教师应该适时恰当的挖掘教材中与军事航天有关的内容。同时，对于个别有这方面兴趣爱好的同学更应该鼓

励大胆的创作。

例如，在七年级教材中就涉及一节《幻想中的未来》。我们把这节课侧重于航天科幻画的讲解，让孩子们有了一个更加明确的目标，也对创作内容更加期待。九年级的教材中涉及一节《校园主题活动美术策划与设计》。教师可以结合航天日等宣传活动，组织学生进行招贴海报的设计。海报在校园内张贴，给予学生展示的平台，增强他们的自信心。

（二）在大活动中提升

艺术学科在很多学校的大活动及节日等都可以融入军事航天的内容。例如，在航天日主题活动中，美术教师可以组织学生进行主题海报招贴的设计；在清明节和国庆节等，音乐教师可以组织学生进行红歌合唱比赛，回顾历史，激发爱国情怀。

（三）信息技术的协作

人工智能绘画，是突破了人类自身的极限，从而让绘画分析进入到一个更为广泛的视野中，以人文精神为出发点和落脚点。通过人工智能，打开绘画艺术的新领域，人工智能绘画通常神秘、绚丽、深沉、复杂、时代感强，体现出非凡的想象力，象征未来绘画的发展方向。在美术教学中，可以利用这一新兴的信息技术，辅助学生们进行航天科幻画的创作。这样不但开拓了学生们的眼界，同时发散了学生们的想象力、创造力。

（四）在实践活动中感悟

第一次上完《首飞英雄杨利伟的太空一日》这节课，我们3位老师对这节课的设计、效果进行了反复思考与复盘。我们认为，这次的融合课程仍属于探索阶段的当下，怎样融合、融合中各学科的比例如何设置、如何避免不同学科内容融合在一节课中出现"两张皮"等问题，仍然没有明晰的答案，也没有很多可供参考的课例。大部分探索融合课程的老师，更多靠自我的打磨与思考。这不是一节上完就结束的课，而是一节需要自己不断学习、不断与搭档探讨、不断与学生进行探讨来完善和打磨的课。回看摸索的过程发现，越是深入钻研，越发现需要学习的内容很多。通过这次参与融合课程，我们发现自己对其他学科了解仍非常浅薄，想要捅破学科间的壁垒，真正做好深层意义上的融合课，大量的学习与钻研必不可少。同时，教师如何把这些学到、感悟到的内容用更深入浅出的方式教给学生，是融合课程另一个需要琢磨的课题。"这节课一直在继续，没有结束。"未来，我们会继续和搭档、学生一起探索融合课的更多可能性。

五、结束语

综上所述,艺术学科不是独立存在的,而是与其他各学科之间存在着千丝万缕的关系。身为艺术教学工作者应当践行课程综合化的要求,不断寻求其他各个学科在艺术课堂上的渗透机会,为学生呈现一个更加丰富、精彩的课堂。这对于提升学生的艺术综合素养及课堂教学质量有着显著的促进作用,必定可以实现艺术课堂的"硕果累累"。同时艺术学科与学校特色融合过程中存在一些问题,如我们综合教研组更多注重航天知识的渗透和实践,而对于军事相关知识的渗透相对较少,希望在后面的教学活动中继续加强这方面的渗透。另外,我组对于项目式学习方式相对较少,后面教师们需要继续深挖教材,设计与学校特色融合相关的主题式学习,继续将融合课程进行下去。

今后,我组将结合我们的学科特点,对"学科教学与学校特色渗透融合"进行系统化建构。依托学校"学科案例模板",在模板的全要素设计、全过程实施和学生全面培养上进行融合的全面探索。同时,要对融合实践策略进行"结构化梳理",对融合的目标设计、融合的内容选择、融合的途径、融合策略,乃至融合的评价进行结构化的梳理,在实践的基础上进行规律性探索。

参考文献

[1] 中华人民共和国教育部. 义务教育艺术课程标准(2022年版)[M]. 北京:北京师范大学出版社,2022.

[2] 朱秋艳. 激发初中生美术学习兴趣的实践研究[N]. 中学生报(教研周刊),2019-03-22(174).

[3] 付少飞. 人工智能"浸入"绘画艺术[EB/OL]. 科普中国,2019-04-14[2021-01-15]. https://www.kepuchina.cn/tech/ligent/201904/t20190415_1040956.shtml

[4] "见未来"王伯驹人工智能绘画作品展[Z]. 雅昌艺术网,2021.

首飞英雄杨利伟的太空一日

魏冰青　韩　熠　刘　璐

一、指导思想与理论依据

语文课程标准（2011年版）中指出："学生是语文学习的主体，教师是学习活动的组织者和引导者"，因而在语文教学中应有意识培养学生自主学习的意识和习惯，引导学生掌握语文学习的方法，为学生创设有利于自主、合作、探究学习的环境。教师应该与时俱进，不断吸收新知识，不断提升自我专业素养，在认真钻研教材的同时，创造性使用教材，"灵活运用多种教学策略和现代教育技术，努力探索网络环境下新的教学模式"，不断提升语文教学的质量。

二、教学背景分析

（一）教学内容分析

《太空一日》选自人教版七年级下册第六单元，本单元重点学习浏览，能一目数行地扫视文段，迅速提取字里行间的主要信息；能在阅读文章的基础上，有所质疑和思考。《太空一日》选自我国首飞航天员杨利伟的个人传记《天地九重》，该文巧妙结合了科学性与人文性，作者以第一人称的方式，运用通俗易懂的语言生动地描述了作者太空一日的所历所感，读来如身临其境；叙事的同时，又用准确严谨的语言向读者普及了航天知识。文章篇幅较长，包括"我以为自己要牺牲了""我看到了什么""神秘的敲击声""归途如此惊心动魄"4部分内容，语言亲切平实，读来又惊心动魄，扣人心弦，能够激发学生对未知世界的探索兴趣。

（二）学生情况分析

七年级的学生已经能初步掌握阅读文章的基本方法，并能通过文章中的时间、地点等重要信息和段首句来把握文章的主要内容。本课文章篇幅较长，但文字并不艰涩，学生需要在原有基础上，进一步学习浏览法，借助小标题的提示，抓住每一节的重点，了解文章主要内容，找出作者在太空中遇到的意外情况，以及他的心理活动或举动。

如今的初中生较少有亲身探险的机会，学习这篇文章可以让学生们了解中国航天事业，并从优秀航天员的精神中汲取力量，激励他们在学习、生活中的探索。在阅读过程中，由于学生缺乏相关的物理知识，如共振、失重等，使得学生难以感受到杨利伟遇到的意外有多险恶，这对准确体会航天员当时的心境造成一定难度，因而教师需要引导学生在课前自行搜寻相关资料或询问物理老师。

宇宙的神奇，深深吸引着学生，探索宇宙的激情几乎在所有学生的心底燃烧，因而课文对学生来说是充满诱惑力的。但是学生对宇宙知识的了解往往比较肤浅，不够系统，对我国探索外太空的发展历程还比较陌生。同时，学生还有可能对航天员在危险面前表现出的英雄气概及工作中表现出的严谨科学态度，体验不够深刻，需要老师耐心引导，激发学生对航天员的崇敬之情，激发学生热爱航天、热爱祖国的豪情！

三、课时教学目标

（1）运用浏览的方法，了解课文主要内容，重点梳理首飞英雄杨利伟在太空中遇到的意外事件，以及他的心理活动或举动。

（2）运用精读的方法，体会作者严谨、科学的态度和不怕牺牲的英雄气概，并感受文章字里行间蕴含的情感。

（3）利用 VR 技术手段，感受探索太空的无穷魅力，增强民族自豪感与自信心。

学习重点：梳理作者在太空中遇到的意外事件及作者的心理活动或举动。

学习难点：体会作者严谨、科学的态度和不怕牺牲的英雄气概，并感受文章字里行间蕴含的情感。

四、教学过程设计

（一）情景导入：英雄归来

教师：同学们，就在上周六 4 月 16 日上午，神舟十三号航天员乘组顺利返回地球，圆满完成"太空出差"任务！这又是让无数国人为之激动和骄傲的时刻！此情此景，不禁让人想起我国首次发射的第一艘载人航天飞船——神舟五号。那同学们知道中国首位飞入太空的英雄是谁吗？今天就让我们跟随中国航天首飞英雄杨利伟，一起开启太空一日的体验活动。

学生：聆听

设计意图说明：引发学生对航天领域的关注与思考，激发学生的学习热情。

（二）太空历险

任务一：王冠之重

杨利伟飞天成功之后，加诸在他身上的荣誉很多，请结合导学案上的材料，分析杨利伟巨大荣誉背后经历的考验有哪些？

学生：阅读导学案材料，并分享。

任务二：危险重重

浏览课文，圈画批注，找找看，杨利伟遇到了哪些意外？他又有怎样的心理活动或举动？

（1）小组合作，完成梳理，推选代表分享。

（2）为什么有那么多险情和意外？

学生：小组讨论，完成"太空一日绘制图"的填写，并交流分享。

设计意图说明：

引导学生对浏览的内容能够及时归类整理，把握课文内容，了解航天员背后鲜为人知的故事，感受航天员的不易与艰辛，深入理解航天飞行危险重重的原因。

（三）太空漫游

任务三：绘制插图

老师：太空飞行，艰险重重，却也有着常人所不能见到的神奇景象。如果用我们手中的画笔将它画出来，又是一幅怎样景象？刚才同学们领略了杨利伟进入太空时的惊心动魄！很多环节引人入胜，那么美术组的同学是否能用画笔为精彩环节配上插图呢？

要求：

（1）小组安排：6人一组，共2组。

（2）根据课文内容设计画面，工具材料不限。

（3）小组选派代表交流展示，语言要流畅，条理要清晰。

预设：5个主题画面

（1）《火箭升空》。

（2）《从太空看地球》。

（3）《太空垃圾回收机》。

（4）《畅想太空漫步》。

（5）《飞船返回地球》。

学生活动：分享本组绘制的太空景象插画图，并展示介绍。

教师小结：美术组同学分享的插图非常精彩！为我们插上了想象的翅膀，带着我们在太空翱翔！非常感谢他们！

任务四：虚拟漫游月球

教师：同学们，你们想绕月飞行吗？你们想漫步月球吗？接下来让我们在虚拟世界中漫游月球吧。

活动：组织学生在VR环境中近距离感受月球与太空环境。

述说VR新体验：请同学们分享自己的体验感受。

学生活动：利用VR技术学习太空知识、漫步月球，并分享自己的所见所感。

设计意图说明：引导学生运用颜色、线条及构图展现太空景象，感受太空的神奇魅力，并在介绍过程中，锤炼学生的语言思维；利用信息技术，身临其境感受太空的魅力，增强学生对外太空的认识，并尝试体会杨利伟首飞太空的心情，从而激发学生探索自然世界和科学领域的兴趣与想象力。

（四）太空问答

任务五：作为中国进入太空的第一人，杨利伟凯旋后，相关部门要召开一次新闻发布会。

请再次浏览文章，圈画批注，并作为发言人回答现场记者的提问。

记者提问1：杨利伟作为中国首位飞入太空的航天员，将对中国的航天事业产生哪些重大意义？

每组任选一个角色，结合材料六、材料七、材料八完成回答。

作为中国航天史的记录者

作为航天员训练中心的教员

作为后来相继飞天的航天员

作为航天器设计的技术人员

作为普通学生，平凡中国人

记者提问2：作为中国第一位成功进入太空的航天员，杨利伟身上具有哪些优秀精神品质？

明确：意志坚定、沉着冷静、严谨科学、爱国奉献等。

学生活动：小组合作，讨论分享。

教师：正是这种优秀精神品质，让杨利伟不负党和国家的重托，完成了这次艰巨的任务；正是这种优秀精神品质，支撑了他的飞天梦想，支撑起了中国人的飞天梦想。

回顾中国航天的发展历程。

学生活动：观看视频

设计意图说明：引导学生理解杨利伟成功完成飞天任务的意义与影响；引导学生通过对课文学习，体会我国宇航员探索太空的英雄气概和严谨务实、爱国奉献的精神；了解我国航天发展的历程，激发学生的民族自豪感，并内化为中华民族建功立业的远大志向。

（五）唱响太空

教师：如果说此刻什么最能传情，唯有歌声。请依据你现在的心情，化身歌曲创作者，

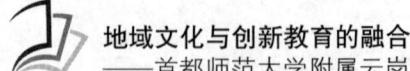

根据课文内容,完成《彩色的中国》歌词的改编。
(1)带领学生复唱歌曲《彩色的中国》。
(2)出示部分改编歌词,请同学分小组根据今天所学课文为歌曲编写剩余歌词部分。
(3)小组进行歌词展示,并跟随伴奏有感情地演唱歌曲。
学生活动:复习演唱《彩色的中国》,小组合作完成歌词改编。
设计意图说明:
引导学生感受我国航天事业的发展,进一步激发学生的民族自尊心与自信心。
课堂小结:如果梦想有距离,那一定是克服困难、排除万难的过程;如果梦想有颜色,那一定是鲜艳的中国红!如果梦想有旋律,那一定是热爱的声音!因为有梦,我们从未停下探索星辰大海的脚步!作为新时代的少年,也希望同学们将航天精神融入自己的学习生活中去,敢做梦,敢追梦!

五、作业设计及特色融合点说明(表1)

表1 作业设计及特色融合点

环节名称	作业设计	特色融合点
第一课时	必做作业: 各行各业、各个领域都有"第一人",讲述一个你所知道的"第一人"的故事,注意在讲述中突出其勇于开拓创新的精神。 拓展作业: 阅读《杨利伟的故事》,感悟英雄的成长过程	"航天精神"中蕴含开拓创新精神,学生寻找各行各业的"第一人",深入领悟开拓创新精神在其他行业的具体展现。 学习杨利伟的故事,感受英雄人物的精神品质

六、课时学习效果评价(表2)

表2 学习效果评价

环节活动	评价目标	评价方式
太空历险	梳理作者在太空中遇到的意外事件及作者的心理活动或举动	绘制"太空一日"导图
太空漫游	掌握杨利伟"飞天"的主要环节和精彩瞬间,感受太空的神奇与浪漫	绘制课本插图,VR沉浸体验,表达交流
太空问答	体会作者严谨、科学的态度和不怕牺牲的英雄气概,并感受文章字里行间蕴含的情感	小组交流,推选代表分享
唱响太空	歌颂航天精神,表达对航天员的赞美,增强学生的自豪感、自信心	改编歌曲,创作《美丽太空》

七、教学特色分析

　　本节课形式新颖，大胆创新，首次实现了语文与美术、音乐的有机融合。备课、磨课过程中，3位老师积极配合，共同商讨，配合默契，增进了彼此对不同学科的认识与了解。跨学科教学实施过程中，我们依托语文学科，同时又超出单学科研究的视野，贴合文本，在学生已有知识和经验的基础上进行，设计了有明确的、整合的研究方法与思维模式的教学活动，旨在打通学科关节，拓展学生语文学习和运用领域，推动学生形成新的认知。丰富多样的学生活动充分体现了学生的主体地位，极大激发了学生的学习兴趣。用歌词创作、绘画等手段辅助语文教学，多元化将输入的文本输出，给孩子们多种表达方式的选择，不拘泥于纯文字；讨论问题过程中，学生能积极发表自己的看法，做到有中心、有依据、有条理，听说读写结合，落实语文核心素养。在"双减"背景下，聚焦学习任务，关注学习情境，"在做中学，在学中做"，将学生学科素养的提升抓实落实，向着提质增效迈出扎实步伐！

找到人生指南针

——我的职业价值观

杨露露

一、项目、单元（或课时）指导思想与理论依据

根据《北京市中小学心理健康教育工作纲要》内容，中学生心理健康教育的内容包括生涯发展，即"帮助学生确立面向未来的发展抉择，树立正确的人生观和职业价值观"；其中高中阶段内容和要点包括"帮助学生建立健康的自我概念""选择人生目标"。同时《丰台区心理健康教育课程目标体系》高中年级的教育课程目标中认识自我阶段中，包括"价值观澄清——了解价值观的多元化，澄清自己的价值观，学会接纳他人的价值观，以此来促进自我发展"。

根据美国生涯规划大师舒伯的生涯发展理论，自我概念是个人对自己的兴趣、能力、价值观及人格特征等方面的认识。一个人的自我概念在青春期以前就开始形成，至青春期较为明朗，并于成人期由自我概念转化为职业生涯概念。实施学校云中地处西南军事航天地段，前身为当地航天三院子弟学校，学校周边围绕着军事航天行业，科技和航天元素是学校的办学特色，在日常教育中凸显非常重要的位置。

二、项目、单元（或课时）教学背景分析

（一）教学内容分析

1. 本节课的内容设置

本节课立足于生涯探索中价值观部分。本节课根据学情和学校办学特色，结合航天精神和当代社会主义核心价值观，期望学生在体验价值的各种活动中探知自我价值观类型，并在教师引导提升中，确立自我价值观取向，结合实际，树立短期和中期的个人行动和目标。同时，本节课引导学生树立个人发展取向的、健康长远的价值观。

2. 本节课的时间点和意义

本节课安排在高一第一学期中期学业测试后，期末考试前，在此阶段学生极易出现情绪低落、动力不足、对个人发展产生怀疑和信心不足，在选科和未来专业选择规划方面存在矛盾和迷茫的时间点。在此契机下，本节课探讨生涯发展中的宏观价值观取向内容，

可以帮助学生进行自我觉察与监控，调动生涯发展的元认知水平，进而理性、认真地进行近期的学涯目标计划，辅助之后的学习和生涯发展。

（二）学生情况分析

学生心理特点分析：属于青春期的中后期，是学生个性化发展和构建自我生涯的关键期，面临生涯发展深入探索的任务。自我对什么更看重的价值观部分是自我生涯中重要的人生议题，且足以成为学生学习的内驱力，对他们的未来有深远影响。

我校高一年级学生情况：高一学生即将进行选科选考决策，个人价值观作为生涯探索中的重要部分，可以协助做出适合自己未来选考的理性选择，辅助未来的学业和生涯规划。同时，高一部分学生家庭中有亲属从事军事航天工作，对航天军事方面具有浓厚的兴趣；一定比例的学生具有向军事航天领域发展的志向和价值观。而根据学业发展情况，我校大多数学生中存在生涯能力和目标不匹配，也存在生涯探索滞后对自己个人价值观未觉察的现象。基于以上学情设计本节课，引导学生觉察和认知自我价值观取向，同时通过航天生涯人物讨论、价值观活动、自我分析、同伴分享来探索个人价值观内涵，帮助他们明确个人学涯、职业等生涯发展方向。

三、项目、单元（或课时）教学目标

通过价值观活动，培养学生对自我价值观的积极关注和思考，确立丰富和积极的人生价值观；将自我价值观取向和认知投入到现实生活与学习实践，为当下的学习和生活助力（表3）。

表3　学生发展指导领域核心素养

积极信念与态度	自我认知与发展	社会适应与责任	自主管理与行动
珍爱生命	自我分析√	社会认知	生涯规划
积极乐观√	自尊自信	信息收集√	问题解决√
机遇意识	个性发展	责任担当√	自主学习√

四、项目、单元（或课时）教学过程设计

教学环节

环节一：故事导入 "聪明的傻瓜"

通过对两位生涯人物的生平介绍以及对学生的提问——"为什么这些聪明人会变傻呢？"引导出我们做出决策时的"背后那只手"就是价值观，是一个人看中的认为重要的、值得追求的信念。

环节二：生涯人物初探

通过让学生对不同行业的8位生涯人物（钱学森、董明珠、杨宝奎、张桂梅、罗翔、易烊千玺、何同学、于途）的简介，初判断知名人物背后的价值观，并通过分享交流，分析不同人物的价值取向。

环节三：价值卡片交换

通过价值卡片交换活动，让学生拿自己不太看重的卡片去自愿交换别人手里那些你看中的卡片，引导学生思考哪些是不能放弃的，在感知中确立自己初步的价值观。结合教师讲解美国心理学家洛特克提出的13种人类普遍具有的价值观和内涵，来确立自己的价值观内涵。并通过宇航员王亚平的故事，总结价值观的差异性和多元组合，以及环境（航天资源、优秀人物）和内部因素（重要他人、重大事件）的影响下，价值观在个人成长中的动态变化。

环节四：生涯行动计划

通过让学生结合当下个人学生角色，完成选取出的6个职业价值观内容（成就感、挑战性、健康、助人、新发现与自我成长、人际关系）的计划卡，引导学生把自我价值观、结合时代精神，实践出个人学习计划。

五、项目、单元（或课时）的作业设计及特色融合点说明（表4）

表4 作业设计及特色融合点

环节名称	作业设计	特色融合点
环节一	了解人物故事，猜测在人物背后什么是"看不见的手"	以钱学森的航天领域生涯人物故事，引出价值观的主题
环节二	列出不同行业的8位人物，让学生去判断航天人物、企业家等不同人物对应的背后的自我价值观是什么？	以囊括杨宝奎、于途等航天人物在内的知名人物，比较不同的人物背后职业价值观的不同，展开讨论
环节四	讲述宇航员王亚平的故事，展开讨论，关于影响个体价值观的因素有哪些？	以航天影响王亚平的故事，引导学生思考价值观的差异性和多元组合及环境（航天资源、优秀人物）和内部因素（重要他人、重大事件）的影响下，价值观在个人成长中的动态变化。结合航天精神和当代社会主义核心价值观，帮助学生在个人行动上确立自我价值观内容

六、项目、单元（或课时）的学习效果评价

结合教学目标的达成、活动设计的实施进行教学评价的设计，可直接文字表述（表5）。

表 5 学习效果评价

环节活动	评价目标	评价方式
第二环节	了解学生对本主题的参与度、关注度和认识水平等	阶段性任务、观察法
第四环节	收集学生学案，进行成果展示	作业反馈

七、项目、单元（或课时）教学特色分析

本节课通过航天精神和生涯卡片的活动，可以让学生更清楚的感知自己的价值观内容是什么？结合当下时代精神，包括不怕苦不怕累，用于钻研的航天精神和当代社会主义核心价值观，让学生思考当下的学习生活中，怎样可以让自己做出更适合自己的选择（如选科选考、选择专业、选择实习内容、未来走入工作场合等），并作出行动计划，在日常生活中实践，未来学生还可以结合性格、兴趣和能力，在未来的职业场景中，更大的展示自己的价值感。

专家点评

综合融合　助力学校特色发展行稳致远

一、学校特色发展，寻找学校新发展的个性生长点

特色是指事物所呈现的特殊的色彩、风格等，大千世界中每一种事物的独特特色构成了多样化的缤纷世界。每一所学校，作为区域教育系统中的一员，其特色办学特色，成为其生存和发展的价值体现。随着我国改革开放事业的不断进步，经济社会发展对多层次、多规格的人才需要日益强烈，学校特色培养特色人才成为时代呼唤。

2010年，《国家中长期教育改革和发展规划纲要（2010—2020年）》提出，"推动普通高中多样化发展，鼓励普通高中办出特色。"同年，国务院办公厅发布《关于开展国家教育体制改革试点的通知》，在北京市、上海市、宁夏回族自治区部分市县等地区"开展普通高中多样化、特色化发展试验，建立创新人才培养基地"。北京市从2010年开始开展高中特色发展试验，以北京高中特色发展试验为龙头，统筹基础教育课程教材改革试验、基础教育学校办学体制改革试验项目、探索拔尖创新人才培养模式项目，推进普通高中特色发展试验。

2019年，国务院办公厅下发《关于新时代推进普通高中育人方式改革的指导意见》，提出"到2022年，普通高中多样化有特色发展的格局基本形成"的改革目标。2019年，北京市制定"关于深化育人方式改革推进普通高中多样化特色发展的实施意见"，提出"到2022年，普通高中多样化特色发展的教育生态全面形成，为2035年北京实现高水平教育现代化奠定坚实基础。"

2020年，丰台区委教育工作领导小组制定实施《丰台区关于推进普通高中多样化特色发展的实施意见》，以全面提升普通高中教育质量，推进普通高中多样化特色发展。制定"丰台区普通高中高品质示范、品牌特色学校建设项目实施方案"，启动普通高中高品质示范、品牌特色校建设专项工作。

作为普通高中学校，首师大附属云岗中学落实"丰台区普通高中高品质示范、品牌特色学校建设项目实施方案"，以"国际视野下的军事航天科技教育"特色品牌建设为主题，制定实施品牌特色校建设3年整体方案。学校围绕主题，在教育、教学、管理多方面形成合力，推进学校多样化特色发展，整体提升学校教育质量和办学品质。

二、综合融合，推动学校特色发展真实落地

学科教学与学校特色渗透融合是学校推进"国际视野下的军事航天科技教育"特色品牌建设重要组成部分，综合学科更是在学科融合基础上，进一步探索学科融合与特色融合。

由语文学科的魏冰青老师和音乐韩熠老师、美术刘璐老师共同实施的《首飞英雄杨利伟的太空一日》是一节跨学科融合课例。这节课，在主题选择、目标设计、媒体应用和学生活动等方面，通过发挥语文、美术、音乐学科优势，进行了阅读、视频、VR、绘画和音乐等学习方式与"航天科技教育特色"融合探索。特别突出了目标融合、情景融合、内容融合、方式融合，有力支撑了学生对"航天精神"优秀品质的探究和认同，促进了学校特色发展主题的落地。

杨露露老师的《找到人生指南针——我的职业价值观》，在教学内容选择、学生活动设计和认知内化等方面进行了学校办学特色与课程融合的探索。这节课围绕"航天精神"独特价值，依托钱学森、杨宝奎、王亚平等航天杰出人物故事探索，通过价值卡片交换活动，引导学生分析航天杰出人物身上所蕴含的独特航天建设价值，促进了同学们对"航天精神"认知内化，引发了学生对自己职业价值观的思考和探索。

"艺术学科与学校特色渗透融合策略研究"一文是综合组刘璐老师对本组美术教师、音乐老师，以及音乐、美术和语文老师跨学科融合课例分析基础上，提出了在课堂教学中渗透、在大活动中提升、信息技术的协作、在实践活动中感悟等融合策略。刘老师还表达了"艺术学科不是独立存在的，而是与其他各学科之间存在着千丝万缕的关系。身为艺术教学工作者应当践行课程综合化的要求，不断寻求其他各个学科在艺术课堂上的渗透机会，为学生呈现一个更加丰富、精彩的课堂。"这体现了云岗中学老师对学科融合和学科教学与学校特色发展融合的认识，也是学校探索学校特色发展与学科教学融合的重要收获。

三、系统建构，探索学校特色品牌建设建议

就像综合组刘老师的文章中提到的，艺术学科与学校特色融合过程中也存在一些问题，"比如我们综合教研组更多注重航天知识的渗透和实践，而对于军事相关知识的渗透相对较少，对于项目式学习方式相对较少"等。综合融合是学校推进"国际视野下的军事航天科技教育特色品牌建设"的重要领域，为有助于学校进一步开拓融合的思路，提出以下建议，供学校参考。

第一，希望学校进一步推进"学科教学与学校特色渗透融合"探索实践。学校"国际视野下的军事航天科技教育"特色品牌建设主题的落地，学校特色发展与学科融合是必由之路，也是推动落实的根本。希望学校依托"学科案例模板"，在模板全要素设计、全过程实施和学生全面培养上进行融合的全面探索。

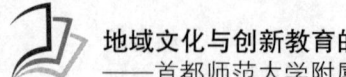

地域文化与创新教育的融合
——首都师范大学附属云岗中学品牌特色建设探索

第二，希望学校对融合实践策略进行"结构化梳理"。前面提到学校特色发展与学科融合是必由之路，学校要在推进实践探索的基础上，对融合的目标设计、融合的内容选择、融合的途径、融合策略，乃至融合的评价进行结构化的梳理，在实践的基础上进行规律性探索。

第三，希望学校对"学科教学与学校特色渗透融合"进行系统化建构。学生是全面发展的人，学校对学生的教育是整体的教育。我国有个成语"文以载道"，意思是文章无论形式是什么样的，都是为了传播道理。学校的教育教学也是这样，无论形式如何、内容如何，都是为了培养学生，而学生是完整的人。学校的教育也要通过完整的教育，培养完整的人。所以"学科教学与学校特色渗透融合"，要以学校为教育教学管理等整体，对学校的教育体系、培养体系进行整体化设计、系统化建构。"学科教学与学校特色渗透融合"要提高到学校整体发展的高度，进行系统化设计。

"学科教学与学校特色渗透融合"是首师大附属云岗中学"国际视野下的军事航天科技教育"特色品牌建设主题的重要内容和重要举措。综合组老师进行了丰富的实践探索和理性思考，相信未来的"综合教学与学校特色发展融合"一定会更加丰富深入，一定会助力学校特色发展行稳致远。

李 伟

北京市丰台区教育科学研究院副院长，高级教师

后 记

作为一所有着65年军事、航天科技教育传统的学校，为促进学校高中品牌特色发展、实现学校高品质提升，依托学校"科研引航 文化立校 特色兴校"的办学思路，学校以"国际视野下的军事航天科技教育"为特色主题开展了一系列的特色活动和特色课程，将地域文化与创新教育融合，提升了办学品质。此项目为北京市教育科学"十四五"规划课题"国际视野下的军事航天科技教育特色品牌建设行动研究"（立项编号：CDBB22093）的研究成果。

本书主要就政策和相关理论开展深度研究，找准学校的定位，改变过去以体育、艺术或科技等项目特长打造特色教育的模式，从特色活动方案设计、学科课堂教学融合和特色课程建设实施3个方面，结合具体的课例进行介绍分析，力争展现办学特色的全貌。全书对初高中阶段各学科开展品牌建设的策略进行了全面梳理，收录了学校各学科在全国以及市级以上获奖特色融合教学案例成果和德育活动案例，同时也收录了各学科依托地域文化开展特色活动的方案以及资源，并邀请市区专家对各学科的方案和资源进行点评。

本书编写历时一年，编写组成员覆盖全校所有干部团队和教研组，可以说是聚全校力量成书，并在专家的指导下，精选并不断打磨，形成了40多篇优质案例，以期能向读者充分展示研究的实践成果。因此，本书也是课题研究成果的再转化。相信本书对广大的中学教师具有很强的实践参考价值，为兄弟学校和教师开展特色教学提供一手的参考。

在本书编写过程中，王秀菊副校长、张冬梅副校长和杨琳玲主任组织了不同方式、大量的研讨，研讨、争论、思考和修改等撰写过程的辛苦而充实的各种体验，成为全校教师共同学习、分享经验、整体反思的独特研究经历。杨琳玲主任、胡京蕊老师负责本书的统稿，各学科教研组长、骨干教师和优秀青年教师都提供了丰富翔实的案例。首都师范大学教师教育中心主任兼教务处副处长王海燕教授、硕士生导师黄燕宁副教授，北京市丰台区教育科学研究院赵学良院长、李伟副院长和蔺玉刚老师进行了深入细致的指导，就框架、内容和规范等提出了非常宝贵的意见。北京市教育学院信息科技学院郭君红主任，北京市丰台区教育科学研究院简作军副院长，北京市教育学院丰台分院王冬梅主任、刘婧主任、李凯波副主任以及秦林、谢政满、张琦、郑春花、路媛媛等教研员，中国教育科学研究院丰台实验学校正高级教师李同校长、北京市第十中学特级教师李媛副校长等专家对教研组及教师进行了多次指导并撰写点评意见。在此，表示真诚的感谢！

本书是首都师范大学附属云岗中学"适合教育"的生动实践，是学校"云课程"体系中国家课程校本化实施的生动体现，是学校浓厚科研氛围迸发出的科研智慧。谨以此书表达学校的诚挚谢意，希望未来能够继续得到各方的支持，让学校"适合教育"再上新台阶！

编写过程中，由于水平和时间有限，难免书中有不到之处，敬请各位专家和同仁不吝赐教！

首都师范大学附属云岗中学
张进兵
2023 年 12 月 31 日